湖北省社会科学基金项目
『面向生态文明的中国知识产权制度发展路径研究』（2016020）成果

# 面向生态文明的中国知识产权制度发展路径研究

万志前 著

武汉大学出版社
WUHAN UNIVERSITY PRESS

**图书在版编目(CIP)数据**

面向生态文明的中国知识产权制度发展路径研究/万志前著.—武汉：武汉大学出版社,2017.10
ISBN 978-7-307-19772-5

Ⅰ.面…　Ⅱ.万…　Ⅲ.知识产权制度—研究—中国
Ⅳ.D923.04

中国版本图书馆 CIP 数据核字(2017)第 263037 号

责任编辑:胡　荣　　责任校对:李孟潇　　版式设计:汪冰滢

---

出版发行：**武汉大学出版社**　（430072　武昌　珞珈山）
（电子邮件：cbs22@ whu. edu. cn　网址：www. wdp. com. cn）
印刷：虎彩印艺股份有限公司
开本：720×1000　1/16　印张:20.25　字数:320 千字　插页:1
版次：2017 年 10 月第 1 版　2017 年 10 月第 1 次印刷
ISBN 978-7-307-19772-5　定价:58.00 元

---

# 前　言

生态危机的出现和生态文明的倡导使得知识产权和环境保护本是平行而互相独立的两个体系产生了牵连。知识产权制度绝非仅仅是促进技术创新和经济增长的手段，其应该有更高的目标——环境保护。生态救赎有赖于工业文明向生态文明、资源经济向知识经济、非持续发展向可持续发展的实现，在此“三重转变”过程中，知识产权制度作用甚大。知识产权制度通过规制、引导人的生产与生活方式进而影响环境，其对环境的影响利弊兼具，在制度设计上，应引导、发挥知识产权制度的生态正效应，克服、遏制其生态负效益。

知识产权制度发展生态化的伦理基础是可持续发展的环境伦理观。制度评价由技术的、功利的、伦理的三个层面组成，合乎伦理(环境伦理)是知识产权制度正当性的前提，它在某种程度上超越了技术和功利。知识产权制度的环境伦理审视旨在反对单纯的功利主义。知识产权制度发展生态化的经济基础是生态经济，其思想与可持续发展观一脉相承。生态经济的科技观(生态科技是第一生产力)、价值观(生态环境本身兼具工具价值和内在价值)与人学观(人的行为规范应遵循人与自然和谐、废物的无害化、资源节约原则等)为知识产权制度的生态化提供了经济基础。知识产权制度发展生态化的法理基础是环境正义、知识产权制度的二元价值目标与环境利益的契合、环境权与知识产权的协调之需。

面向生态文明的知识产权制度生态化路径主要包括取得制度、运用制度、保护制度和限制制度等四个方面。取得制度的生态化路径主要包括知识产权授权条件中应增列环保性审查标准；建立生态专利申请快速审查机制；完善专利申请中遗传资源来源披露制度等。就运用制度的生态化而言，应构建基于责任规则的生态技术转移规则；建立生态知识产权信息共享和生态专利共享机制；在知识产权成果转化阶段引入环境影响评价和环境告知与标识义务等。就保护制度生态化路径而言，修理、重作、回收利用中专利、商标、版权侵权判定，应考虑资源循环利用，平衡私人利益和环境公益之间的关系；知识产权侵权物处理上应严格适用销毁这种处置方式，并慎用停止侵权的救济方式；利用知识产权制度保护环境标志、遗传资源和传统知识等相关环境因素。就限制制度的生态化路径而言，主要包括确立基于环境利益的专利强制许可制度，将环境利益作为强制许可的事由之一；建立商业秘密保护中的环境信息披露制度，协调环境信息披露与商业秘密保护之间的关系；完善植物品种知识产权保护下的育种豁免和农民留种豁免，以维护生物多样性和促进农业可持续发展。

知识产权制度的历史是一个平衡个人权利和公共利益的历史。环境利益属典型的公共利益。以生态危机和生态文明为背景，将知识产权与环境保护结合，提出知识产权制度发展路径生态化的命题，将拓展和丰富知识产权制度的内涵。这是本书研究主题上的创新。知识产权本身是一个多学科(哲学、法学、经济学、管理学)概念。知识产权是私权、是竞争工具、更是一种国家战略。面向生态文明的知识产权制度发展路径这一命题需要多学科的研究视角的分析。基于此，本书采用跨学科的研究方法，从法学、科技哲学、经济学和公共政策学等多学科视角，揭示知识产权与环境保护的关系，这是本书研究视角上的创新。

本书的研究体系可概括为一个命题，即知识产权制度关乎生态文明和生态安全；两个方面，即知识产权制度对生态环境有正负两方面效应；三个层次，即知识产权制度生态化有伦理、经济、法理三个层次的正当性；四个维度，即从取得、运用、保护、限制四个维度构建知识产权制度发展的生态化路径。提出了诸知识产权制度生态化正当性的伦理基础是可持续发展的环境伦理观，经济基础是生态经济绿色科技观、价值观和“生态人”观，法理基础是环境正义、知识产权私权公权化与环境利益的契合；专利授予条件应纳入环保性；知识产权成果转化前应实施环境影响评价；知识产权侵权救济应考虑环境利益；基于环境利益，应对商业秘密保护加以限制；专利法中应引入育种豁免和农民留种豁免，以促进育种创新，维护生物多样性等观点。这是本书的体系和观点的创新。总之，本研究旨在克服知识产权私权本位的不足，避免知识产权制度单纯经济考量的缺陷，克服经济惯性的思考，挖掘知识产权制度的环境保护和增进生态文明功能。

同时，本书存在如下不足之处：其一，虽以知识产权制度发展路径生态化为研究主题，但主要以专利制度为例展开。对著作权制度、商标制度与环境保护的关系分析甚少。其二，对某些问题研究不够透彻和深入。如育种豁免条款如何引入专利法，条文如何表达，尚待进一步深入。基于文章结构平衡的需要，对某些论题的划分不是很准确。如，关于基于环境利益的知识产权强制许可，既可归于知识产权运用制度（促进知识产权的转移），也可归于知识产权限制制度。其三，实证分析不足。知识产权与环境保护分属两个不同的范畴，它们有不同的价值判断标准，通过量化研究的方式、凭借统计归纳方法得出研究结论的可能性不大。但对某些问题（如知识产权制度对生态技术转移的影响度），则可以通过实证分析得出结论。实证分析的不足使得有些结论欠缺说服力。

知识产权制度影响所及已非单纯是技术和创新活动，它还涉及农业、健康、环境、文化、竞争、贸易、民主、人权等诸多领域。知识产权制度作为一个不断变化、发展并愈加复杂的体系，只有用生态的（系统的）方法去审视、改进之，才能处理好与其他诸领域（包括环境领域）的关系。一个结构完整的、能平衡各方利益（包括环境利益）的知识产权制度，才是未来知识产权制度发展的方向。生态环境问题伴随着现代化的进程出现并加剧，所以当我们把环境问题置于整个现代性问题和社会生态中考虑时，才能寻求环境问题的解决方案。自然、技术、经济、消费、社会、文化、宗教、哲学、制度等是一个紧密联系的生态系统。社会问题之间往往互相关联，一损俱损、一荣俱荣。环境问题与其他现代性问题密不可分，它们只有一并消解和克服，环境问题才能彻底解决。这恰恰体现了解决环境问题的“生态”（系统）思想。因此，环境问题的解决非单纯的某种方案（如知识产权制度发展的生态化路径）所能解决。

# 目　录

# 图表索引

# 第一章　绪　　论

寂静笼罩着这个地方。园中觅食的鸟儿不见了，曾经荡漾着乌鸦、鸽子、鹪鹩的合唱以及其他鸟鸣的声浪的早晨，现在一切声音都没有了，只有一片寂静覆盖着田野、树木和沼泽地。曾经是多么吸引人的小路的两旁，现在排列着仿佛是火灾浩劫后的焦黄的枯萎的植物。甚至小溪也失去了生命，因为所有的鳟鱼已经死亡，这里已被生命所抛弃，留下来的只是一个寂静的春天，无声无息……

——摘自 R. 卡逊《寂静的春天》

18 世纪中叶让-雅各·卢梭(Jean-Jacques Roussean)在其《科学与艺术》①一文中探讨了科学与艺术的复兴是有助于敦风化俗，还是伤风败俗。论及：

> 有一个古老的传说从埃及流传到希腊，说是创造科学的神是一个与人类的安谧为敌的神。科学是在埃及诞生的，而埃及人自己对于科学又怀有怎样的见解呢？他们是亲切地看到了产生科学的根源的。事实上，无论我们怎样翻遍世界的纪年史，也无论我们怎样再以哲学的探索来补充无法确定的编年史，都不会发现人类知识的起源能有一种是符合我们所愿望的那种观念的。天文学诞生于迷信，辩论术诞生于野心、仇恨、谄媚和撒谎；几何学诞生于贪婪；物理学诞生于虚荣的好奇心；所有一切，甚至于道德本身，都诞生于人类的骄傲。因此，科学与艺术都是从我们的罪恶诞生的；如果它们的诞生是出于我们的德行，那末我们对于它们的用处就可以怀疑得

① 本文曾获 1750 年法国第戎学院奖金，应该学院的征文题《科学与艺术的复兴是否有助于敦风化俗》而作。

少一点了。①

人类文明的进步，特别是科学技术的进步，都出于一种要不得的动机，即怎样满足自己的物欲或利益，而这些东西并不是人类所应该追求的东西。所以他最后否定了一切科学和技术的进步。知识产权制度存在理由之一是其促进了科学、文学、艺术的进步。按卢梭之结论，知识产权制度本身的合理性是值得怀疑的。当然，卢梭的结论是经不起严格推敲的，他本人也承认："这篇文章虽然充满了力量与热情，却完全没有逻辑与章法。在我笔下所曾写出过的一切作品中，以这一篇的论证最为薄弱，而且最缺乏比例与和谐。"②但其所提出的一些问题却非常有价值：近代科学的进步怎样才能够配合人类精神文明的进步，而不是反其道而行之。比如，我们现在面临的生态破坏，环境污染问题，如果继续恶化，子孙后代都无法生活。③ 本书无意仿卢梭否认科学与艺术来否定知识产权制度，而是旨在反思现行知识产权制度生态效应的基础上，提出知识产权制度发展生态化路径的思考与建议。

发展经济而不保护环境，结果会是"国在山河破"；不保护知识产权，则"知识产权立国"，建设创新型国家和实现创新驱动发展战略的目标将无法实现。知识产权保护和环境保护是一个国家发展不可或缺的两翼。生态危机的出现和生态文明的倡导使得知识产权和环境保护两个原本平行而互相独立的体系产生了牵连或联系。环境资源问题将是知识产权制度发展中需要关注的一个新导向。现代知识产权制度在促进物质文明，精神文明建设的基础上，应更注重维护人与自然关系的和谐，促进生态文明建设。

---

① ［法］卢梭．论科学与艺术［M］．何兆武，译．北京：商务印书馆，1963：20-21.

② ［法］卢梭．忏悔录［M］．范希衡，译．北京：人民文学出版社，1982：439.

③ 参见何兆武．历史理性的重建［M］．北京：北京大学出版社，2004：223.

# 第一节　研究背景与研究意义

## 一、研究背景

近现代工业文明的发展历史表明，一方面，工业系统是现代社会经济系统的核心和社会发展不可或缺的动力，无现代工业便无现代文明；另一方面，工业系统对生态系统的干扰又最为强烈，它给人类带来福祉和便利的同时，很大程度上对环境造成了污染或破坏，危及了人类的生存与发展。科学技术是第一生产力。现代工业文明发展越来越依靠科学技术创新，而科技的发展与创新有赖于知识产权制度的保护。技术在促进社会经济发展的同时，也给人类生存环境造成了破坏。技术的不断进步与生态环境的恶化构成现代社会经济发展的矛盾之一，根源在于技术发展的方向选择。最具代表性的例子是 DDT,① 其发明者 P. H. 米勒(Paul Hermann Miller)于 1948 年荣获诺贝尔生理/医学奖。然而到了 20 世纪 50 年代末，美国生物学家蕾切尔·卡逊(Rachel L. Carson)用了 4 年时间，通过大量的实地观察和调查研究，出版了《寂静的春天》(*Silent Spring*)一书，指出 DDT 在消灭害虫的同时，也对环境造成了灾难性的污染，它像一颗定时炸弹抛向人类生存的环境。在 DDT 毒死的害虫中，有一些昆虫会发生变异并存活下来，DDT 对具有抗药性的害虫无能为力。结果鸟吃了这些昆虫而死亡，出现了“寂静的春天”。一项曾获诺贝尔奖的重大发明，因其损害了人体健康和破坏了生态平衡，仅仅 20 年时间，就被世界各国宣告禁止生产和使用。② 类似的例子还有很多。③ 技术引

---

① 1945 年，瑞士科学家 P. H. 米勒发明了 DDT，即人工合成的二氯二苯基三氯乙烷。它易于获得，性质稳定，能够有效地杀除昆虫、控制疟疾蔓延，一时之间 DDT 功德无量，遍及全球。由于 DDT 是一种毒性很高，且难分解的化合物，农民用它除虫的同时，该化合物也通过水、空气和生物传播、吸收，再通过食物链不断被富集起来，造成对环境的污染，威胁人类健康。

② 参见[美]蕾切尔·卡逊．寂静的春天[M]．吕瑞兰，译．北京：科学出版社，1979：85；米文权．获奖的发明为何变成了淘汰品[J]．发明与革新，2002(1)：5.

③ 更多的例子可参见[日]出云谕明．威胁人类存亡的定时炸弹——环境荷尔蒙[M]．深圳：海天出版社，1999.

起的环境污染和破坏不能不引起人们对技术及知识产权政策与制度的反思。正如安东尼·吉登斯(Anthony Gidens)所言:"我认为最好是以问题为中心,而非以学科为分界。""我们现在应该是问题驱动,而不是学科驱动,问题应该是最重要的决定性因素。"①这或许是本研究的"问题意识"了。

目前,中国经济的增长是以自然资源和廉价劳动力为依托,通过高能耗、高污染的增长方式来实现的,经济增长的环境资源代价过大。我国是世界上经济增长最快的国家之一,但多年计算的平均结果显示,衡量我国经济成长的GDP中,至少有18%是靠资源和生态环境的"透支"获得。② 事实表明,如果生态环境破坏严重、人们的生产生活环境恶化、资源能源供应紧张,则人与人的和谐、人与社会的和谐便难以实现。基于此,中国共产党第十七次全国代表大会报告中多处指出,"坚持生产发展、生活富裕、生态良好的文明发展道路,建设资源节约型、环境友好型社会",统筹"人与自然和谐发展","建设生态文明","要完善有利于节约能源资源和保护生态环境的法律和政策,加快形成可持续发展体制机制"。党的十八大报告和十八届三中全会更是明确提出了"加快生态文明制度建设"。国家环保总局为加快建设国家环境科技创新体系,进一步增强环境科技创新能力,使环境科技更好地适应和推动环境保护历史性转变,制定了《关于增强环境科技创新能力的若干意见》,指出要引导企业加大科技投入,鼓励企业为国家和地方环保部门组织的公益性科研项目提供资金支持,加大知识产权保护力度,维护市场公平竞争,保护企业自主开发环境技术和产品的积极性。以环境技术管理体系为手段,积极引导、扶持企业开发具有自主知识产权的重要环保技术装备和基础装备,努力掌握环保核心技术和关键技术。《国家知识产权战略纲要》(以下简称《纲要》)也指出:"我国正站在新的历史起点上,大力开发和利用知识资源,对于转变经济发展方式,缓解资源环境约束,提升国家核心竞争力,满足人民群众日益增长的物质文化生活

① 吉登斯于2007年12月1—13日访问广州期间在中山大学与中国学者对话的观点。参见《南方周末》,2007年12月20日。

② 贺晓.《京都议定书》的生效与我国环境会计的发展[J]. 能源技术与管理,2005(3):82-85.

需要，具有重大战略意义。”

同时，知识产权制度发展的生态导向，也是国际知识产权制度的发展趋势。早在 1999 年，《与贸易有关的知识产权协议》(*Agreement On Trade-related Aspects of Intellectual Property Rights*，TRIPs) 理事会 (Council) 开始讨论和审查 TRIPs 协议第 27.3(b) 条款。自此，有关 TRIPs 协议和环境问题作为非正式谈判议题纳入世界贸易组织 (World Trade Organization，WTO) 议程。2001 年，WT0 多哈部长级会议在《多哈宣言》第 19 段和第 32(ii) 段分别授权 TRIPs 理事会和贸易与环境委员会 (Committee on Trade and environment，CTE) 考察 TRIPs 协议与生物多样性公约 (Convention on Biological Diversity，CBD) 的关系和传统知识保护。① 2002 年英国知识产权委员会在其研究报告《整合知识产权与发展政策》中，也提出知识产权能够以及怎样才能够帮助促使环境可持续发展目标的实现。② 2007 年，欧盟出台的《用能产品生态设计框架指令》要求对各种用能产品进行节能、延长寿命、降低环境影响的设计。另据报道，2008 年 8 月 26 日，世界知识产权组织 (World Intellectual Property Organization，WIPO) 根据其生命科学计划举办了一次专题讨论会，探讨知识产权及其在根据多边环境协议 (Multilateral Environmental Agreements，MEAs) 进行技术开发和转让中的作用。③ 2008 年 9 月 6—11 日，在美国波士顿召开的第 41 届国际保护知识产权协会 (AIPPI) 年会上，产品回收与修理中的知识产权用尽、环境技术与知识产权保护以及关于环保的国际广告分别列入大会议题。2009 年 WIPO 将世界知识产权日④的主

---

① Paragraph 19 and 32 of the Doha Ministerial Declaration，WT/MIN(01)/DEC/1.

② 英国知识产权委员会．整合知识产权与发展政策(2002)[R/OL].[2016-07-20]. http://www.iprcommission.org/text/documents/final_report.htm.

③ http://www.wipo.int/meetings/en/2008/ life sciences/patent_landscaping/，2015-8-28.

④ 1970 年 4 月 26 日，《建立世界知识产权组织公约》正式生效。2000 年 10 月，世界知识产权组织第 35 届成员大会系列会议通过了中国和阿尔及利亚 1999 年共同提出的关于建立“世界知识产权日”的提案，决定从 2001 年起将每年的 4 月 26 日定为“世界知识产权日”。每年的“世界知识产权日”都有一个主题：2001 年的主题是“今天创造未来”，2002 年是“鼓励创新”，2003 年是“知识产权与我们息息相关”，2004 年的主题是“鼓励创造”，2005 年的主题是“思考、想象、创造”，2006 年的主题是“知识产权——始于构思”，2007 年的主题定为“鼓励创造”，2008 年的主题是“赞美创新，增进人们对知识产权的尊重”。

题定为"提倡绿色创新"(Promoting Green Innovation)，强调知识产权对推动开发绿色技术和环保产品的重要作用。WIPO总干事弗朗西斯·加利(Francico Gali)在致辞中谈到：WIPO将重点宣传建立一套平衡的知识产权制度所能做出的贡献：帮助创造、传播和利用清洁技术；有利于推广绿色设计，旨在确保所创造的产品终其生命周期自始至终都无害生态；有助于创建绿色品牌，以帮助消费者作出知情选择，并让公司拥有竞争优势。人类的创造天才，是恢复人类与其生存环境之间脆弱的平衡所能寄予的最大希望，是争取找到迎接这一全球性挑战的办法的最大财富，能让我们从过去的碳基灰色技术走向未来的碳中和绿色创新。① 同时，联合国环境规划署确定2009年"六·五"世界环境日②的主题为"你的星球需要你，联合起来应对气候变化"(Your planet needs YOU! Unite to combat climate change)。2009年12月哥本哈根气候峰会行动讨论了气候友好型技术的创新和应用决定低碳行动成败的关键。2010年11月底在墨西哥坎昆举行的联合国气候变化大会围绕发展中国家节能减排和一些具体技术转让项目等问题展开了讨论。作为激励技术创新和应用最重要的知识产权制度特别是专利制度也重新进入人们的视野而受到审视。美国众议院2010年6月通过一项法案，表示"美国应防止任何削弱《联合国气候变化框架公约》的举止，并确保遵守和执行现有国际法要求保护绿色技术的知识产权"。2012年12月10日，在印度尼西亚召开的第二届世界生态安全大会上发布的《世界生态文明宣言》(*World Ecological Civilization Declaration*)特别指出，要对气候变化、生态安全与可持续发展领域的创新技术的推广或转让开拓广泛的途径，推动信息化建设和电子政务的运用。消除生态技术合作与交流障碍，保护知识产权，建立合理的转让机制。该指导性纲领倡导法律与政策在促进生态文

---

① 2009年世界知识产权日：绿色创新[EB/OL].[2016-12-19].中国知识管理中心.http://www.51msh.com/ns_inf/20090325152911132814.html.

② 1972年6月5日，联合国在瑞典首都斯德哥尔摩举行了首次人类环境会议，通过了《人类环境宣言》及保护全球环境的"行动计划"。同年10月，第27届联大根据斯德哥尔摩会议的建议，决定成立联合国环境规划署，并正式将6月5日定为"世界环境日(World Environment Day)"。从1974年起，联合国环境规划署每年都根据当年的世界主要环境问题及热点，有针对性地制定世界环境日的主题。

明过程中应发挥重要作用。① 知识产权与环境保护走得越来越近。

“现代公害从根本上说，是伴随人类活动的物理性扩大不可避免的现象，但同时，也不能忽视现代产业社会制度的机制成为促进公害扩大的强有力的社会性因素的事实。现代社会中的企业，只基于企业内部的收益计算，把最大限度地获取收益作为自己的活动目标。事业者从未考虑过企业活动波及到企业外的负面影响即社会费用的问题。”②所以环境问题的产生与政策法律密切相关。知识产权法律制度，作为科学技术和商品经济发展的必然产物，在保护人类创造性智力成果，推动经济发展的同时，如不考虑环境效应，此种鼓励创新的制度可能加剧环境恶化。目前环境法律制度与知识产权法律制度之间缺乏有机的对接与整合，国内外关于此论题的研究亦多有不足。故选择本论题有一定现实针对性和创新空间，避免“无的放矢”和“重复建设”。

## 二、研究意义

### (一)理论意义

本书以生态文明为视角拓展和丰富知识产权制度的研究领域。知识产权与环境保护的关系是管理学界、法学界、哲学界等关注的前沿问题，但多集中于具体问题研究，如生物技术与知识产权、生态(环境友好或气候友好)技术与知识产权等。对知识产权制度发展的生态化路径作系统研究者尚无。本书将在现有研究成果的基础上，从多学科视角，分析知识产权制度对建设生态文明的影响、知识产权制度生态化正当性的基础，以创新和绿色发展理念引导知识产权取得、运用、保护和限制制度的设计，以期克服知识产权制度的经济视角惯性，为知识产权制度发展的生态化路径提供理论基础。同时，本研究也望能为知识产权与相关学科的跨领域研究提供新的视角。

### (二)现实意义

创新驱动发展和生态文明建设，需要将经济发展单纯对自然资源的

---

① 参见第二届世界生态安全大会通过的 *World Ecological Civilization Declaration*(2013 年 6 月 13 日)，http://www.iesco-iesco.org/content/en-US/orgnews_k437.aspx。

② 赵绘宇. 论环境资源法在中国新型工业化中的作用[M]//王曦. 国际环境法与比较环境法评论(第 2 卷). 北京：法律出版社，2005：194.

依赖转变为对知识和智力资源的依赖。本选题结合知识产权制度已有的创新功能，从生态保护的视角，融合创新和绿色发展理念，研究如何通过知识产权制度促进知识资源的生产，鼓励生态技术和产品的创新、运用和推广，以期为实现创新驱动发展战略和保障生态文明建设提供制度基础。

随着世界贸易自由化以及 WTO 多边谈判的不断深入和扩展，贸易与环境问题日益凸显，已引起 WTO 各成员普通关注，并成为 WTO 谈判中的重要议题。其中 TRIPs 协议相关环境问题是谈判的重要组成部分。中国作为 WTO 成员以及生物多样性最为丰富的国家之一，TRIPs 协议有关环境问题的谈判对中国贸易、生物多样性以及可持续发展等国家利益至关重要，对于保护人类、动物和植物健康或避免对环境造成严重损害、维护和保障中国作为传统知识和遗传资源来源国的权利及利益、有效保护生物多样性和生态系统等具有重大意义。本研究对中国应对在 TRIPs 协议有关的环境问题的谈判，维护国家利益和环境安全时会有所助益。

## 第二节 基本概念的界定

### 一、知识产权

“知识产权”系英文 Intellectual Property 的意译。按照欧洲大陆的旧有习惯，Intellectual Property 原本仅涉及著作权，几乎与商标和类似的市场营销策略无关。① 但目前它作为著作权、专利权、商标权与反不正当竞争的上位概念，获得了包括 WIPO 和 WTO，以及大多数学者的普遍认可。

德国著名学者约瑟夫·科勒(Jeseph Kohler)从 1874 年起，开始构建以著作权(Urheberrecht)为核心的无形财产权(Immaterialgueterrechte)

① See Cornish. W. R. Intellectual Property: Patents, Copyright, Trade Marks and Allied Rights(Fourth Edition)[M]. London: Sweet & Maxwell, 1999: 3.

学说。① 该学说对奥地利、瑞士等国家的无形财产权理论的发展产生了深远影响。此后德国学者将无形财产权大多称为工商业产权和著作者权（gewerblicher Schutzrecht und Urheberrecht）。现在也使用与 Intellectual Property 有等同意义的智慧所有权（Geistiges Eigentum）概念。② 尽管 Eigentum 在德国民法中专指所有权，但上述两种概念作为知识产权的代名词，在德国法学界至今频繁交替使用，并行不悖。

日本受德国法的影响，长期以来将知识产权称为无体财产权。尽管近年来很多日本学者改称为知的（知识）财产权，但不能因此否定无体财产权的用法。日本著名学者纹谷畅男在其专著《无体财产权法概论》一书中沿袭了无体财产权的称谓。

从以上对知识产权词源的考察说明，英、德、日学者似乎并不关注“知识产权”、“无形财产权”抑或智慧所有权等概念的差异，但研究内容却空前一致，无非是关于专利权、商标权、著作权及其相关的反不正当竞争和新型知识产权。③ 在我国，20 世纪 70 年代初，首次将英文 Intellectual Property 译作“知识产权”。作为正式的法律用语，最早出现在 1986 年 4 月 12 日第六届全国人民代表大会第四次会议通过的《中华人民共和国民法通则》④。在我国台湾地区则译为智慧财产权。

由于知识产权涉及经济、管理、科技和法律等领域，不同行业对其界定不同。

财会人员认为，知识产权是无形资产（intangible asset）的一种形式。除专利权、商标权、特许经营权等知识产权或知识财产外，无形资产还包括商誉（goodwill）、非专利技术以及土地使用权等。一个企业的无形资产或“软资产”的价值远高于诸如其拥有的现金、厂房、设备等“硬资产”的价值。在企业经营管理人员看来，知识产权是通过明确并获取新知识的方式，将

---

① Vgl Rehbinder, Urheberrecht, Muechen: C. H. Beck, 2002, 12. Auflage, S. 18. 转引自郑友德．知识产权法[M]．北京：高等教育出版社，2004：20.

② Vgl. BverfG, 25, 10, 1978, GRUR 1980, 44(46)-Kirchenmusik. 转引自郑友德．知识产权法[M]．北京：高等教育出版社，2004：20.

③ 郑友德．知识产权法[M]．北京：高等教育出版社，2004：20.

④ 《中华人民共和国民法通则》第 5 章（民事权利）第 3 节直接以知识产权命名。《中华人民共和国民法总则》（2017 年 3 月 15 日通过，同年 10 月 1 日实施）第 123 条规定：“民事主体依法享有知识产权。”

人力资本(human capital)转化成价值的一种管理工具。① 知识产权属于创新资本(除知识产权外，还包括关键知识与技术、创新投入和创新文化)的范畴，创新资本和人力资本(含经营团队、专业技能和向心力与创造力)、流程资本(含营运流程、创新流程、知识管理和组织弹性)、关系资本(顾客规模、顾客忠诚、策略伙伴和声誉)共同构成智力资本(intellectual capital)②。在科技界人士看来，知识产权与科技创新紧密联系，是对科技创新主体智力投入即"投智"与资金投入即"投资"的保护与回报。

法律界目前对知识产权的界定尚无定论。迄今为止，国际知识产权条约、国内外知识产权特别法和相关法对知识产权的界定，主要采典型列举方式。③

对知识产权的学理界定，学者的观点各异：日本学者中山信弘认为，知识产权是指禁止不正当模仿所保护的信息。即人的智力、精神上创作成果的创作物(例如发明与作品)和表现经营上信誉的经营标识(例如商标与商号)的总称。④ 英国学者 Cornish 提出，知识产权是保护人类成果的某些优秀表现形式(finer manifestations)的一个法律分支。⑤ 澳大利亚学者 Drahos 表示，知识产权是"诉讼上的财产权"，即可依法在诉

---

① Michael A. Gollin. Driving Innovation: Intellectual Property Strategies for a Dynamic World[M]. Cambridge University Press, 2008: 23.

② 阙光威. 智慧资本的法律定性与智慧财产证券化的可行性分析研究[J]. 政大智慧财产评论, 2004(1): 103.

③ 例如，依据 WIPO 在《建立世界知识产权组织公约》中第 2 条规定，知识产权涉及：(1)文学、艺术及科学作品；(2)表演艺术家的表演、录音制品与广播；(3)人类活动的所有领域内的发明；(4)科学发现；(5)工业品外观设计；(6)商品商标、服务标记、商号及其他商业标志；(7)反不正当竞争；(8)一切来自工业、科学及文学艺术领域的智力活动成果所产生的其他权利。WTO 的 TRIPs 协议将知识产权的范围列举如下：(1)著作权与邻接权；(2)商标权；(3)地理标志权；(4)工业品外观设计权；(5)专利权；(6)集成电路布图(拓扑图)设计权；(7)未披露的信息专有权(商业秘密)；(8)对许可合同中限制竞争行为的控制。我国《民法通则》第 94~97 条规定的知识产权则包括：著作权、专利权、商标权和发现权。

④ [日]中山信弘. 多媒体与著作权[M]. 张玉瑞, 译. 北京: 专利文献出版社, 1997: 1-3.

⑤ See Cornish. W. R. Intellectual Property: Patents, Copyright, Trade Marks and Allied Rights(Fourth Edition)[M]. London: Sweet & Maxwell, 1999: 3.

讼中赢得占有而实际尚未占有的财产。① 另一位澳大利亚学者 Mckeough 指出，知识产权是法律对创造性成果授予的各种权利或权利束(bundles of rights)的普通术语。② Jaenich 认为，知识产权是对权利客体(Rechtsobjekt)——无体财产(Immaterialgut)依法授予所谓支配权(Herrschaftsmacht)。③

WIPO 专家指出：知识产权是指在工业、科学、文学和艺术领域智力活动产生的法定权利(legal right)④。在 WIPO 早先出版的一本读物中，WIPO 专家详细讨论了知识产权的概念与性质，认为：与动产和不动产相比，知识产权的客体是人的心智、人的智力创造。即知识财产是与信息(Information)有关的财产，这种信息能够同时包含在全球任何地方无限数量复制件的有形物中。这些财产并非指这些复制件，而是指这些复制件中所含的信息。⑤ 据 WIPO 网站称，知识产权指心智创造(creations of the mind)，包括发明、文艺作品、符号(symbols)、名字(names)、形象(images)和商业设计。⑥

我国学者对知识产权的界定大多沿袭了国外学者的观点。⑦

---

① See Drahos. P, A Philosophy of Intellectual Property, Singapore & Sydney: Dartmouth, 1996. pp. 19-20.

② [德]M. 雷炳德. 著作权法[M]. 张恩民, 译. 北京: 法律出版社, 2005: 74-75.

③ Vgl. Jaenich, Geistigen Eigentum-eine Komplementaererscheinung zum Sacheigentum? Mohr Siebeck, 2002 S. 226. 文中所有德文资料均由导师郑友德老师提供并翻译，在此特表感谢。

④ WIPO: Introduction to Intellectual Property, Theory and Practice, 1997: 3.

⑤ WIPO: Background Reading Material on Intellectual Property, 1998: 3.

⑥ http://www.wipo.int/about-ip/en.

⑦ 郑成思教授认为，知识产权是人们就其智力创造的成果依法享有的专有权利。(参见郑成思. 知识产权法教程[M]. 北京: 法律出版社, 1995: 1)刘春田教授认为，知识产权属于民事权利，是基于创造性智力成果和工商业标记依法产生的权利的统称。(参见刘春田. 知识产权法[M]. 北京: 中国人民大学出版社, 2002: 3)吴汉东教授认为，知识产权是人们基于自己的智力活动创造的成果和经营管理活动中的标记、信誉而依法享有的权利。他认为知识产权有广义和狭义的划分方法，狭义的知识产权仅包括工业产权(Industrial Property)和文学产权(Literature Property)。(参见吴汉东主编. 知识产权法学[M]. 北京: 北京大学出版社, 2000: 1-3.)李琛教授提出了“符号论”的观点，即认为“知识产权对象的形态是‘符号组合’，知识产权是符号财产权”。(参加李琛. 论知识产权法的体系化[M]. 北京: 北京大学出版社, 2005: 43-44.)

笔者认为，知识产权是自然人、法人和其他组织的智力创新成果和工商业领域的投资成果享有的法定权益。该权利或法益一种是基于人的智力投入即“投智”所产生；另一种是对基于资金投入即“投资”所产生。前者如对发明创造和文艺创作等“投智”成果依法产生的智力成果权；后者如对商标和数据库等“投资”成果依法产生的工商业成果权。

知识产权是就特定信息所享有的专有权。信息具有非消耗性，一般不会自然消灭。但特定信息上的专有权则有时间限制(商业秘密除外)，一旦期限届满，原来专有的特定信息进入公有领域。知识产权的客体——信息——具有共享性，而知识产权本身却是专有的、排他的。同一特定的信息可以在多个时空、以多种方式被利用，但就该信息上具体的知识产权而言，其利益归属是特定的权利主体。即知识产权建立在“客体”与“客体上的利益”分开的基础上。法律所保护的并非“信息”这种客体本身(因为法律根本保护不了)，而是保护客体上所体现出来的法定权益。即知识产权是一种“客体共享、权利排他”的权利，或是一种“信息公开，权利垄断”的权利。

本书对知识产权制度发展生态化路径的论述涉及知识产权制度诸方面，但主要为专利制度。

## 二、制度

在现代汉语词典中，制度有两层含义：一是指大家应共同遵守的办事规程或行动准则；二是指在一定历史条件下形成的政治、经济、文化等方面的体系。① 可见，制度有规则和体制两方面的含义。从经济学的角度看，制度是新制度经济学(The New Institutional Economics)的核心概念。其代表人物道格拉斯·C. 诺斯(Douglass C. North)认为，制度是“一系列被制定出来的规则、守法程序和行为的道德伦理规范”②。具体包括：(1)以规则和管制形式对行为施加的一系列约束；(2)检验行为是否偏离了规则和管制的一系列程序；(3)一系列的道德和伦理行为

① 中国社会科学院语言研究所词典编辑室．现代汉语词典(修订本)[Z]．北京：商务印书馆，1996：1622.

② [美]道格拉斯·C. 诺思．经济史中的结构与变迁[M]．陈郁，译．上海：上海三联书店，1994：225.

规范，它们定义了规则和管制可选择的订立方式和实施方式。① 这表明新制度经济学是在规则这一层面定义“制度”概念的，即“制度”是“由人制定的规则”②。不过就法律制度而言，“实际运作中的法律制度是一个结构、实体和文化相互作用的复杂有机体。”③根据诺斯的看法，制度是社会的游戏规则，由正式规则、非正式规则和实施机制三部分构成。正式规则是指人们发现、制定并用以规范化的一系列规则，包括政策、法律法规等，其主要特征是强制性。非正式规则包括习俗、传统、道德观念、意识形态等，其中意识形态处于核心地位，因为它蕴含着价值观念、伦理规范、道德观念和风俗习性。实施机制，是规则实施的过程和原理，某种制度的有效性，取决于该制度的实施机制是否健全。离开实施机制，制度便形同虚设。本书所使用“制度”一词包含上述三层含义。

## 三、知识产权制度生态化

生态化概念肇始于生态科学领域，1866 年，德国生物学家海克尔(E. Haeckel，1834—1919)在他的《有机体普通形态学》一书中正式提出“生态”一词，以摆脱传统的从生物个体出发的、孤立的思考方式，认识到一切生物都是环境的一部分。1869 年，他又明确提出：“生态学是研究生物有机体和无机环境全部关系的科学。”从此，生态学作为一门学科逐渐得到人们的承认和广泛重视。

人类作为生态系统中一个不可或缺的组成部分，对于稳定生态系统起着一定的作用。但同时也对环境产生了影响。从语义和词源上看，生态学一词是由希腊字 Oikos 派生而来，它是房子和家的意思。生态学的“家”是指自然界。的确，生态学是在人类自己造成的悲惨处境中诞生的。“现代生态学是作为问题学出现的。”生态学的哲学思考是一种问题学式的理论反思，是人类主体的一种自我批判，是人类对今天自己主体

---

① ［美］道格拉斯·C. 诺思．经济史中的结构与变迁［M］. 陈郁，译．上海：上海三联书店，1994：245.

② ［德］柯武刚，史漫飞．制度经济学：社会秩序与公共政策［M］. 韩朝华，译．北京：商务印书馆，2000：32.

③ ［美］劳伦斯·M. 弗里德曼．法律制度［M］. 李琼英，林欣，译．北京：中国政法大学出版社，1994：13-19.

能力滥化的一种批判性的内省。①

定义生态化，首先涉及对“化”的理解。提起“化”，人们耳熟能详，如：工业化、民主化、标准化、市场化、集团化、法制化、产业化、规范化、信息化、智能化、现代化、国际化、全球化、数字化、多样化、虚拟化、沙漠化等。根据《辞海》的解释，“化”有改变和转移人心风俗之意；在《古汉语常用字字典》中对“化”的解释之一是：教化，用教育感化的方法改变人心风俗；“渐也，顺也，靡也，久也，服也，羽也，谓之化。”②“变则化。”③可见，“化”的本意有“变化，改变”之意。至于“生态化”一词，中外的辞书上尚无。

“任何社会都会出现新的，先前的知识体系和范式无法回答的问题……因为真正丰富的，可能增加人们知识和感悟的生活总是‘主流’之外的生活。”④的确，生态化(Ecologicalization)概念的提出，与生态时代的到来密不可分，它已从游离于“主流”之外，渐渐参与到“主流”的生态化重构之中。生态化的概念目前已为全社会广泛接受，⑤ 各行各业都以生态化为时尚，以致对生态化的定义繁多，但至今尚未形成统一的定义。

一般而言，所谓“××化”，是指某种方式超出原来的界限向其他领域的延伸并因此形成某种趋势或发展模式。如，“信息化”即指信息技术超出原有的科学计算、数据传输领域而应用于社会生活各方面。同样，“生态化”是生态学范式的泛化，也就是生态学方法及其价值观念向社会生活各个层面扩展。⑥ 生态化亦称为“绿化”，徐国栋教授在解

---

① 张一兵．当代生态学视界与科学历史观的深层逻辑——关于人与自然，技术与社会发展关系的哲学辨识[J]．哲学研究，1993(8)：13-17.

② 《荀子·七法篇》。

③ 《礼记·中庸》。

④ 汀丁丁．走向边缘(自序)[M]．上海：三联书店，2000：1.

⑤ 2009 年 1 月仅从 google 网站(中文)搜索“生态化”，就有 522，000 条。诸如产业生态化、城市生态化、生态化设计、生态化建设、生态化改造、工业生态化、农业生态化、生态化建筑、教育生态化、文化生态化、文学生态化、生态化转型、贸易生态化、技术生态化、政治生态化、法律生态化、农业生态化、消费生态化、旅游生态化、包装产品生态化、汽车产品生态化、资源利用生态化，等等。

⑥ 戴锦．产业生态化理论与政策研究[D]．东北财经大学博士学位论文，2004：15.

释《绿色民法典草案》时提及："当初把我们的民法典草案命名为'绿色'时，并未想得很深，只做了一个'绿色'就是人与资源的平衡的意思，是对人类与其他生灵的和平共处关系的描述，是对人的谦卑地位的表达的说明。"①"它以悲观主义的人类未来论为基础，承认资源耗尽的必然性和一定的可避免性，基于此种确信禁止和限制人类对资源的浪费性使用，从而维持人类的可持续生存。"②有学者在解释"技术生态化"时，认为其中"化"的本意是指事物的形变、转化。一事物被另一事物所"化"，则意味着一事物同另一事物的融合、渗透，朝着另一事物的转变，转化。因此，技术生态化可以理解为是技术同生态学的接近、融合，是生态学向技术的渗透的过程。③ 本书认为生态化是指将生态学的基本原则、概念和方法移植和延伸到其他领域，用资源节约、环境友好以及人与自然和谐共处的理念去思考和认识社会诸现象。

在生态化趋势下，各学科为寻求生态问题的解决，以生态学观点丰富本学科理论。本书便是这种尝试。基于上述生态化分析，知识产权制度的生态化(或称绿化)，是指将环境保护与知识产权联系起来，将生态文明的理念渗透到全部知识产权制度(包括正式规则、非正式规则和实施机制)中，使知识产权制度朝着有利于环境友好的方向发展。狭义的知识产权制度生态化仅指知识产权制度本身的"生态化"，而广义的知识产权制度生态化除了狭义外，还包括围绕着知识产权取得制度、应用制度、限制制度和保护制度各环节的其他相关制度(如环境保护法律制度、政府采购制度、技术成果转化制度、消费制度等)的生态化。本书所论述的为广义的知识产权制度生态化，但以狭义的知识产权制度生态化为主。

## 四、生态技术

生态技术(Eco-Technology)，又称绿色技术(Green Technology)或环

---

① 徐国栋．绿色民法典草案[M]．北京：中国社会科学文献出版社，2003：序言．

② 徐国栋．认真透析《绿色民法典草案》中的"绿"[J]．法商研究，2003(6)：7-10.

③ 王子彦，陈昌曙．论技术生态化的层次性[J]．自然辩证法研究，1997(8)：47-49.

境友好技术(Environmentally Sound Technology)，是20世纪70年代在西方出现的新名词。目前有关生态技术的概念尚不统一。不同专业对生态技术有不同理解。从经济学角度讲，生态技术是指有助于减少生产与消费的边际外部成本的可持续利用的技术。① 在技术层面上，通常把节约资源、避免或减少环境污染的技术统称为生态技术。在哲学界看来，生态技术是指遵循生态学原理和生态经济规律，能够保护环境，维持生态平衡，节约能源、资源，促进人与自然和谐发展的一切有效用的手段和方法。②

本书认为，生态技术应遵循"生产——消费——修复"的生态法则，具有资源节约和环境友好的功能，兼具良好经济效益的可持续发展的技术。其特征主要有三：一是生态效益与经济效益的融合性。生态技术必须考虑其对社会、经济的影响，技术成果的应用和推广必须考虑生态环境的承受能力，坚持经济效益和生态效益的统一。二是伦理性。生态技术负载着一种新型的人与自然关系，强调防止、治理环境污染，维护生态平衡。生态技术的开发与应用是一种善的行为，生态技术负载伦理价值。③ 三是动态性。生态技术是一个发展的动态的概念，其内涵和外延随着时间推移和科技进步而不断变化发展。

## 第三节 文献综述

世界各国均已意识到生态环境的污染或破坏给人类生存带来的巨大压力，诸多学者亦就知识产权制度如何应对生态危机这一议题展开讨论与研究。本部分从国内、国外两个层面，分研究主题进行综述。

### 一、国内研究文献综述

#### (一)法律生态化研究

在我国最早引入法律生态化观点的环境法学家金瑞林教授认为，在

---

① 郭卜铭，王世明，吕渭济．生态技术创新与资源型城市的可持续发展[J]．湛江师范学院学报，2005(4)：54-57.

② 秦书生．生态技术的哲学思考[J]．科学技术与辩证法，2006(4)：75-79.

③ 钟书华．绿色技术[J]．今日科技，2002(2)：36-38.

20 世纪 70 年代，“法律生态化”的观点在世界各国的立法中受到重视并向其他部门法渗透。在民法、刑法、经济法、诉讼法等部门法中制定了符合环境保护要求的新的法律规范。① 马骧聪教授亦指出：“在前苏联时期，苏联的生态法学家就提出了‘法律生态化’的概念和主张，即认为对自然环境的保护不仅需要制定专门的自然保护法律法规，而且还需要一切其他有关法律也从各自的角度对生态保护作出相应规定，使生态学原理和生态保护要求渗透到各有关法律中，用整个法律来保护自然环境。”②王树义教授指出：“所谓立法的生态化，是指各种不同的法律部门在立法的过程中，均应考虑国家在保护环境、防治污染、合理利用和保护自然资源方面的生态要求，都要制定相应的法律规范对生态社会关系进行调整。”③蔡守秋教授认为法律生态化是“对传统法律目的、法律价值、法律调整方法、法律关系、法律主体、法律客体、法律原则和法律责任的绿化或生态化。它以环境正义、环境公平、环境民主、环境效益、环境安全和生态秩序为自己的价值取向，以明确主体人和客体自然之间的法定关系、赋予人和非人物种的特定法律地位为特色途径”。④

除了上述环境法学者提出法律生态化的观点外，近年来其他部门法学者也纷纷提出部门法生态化的主张，如“金融法的生态化”⑤、“经济法的生态化”⑥、“宪法与行政法的生态化”⑦、“民法的生态化”⑧、

① 金瑞林. 环境法学[M]. 北京：北京大学出版社，1990：46.

② 马骧聪. 俄罗斯联邦的生态法学研究[J]. 外国法译评，1997(2)：43-44.

③ 王树义. 关于中国环境立法进一步发展的若干思考[C]//1999 年中国环境资源法学研讨会交流论文集，1999：7.

④ 蔡守秋. 深化环境资源法学研究，促进人与自然的和谐发展[J]. 法学家，2004(1)：30-35.

⑤ 夏少敏. 论金融法的“生态化”[C]//环境资源法学国际研讨会论文集，2001；罗亚海. 论金融法的“生态化”与“生态化”的金融法[EB/OL]. 法律图书馆：http：//www. law-lib. com/lw/lw_view. asp? no=7609.

⑥ 李挚萍. 经济法的生态化[M]. 北京：法律出版社，2003.

⑦ 陈泉生，张梓太. 宪法与行政法的生态化[M]. 北京：法律出版社，2001.

⑧ 梅献忠. 环境问题与民法的生态化研究[D]. 中国政法大学硕士学位论文，2005：79.

“关于物权法的‘绿色思考’”①、“侵权行为法应有‘生态化’的价值取向”②、“刑法生态化的立法原则”③等。此外，这方面的文献还有：《可持续发展与法律变革》(陈泉生，法律出版社 2000 年版)；《中国民法法典化与生态保护》(曹明德、徐以祥，《现代法学》2003 年第 4 期)；《法律生态化趋势初探》(曹明德，《现代法学》2002 年第 2 期)，等等。法律制度生态化揭示了 21 世纪我国法律发展的趋势，为传统法学注入了新的生命力。

(二)知识产权与环境保护的一般关系

俞海(2005)根据《多哈宣言》、CBD 和 TRIPs 协议理事会有关文件以及其他研究文献，从遗传资源获取与惠益分配、传统中药、生物技术、环境友好技术转让等四方面分析了 TRIPs 协议有关的环境问题对中国的影响，提出中国应对 CBD 和 TRIPs 协议的基本立场和政策建议。④周长玲(2005)分析认为 TRIPs 协议与国际环境保护相关的问题主要涉及技术转移、植物品种专利、控制环境危险技术、遗传资源和生物技术等问题。应利用专利强制许可制度、对环境有害技术拒绝授予专利、完善有关遗传资源的管理制度等以达到环境保护的目的。⑤ 潘爱叶、侯作前(2006)从环境保护一体化的视角分析认为，应在知识产权制度中贯彻环境保护一体化的思想，实现环境保护与技术进步的双赢。⑥ 按照宋军(2007)的观点，知识产权制度须将个体本位与社会本位融合，在知

---

① 吕忠梅．关于物权法的“绿色思考”[J]．中国法学，2000(5)：46-54.

② 余耀军．侵权行为法应有“生态化”的价值取向[J]．法学，2003(9)：114-115.

③ 这些立法原则主要是：强化对环境的刑法保护原则、结合生态学规律确定环境犯罪原则、环境犯罪重在预防原则、非刑罚措施适用于环境犯罪原则、环境刑事保护国际化原则。参见梅宏．刑法生态化的立法原则[J]．华东政法学院学报，2004(2)：70-76.

④ 俞海．TRIPs 协议和环境问题研究[M]．北京：中国环境科学出版社，2005：76-80.

⑤ 周长玲．TRIPs 协议对国际环境保护的影响——兼谈我国的相关对策[J]．知识产权，2005(1)：45-48.

⑥ 潘爱叶，侯作前．从环境保护一体化看我国知识产权制度的完善[J]．政法论丛，2006(1)：49-51.

识产权法中设立生态环保法定义务。① 陈跃和刘大银(2007)分析了知识产权制度对环境保护的积极作用，同时指出了我国知识产权制度在环境保护方面的不足。② 万志前、郑友德(2010)等对该主题也有研究，提出了应对环境危机知识产权制度生态化改造的基本思路。③ 黄莎(2013)基于利益平衡的观点讨论知识产权制度生态化的正当性。④ 贾引狮，杨柳薏(2016)从法经济学的视角分析了知识产权制度与生态环境保护的关系。⑤

正如有学者所说："专利法的保护如果使得人类不能为流行病的控制而采取合理的措施，因专利权的保护而导致成千上万的艾滋病患者或其他病患者而凄惨地死去，任何激励创新的说辞都将是苍白无力的。"⑥ 满足人类良好生存环境的基本需求具有超越知识产权保护的价值。保护知识产权不能损害人类的生存之基——环境。国家有义务禁止反生态和非生态的科学技术，禁止授予对人类环境有危险的发明以专利权。如果知识产权制度有损于环境，知识产权制度所有其他的价值都将是苍白的。知识产权应成为保护环境的重要工具。

(三)知识产权与生物多样性

史学瀛(2003)分析认为，一旦知识产权严重破坏或威胁到生物多样性时，有关缔约方就可以不执行 TRIPs 协议的有关规定。由此会引起 TRIPs 协议与 CBD 两个公约的冲突，并可能引发国际贸易争端。因此，加强两个公约的协调以解决潜在冲突非常必要，在制度设计上应充分考

---

① 宋军．浅论知识产权制度的生态化法治选择[J]．党史博采，2007(9)：19-21.

② 陈跃，刘大银．现有知识产权制度对环境保护实施的影响及对策[J]．黄石理工学院学报，2007(2)：24-27.

③ 万志前，郑友德．知识产权制度生态化重构初探[J]．法学评论，2010(1)：44-51.

④ 黄莎．从利益平衡原则看知识产权制度生态化[J]．河南财经政法大学学报，2013(5)：113-121.

⑤ 贾引狮，杨柳薏．知识产权制度与生态环境保护的法经济学分析[M]．北京：知识产权出版社，2016.

⑥ 梁志文．反思知识产权之合法性基础——以正义论为视角的分析[J]．电子知识产权，2007(9)：22-25.

虑与生物多样性有关的公权因素，适当改造目前的知识产权体系或针对相关主题建立专门制度。① 俞海(2005)以传统中药的知识产权保护为例，论述了知识产权保护可能损害生物多样性，现行知识产权制度特别是专利制度并不能有效地保护与传统知识相关的生物多样性。② 蒲莉(2007)认为，TRIPs 协议作为 WTO 框架下的一个知识产权公约，CBD 作为保护生物多样性的公约，二者在历史背景、宗旨及内容方面都存在巨大差异。但在知识产权制度普遍建立，遗传资源的利用和商业化活动开始危及自然资源的持久利用的社会背景下，TRIPs 协议与 CBD 的关系顿时变得复杂起来。③ 田红星(2012)则分析了遗传资源领域知识产权与环境保护的利益冲突和制度融合。④

(四)专利制度的生态化

台湾政治大学许牧彦教授(2007)最先提出了专利"生态化"理论，阐释了专利"生态化"，提出增加"生态性"作为专利审核的必要性，并初步探讨了此方案的可行性及可能的影响。⑤ 梅乔(2006)通过对专利法制绿化的理论基础、理论内涵以及功能效用的具体阐释，提出构建新型的专利权环境法律规制制度，⑥ 史学瀛(2007)也认为，在审查一项生物技术发明是否获得专利时，必须考虑该项发明对生态环境的影响。⑦ 但崔国斌(2000)认为，有潜在环境风险和影响生物多样性的技术，不是一种现实的威胁，不能成为反对授予专利权的理由。⑧ 张志勇

---

① 史学瀛．有关生物多样性的若干知识产权问题[J]．南开大学学报，2003(3)：68-70.

② 俞海．TRIPs 协议和环境问题研究[M]．北京：中国环境科学出版社，2005：24.

③ 蒲莉．遗传资源的民法保护[D]．武汉大学博士学位论文，2007：57.

④ 田红星．遗传资源领域知识产权与环境保护的利益冲突和制度融合[J]．广西社会科学，2012(12)：67-70.

⑤ Mu-YenHsu, Green Patent-Promoting Innovation for Environment by Patent System，本文由台湾政治大学许牧彦教授提供，在此表示感谢。

⑥ 梅乔．专利法制"绿化"刍议——专利权的环境法律规制[D]．河海大学硕士学位论文，2006：34.

⑦ 史学瀛．生物多样性法律问题研究[M]．北京：人民出版社，2007：25.

⑧ 崔国斌．基因技术的专利保护和利益分享[C]//郑成思．知识产权文丛(第三卷)．北京：中国政法大学出版社，2000：271.

(2007)建议，应缩短生态技术的专利期限，创新者的收益可考虑通过其他方式加以补偿，以加速生态技术的扩散，从而有利于资源环境的可持续发展。① 万志前和郑友德(2008)分析认为，欲使技术创新生态化，必须促进专利制度生态化。故在专利制度中应坚持环境友好理念，推进技术研发、专利申请审查和专利技术实施的生态化，建立生态专利技术扩散与共享机制。② 王一民(2008)认为，宜比照保障与人类生命、身体权益相关的医药品专利强制授权规定，将环境权纳为专利强制授权规定的标的。③ 在《联合国气候变化框架公约》缔约方大会上(2009)，中国、印度等国认为，强制许可的范围可扩大至气候友好技术领域，联合国亚太经济社会委员会(ESCAP)、世界知识产权组织(WIPO)、徐升权(2010)持同样观点。④ 美国坚决反对将强制许可适用于气候友好技术领域，国际商会(ICC)持相同观点。何隽(2010)论证了目前建立一套因应气候变化的绿色专利制度的必要性和可行性。⑤ 周长玲(2011)建议对传统专利法中原有不符合生态环境要求的法律制度进行重新构建和补充适应生态环境要求的新制度。⑥ 肖夏(2011)指出在修改和制定新的专利审查法律规范时必须考虑各方利益的平衡，从专利制度的基本价值目标出发作出谨慎的决定。对绿色专利审查制度的移植应当是有策略性的谨慎进行。⑦ 朱雪忠(2011)认为，基于低碳发展的理念，有必要对专利法有关内容进行梳理，从低碳控制的一般条款、专利保护对象、可

---

① 张志勇．可持续发展框架下生态技术创新的经济学研究[D]．吉林大学博士学位论文，2007：111.

② 万志前，郑友德．论生态技术创新的专利制度安排[J]．科技与法律，2008(5)：10-15.

③ 王一民．标准专利、环境权与国际标准交错下强制授权研究[D]．台北大学硕士学位论文，2008：3.

④ 徐升权．适应和应对气候变化相关的知识产权制度问题研究[J]．知识产权，2010(5)：19-25.

⑤ 何隽．从绿色技术到绿色专利——是否需要一套特殊的因应气候变化的特殊的专利制度[J]．知识产权，2010(1)：37-41.

⑥ 周长玲．专利法生态化法律问题研究[M]．北京：中国政法大学出版社，2011.

⑦ 肖夏．绿色专利审查的法律问题研究[J]．华南理工大学学报(社会科学版)，2011(1)：41-42.

专利性条件、专利申请的形式、强制许可和国家推广使用等方面提出修改我国专利法的具体建议。① 吴勇(2013)认为，应当建立气候变化技术转让的专门知识产权制度和配套机制。② 张桂红、蒋佳妮(2014)认为，打破国际知识产权制度只有“最低保护标准”的偏见，将有助于为促进气候有益技术转让的法律制度建设寻找到出路。③ 辛秉清(2015)④、叶辉华(2015)⑤从不同角度分析了气候友好技术转移的专利障碍及调适路径。毛锐(2015)从经济学视角分析了绿色专利国际转让与许可制度。⑥

(五)商业秘密、商标、版权与环境保护

骆严分析了环境信息披露与商业秘密保护冲突的原因，并从理念与立法的完善、企业自愿公开与强制公开结合、政府和社会的优惠与激励等方面提出了协调途径。⑦ 卢琼瑛建议对于披露更有利于公共利益的商业秘密可强制披露；国家可出资购买此类商业秘密，使其得以广泛运用以保护环境。⑧ 万志前(2010)则对商业秘密与环境保护的协调进行了系统研究。⑨ 兰建洪(1994)较早论述环境标志的商标保护。⑩ 秦鹏(2006)认为，将环境标志注册为证明商标，有利于消费者基于环保信

① 朱雪忠．论低碳发展与我国专利法的完善[J]．知识产权，2011(6)：19-25.

② 吴勇．建立因应气候变化技术转让的国际知识产权制度[J]．湘潭大学学报(哲学社会科学版)，2013(3)：36-41.

③ 张桂红，蒋佳妮．气候有益技术转让背景下国际知识产权保护标准再探讨[J]．南都学坛(人文社会科学学报)，2014(4)：63-69.

④ 辛秉清．发展中国家气候变化技术需求及技术转移障碍[J]中国人口·资源与环境，2016(3)：18-26.

⑤ 叶辉华．气候变化背景下对技术转让的知识产权制度调适[J]．河北法学，2015(3)：162-170.

⑥ 毛锐．经济学视角下绿色专利国际转让与许可制度研究[J]．经济问题探索，2015(12)：20-25.

⑦ 骆严．环境信息披露与商业秘保护间的冲突与协调[J]．现代商业，2008(14)：281-282.

⑧ 卢琼瑛．从环境保护看商业秘密制度[J]．时代经贸，2008(1)：32-33.

⑨ 万志前．商业秘密保护与环境信息披露之协调[C]//“经济全球化背景下知识产权制度完善与战略推进”国际研讨会论文集，2010：90-98.

⑩ 兰建洪．论我国环境标志的商标保护[J]．知识产权，1994(4)：22-24.

息认牌购货。① 郑友德，李薇薇(2012)主张我国应在《商标法》中准确界定绿色商标，规范其申请和使用，强化其审查和监管，并在《反不正当竞争法》中对"漂绿营销"做出专门的禁止性规定。② 徐伟(2006)提出应完善废弃物处分中的作品著作权穷竭制度，以促进资源的有效利用。③ 万志前、郑友德(2010)对绿色著作权概念进行了界定，并指出对于雕塑、建筑等作品，若严重污染环境，则可基于公共利益保护，将其排除著作权法的保护范围，从而促使建筑师创作设计绿色环保节能建筑。④ 郑友德、李雅琴(2015)认为，有必要从生态环境保护的理念出发，构建著作权制度的生态化路径对现有著作权法的立法宗旨以及具体的法律制度进行完善，使著作权法朝着有利于保护生态系统平衡的方向发展。⑤

## 二、国外研究现状

### (一)知识产权制度与环境保护一般关系

Michael A. Gollin(1991)认为，应通过运用和改革知识产权法，限制环境有害技术来促进环境友好技术的创新，通过环境技术的强制许可、技术转移合作、基于环境规则要求的商业秘密披露、环境标志的商标法保护等来达到保护环境的目的。⑥ Nicola Atkinson、Brad Sherman 认为，传统上，知识产权与环境保护这两个领域无涉，但随着环境法的实施，使得两者的关系越来越密切。环境保护法可能对知识产权的授权与管理产生影响，专利法能使工业流程对环境的损害最小化。另外保护商

---

① 秦鹏．生态消费法研究[D]．重庆大学博士学位论文，2006：157-163.

② 郑友德，李薇薇．"漂绿营销"的法律规制[J]．法学，2012(1)：115-121.

③ 徐伟．版权作品载体废弃物处分中的权利穷竭问题[J]．知识产权，2006(2)：64-67.

④ 万志前，郑友德．知识产权制度生态化重构初探[J]．法学评论，2010(1)：44-51.

⑤ 郑友德，李雅琴．我国著作权制度的生态化路径[J]．法学，2015(2)：76-87.

⑥ Michael. A. G. Using Intellectual Property to Improve Environmental Protection Introduction[J]. Harvard Journal of Law & Technology, Volume 4, Spring Issue, 1991.

业秘密和转基因物质也要考虑环境效应。① Gernot Keil 和 Theo Bodewig 分别研究了德国专利法阻碍专利授权的环保因素以及基于环保对再循环材料的保护。② Hans Beyer(1994)从专利与伦理的关系考察了技术演变过程。认为环保问题应列为发明是否具备专利“工业实用性”的判断标准之一，建议把与环保相关的“社会有用性”(soziale Nuetzlichkeit)增设为专利授权的判断要素。故违反公序良俗的生物技术发明不得授予专到权。③ Anil K Gupta 分析了知识产权与环境保护的关系，认为知识产权保护在某些方面有利于保护环境，如为绿色技术、产品和服务(GTPS)提供激励因素。但知识产权保护，导致许可费用的增加，这不利于环境技术的转移。④ 高倉成男(2000)认为，环境问题与以专利为中心的知识产权有着千丝万缕的联系。⑤ 英国知识产权委员会(2002)在其研究报告《整合知识产权与发展政策》中，分析了知识产权能够以及怎样才能够帮助全球实现减少贫穷、帮助战胜疾病、提高母亲和儿童的健康、提高接受教育的水平、促使环境的可持续发展的目标。依据 Jeremy Philips(2007)的观点，知识产权制度很大程度上可以保护地球。至少在理论上，鼓励发明的专利制度可促进环境友好技术的发展。强制许可能使非专利权人实施亲环境技术(pro-environmental technologies)，从而扩大专利权人未使用或正在使用的专利技术的利用。商标法中的地理标记，有助于消费者在诸多对环境影响不同的产品之间作出理性选择。⑥

---

① Nicola Atkinson, Brad Sherman. Intellectual Property and Environmental Protection[J]. EIPR. 1991(5): 165-170.

② Theo Bodewig. Umweltschutz und Patentrecht zum Schutz Wiederverwertbarer Stoffe, GRUR 1992 Heft 9; Gernot Keil, Umweltschutz als Patenthindernis, GRUR 1993 Heft 8-9.

③ Hans Beyer. Patent und Ethik im Spiegel der technischen Evolution, GRUR 1994. Heft8/9.

④ Anil K Gupta, Environmental Implications of Intellectual Property Protection (IPP): Can individual and community conservation ethic and creativity be rewarded through IPP. http://www.Sristi.org/papers/new/Environmental%20Implications%20of%20IP,%20UNEP%20Paper.doc.

⑤ [日]高倉成男. 環境と知的財産の対立と調和[J]. Tokugikon, 2000(212): 42.

⑥ Jeremy Philips. People in greenhouses[J]. Journal of Intellectual Property Law & Practice, 2007, 2(5): 269.

Michael A. Gollin(2008)进一步表示，将环境标志注册为证明商标，可以引导消费者对绿色产品的正确选择，进而达到保护环境的目的。他建议课以环境负效应技术的生产者披露其排污信息的义务，否则应赋予其竞争对手披露其排污信息的权利。这种措施对技术转让和技术实施许可也适用。① Estelle Derclaye(2008)指出知识产权法能为创造环境友好的新技术、新设计和新作品提供激励和动力，可以间接地支持环保，并分析了环境保护作为版权侵权抗辩事由的可能性。② 欧洲专利局(2008)在其《未来知识产权制度的愿景》一书中，勾勒出2025年世界知识产权制度发展的愿景，提出了灰色方案、红色方案、绿色方案和蓝色方案。绿色方案论及了知识创造和传播与环保等公共利益的关系。③ Peter S. Menell，Koret，Sarah M. Tran(2014)分析知识产权、创新与环境保护的关系，认为知识产权制度应服务于环境保护，并探讨了鼓励环保技术进步的知识产权替代制度，如补贴和奖励。④

(二)知识产权与生物多样性

在生物多样性保护与知识产权的关系问题上，C. Albert(1992)强调，现行知识产权制度是有助于还是阻碍技术转让，乃至于如何影响保护和利用生物多样性的问题，尚需通过实证分析才能得出结论。⑤ Richard G. Tarasofsky(1997)认定，保护生物多样性与知识产权之间有着直接的联系。⑥ Michael Halewood(1999)认为，传统知识在生物多样

① Michael A. Gollin. Driving Innovation：Intellectual Property Strategies for a Dynamic World[M]. New York：Cambridge University Press，2008：335.

② Estelle Derclaye. Of Mpas，Crown Copyright[J]. Research and the Environment，2007(4)：162-164.

③ 欧洲专利局(EPO)编著．未来知识产权制度的愿景[M]．郭民生等，译．北京：知识产权出版社，2008.

④ Peter S. Menell，Koret，Sarah M. Tran. Intellectual Property，Innovation and the Environment：Critical Concepts in Intellectual Property Law series[M]. Edward Elgar Pub，2014.

⑤ C. Albert. "Technology Transferand It's Rolein International Environmental Law：A Structural Dilemma"，Harvard Journal of Law and Technology，Vol. 6FallIssue，1992，pp. 63-84.

⑥ Richard G. Tarasof. The Relationship Between the TRIPs Agreement and the Conventionon Biological Diversity：Towards a Pragmatic Approach[J]. RECIEL，1997，6(2).

性保护中扮演重要角色，应鼓励并保护传统知识的开发与应用。但植物专利破坏了生物的多样性。① 美国科学促进会的查普曼(2001)专门分析了现行知识产权制度对人权保护的负面影响，其中谈到在某些领域知识产权延缓了技术的应用、植物专利破坏了生物的多样化等问题。② Graham Dutfield(2000)分析了知识产权贸易和生物多样性的关系。③ David Hunter 等(2002)认为，CBD 与 TRIPs 协议有潜在的冲突，知识产权制度是获益分享的主要障碍，并且最终是生物多样性保护的最大障碍。④ Machael I. Jeffery(2006)详细地考察了 CBD 中知识产权的有关规定，探讨了 TRIPs 协议与 CBD 的关系。⑤

(三)知识产权、技术创新与环境的关系

知识产权与技术创新特别是生态技术创新密切相关。最先对创新与知识产权制度关系的研究集中在专利领域。⑥ 技术对生态环境具有正负效应，促进技术创新的知识产权制度对环境的影响利弊兼具。故，知识产权制度应该和环境法结合以促进环境友好技术创新。高倉成男(2000)认为，专利制度旨在促进技术的创新、商品化、流通和转让，同时涉及防止公害技术和生物工程技术等与环境相关的技术。专利制度能够对环境保护作贡献。为把专利的负面效应最小化，一方面可在专利制度中规定对环境友好技术的强制许可，另一方面对可能造成环境重大危害的发明不授予专利。⑦ 即通过知识产权制度对有害环境的创新技术

---

① Michael Halewood. Indigenous and Local Knowledge in International Law：A preface to sui Generis Intellectual Property Protection[J]. 44 McGill L. J. 953, 1999：977.

② [美]奥德丽·R. 查普曼. 将知识产权视为人权[J]. 刘跃伟，译. 版权公报，2001(3)：35.

③ Graham Dutfield. Intellectual Property Rights Trade and Biodiversity [M]. Routledge, 2000.

④ David Hunter et al. International Environmental Law and Policy [M]. New York：Foundation Press, 2002：944-945.

⑤ Michael I. Jeffery QC. 知识产权以及与贸易有关的问题对生物多样性的影响[C]//黎莲卿，玛丽亚·索科罗·Z. 曼圭亚特. 亚太地区第二代环境法展望，邵方等，译. 北京：法律出版社，2006：179.

⑥ Ove Granstrand, Innovation and Intellectual Property. Rev. version May 22, 2003：7.

⑦ [日]高倉成男. 環境と知的財產の対立と調和[J]. Tokugikon, 2000(212)：44.

进行规制，以去芜存菁。Jeffrey Sachs(2002)指出，强化知识产权保护会延缓技术向最贫困国家扩散的速度，可能对环境保护造成不利影响。① Michael A. Gollin(2008)认为，知识产权制度的主要功能是鼓励、促进技术创新，因此恐难胜任甄别创新技术是否环境友好的责任，需要寻求环境法的帮助。知识产权法应与环境法携手共促创新技术的生态化。不过，若对专利制度进行过多的环保干预，则会对技术创新产生消极影响，甚至导致专利制度复杂化。② ICTSD(2008)提出技术是解决气候变化挑战的关键，而知识产权对技术的转移和扩散有着潜在影响。③ Estwlle Derclaye(2009)认为气候友好专利技术共享，是相关法律制度理想的替代解决方案。④ 但 Bruno van Pottelsberghe(2009)针对欧盟内部达成的碳封存技术共享协议，认为共享环保专利会妨碍绿色创新。Tove Iren S. Gerhardsen 提出了建立知识产权专项基金制度等。Keith E. Maskus，Ruth L. Okediji(2010)分析了应对气候变化中，知识产权与技术转移的关系。⑤ Abdel-Latif(2014)也分析了类似的问题。⑥ Kavita Kapur(2011)从气候变化、知识产权和人权保护义务范围，分析了知识产权制度在其中的作用。⑦ Marisa Aranda(2012)探讨了在欧洲法律框架

① 转引自英国知识产权委员会．整合知识产权与发展政策(2002)[R/OL]．http：//www.iprcommission.org/text/documents/final_report.htm.

② Michael A. Gollin. Driving Innovation：Intellectual Property Strategies for a Dynamic World[M]. Cambridge University Press，2008：334-335.

③ International Centre for Trade and Sustainable Development (ICTSD)，Climate Change，Technology Transfer and Intellectual Property Rights，Published by the International Institute for Sustainable Development，Switzerland，2008.

④ Estwlle Derclaye. Patent Law's Role in the Protection of the Environment[M]. IIC. 2009：3.

⑤ Keith E. Maskus，Ruth L. Okediji，Intellectual Property Rights and International Technology Transfer to Address Climate Change：Risks，Opportunities and Policy Options，International Centre for Trade and Sustainable Development (ICTSD)，2010.

⑥ Ahmed Abdel-Latif Intellectual property rights and the transfer of climate change technologies：issues，challenges，and way forward，Volume 15，2015-Issue 1：Climate Policy for Technology Development and Transfer，103.

⑦ Kavita Kapur. Climate Change，Intellectual Property，and the Scope of Human Rights Obligations[J]. Sustainable Development Law & Policy，2011(2)：58-63.

下，知识产权与清洁技术的关系。①

(四)其他方面

早在30年前，Hoppman Klaus(1979)就在其博士论文中广泛研究了德国反垄断法与环保的关系。Axel Beater(2002)和Tobias Lettl(2004)评析了德国反不正当竞争法对误导或虚假环保广告的规制。Stefan Bechtold(2007)和Johann Brueck(2008)依据德国和欧盟反垄断法，专门讨论了知识产权对下游市场、特别是对知识产权产品维修市场的限制问题。

Derclaye(2008)阐述了现有的著作权法、专利法是如何通过制度设计用以减少二氧化碳的排放量的，并设想了将来在政府以及国际组织的决策中，应当如何改进知识产权立法从而减缓气候变化。② Peria(2011)指出在气候建模和向发展中国家转让气候变化技术中高水平著作权保护的后果，分析了高水平的著作权保护可能对气候建模软件的开发、利用所造成的不利影响。③

## 三、研究文献评析

综上，有关本论题的国内外的研究成果较多，研究范围越来越广，这为本研究提供了某些理论上的支撑和分析思路上的借鉴。目前关于本论题的研究，尚存如下几点须进一步拓展：(1)以生态危机和生态文明建设为背景，对知识产权制度发展的生态化路径进行整体考察。(2)知识产权制度与生态文明的关系问题，涉及一系列复杂的理论和实践问题，需要从伦理的、经济的、法理的等层面展开多学科视角的分析。(3)某些具体问题分析尚待进一步深入。如专利授权中环保性审查标准的可行性分析，基于环境利益强制许可制度的实施机制等。

---

① Marisa ArandaIntellectual Property and Clean Technology in the context of the European Legal Framework, Sixth Advanced Research Forum on Intellectual Property Rights WIPO, 201.

② Estelle Derclaye. Intellectual Property Rights and Global Warming [J]. Marquette Intellectual Property Law Review, 2008(12): 2, 264-297.

③ ElpidioV. Peria. Copyright and Climate Change: A Concern We Should Be Critical About? [EB/OL]. http//www. infojustice. org/download/gcongress/limataions andexceptions. pdf, 22Oct, 2011.

# 第四节　研究内容、方法和思路

## 一、研究内容

本书总的研究目标是考察知识产权制度与环境保护的关系，提出知识产权制度发展的生态化路径，为我国生态文明的建设提供制度保障。主要研究内容有：其一，环境危机下的知识产权制度生态化的背景分析，包括生态危机与知识产权制度的生态转向、知识产权制度的环境效应、知识产权制度对生态文明的回应等。这是本书展开论述的前提。其二，从伦理基础(生态伦理)、经济基础(生态经济)、法理基础(生态正义)的角度论证知识产权制度生态化的正当性。这是本论题的理论基础研究。其三，从知识产权取得、运用、保护、限制四个维度，分四章阐述知识产权制度发展的生态化路径，即在知识产权制度的各个环节考虑环境因素，这是本研究的落脚点。

## 二、研究方法

### (一)文献分析法

广泛收集中外关于知识产权制度与环境保护的研究资料、数据资料及法律法规，并对资料作理论分析与归纳，系统梳理他人的研究成果，并在此基础上提出需要研究的问题和本研究的观点。

### (二)跨学科研究法

以制度经济学理论、技术创新理论、知识产权理论、公共政策理论等为基础，从多学科视角研究知识产权制度生态化的理论基础，以克服单一学科研究视角的局限。

### (三)案例分析法

本研究在具体分析知识产权保护与环境保护关系时，通过分析国外法院的大量判例，揭示知识产权侵权的判断及救济方法与环境保护的关系。

### (四)比较研究法

奥古斯特·孔德(Auguste Comte)把比较研究作为探求社会历史发展规律的一个主要方法。比较研究可以提出有用的问题、从反面检验已被接受的历史解释、以及推导出新的历史结论。① 基于此，通过纵向的历史比较和横向的中外比较，分析知识产权制度发展的生态化趋势，并借鉴相关国家的制度经验，构建我国知识产权制度发展的生态化路径。

## 三、研究思路

首先，分析知识产权制度生态化的背景，回答是什么的问题。其次，从生态伦理、生态经济、生态正义三方面论述了知识产权制度生态化的理论基础，回答为什么的问题。最后，从知识产权取得、运用、限制、保护四方面构建知识产权制度发展的生态化路径，回答是怎么样的问题。

图 1-1 如下：

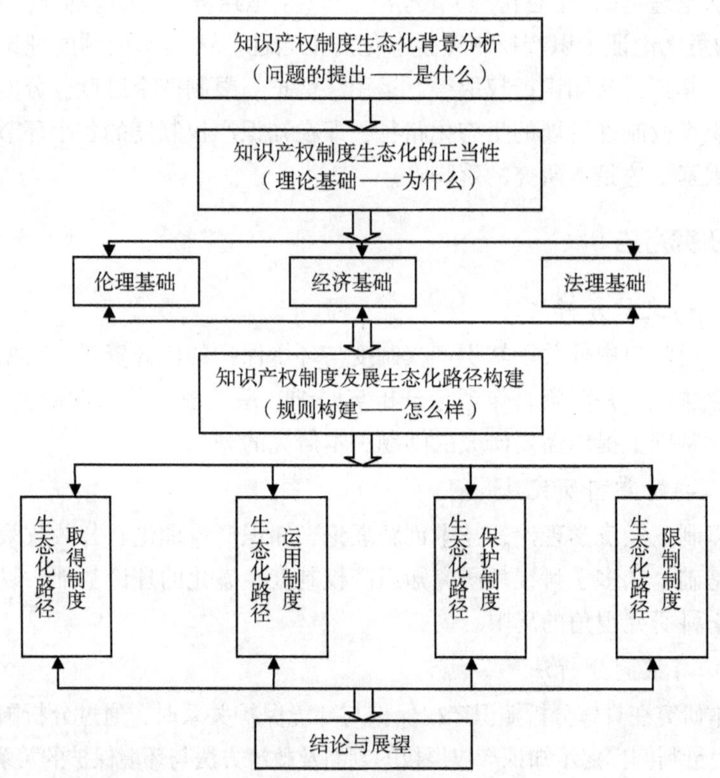


图 1-1 面向生态文明的知识产权制度发展路径研究基本思路

① ［美］巴林顿·摩尔．民主和专制的社会起源［M］．拓夫等，译．华夏出版社，1987：215.

# 第二章 知识产权制度生态化的背景分析

人法地，地法天，天法道，道法自然。

——老子《道德经》第二十五章

本章要解决的主要问题是分析知识产权制度与环境保护的关联，分三个部分展开：第一，知识产权制度生态化的宏观背景，即生态危机下的"三重转变"与知识产权制度的契合。第二，从理论和事实层面分析知识产权制度的环境效应，包括环境正效应和环境负效应。第三，考察现行知识产权制度对生态文明的回应并分析其不足。

## 第一节 生态危机与救赎中的知识产权制度

三百年来的工业文明，给人类的生产与生活带来了与日俱增的方便、舒适、闲暇和自由。然而，工业文明的技术生产方式却给自然环境和人的生存已经或正在造成破坏性和毁灭性影响。正如 J. D. 贝尔纳(J. D. Bernal)所言："从远古时代的猎人开始，人就从事推翻自然界的平衡以利于自己的活动。人类破坏其赖以生存的自然环境的历史可能同人类文明史一样古老。"①由人类活动所带来的生态危机，需要人类自己的救赎。

救赎生态危机，须实现工业文明向生态文明的转变，资源经济向知识经济的转变，非持续发展向可持续发展的转变。人类生存与发展的这"三重转变"，构成了 21 世纪社会经济发展的历史趋势和时代潮流。②

---

① 郑易生，钱薏红．深度忧患——当代中国的可持续发展问题[M]．北京：今日中国出版社，1998：35.

② 吕忠梅．关于物权法的"绿色"思考[J]．中国法学，2000(5)：46-48.

知识产权制度的生态化即在此背景下展开。

## 一、生态危机：人类的深度困境

地球生态圈是一个复杂的、多样性的生态系统。看待生态系统须用一种系统的世界观（System's World view）和系统的进路（System's Approaches）：其一，在生态系统中，一切息息相关。包括人类在内的各种物种之间以及各种生物与环境之间相互依存，个人、社会、环境都不能各自独立。其二，在生态系统中，万物都有其存在的价值。生态系统中的任何环节，任何物质形态都是必要的，是不可或缺和不可任意附加的。任何因人类力量而从中抽取的东西，都一定要放回原处。当然这并非否认人类改造自然的能动性，只是人类要遵循"自然规律"改造"自然物"。其三，自然最知。生态系统中的人工有机化合物可能非常有害，应慎重对待。对所有人造有机化合物，我们都应该像对待药品那样来对待它们，或者说应该小心谨慎地对待它们。①

然而，不幸的是，人类不合理的开发、利用致使人类赖以生存和发展的生态系统的结构和功能遭到破坏，导致生态环境退化和生态系统的严重失衡，即生态危机。生态破坏比战争更可怕。历史经验说明，一个国家可以从战争的创伤中恢复，如第二次世界大战后的德国和日本；但无一个国家可以从被破坏的自然环境中迅速崛起。从古埃及文明、巴比伦文明、古希腊文明、古印度文明、中美洲的玛雅文明的兴衰，可以得出一个共同的事实：文明的兴衰与它们所处的生态环境密切相关。

正如生态学家 L. W. 麦克康门斯所言："我们正接近于一个空前未有的环境危机。一个物种威胁到生物圈的生存，这在地球历史上可能还是第一次。"②根据丹尼斯·米都斯等在《增长的极限》中预测，煤、石油、金属矿床等不可再生资源，在 2100 年以前将被消耗殆尽。这一估计或许夸张，但并非危言耸听。随着世界经济的发展，资源已从相对富裕变为稀缺，进而面临着枯竭，同时工业系统对自然环境的干扰越来越

---

① ［美］巴里·康芒纳．封闭的循——自然、人和技术［M］．侯文蕙，译．长春：吉林人民出版社，1997：35.

② ［美］L. W. 麦克康门斯，N. 罗莎．什么是生态学［M］．余淑清等，译．南京：江苏科技出版社，1984：86.

强，环境公害事件频发(见表 2-1)。人类正处于生态危机的困境之中：①土壤破坏严重，可耕地锐减且肥力降低；②酸雨问题已成为全球问题；③温室效应严重威胁着整个人类；④淡水污染严重，威胁到人类生存，到 2020 年前，仅非洲就会有 7500 万至 2. 5 亿人面临日益严重的缺水问题；① ⑤地球两极上空出现臭氧层空洞；⑥森林面积骤减；⑦城市化导致非人生物存在的自然区域变得越来越小，数以千计的物种迅速绝迹；⑧人工合成的数百万种化合物污染普遍；⑨因过度捕捞，海洋渔业资源减少，海洋污染严重，等等。现今的环境危机在警告：我们拖欠的时间太长了。② 人类欠自然之债太多。

表 2-1 **20 世纪以来的全球典型公害**

| 时间 | 地点 | 原因及后果 |
|---|---|---|
| 1930. 12 | 法国马赛 | 河谷两侧山高约 90 米，谷地中工厂集中，烟尘量大，遇长时间的逆温天气且有大雾。造成 60 人死亡，6000 人受害 |
| 1943. 5—10 | 美国洛杉矶 | 该城 400 万辆汽车每天耗油 2400 万升，排放烃类 1000 多吨，盆地地形不利于空气流通。大多数居民患病，65 岁以上老人死亡 400 人 |
| 1948. 10 | 美国多诺拉 | 工厂密集于河谷形盆地中，又遇逆温和多雾天气。造成 20 人死亡，6000 人受害 |
| 1952. 12 | 英国伦敦 | 居民取暖燃煤中含硫量高，排出大量 $SO_2$ 和烟尘，又遇逆温天气。5 天内死亡 4000 人，历年共发生 12 起，死亡近万人 |

① 2009 年世界知识产权日：绿色创新[EB/OL].［2016-11-19］. 中国知识管理中心，http：//www. 51msh. com/ns_inf/20090325152911132814. html.

② ［美］巴里·康芒纳. 封闭的循环——自然、人和技术[M]. 侯文蕙，译. 长春：吉林人民出版社，1997：36.

续表

| 时间 | 地点 | 原因及后果 |
|---|---|---|
| 1931—1972 | 日本富山县 | 炼锌厂未经处理的含镉废水排入河中，人长期饮用受污染的水，食用浇灌含镉河水生长的稻谷，得“骨痛病”。病人骨骼严重畸形、剧痛，身长缩短，骨脆易折。截至1991年3月，有此公害病患者129人，其中死亡116人 |
| 1953 | 日本熊本县水俣镇 | 氮肥厂含汞催化剂随废水排入海湾，转化成甲基汞，被鱼、贝类摄入。截至1991年3月，有2248人患病，其中死亡1004人 |
| 1955年以来 | 日本四日市 | 工厂大量排放$SO_2$和煤粉，并含钴、锰等重金属微粒。患者出现哮喘等症状，并发生死亡事件，仅1975年的受害者就达1231人 |
| 1968 | 日本九州 | 米糠油生产中用多氯联苯作热载体，因管理不善，多氯联苯进入米糠油。患病者5000多人，死亡16人，实际受害者超过1万人 |
| 1976 | 意大利维索市 | 农药厂爆炸，二噁英污染引起中毒，致婴儿畸形 |
| 1978 | 英吉利海峡 | 油轮触礁，原油泄漏造成环境污染 |
| 1984 | 印度中央邦博尔市 | 博帕尔农药厂45吨异氰酸甲泄漏。1408人死亡，2万人严重中毒，15万人接受治疗，20万人逃离 |
| 1985 | 英国威尔市 | 化工厂将酚排入迪河（Dee River），200万名居民饮用水遭污染 |
| 1986 | 瑞士巴塞尔 | 德国化学公司仓库着火，发生莱茵河国际污染事件，事故段生态绝迹 |
| 1986 | 前苏联乌克兰 | 切尔诺贝利核电站核反应堆爆炸引起核泄漏，导致31人死亡，203人受伤，13万人疏散，直接损失30亿美元 |
| 2005 | 中国吉林省 | 中石油吉林石化双苯厂发生爆炸，100吨污染物排泄到松花江，导致700公里河段受到严重污染 |

## 二、生态的救赎："三重转变"

### (一)工业文明转向生态文明

就时间而言，人类文明已经历了三个阶段：第一阶段是原始文明(primitive civilization)。大约在石器时代，人类慑服于自然脚下，依赖集体力量而生存，物质生产活动主要靠简单的采集渔猎，为时上百万年。第二阶段是农业文明(agricultural civilization)。铁器的出现使人改变自然的能力有了质的飞跃，为时一万年左右。第三阶段是工业文明(industrial civilization)。18 世纪英国工业革命开启工业文明，为时 200 多年。这一阶段人类以自然的"征服者"自居，社会生产虽然获得空前发展，但造成了环境危机。从 20 世纪 70 年代以后，人类开启了生态文明(ecological civilization)①。这一阶段正处于发展之中，人类与自然将实现和谐共处。人类文明的历史表明：农业文明是一种黄色文明，工业文明是一种黑色文明，生态文明是一种绿色文明。② 生态文明是人类社会历史上继原始文明、农业文明、工业文明之后的新型文明形态，是建构和谐有序的生态机制和创建优美良好的环境所取得的物质和精神等成果的总和。

人类环境问题凸显，是在工业文明阶段。18 世纪 60 年代，英国纺纱机和蒸汽机的运用，标志着农业文明转向工业文明，这是人类文明的一次重大转型。马克思和恩格斯在《共产党宣言》中写道："蒸汽机和机器引起了工业生产的革命。现代大工业代替了工场手工业；工业中的百万富翁，一支一支产业大军的首领，现代资产者，代替了工业的中间等级"③，"资产阶级在它的不到一百年的阶级统治中所创造的生产力，

---

① 对生态文明的英译有两种，一种将其译为"ecological civilization"，另一种将其译为"conservation culture"。按照学者刘仁的观点，把生态文明翻译成"conservation culture"尽管能够反映保护生态环境的内容，但是，译成"ecological civilization"不仅包括保护自然资源的内容，而且还包括调节社会生产关系的内容，且这种译法已得到了国内外一致的认可。参见刘仁．如何正确翻译"生态文明"[EB/OL]．[2015-11-10]．http：//sl. iciba. com/viewthread-25-409784-1. shtml.

② 张敏．论生态文明及其当代价值[D]．中共中央党校博士学位论文，2008：1.

③ 马克思恩格斯选集(第 1 卷)[M]．北京：人民出版社，1995：273.

比过去一切世代创造的全部生产力还要多，还要大。自然力的征服，机器的采用，化学在工业和农业中的应用，轮船的行驶，铁路的通行，电报的使用，整个大陆的开垦，河川的通航，仿佛用法术从地下呼唤出来的大量人口——过去哪一个世纪料想到在社会劳动里蕴藏有这样的生产力呢？"①

人类在工业文明时代运用科学技术取得的成就是空前的，到 20 世纪 70 年代达致顶峰，"这时，人类在传统生存方式意义上的工业生产和经济增长率达到最高点；传统科学技术和精神生产达到最高点；资源开发利用的数量和人口增长率达到最高点；发达国家进入所谓高消费社会，过度消费达到高水平的鼎盛时期"。② 工业文明阶段，人类利用现代科技这一利器，提高了人类认识和改造自然的能力，扩大了人类的活动范围。自然界成为人类征服的对象，人类成为主宰和统治地球的唯一物种和主导生物圈变化的决定性力量。

然而，当人类沉浸在自己取得的伟大成就而高奏征服自然的凯歌时，大自然却报复了人类：大气严重污染，温室效应加剧，臭氧层空洞，淡水资源短缺，冰川消融、资源枯竭，森林锐减，草场退化，土地侵蚀，酸雨污染等。全球性的生态危机已严重地威胁到人类的生存。美国著名未来学家阿尔文·托夫勒(Alvin Toffler)认为："可以毫不夸张地说，从来没有任何一个文明，能够创造出这种手段，不仅摧毁一个城市，而且可以毁灭整个地球。"③工业文明所带来的环境危机，工业文明自身无法解决，工业文明时代已走到尽头。因为工业文明依赖的是一种资源浪费型、环境污染型、生态破坏型的发展模式，这迫切要求人类必须寻找一条新的发展道路。这便是一种新的文明形态——生态文明。

生态文明是指人们在改造客观物质世界的同时，不断克服改造过程中的负面效应，积极改善和优化人与自然、人与人的关系，建设有序的生态运行机制和良好的生态环境所取得的物质、精神、制度方面成果的总和。其继承和发扬了农业文明与工业文明的成果，强调人类与生存环

① 马克思恩格斯选集(第 1 卷)[M]. 北京：人民出版社，1995：277.

② 余谋昌. 文化新世纪[M]. 哈尔滨：东北林业大学出版社，1996：25.

③ [美]阿尔文·托夫勒. 第三次浪潮[M]. 北京：三联书店出版社，1984：187.

境的共同进化，倡导对自然的开发利用应该既能满足当代人的需求，又不害及后代需求的可持续发展。生态文明时代应建构新的主题“范式”。工业文明向生态文明的“范式”转变，体现为以下几点：第一，生产模式按照循环经济原理建构。工业文明的物质生产是一种资源——生产——消费——污染的恶性循环模式；而生态文明的物质生产是一种“资源——生产——消费——再生资源”的循环生产模式。第二，经济增长方式从外延的扩张型向内涵型转变。工业文明追求高投入、高产出、高消耗、高污染的扩张型经济增长方式；而生态文明追求内涵型的增长方式，更关注的是产品的科技含量和环保质量，不再倚重资源与能源的消耗。第三，生活方式从过度消费向适度消费的转变。工业文明靠刺激消费欲望或提倡过度消费实现经济的高增长，造成了自然资源的极大浪费；生态文明倡导适度消费和环境友好的消费，保证了人与自然的良性物质能量循环。总之，生态文明时代的目标是：人与自然和谐共存，共同发展。

### （二）资源经济转向知识经济

资源经济（resource economy），又称资源型经济（resource-based economy），也称资源导向型经济（resource-oriented economy），是以资源为导向、为基础的经济。其作为一种经济形态或分工模式，与加工型经济、服务型经济和知识型经济并称。① 资源经济以资源的无限供应为前提，其高投入和低产出的发展模式势必造成原材料和能源的供应不足和环境污染等问题，其结果必然是“无发展的增长”。

“罗马俱乐部”于1971年向联合国提出了一份举世震惊的报告——《增长的极限》。② 通过大量的事实列举和逻辑论证之后，报告指出了

---

① 判断资源经济的主要依据有：一是资源产业属支柱产业；二是资源产品是区际或国际贸易的主体；三是经济活动对资源的依赖性强；四是资源部门对工业化进程，尤其是对贸易条件具有重大影响。参见张复明．资源型经济的形成：自强机制与个案研究[J]．中国社会科学，2008(5)：117-119.

② 以米都斯为首的科学家在该报告中指出，以制造业为中心的人类社会经济增长已达极限。人类社会的经济增长已导致日益加剧的五大危机：人口爆炸、资源枯竭、淡水与粮食危机、环境污染、贫富国家之间长期拉大的差距带来的经济政治危机。这些危机是目前人类无法解决的。参见[美]丹尼斯·米都斯．增长的极限[M]．李宝恒，译．长春：吉林人民出版社，1997.

人类社会的悲观前景：地球的资源和承载能力是有限的，世界人口和经济的无限增长，这将导致人类与资源环境的激烈冲突。目前的经济发展方式已走到尽头，拯救人类的唯一方法是停止经济增长，通过“零增长”至少可以延缓世界末日的到来。但事实却似乎朝着另外一条轨迹发展。1990 年，美国居然打破了建国 200 年来经济兴衰更替的发展规律，创造出连续多年各项经济指标同步高速增长的奇迹。世界并未走向衰败。预言失灵的原因在于其是以资源经济为参考的，人类社会通过知识经济的增长途径打破了“增长的极限”。救赎生态危机，必须发展知识经济。

“知识经济”用以指称“以知识和信息的生产、分配、传播和应用为基础的经济”。① 在此，“知识”主要包括可编码的“关于事实方面的知识”(Know-What)、“自然原理和规律方面的科学理论”(Know-Why)，和以隐含实践性方式存在的“做某些事情的技艺和能力”(Know-How)、“管理的知识”(Know-Who)等。② 知识经济这种的新型经济形态亦被称作“后工业社会”③、“后现代状态”④、“后资本主义社会”⑤、“信息社

---

① 经济合作与发展组织(OECD). 以知识为基础的经济[M]. 杨宏进，薛澜，译. 北京：机械工业出版社，1997：17-26.

② 经济合作与发展组织(OECD). 以知识为基础的经济[M]. 杨宏进，薛澜，译. 北京：机械工业出版社，1997：6-7.

③ 丹尼尔·贝尔认为：“社会分为前工业社会、工业社会和后工业社会。”“后工业社会”将以“编码化的信息和知识”取代“资本和能源”而成为创造财富的主要资产。参见[美]丹尼尔. 贝尔. 后工业社会[M]. 彭强，编译. 北京：科学普及出版社，1984：29-32.

④ 让-弗朗索瓦·利奥塔认为，“随着社会进入被称为后工业的年代以及文化进入被称为后现代的年代”，“信息机器的增多正在影响并将继续影响知识的传播”，“知识成为首要生产力”，导致国家与市民社会关系的变化和民族国家在世界市场上较量格局的改变。参见[法]让-弗朗索瓦·利奥塔. 后现代状态——关于知识的报告[M]. 车槿山，译. 上海：三联书店，1997：1-5.

⑤ 彼得·德鲁克认为：“发达国家已经进入后资本主义”，“知识成为最重要的资源而不是某种资源，正是这一点使我们的社会变成后资本主义社会。它改变了，而且从根本上改变了社会结构。它创造了新的社会动力、新的经济动力和新的政治”。参见[美]彼得·德鲁克. 后资本主义社会[M]. 张星岩，译. 上海：上海译文出版社，1998：48.

会”①、“知识价值社会”②、“第三次浪潮”③等。不管称谓如何，这种经济形态主要依靠智力资源投入和技术创新支撑社会的发展，社会生产对自然资源的依赖程度降低，自然资源的短缺不再构成经济发展的“瓶颈”。以智力资源为主要依托的知识经济将根本改变人类对自然资源的“大量索取、大量投入、大量消耗、大量废弃”的利用模式与生产方式。知识经济为人类解决生态危机找到了可能的出路。

(三)非持续发展转向可持续发展

工业文明、资源经济与非持续发展相联系；生态文明、知识经济与可持续发展一脉相承。

生态危机表明资源消耗型和依赖型的工业生产方式已走到尽头。人类的生存发展必须深入挖掘和利用人类自身的智能资源，这需要倡导一种以满足人的可持续发展需求为目标，以人的智力开发和利用为基础，以人与自然和谐发展为理念的新发展观——可持续发展观。

可持续发展(Sustainable Development)观的提出源于人们对传统的、非持续的增长和发展模式的反思。其产生背景是人类赖以生存与发展的环境和资源遭到了越来越严重的破坏，人类已感到自身的生存危机。20世纪60年代以后，随着“公害”的加剧以及能源危机的冲击，人们开始认识到：把经济、社会和环境割裂开来，只顾谋求自身的、局部的、暂时的经济利益，带来的将是灾难。随着人们对代际和代内公平和某些全球性环境问题(臭氧层破坏、全球变暖和生物多样性锐减等)的反思，

---

① 约翰·奈斯比特认为：“我们已经进入了一个以创造和分配信息为基础的经济社会”；“由工业社会向信息社会的结构改革，其深刻程度不亚于由农业社会向工业社会的变化”；“技术知识”成为“新的财富”，“新的权力来源不是少数人手中的金钱，而是多数人手中的信息”。参见[美]约翰·奈斯比特. 大趋势——改变我们生活的十个方向[M]. 梅艳，译. 北京：中国社会科学出版社，1984：14-15.

② 堺屋太一认为，通过“知识价值革命”产生的新社会则是“知识价值社会”，即“充分享用知识和智慧的社会”。参见[日]堺屋太一. 知识价值革命——工业社会的终结和知识价值社会的开始[M]. 泰相，译. 北京：东方出版社，1986：217.

③ 阿尔文·托夫勒认为，“文明分为三个时期：第一次浪潮农业阶段，第二次浪潮工业阶段，和目前正在开始的第三次浪潮”，“第三次浪潮的生产主要取决于知识和信息”，“新的社会是信息社会、智力和知识社会”。参见[美]阿尔文·托夫勒. 第三次浪潮[M]. 朱志炎等，译. 上海：三联书店，1984：195-227.

可持续发展思想逐步形成。①

可持续发展观有很丰富的内涵和很大的包容性，具有自然、经济、社会、环境等多方面的属性。据统计，可持续发展自提出至今，其定义多达几百种。② 可持续发展是一个涵盖经济、社会和环境的综合概念，这也说明了“这一概念很暧昧，怎么用都可以”③。“抽象地看，协调环境与经济、开发并不是问题。但事实上如何协调两者一直就是问题。”④

---

① 1962年，美国生物学家R. Carson在其《寂静的春天》一书描绘了一幅由于农药污染所带来的可怕景象，该书在世界范围内引发了人类关于发展观念的思考和讨论。1968年，英国经济学家B. 沃德(Barbara Ward)和美国微生物学家Rene Dubo在其《只有一个地球——对一个小小星球的关怀和维护》一书中指出了人类所面临的环境问题，呼吁各国人民重视维持人类赖以生存的地球。1972年罗马俱乐部发表了《增长的极限》的研究报告，该报告在结论中首次提出了“持续增长”和“合理的持久的均衡发展”概念，引起了全球学术界的强烈反响。1981年美国世界观察研究所所长L. R. Brown在其《建设一个可持续发展的社会》一书中，首次提出“可持续发展”的概念。1987年，联合国环境与发展委员会(UNCED)发表了《我们共同的未来》的报告，经典性地把“可持续发展”概念定义为：既满足当代人需要，又不对后代人满足其需要的能力构成危害的发展。1990年，拉丁美洲和加勒比发展与环境委员会提出的《我们自己的议程》的报告强调，不发达与环境恶化之间的联系，认为没有经济增长就没有发展，也无法向可持续发展过渡。1991年，世界主要的环境保护机构——世界自然保护同盟(INCN)、联合国环境规划署(UNEP)、世界野生生物基金会(WWF)共同提出一份关于当前环境与发展危机的报告——《保护地球——可持续生存战略》，该报告认为，通过保护将人类的行动控制在地球的承受能力之内，通过发展使人人都能度过长久、健康和令人满足的一生，呼吁所有人都采取可持续生存战略。1991年，由华盛顿世界资源研究所发起召开全球知名人士参加的“新世界对话”会议提出了《新世界的契约》的报告建议，采取一系列行动推动可持续发展。1992年，罗马俱乐部成员出版了《超越极限》一书认为，为了变转到可持续的社会，需要在长期目标和短期目标之间慎重权衡，重视发展的充分性、公平性和生活质量。1992年，联合国环境与发展大会在巴西里约热内卢召开，并通过了世界范围内“可持续发展”行动计划的《21世纪议程》文件，阐明了人类在环境保护与可持续之间应作出的选择和行动方案，提出了涉及与地球持续发展有关的所有领域的21世纪行动方案。

② 陈泉生．可持续发展与法律变革[M]．北京：法律出版社，2000：54.

③ [日]岩佐茂．环境的思想[M]．韩立新等，译．北京：中央编译出版社，1997：59.

④ [日]岩佐茂．环境的思想[M]．韩立新等，译．北京：中央编译出版社，1997：44.

观念受制于一定的物质生活条件。对同一概念的理解，经济发展水平不同的国家及其人民对其理解亦不同。对一个正在努力解决他们所面临的饥荒、疾病、文盲和就业机会不足等生存性问题的国家，清洁的环境对他们而言是一种奢侈品。人们对可持续发展的理解更多的是可持续的经济发展。与此相反，在经济发展水平较高的国家，人们对清洁环境的需求更大，希望更严格的环境管制，对可持续发展的理解可能更多的侧重于环境方面。环境库兹涅茨曲线(EKC：The Environmental Kuznets Curve)①(图 2-1)可以说明这一点。EKC 揭示出环境质量开始随着收入增加而退化，收入水平上升到一定程度(如图中 $X_0$所代表的收入水平)后随收入增加而改善，即环境质量与收入为倒 U 形关系。即在经济发展的初级阶段，环境恶化是不可避免的，但不断增长的收入会最终产生提高环境质量的要求。

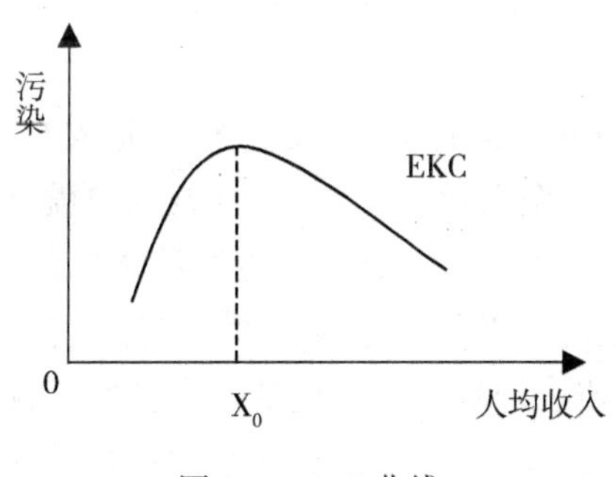


图 2-1　EKC 曲线

尽管如此，可持续发展的经典性定义是联合国世界环境与发展委员会(WCED)在其里程碑式的文件《我们共同的未来》(*Our Common Future*)中提出的，即既满足当代人的需求、又不对后代人满足其自身需求的能力构成危害的发展。这一概念得到了广泛的接受和认可。该定义强调的是人类的各种需要和环境的限度。因而衡量“可持续发展”必须从经济、环境、社会三方面缺一不可地系统考察。这一思想包含了当

---

①　1993 年 Panayotou 借用 1955 年库兹涅茨界定的人均收入与收入不均等之间的倒 U 形曲线，首次将这种环境质量与人均收入间的关系称为环境库兹涅茨曲线(EKC)。

代和后代的需求、国际公平、生态承载力、环境与发展相结合等重要内容。可持续发展观作为一种新的发展观，它与生态环境、资源、人口及技术等有着直接联系，就哲学层面而言，这一发展观蕴含着人类对发展问题的深刻认识，涉及人对自然、人对自身更本质的认识，也是人类发展过程中对人类价值观念、思维方式的反思。可持续发展观将导致人类伦理文明的新变革，把人与自然的关系引入人们判断事物的价值观念之中，推动人类社会从工业文明走向生态文明。

## 三、生态危机与救赎中的知识产权制度

生态危机的产生有多种原因，如技术的、制度的、文化的等，对生态危机的救赎也应从这几个方面着手。本节仅以技术为视角剖析生态危机与救赎中的知识产权制度，以导出知识产权制度与环境保护的牵连。

### (一)生态危机的技术根源与知识产权制度

#### 1. 生态危机与技术

哲学家 Martin Heidegger 曾经说过，技术是人类永远无法掌握的东西，① 并创造出一个"危险社会"。② 一部技术史就是一部环境史。"在现代工业社会里，社会与它所依赖的生态系统之间最重要的联系是技术"。③ 人类通过发明或者创造新技术而不断获得新的自由空间，但技术的每一次重大进步，都对生态环境带来了重大影响。人类的历史就是一部技术发展史，也是一部承载人类文明背景的环境史。技术的历史不能不涉及环境，环境的历史不能不涉及技术。技术的历史与环境的历史有一个相互重合交叉的灰色区域。④ 在环境的历史中，技术、特别是技

---

① Martin Heidegger and Rudolf Augstein (1996), http://wfgw.diemorgengab.at/tzn200301. 转引自欧洲专利局．未来知识产权制度的愿景[M]．郭民生等，译．北京：知识产权出版社，2008：15.

② Ulrich Bech(1992) Risk Society: Toward a new Modernity Sage Publications. 转引自欧洲专利局．未来知识产权制度的愿景[M]．郭民生等，译．北京：知识产权出版社，2008：15.

③ [美]巴里·康芒纳．封闭的循环：自然、人和技术[M]．侯文蕙，译．长春：吉林人民出版社，1999：117.

④ Jeffrey K. Stine and Joel A. Tarr. At the Intersection of Histories: Technology and the Environment. Technology and Culture[J]. 1998, 39(4): 601-640.

术异化是环境危机产生的重要原因之一。

技术自产生始，就按照人类的意图，弥补了人生理上的某种不足或缺陷。技术以自然为母体，可以与自然相互依存，和谐相处。但技术往往超越自然，技术具有与自然分离、异化的客观趋势。随着技术的发展，技术异化逐渐出现。工业革命以来，技术不断创造奇迹，然而现代环境危机也从工业技术革命开始。工业革命首先发生于英国。瓦特的蒸汽机使这个世界飞快地运转起来。1800 年瓦特的专利失效后，无数生产蒸汽机的制造厂建立起来，蒸汽机广泛用于采矿、冶金、机械工业等部门，新的行业也不断涌现。进入 19 世纪，大工业得到迅速发展之时，英国也成为当时大气污染最严重的国家。1873—1965 年，伦敦共发生了十几起烟雾事件。技术的发展过程，体现了技术的无限延伸能力。大机器的技术系统瓦解了田园式自然经济，技术圈开始侵蚀、吞噬、毁坏生物圈。

技术改变着地球生物圈。它一方面可提高资源的利用率，减少发展对资源的依赖程度，另一方面也可能产生巨大危险，其中包括出现新的污染形式，以及出现改变物种进化道路的生命形式的新变种。① 高能量、高收益技术的使用是对生态带来最大破坏与损害的原因，因为它们的优点往往由于强调效率而过分地被夸大。② 高技术污染就是一种典型的技术在自然中的异化。高新技术以其高效和低耗能等优势，成为各国经济发展的增长点。其所要求的"超净"条件，使高技术园区给人以表面"清洁"的印象。但超净厂房、精加工的背后，却隐藏着严重的污染。以美国硅谷为例，高度危险的废有机溶剂正从地下储罐中向外渗漏，从地下水中发现了 100 种化学物质。圣克拉拉郡每年产生有毒废物 10 万吨，其中 3860 吨危险废物被排入环境。每年有 3 万～10 万吨的重金属从硅谷通过底下水道排入旧金山湾。③ 高技术使硅谷走向"死谷"。

2. 传统技术的反生态性分析

---

① 世界环境与发展委员会．我们共同的未来[M]．王之佳，柯金良，译．长春：吉林人民出版社，1997：6.

② [美]芭芭拉·沃德，勒内·杜博斯．只有一个地球——对一个小小行星的关怀和维护[M]．长春：吉林人民出版社，1997：13.

③ [日]吉田文和．高技术污染[M]．周北海，译．北京：中国环境科学出版社，1998：1.

首先，传统技术的生态学缺陷源于其还原论的科学基础。“技术在生态上的失败可以溯源到技术的科学基础的相应失败”。① 近代科学认为，一个复杂的系统只有首先被分解为彼此割裂的部分才能真正地被了解。依此种科学还原论，自然系统由分割的客体构成，这些客体可以还原为最基本的物质构件。对自然整体的分割思维，反映到技术物的构造和使用上，就是急功近利地片面追求单一功能，忽视自然的整体性，进而破坏自然的平衡与稳定，最终导致生态环境的恶化。

其次，传统技术是一个分割逻辑。基于还原论的科学基础，传统技术是一种强调分割的技术，这与现代社会越来越强调精细的分工有关。技术的分割性使人类养成了一种思维习惯，即以分割的眼光去看待大自然，自然在技术的不断割裂下支离破碎。这与自然的整体性相悖。

最后，传统技术是一种线性逻辑。在大自然中，能量、物质和信息不断地循环，而技术则打破或割裂了这种生态循环方式。传统的技术生产与消费过程是一种线性逻辑。由技术生产出的某种产品一旦被使用之后就会被丢弃而成为废弃物，并因技术行为的非自然过程，其产生的废弃物通常成为一种“彻底的废物”而不能参与大自然的能量和物质的循环。例如，废弃的塑料在长达几百年的时间里都不能被分解，成为大自然的“癌症”。因此，传统技术不可避免地对生态圈产生有害影响。技术圈和自然生态圈之间的冲突是环境危机产生的主要原因。

当然，本研究分析技术对环境的破坏，无意要停止技术发展，让人类回到荒野时代，而是要对技术进行生态引导，发展生态技术。传统技术因上述生态上的缺陷给环境带来了污染和破坏。拯救全球环境，必须确立人与自然和谐共处的自然观，并在此价值观的指导下，发展一种充分吸收传统技术的合理因素，能促进人与自然和谐的新型技术，即生态技术。生态技术的发展需要相关制度引导与保障，知识产权制度即为其中重要制度之一。

3. 知识产权制度与技术

知识产权制度的产生和发展与技术的发展有着千丝万缕的联系。可以说，知识产权制度起源于技术的发展；知识产权制度所保护的客体随

---

① [美]巴里·康芒纳．封闭的循环：自然、人和技术[M]．侯文蕙，译．长春：吉林人民出版社，1999：151.

着技术的发展而不断扩大，如生物技术、基因工程、计算机软件和网络等技术不断知识产权所保护的客体；随着技术的不断发展，知识产权制度的内容日益丰富，知识产权的触角越伸越远；技术的发展也在不断地挑战着现有知识产权制度。同时，知识产权制度也具有促进技术创新的功能。自18世纪英国工业革命始，技术创新和文化创新就已成为西方市场经济社会的固有内涵和现代知识产权法律的激励目标。① 而知识产权制度所促进的技术创新对环境又产生影响，这便是知识产权制度与环境保护发生牵连的内在逻辑，也是本书以技术为视角分析环境问题的缘由所在。

### (二)生态救赎的“三重转变”与知识产权制度

#### 1. 生态文明与知识产权制度

建设生态文明，促进资源节约型、环境友好型社会建设，知识产权制度大有可为。随着经济全球化和知识经济的迅猛发展，创新能力、技术和管理优势以及知识产权的拥有量成为衡量一个国家综合竞争能力的重要标志。只有把先进的技术与劳动力优势结合起来，依靠技术进步提高资源利用效率，调整经济结构，转变发展方式，实现生态文明才有可能。运用知识产权制度，促进知识资源的创造、应用和经营，生产技术含量高、自然资源消耗小的高技术产品，进而将经济发展的依赖由“耗费自然资源”转为“利用知识资源”。当然，运用知识产权制度促进技术或产品创新，促进发展方式转变，还须有相应的观念创新、制度创新、管理创新、文化创新和经营创新。

知识产权制度能有效激励发明创造者对知识资源的长期投资，促进技术特别是环境友好技术的传播和转化，改变对能源、自然资源进行掠夺式开发利用的状况，把经济社会发展单纯对自然资源的依赖转变为对知识资源和人力资源的依赖。总之，建设生态文明，构建人与自然的和谐，必须更多地依靠科技进步和自主创新，必须把实施知识产权战略放在现代化发展战略的突出位置。②

---

① 袁泳．知识产权法与技术、文化创新[J]．北京大学学报(哲学社会科学版)，1997(5)：99-105.

② 知识产权报评论员．用知识产权制度促进生态文明建设——认真学习贯彻党的十七大精神系列评论之五[N]．知识产权报，2007-11-15(1).

2. 知识经济与知识产权制度

众所周知，工业经济以资源的大量消耗为主要特点。资源接近耗竭，环境危机日益加剧，预示着资源经济走到了尽头。发展知识经济以代替资源经济，是救赎生态危机的途径之一。

随着信息革命和知识经济时代的到来，新技术、新知识已成为维持一个国家、一个企业长期竞争优势的最重要因素之一。知识的创造、运用、保护和管理已成为经济和社会发展的决定性因素，因而，谁拥有的新技术、新知识多，谁拥有的知识产权多，谁就能占据经济竞争的制高点。知识资产的取得需要投入大量的经费、时间和智力劳动；然而其一旦公开或进入市场，极易被他人无偿占有和使用，特别是那些市场前景好的新技术、新知识，如生物技术等。如果智力成果得不到保护，假冒、侵权盛行，创造者不能得到应有的市场回报，便会失去研发动力。经济发展越是知识化，知识产权制度愈显重要。比尔·盖茨创造的神话不会诞生在一个没有知识产权保护的国家！利用产权制度保护和鼓励知识创新是知识经济的必然。只有产权得到保障才使得财富能够顺利地生产出来、积累起来。① 知识经济的核心就是知识产权。② 因此，知识经济须以知识产权制度作为其存在和发展的基石。正是知识产权制度架构了知识主体和客体的桥梁，激励了知识生产者创造的积极性。

3. 可持续发展与知识产权制度

促进生态文明，发展知识经济与可持续发展一脉相承。由上文分析可知，可持续发展是经济、社会、环境的全面协调发展。实现这一目标，生态技术是关键。生态技术的创造、运用、保护均与知识产权制度密切相关。相关论述详见下文。

## 第二节 知识产权制度的生态效应

“在为建设一个丰富而令人满意的文明的努力奋斗过程中，法律制度发挥着重要而不可缺少的作用。当然，法律制度并不能直接进行或增进文明大厦的建设；它也不可能直接下命令使人们成为发明家或发现家

① 茅于轼．产权为什么重要？[J]．CO. 公司，2004(12)：18-20.

② 刘剑文．知识经济与法律变革[M]．北京：法律出版社，2001：187.

去设计城市建设的新方法，或去创造优秀的音乐作品。然而，通过为人类社会组织确立履行更高任务的条件，法律制度就能够为实现社会中的'美好生活'作出间接贡献。"①环境是第一性的，制度是第二性的。制度通过规制、引导人的生产与生活方式进而影响环境。知识产权制度对环境的影响是间接的。这也是知识产权制度与环境保护牵连的重要表现之一。

## 一、知识产权制度的生态正效应

知识产权制度的生态正效应主要表现如下：

(一)知识产品的非消耗性

知识产权制度本身不能减少对自然资源的消耗，而是知识产权制度所促进和保护的客体即知识产品具有非消耗性，能减少对自然资源的依赖。人之欲望无限。为了满足欲望，人类总是不遗余力地对自然资源进行开采和掠夺，并以此获利。为此，英国经济学家马尔萨斯(Malthus)早在19世纪初期就提出人口论，主张控制人口。然而其人口论却大大低估了知识对生产的贡献。他认为，土地及其他自然资源有限，而人口日益增加，长此下去，僧多粥少，人民生活水平必然下降。但反证的事实却甚为明显，相比马尔萨斯的时代，现在的人口总量增加了好几倍，但同期内人民的生活水准却提高了很多。张五常认为，出现此现象的主要原因为：土地及天然资产虽然增长不多，但知识资产却有了大幅度增加。虽不能说马尔萨斯的人口论永远是错的；因为不敢肯定知识及科技会永无止境地增长。但马尔萨斯低估了知识的增长率，低估了知识对生产的贡献，却是无可否认的。②

知识产权制度，可以激励开发更多的知识资源，生产知识和技术含量高、物质资源含量少的高技术产品，减少对自然资源的消耗，把经济发展对自然资源的依赖转变为对知识资源的依赖。日本发明人协会会长丰泽丰雄曾语重心长地呼吁以人力资源开发战胜资源之不足。渠谓："要使土地狭窄，资源贫乏之日本，变成一个富裕的国家，除了从每一

① ［美］E. 博登海默．法理学法律哲学与法律方法［M］．邓正来，译．北京：中国政法大学出版社，1999：393.

② 张五常．卖桔者言(第5版)［M］．香港：信报有限公司，1985：177.

个日本人的脑海里榨取创意之外，别无他法。”人力充分开发与利用的结果是，日本人几乎每天都有大小发明问世，每一种发明都依赖变成独占商品，输出外国，赚取外汇，使缺乏资源的日本，终变成富裕的经济大国。① 又如，根据世界经济论坛每年的《全球竞争力报告》排名，芬兰在 2001—2005 年的 5 年间，除 2002 年稍落后于美国位居第二之外，其他 4 年均名列榜首，被认为是全球最具竞争力的国家，原因在于 20 世纪 80 年代后，芬兰增加了在技术研发方面的投入，推动的经济结构从资源依赖型向技术领先导向和出口导向型发展，进而向知识型社会迈进。②

著作权法之宗旨在于赋予作者对作品一定时期垄断权，以鼓励人们的创作。科学文学艺术作品可陶冶人们的道德情操和提升人的精神境界。如呼唤保护意识，弘扬生态责任，倡导人与自然和谐共生的生态文学作品③，通过对生态危机的揭露、忧患意识的唤醒，生态整体观的推崇，尊重自然的倡导等提高人们生态意识。物质生活最大限度的简单化和精神生活最大限度的丰富化，是许多生态作家描写的一种理想生存方式。生态文学中生态保护思想的广泛传播不仅推动了生态政治的兴起，为可持续发展提供了思想先导，而且为人们指明了一种环境友好的生活方式。此外，在基本物质需求满足的情况下，作品所提供的精神食粮可替代人们直接对物质资源的消耗。欧洲有一个历史经验，文艺复兴以后，随着工商业的发展，人们的物质生活空前丰富，物欲也开始膨胀。为抑制物欲的发展势头，欧洲的文学、音乐、戏剧、诗歌、雕塑、美术空前繁荣，它引导人们从追求单纯的物质快感转向追求精神的愉悦感，把人从物质世界向精神世界导引。人的精神一旦升华，人的思想就可以

---

① 曾陈明汝．两岸暨欧美专利法[M]．北京：中国人民大学出版社，2007：18.

② 关于芬兰详细发展历程的梳理，可参见张文霞，李正风．芬兰从资源型国家到创新型国家的历程[C]//蔡富有等．建设创新型国家与知识产权战略．北京：中国经济出版社，2008：38-46.

③ 生态文学或称为环境文学、绿色文学，包括描写大自然，描写人的生存处境，展示人与自然的关系，揭露生态灾难，表现环境保护意识，抒发生态情怀的文学作品与文学现象。参见张皓．中国生态文学：寻找人与自然的和弦[J]．佛山科学技术学院学报(社会科学版)，2004(6)：1-4.

得到澡雪，从名缰利锁中得到解脱，超越物质世界，这种精神澡雪是生态文明表现之一。

罗斯托曾将经济发展划分为传统社会、为起飞创造前提条件、起飞阶段、成熟阶段、高额群众消费阶段和追求生活质量阶段等六个依次更替的阶段。在"追求生活质量"这个阶段，人类的需求特征发生了一些变化，更加注重无形的精神需求和自我实现。① 人类需求的变化，同时会使得未来社会中的产业形态发生相应变化。从需求角度看，人类对精神服务的需求增加，会导致提供精神消费的产业在经济结构中的比重上升。从环保的角度考虑，这能减少人们对物质的消耗。知识产权制度，特别是著作权制度则能促进精神产品的生产。

（二）导向功能

导向功能通过公布的专利文献来实现。专利文献向公众披露的"公开性"是专利制度的重要特征和优点之一，其具有内容广泛、详尽，出版报导速度快、技术涵盖面广等特点。WIPO 的研究表明，全世界最新的发明创新信息 90%以上首先是通过专利文献反映出来的。② 专利文献中常常包含一些情报，特定技术问题的科研人员通过对这些情报的查阅、检索，可了解现有技术，扩展研究方向，选准未来主攻技术，从而避免重复他人已完成的工作，节省时间、资金和人力。③ 这有助于研发机构谨慎投资，避免资源浪费。同时，通过查阅专利文献，可开阔视野，启迪科研人员的创造性思维，从已有专利的夹缝中寻找技术空白点进行新的创造，缩短科技进步的周期。

每个企业往往根据资本的逻辑进行营利活动，对于环境保护毫不关心或关心不够，结果引发了产业公害。当然面对社会批判，企业也不得不表示对环境保护的积极态度（尽管漠不关心的企业很多）。为了不让企业对环境问题所表示的关心仅停留在形式上，使其行之有效，有必要

---

① 吴欣望．知识产权——经济、规则与政策[M]．北京：经济科学出版社，2007：41.

② 陈慕．企业技术创新与专利文献的利用[J]．安徽科技，2007(7)：39-41.

③ 世界知识产权组织．知识产权法教程[M]．高卢麟等，译．北京：专利文献出版社，1990：23.

依据生活的逻辑，由国民来评价企业对环境问题的态度，促使企业改变态度。① 商标制度则可达到用“生活的逻辑”改变“资本的逻辑”的目的。

商标通常具有区分商品来源功能或识别功能、信用担保或品质保证功能、对商标所用的商品及其生产营销企业进行广告宣传的功能以及由商标联想到商品及其生产营销企业的联系功能。② 通过商标制度，将环境标志注册为证明商标，能帮助环境创新者在“绿色”标记中赢得商誉。在绿色消费日趋成为新时尚的情形下③，消费者基于环保信息认牌购货，可提高环境标志使用企业的竞争力，引导或迫使更多企业使用环境标志证明商标，进而达到环境保护的目的。在日本，55%的制造商表示他们申请环境标志的理由是环境标志有利于提高产品的知名度。30%的制造商认为获得环境标志的产品比没有标志的产品更容易销售。73%的销售商和批发商愿意开发、生产和销售环境标志产品。实施环境标志的环境效应同样十分显著。例如，德国为水溶剂机颁发环境标志后，传统的不久就被淘汰。德国每年因此少排放4000吨的有机溶剂。德国推出的不含汞的电池，市场份额从10%迅速上升到15%。出口英国后，就占据了同类产品10%的营业额。在加拿大由于实施了环境标志，废气的排放明显减少。④

原产地、货物品质和特征的标记说明，能帮助消费者在具有不同环

---

① [日]岩佐茂．环境的思想[M]．韩立新等，译．北京：中央编译出版社，1997：171.

② 参见 Hubmann/Goetting，Gewerblicher Rechtsschutz，2002. S. 266-270.

③ 近20~30年来，绿色消费迅速成为各国人们所追求的新时尚。据有关民意测验统计，77%的美国人表示，企业和产品的绿色形象会影响他们的购买欲望；94%的德国消费者在超市购物时，会考虑环保问题；在瑞典85%的消费者愿意为环境清洁而付较高的价格；加拿大80%的消费者宁愿多付10%的钱购买对环境有益的产品；日本消费者更胜一筹，对普通的饮用水和空气都有以“绿色”为选择标准。张琳．科学发展观在具体化为政策目标中各社会主体的功能定位[EB/OL]. http：//www. sass. org. cn/dzx/articleshow. jsp？dinji = 666&artid = 27825. 在我国，据广州联建资讯中心最近对广州地区的调查显示，在被调查的23085人中81. 7%完全愿意为购买有益于环境尤其是居室环境和饮食环境的产品而支付更多的钱，15. 5%比较愿意在经济条件许可的范围内购买环境标志产品，只有2. 8%表示无所谓。参见吕瑟．环境标志在全球范围的作用[N]．中国环境报，2004-9-10.

④ 吕瑟．环境标志在全球范围的作用[N]．中国环境报，2004-9-10.

境影响的商品中作出选择。① 环境标志和商标制度的结合能有效推广和鼓励环境友好型产品，引导消费者对环境友好型产品的选择。故商标可以保护提供绿色产品和服务的竞争优势，在此方面，某些生物技术公司的商标，如 Genetech、Amgen 等就非常知名。② 同时，环境标志证明商标有利于厂商的品牌宣传，打击假冒环境标志的侵权行为和监督环境标志商品的质量。

(三)激励功能

"激励"是指持续激发人的动机的心理过程。"我们任何一种行为带来的后果都可以分成两部分——内部性的和外部性的。个人的最优行为和社会最优的行为是不一样的。社会要解决的问题就是如何使个人能够对自己所有的行为负责任。如果他对所有的行为负责任，个人最好的东西也是对社会最好的东西，我们怎么样让他外部性的东西都内部化，这就是激励机制的一个核心问题，如何对一个行为的外部后果内部化，这就是我理解的法律作为激励机制的核心观点。"③这里的内部性可理解为行为主体带来的个体利益；外部性则指行为为社会带来的公共利益；而激励制度便是指将此种外部性转化为内部性的一种制度设计，是连接内部性和外部性中间桥梁。

林肯的名言常用来解释专利制度的激励功能。1860 年 2 月 22 日，林肯总统在讲授"发现、发明与改良"(Discoveries, Inventions and Improvements)，其中提到，在无专利制度之前，人们常常利用他人的发明创作，而发明人并未由此获得特别利益。但专利制度改变了此一窘境，它确保发明人在一定期间内可独占地利用其发明。因此，他认为专利制度可以为天才之火添加利益(interest)之油，以鼓励新而有用事物之发现与生产。④ 此言道破了专利制度鼓励发明，促进生产的功能。罗斯福总统对专利制度的评价是："专利制度为技术之钥，技术为生产之

① Jeremy Philips. People in Greenhouses[J]. Journal of Intellectual Property Law & Practice, 2007, 2(5): 269.

② 秦天宝. 遗传资源获取与惠益分享的法律问题研究[D]. 武汉大学博士学位论文，2005：302.

③ 张维迎. 作为激励机制的法律[R/OL]. [2015-04-20]. http://www.tecn.en/data/detail.php? id=2861.

④ Peter D. Rosenberg. Patent Law Fundamentals[M]. Clark Boardman, 1975: 5.

钥，生产为胜利之钥，此意为专利制度鼓励创作，提升技术，促进生产，足使人民致富，国家富强。”①日本学者斋藤优在20世纪80年代所作的调查显示：绝大多数企业认为，最具刺激性的因素是“专利制度的存在”。这一因素在技术创新的任何阶段都居于首位。② 诺斯曾断言：“一套鼓励技术变化，提高创新的私人收益率使之接近社会收益率的激励机制仅仅随着专利制度的建立才被确立起来。”③

智力创造成果的特点是，除了经济投入外，还有个人的智力和心智，因此，这种成果理应归个人所有。但智力成果以信息形式公之于众，其便失去了私人财产属性。与有形物品不同，技术具有非排他性，能为多人使用而不会造成技术损耗，无权使用者无须重新研发，这本可节约研发资源。但如此一来，便不会有人愿意研发新技术。专利制度为防止“搭便车”行为，法律授予相关主体排他独占权，这是鼓励发明最简单、最便宜、最有效的手段。不管是鼓励发明者还是鼓励企业对新技术研发的投入，知识产权制度通过确立技术特别是生态技术创新者的知识产权，可制止无代价的抄袭、模仿和制造，使技术创新的外部性内部化，激励创新；规范创新主体之间利益分配，避免冲突或摩擦。

气候友好型技术作为现代科学技术的一部分，与其他技术一样受到知识产权(专利)制度的保护。2010年，在联合国环境项目署(UNEP)，欧洲专利局(EPO)以及国际贸易与可持续发展中心(ICTSD)，对专利制度在清洁能源技术创新的作用进行了实证分析。该报告以专利取得率即以授予专利的数量与专利申请数量之比率④作为参考量来分析了气候技术的增长情况。自1997以来，世界范围内的气候技术的专利取得率每年增长大概约20%。以清洁能源技术为例，在短短十几年的时间里，清洁能源技术的专利数量增长速度就超过了传统的化石燃料及核能的专

---

① 曾陈明汝．两岸暨欧美专利法[M]．北京：中国人民大学出版社，2007. 18.

② [日]斋藤优．发明专利经济学[M]．谢燮正等，译．北京：专利文献出版社，1989：13.

③ [美]道格拉斯·C. 诺思．经济史中的结构与变迁[M]．陈郁，译．上海：上海三联书店，1994：185.

④ 专利申请量说明了技术创新的活跃程度，授予专利量说明了技术创新的被认可度。

利增长速度。太阳能光伏电池、风能、碳捕集、水/海洋能以及生物燃料等清洁能源技术部门快速发展。而这些清洁能源技术专利开始快速增长的 1997 年，恰是《京都议定书》启用的一年，这种巧合从某种程度上说明了政策对激励清洁能源技术的发展具有重要作用①。图 2-2 为清洁能源技术自诞生到现在的增长趋势。

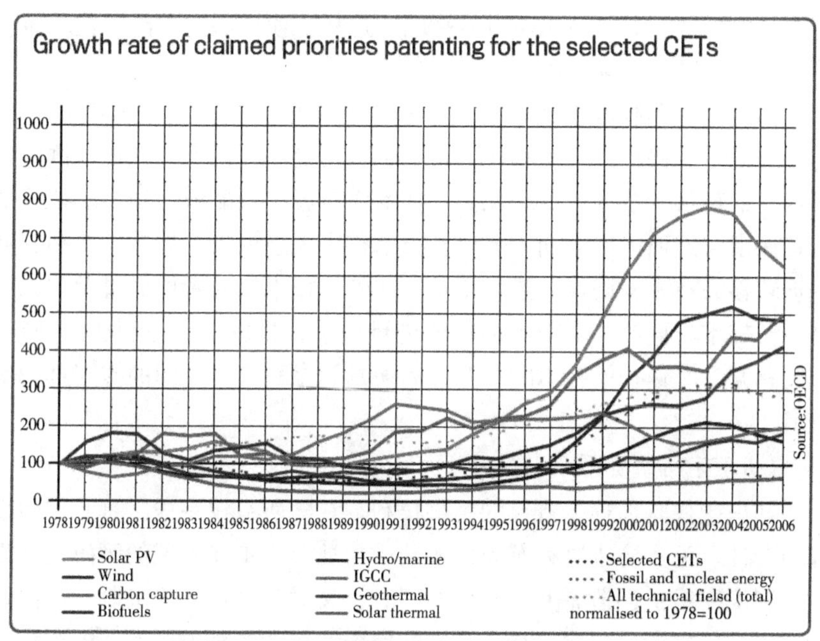


图 2-2　清洁能源技术专利增长趋势

(四)促进(生态)技术转移与转化

无知识产权制度时，市场主体总是倾向于对自己的发明创造特别是关于某种产品的制造技术采取保密措施，从而导致科学技术信息传播的迟滞，不利于发明创造的推广应用。而知识产权制度的确立则能加快技术(生态技术)的转移，促进技术成果的转化和避免技术资源的浪费和沉没。专利的公开使信息和新技术广泛传播，这有助于增加科学知识，

① OECD. Patents and Clean Energy: Bridging the Gap between Evidence and Policy, Summary of the Report[R]. OECD Publishing, No. 17.

促进人们研究新问题，发明新专利，开启新的研究领域，避免不必要的重复研究。① 具体分析如下：

首先，通过专利文献的介绍，有助于促进技术转移。经由分类的专利说明书和专利申请文件所包含的技术信息，是任何人均可获取的、最具价值和最全面的技术来源。专利文件对发明的详细说明，为技术评估提供依据。此外，其所记载的专利权人或者申请人以及发明人的姓名或名称及地址，为寻找技术所有者指明了途径，便于联系，洽谈技术转移事宜，进而减少交易成本。

其次，专利制度创造了有利于技术转移的环境。就技术接受方而言，与无专利保护的技术相比，其更乐意接受专利技术。就技术供应者而言，如转移的技术无专利保护，技术供应者则只能依合同要求技术受让者保密。然而，以合同方式保护技术秘密风险极大。如通过专利制度保护转移的技术，则风险要小得多。此外，技术接受者可通过专利说明书了解技术的内容，对技术的价值进行评估，且由于有专利法的规定，在转移有专利保护的技术时，双方的谈判和专利许可合同的拟定都简单得多。②

(五)有利于资源的循环利用

知识产权是一种专有性的民事权利，它同所有权一样，具有排他性和绝对性。为了防止这种垄断性权利成为社会进步和发展的障碍，知识产权制度在维护创造者专有权利的同时，又对其进行必要限制，以协调创造者、传播者、与代表社会利益的使用者三者的利益关系。③ 权利穷竭(Exhaustion of Right)便是这种限制之一。权利穷竭，又称权利耗尽、权利用尽、“首次销售”原则，系指当含有知识产权的商品以合法方式销售分发出去后，无论该商品再辗转到何人之手，知识产权人均无权再控制该商品的流转，即权利人行使一次即耗尽了有关权利，不能再次行

① 欧洲专利局．未来知识产权制度的愿景[M]．郭民生等，译．北京：知识产权出版社，2008：15.

② 汤宗舜．专利法教程(第三版)[M]．北京：法律出版社，2003：16.

③ 吴汉东，刘剑文．知识产权法学[M]．北京：北京大学出版社，2002：6.

使。① 权利穷竭在各国和地区的知识产权制度中均有体现。②

知识产权权利穷竭原则的主旨是对知识产权人的权利加以必要的限制，以免产生过度垄断，阻碍产品的自由流通。正如 Govacre 所言，“在任何情况下最重要的一点是，知识产权人的目的在载体产品的首次销售之后已经实现，否则导致市场的垄断。”③此外，权利穷竭原则为知识产权产品的循环使用提供合法的根据，这其中含有环保的因子。以下以教材的循环使用说明之。

据我国 2007 年教育统计公报显示，我国义务教育在校生约 1.7 亿人，以每个学生一年两学期用 15 册教科书计算，一年就要用教科书 25 亿册以上。按每人每年教科书平均重 2500 克计算，我国中小学生每年使用的教科书需消费纸张达 45 万吨之多。而生产 1 吨纸要用 20 多棵大树，45 万吨纸就要砍伐大树 1000 多万棵。若每本教科书能连续使用 5 年，可节约 528 万吨文化纸，而每节约 1 吨文化纸，至少可节约 100 吨净水、600 度电、3 立方米木材、1.20 吨煤、300 公斤化工原料。若以中小学人均教科书费 120 元算，扣除平均成本，全国每年至少可节约书费近 300 亿元，如连续使用 5 年，可节约 1500 亿元。④

美国、英国、澳大利亚等发达国家回收利用旧课本已成为制度和一

---

① 郑成思．版权法[M]．北京：中国人民大学出版社，1990：272.

② 例如，德国 1965 年《版权法》第 17 条第 2 项规定：“一旦作品的原本或复制品，经有权在本法律适用地域内销售该物品之人同意，通过转让所有权的方式进入了流通领域，则该物品的进一步销售被法律所认可。”美国 1976 年《著作权法》第 109 条第 1 款规定：“合法制作的特定的复制件或唱片的所有人或经该类所有人授权的任何人，无须著作权人的授权，有权出售或以其他方式处理其所合法拥有的复制件或唱片。”英国 1994 年《商标法》第 12 条第 1 款规定：“由注册商标所有人或经注册商标所有人同意在已经投放欧洲经济地区市场的有关商品上使用其注册商标的，不构成侵权。”参见郑成思．知识产权法(第三版)[M]．北京：法律出版社，2003：347. 我国《专利法》(2008 年修正)第 69 条第 1 款第 1 项的规定体现了权利穷竭的原则。

③ 吴汉东，胡开忠．无形时产权的制度研究[M]．北京：法律出版社，2000：139.

④ 姜志坚等．美、德、澳、巴四国教科书循环使用的启示[J]．教育探索，2008(10)：85-87.

种传统，成为学校乃至社会生活的一部分。① 2006 年新颁布的《中华人民共和国义务教育法》第 41 条规定“国家鼓励教科书循环使用”。另外，高校某些课程的教材也适合循环利用，如《大学英语》、《高等数学》、《哲学》、《军事理论》以及一些选修课的教材版本更新较慢，完全可以循环利用。我国有些地方已推行或正在推行教科书循环使用。② 这既可减轻学生家长的经济负担和国家财政负担，又可节约资源，降低生产教材造成的污染，还可培养学生们爱惜财物、厉行节约的良好习惯，是一种真正意义上的“绿色教育”。教科书往往是享有著作权的作品，教科书循环使用的根据是著作权权利穷竭原则。

## 二、知识产权制度的生态负效应

促进技术创新的知识产权制度会对环境影响产生利弊并存的后果。

---

① 在美国，中小学教材实行无偿借用制度。每学期开始，学校将教科书出借给学生，待学期结束后，学生再“完璧归赵”。在英国，教科书循环使用自觉自愿。英国公众对工业化导致的环境问题有很强的意识，广泛开展环保宣传。尽管政府未就教材回收再利用作出明确规定，但为了节约纸张、保护环境、降低教学成本，英国中小学普遍实行课本再利用。英国还有一些公司专门从事旧课本的买卖，为课本的循环使用提供了方便。在澳大利亚，教科书是公有财产，这与中国不同。中国学生的教科书是“私有制”：我买，我有，我用，我藏。教科书“公有制”不仅节省资源，而且也使学生们更加注意自己的社会责任。参见杨慧．教材循环使用问题调查[J]．中国环境管理，2006(3)：27-28.

② 2006 年 8 月上海市教委宣布：上海市从秋季开学起正式开始进入教材循环使用的试点阶段，首先进行试点的科目为初中音乐学科。湖北省 2008 年秋起，在农村义务教育学校开始使用 8 种(小学《科学》、《音乐》、《美术》(或《艺术》)、《信息技术》；初中《音乐》、《美术》(或《艺术》)、《体育与健康》、《信息技术》)循环教科书，并要求学校在每学期结束前，积极组织回收所有学生使用的循环教科书，确保至少 65%的教科书能继续使用。参见我省要求收回循环教科书[N]．楚天都市报，2008-12-17(19)．安徽省确定 2009 年春季学期中小学 9 本教材循环使用，并按每年 20%的比例进行补充和更新。参见明年春季学期安徽中小学 9 本教材循环使用[EB/OL]．http：//www. jieyue. net/aoyun/homepage_show. asp？ id = 146222 以福建师范大学为例，其化学与材料学院建立“绿色书库”倡导教材循环使用，仅 2006 年节省教科书 3422 本，每位学生平均节支近 300 元。参见国家教育信息网．福建师范大学一学院教材循环使用人年均节支近 300[EB/OL]．[2017-04-15]．http：//www. modedu. cn/a/a816501/gxdt/content_75756. shtml.

美国科学促进会的奥德利 . R. 查普曼查普曼在题为《将知识产权视为人权》的文章中，分析了现行知识产权制度对人权保护的负面影响，其中论及某些领域的知识产权延缓了技术的应用、植物专利破坏了生物多样化等问题。①

（一）破坏生物多样性

理论上，知识产权制度有助于保护生物多样性和遗传资源的持续利用，但在实践中却产生了“事与愿违的鼓励作用”。联合国粮农组织（Food and Agriculture Organization，FAO）1996 年 4 月在意大利罗马发表的一份报告中，列举了一些表明生物多样性消失的例子②，为此，FAO 呼吁人们重视“生物多样性减少以及各种基因不可挽回的丧失”。③ 生物多样性减少的重要原因之一是：知识产权保护会促使极少数“精英”品种来取代传统品种。在植物品种的知识产权日益加强的同一期间内，大量传统作物品种消失了。品种必须具有一致性的要求促使培育者减少培育作物品种内部的遗传多样性。因此，“植物培育者权利由于旨在鼓励培育改良品种，间接助长了作物遗传多样性的丧失”。④ 即知识产权制度促进生物技术创新所开发的“有益新物种”可能对其他物种产生竞争性优势，进而人为地淘汰其他物种，导致生物多样性发生无法挽回的损失。⑤ 以传统中药的知识产权保护为例，从中国的经验看，一方面，传统药医专利保护促进了相关植物、动物等原料的人工繁育和培养；另一方面，因野生品种在品质和药用价值上比人工品种高，商业利润大，

---

① ［美］奥德丽 · R. 查普曼 . 将知识产权视为人权［J］. 刘跃伟，译 . 版权公报，2001(3)：35.

② 中国 1949 年种植的 100000 个小麦品种到 70 年代只剩下 1000 种。在过去的 100 年当中，美国的玉米品种丧失了 91%，西红柿品种丧失了 81%。从 1804 年至 1904 年，美国的 7098 个苹果品种中有 86%彻底消失。亚洲、非洲、欧洲和南美也存在类似情况。在菲律宾、马来西亚和泰国，当地稻子和水果品种也减少了。

③ http：//www. ndcnc. gov. cn/datalib/2004/Science/DL/DL-186398.

④ Executive Secretary of the Convention on Biological Diversity, The Impact of Intellectual Property Rights Systems on the Conservation and Sustainable Use of Biological Diversity and on the Equitable Sharing of Benefits From Its Use［R］. UNEP/CBD/COP/3122, 22 September 1996：11.

⑤ 史学瀛 . 生物多样性法律问题研究［M］. 北京：人民出版社，2007：213-215.

专利信息的公开可能间接导致与传统医药有关的野生植物和动物品种的过度开发和盗猎等，导致生物多样性减少。① 转基因食品是生物技术的一个具体的运用。转基因食品对解决粮食短缺、减少农药使用，避免环境污染等功不可没，但其可能对蝴蝶等昆虫造成伤害，影响周边植物的生长，进而对人体产生危害等。因此，有学者称“基因污染”比核裂变更危险。②

此外，知识产权保护导致了垄断局面的形成：大部分农业种子被极少数拥有足够资金和技术的大型跨国公司所控制。这种垄断试图导致农业体系的统一，而此种统一会损害环境、不符合可持续发展的概念。③ 例如，对新植物品种的保护可能导致单一栽培和种植，因为育种者更关注均一、稳定、具有普适性的作物品种。长期积累的结果会导致传统农作物品种被淘汰，多样性的农业生态系统被单一的种植系统所代替，进而降低生物多样性。

（二）增加成本

知识产权制度促进科技发展和经济增长的同时，也导致社会成本的增加。事实上，许多发展中国家在享受知识产权保护的收益之前往往要承受社会福利的净损失。

第一，管理和具体实施成本。知识产权制度的有效运行所需管理成本巨大。许多发展中国家由于知识产权保护现状与TRIPs协议国际标准存在巨大差距，因此在与国际接轨的过程中需要付出大量的制度建设、实施和管理成本。联合国贸易与发展会议（UNTACD）1996对部分国家的TRIPs协议实施成本进行了粗略估算，认为埃及进行制度升级和机构建设的一次性成本投入约为80万美元，而随后每年的培训成本达到100万美元；孟加拉国为达到TRIPs要求一次性投入的管理成本约为25万美元，随后每年在司法系统、信息管理设备、法律实施方面的费用约

---

① 俞海．TRIPs协议和环境问题研究［M］．北京：中国环境科学出版社，2005：24.

② 张振钿等．基因污染与生态环境安全［C］//中国环境科学学会2002年学术年会论文汇编．2002：222-224.

③ Klaus Bosselmann. Plants and Politics：The International Legal Regime concerning Biotechnology and Biodiversity［J］．Colorado Journal of International Environmental Law and Poticy，1996（Winter）：129.

为 110 万美元。①

第二，垄断性成本。基于激励创新的目的，知识产权制度赋予权利人一定期限的垄断权，但也正是这种垄断权导致了社会成本。

垄断导致过度的发明投资。垄断对过度的发明投资存在潜在诱因。以专利为例。因专利制度具有“赢者通吃(winner-take-all)”的特点②，为了抢先申请专利，厂商之间会展开激烈的专利竞赛，导致研发投入过度。赖特(Wright)和坦登(Tandon)假定研发成功的厂商能够获取该项技术的所有社会收益，他们得出的结论是，在竞争性的条件下，会有过多研发资源的投入，形成浪费。③ 卢里(Loury)、李和怀尔德(Lee&Wilde)的研究结论是：研发竞争导致过度投入和研发资源浪费。④ 加利尼(Gallini)认为，后来厂商的模仿研发中很大一部分只是为了绕开专利壁垒，并非真正意义上的技术突破，其研发活动是重复甚至是浪费性的。⑤

垄断定价带来经济损失。知识产权保护维护了创新企业的短期垄断地位，增强了企业的预期利润，但同时会导致短期内社会消费水平的下降和消费者福利的恶化。虽然无具体数字估算知识产权垄断所带来的损失，但日常生活的经验表明：专利产品的价格一般高于同类的非专利产品，名牌商标的商品价格往往高于商标不知名的商品。同时，由于大多数发展中国家是技术进口国，因而是专利产品价格上涨的主要受害者，这实际上减慢了知识和技术的扩散速度。

此外，知识产权保护带来的社会成本还包括专利所有者操纵专利(如让专利“休眠”)来阻止潜在竞争者进入市场，导致资源闲置。

---

① J. M. Finger and Philip Schuler. Implementation of Uruguay Round Commitments: The Development Challenge. World Bank Development Research Group, Policy Research Working Paper 2215, Washington, DC, World Bank.

② 吴欣望．专利经济学[M]．北京：社会科学文献出版社，1995：46.

③ Tandon. P. Rivalry and the Excessive Allocation of Resources to Research[J]. Bell Journal of Eeonomies, 1983(14): 152-165.

④ Corrine Langinier and GianCarlo Mosehini, The Economics of Patents: An Overview, http://www.eeon.iastate.edu, 2002.

⑤ Gallini, N. Patent Length and Breath with Costly Imitation[J]. RAND Journal of Economics, 1992, (44): 52-63.

### (三)影响技术创新

在分析法学上，财产权是由许多项权利组成的权利束。① 权利束中最基本的两项是排他权和使用权。1982 年，美国经济学教授麦克尔曼(Frank Michelman)根据排他权和使用权，把财产权划分为三种形态：② 其一，公地(commons)财产权：多个权利人对某个客体享有使用权，但不享有排他权；其二，个人(private)财产权：一个权利人对某个客体享有使用权和排他权；其三，反公地(anti-commons)财产权：多个权利人对某个客体享有排他权，但不享有使用权。对应于"有权使用而无权排他"的公地财产权，从逻辑上可以推导出"有权排他而无权使用"的反公地财产权。③ 这三种财产权中，个人财产权是典型的财产权。

针对公地财产权，1968 年，加勒特·哈丁教授(G. Hardin)在《科学》杂志上发表了一篇《公地的悲剧》(*The Tragedy of the Commons*)的文章。解释公共资源(如公共牧场)由于缺乏必要的产权界定而导致过度使用而衰竭的现象：因为每个人都希望多放一只羊而使自己的利益最大化，且每个人都无权阻止他人也这样做；由于牧场容量有限，最后可能导致过度放牧而使牧场毁灭的悲剧。哈丁因此得出结论认为，对公共物品或公共资源的自由使用可能导致其毁灭。④ 公地悲剧使人们认识到产权在资源使用中的重要性，也成为知识产权制度存在理由之一。30 年后，针对某些领域中产权被过度划分的现象，美国密执安大学教授米歇尔·海勒(Michael. A. Heller)在《反公地悲剧：从马克思到市场转变中

---

① 美国法学教授霍纳(A. M. Honore)提出了完整财产权的 11 项权利：排他占有权，使用权，管理他人使用权，收益权，资本价值权(包括转让、消费、浪费、或毁灭)，安全权(即不受侵夺)，通过赠与、遗赠、继承转让的权利，不受期限限制权，不以损害他人的方式使用的义务，偿还财产上债务的义务，回复权。"权利束(bundle of rights)"的内容并非全部是权利，也有权力、义务。引自 J. E. Penner, The "Bundle of Rights" Picture of Property[J]. UCLA L. Rev. 1996(43)：711.

② Michael A. Heller. The Tragedy of the Anti-commons：Property in the Transition from Marx to Markets[J]. 111 Harv. L. Rev.，1998：621，675.

③ Michael A. Heller. The Tragedy of the Anti-commons：Property in the Transition from Marx to Markets[J]. 111 Harv. L. Rev.，1998：621，675.

④ See Garrett Hardin，The Tragedy of the Commons，Science，162：1243-1248，1968.

的产权》一文中首次提出了公地悲剧的镜像概念“反公地悲剧”(The Tragedy of the Anticommons)，意指同一对象上的产权过多可能导致资源的使用不足。即如果每个人都拥有排他权从而使得所有的权利人都无法有效使用时，则该项资源可能陷入利用不足或闲置浪费的反公地悲剧。就像一间房子的门上安了很多把锁，只要有一个掌管钥匙的人不同意，房子便无法打开，房子的利用效率就特别低。①

公地悲剧与反公地悲剧是一种对偶的理论，反公地悲剧在形成机理上和公地悲剧异曲同工，本质上都是某种权利的滥用，图 2-3，图 2-4 给出了两种理论的形象描述，其中实箭头代表使用权，虚箭头代表排斥权。

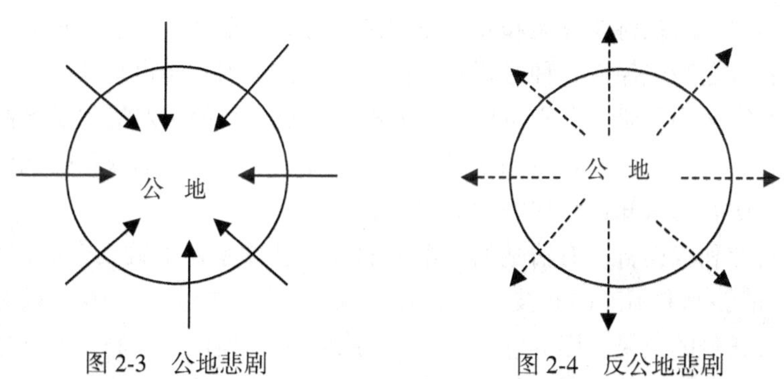


图 2-3　公地悲剧　　　　图 2-4　反公地悲剧

反公地悲剧表明，当同一客体上存在过多的知识产权权利主体时，可能阻碍技术发展。围绕一项技术形成的专利丛林(Patent Thicket)②可能阻止社会对该技术或其衍生技术的开发与利用。在这个丛林当中，大

---

① 高洁，陆健华．专利丛林引发的反公地悲剧及对专利政策的思考[J]．科技进步与对策，2007(6)：13-16.

② “专利丛林”最早由美国加利福利亚伯克利大学的著名的专利法专家卡尔·夏皮罗(Carl Shapiro)提出，其内涵是指，知识产权权利有许多重叠的地方，开发新技术的人必须在专利丛中披荆斩棘，才能获得自己所需的全部专利技术的使用许可。由于专利被累积起来，且为不同人所有。所以，一些具有基础性作用并且极其重要的专利就会对新技术的开发和产业化带来很多的负面效应，阻碍技术创新。See Carl Shapiro “Navigating the Patent Thicket：Cross Licenses，Patent Pool and Standard-Setting”[J]．Inovation Policy and the Economy，2001(1)：119.

量的改进专利可能成为问题专利而难以得到及时实施，权利冲突的增加导致了专利诉讼随之增多，商业化投资者无辜侵权的可能性增大，其为避免侵权而消耗的时间和经济成本也都相应增加。这些都是导致新型气候技术超前发明但却使用不足、滞后应用的原因。① 又如，在金大米研发前期，商业公司不愿授权金大米研究者使用其专利技术，曾一度使研究者几乎放弃该计划；在金大米研发成功后，面对众多的专利技术，金大米发明者不得不寻求与商业公司合作，只是到了后来，因为欧洲的反基因形势严峻，为了利用金大米作为战略作物宣传和展示转基因产品的可能益处，商业公司才愿把相应专利或技术产权许可金大米使用。②

反公地悲剧对知识产权保护的启示是：科技发展离不开知识产权制度；但如果知识产权保护走得太远，就可能阻碍科技进步和社会发展目标的实现。故在科技发展和知识产权制度之间、在私有产权保护和社会公共利益之间应保持一种必要的平衡。对此，英国政府也承认，专利制度虽然能激励科研，但它也可以阻碍有关人员在科研中对受保护产品的使用。因此，在保护现有创新以及不阻碍随后的创新方面取得恰当的平衡，是所有国家知识产权制度的关键。③

就专利权而言，有清楚的证据表明，专利体系在少数几个部门(如医药)能够刺激新产品和技术的发展。而在其他一些部门，专利权有时具有反竞争的效果：因为它会强化市场领导者的地位，限制新的竞争者的加入。在极端情况下，如果一个在市场上占优势地位的公司拥有大量强有力的专利，这些专利可能限制其他公司进一步改进产品和技术，进而减缓创新步伐。《知识产权：释放知识经济的能量》一书提到："根据一份对领先的日本公司的专利组合分析表明，41%的专利申请是防卫性的，10%的申请导致交叉许可，45%是为了防止竞争对手对于类似产品

---

① Federal Trade Commission of USA, To Promote Innovation: the Proper Balance of Competition and Patent Law and Policy[EB/OL]. [2015-11-06]. http://www. ftc. gov.

② Mireles MS, An Examination of Patents, Licensing, Research Tools, and the Tragedy of the Anti-commons in Biotechnology Innovations[J]. University of Michigan Journal of Law Reform, 2004, 38: 141-235.

③ 英国国际开发署与贸工部．英国政府对英国知识产权委员会的报告《整合知识产权与发展政策》之回应[R]．伦敦，2003：61.

的制造和销售，4%是为了其他战略原因。"①因此专利制度可能导致后续发明成本的增加，阻止新思想与专利发明的结合。虽然政策制定者通过修改知识产权立法、竞争政策以及其他商业法规来限制专利的此种负面影响，但是专利产生的反竞争问题依然存在。因此，政策制定者面临两难选择：即弱知识产权保护会减少公司对创新的投资，而过强的保护又可能导致研发支出的浪费。② 发明家们总是在借用别人的思想和信息。而知识产权使信息有了标价，因而提高了"借用"成本，通过强行加高的知识产权提高"借用"成本，将会逐渐窒息而不是促进创新。③

(四)阻滞(生态)技术的移转与扩散

专利权人的独占排他权，会在很大程度上限制可供交易的科技成果的供应量，从而减少科技成果从潜在生产力转化为现实生产力的可能性，延长发明创新时滞。从经济学上看，规定权利的期限是针对这样一个"悖论"："通过给予思想的生产者以垄断权，该生产者就有一种强有力的刺激去发现新的思想，然而垄断者对产品索取高价将阻止该产品的使用。简而言之，这一问题的困惑在于，没有合法的垄断权就不会有足够的信息生产出来，但是有了合法的垄断又不会有太多的信息被使用。"④

知识产权对技术(生态技术)转让有何影响？许多学者做了大量的实证研究，但并未得出统一结论。有些研究认为较为严格的知识产权保护有助于促进技术转让。⑤ 有些研究则表明，知识产权特别是专利保护

---

① [印度]甘古力．知识产权：释放知识经济的能量[M]．宋建华等，译．北京：知识产权出版社，2004：5.

② Geoff Tansey. Trade, Intellectual Property, Food and Biodiversity: Key Issues and Options for the 1999 Review of Article 27. 3(b) of the TRIPs Agreement. 1999[EB/OL]. [2008-10-05]. www. qiap. ca/documents/trips-col. pdf.

③ [澳]彼得·达沃豪斯，约翰·布雷斯韦特．信息封建主义[M]．刘雪涛，译．北京：知识产权出版社，2005：2.

④ [美]罗伯特·考特，托马斯·尤伦．法和经济学[M]．施少华等，译. 上海：上海三联书店，1994：185.

⑤ ICTSD/UNCTAD, Intellectual Property Rights: Implication for Development Series, 2003[EB/OL]. [2015-10-15]. http://knowledge. cta. int/en/content/view/full/894.

对外国直接投资(Foreign Direct Investment, FDI)、技术转让并无显著影响。① 还有些研究指出，在工业化的早期阶段，严格的知识产权保护会阻碍而不是促进技术转让；Kumar 对东亚经济体的研究发现，较弱的知识产权保护可以鼓励技术的传播和扩散。

事实上，联合国开发署 1999 年的《人类发展报告》已经指出，知识产权的严格保护已使发展中国家失去了工业(包括生物技术产业)迎头赶上的机会。② 按照 CBD 的相关规定，缔约方应酌情采取立法、行政或政策措施保证向发展中国家转让技术时，按照公平和最有利的条件进行，包括按“共同商定”的减让和优惠条件进行；而条件是发展中国家需承认受让技术的知识产权并对此种技术提供充分有效的保护。然而，如果在技术转让过程中过分强调知识产权保护，就会因为许可费问题，影响环境技术的转移。③

例如，可再生能源是解决人类未来能源问题的希望，世界许多国家都在致力于可再生能源技术的研发与推广。《联合国气候变化框架公约》④呼吁发达国家积极向发展中国家转移相关技术，然而，发展中国家在获取这些技术时可能遇到知识产权的阻碍。为此，国际贸易和可持续发展中心(ICTSD)委托曾任英国知识产权委员会主席的斯坦福大学法学院荣誉退休教授 John H. Barton 就此问题进行了专门研究，并发表了《知识产权与发展中国家对清洁能源技术的获取：太阳能、生物燃料和风能技术分析》的研究报告，重点探讨了知识产权对太阳能、生物燃料和风能领域技术转移的影响(如表 2-2)。从中可以看出，知识产权制度

---

① Kondo, E. K. The Effect of Patent Protection on Foreign Direct Investment[J]. Journal of World Trade 29(6), 1995: 97-122.

② UNDP, Human Development Report 1999: Globalization with a HumanFace [R]. UNDP, NewYork, 1999.

③ Anil K Gupta. Environmental Implications of Intellectual Property Protection (IPP): Can Individual and Community Conservation Ethic and Creativity be Rewarded Through IPP [EB/OL]. http://www.Sristi.org/papers/new/Environmental% 20Implications%20of%20IP, %20UNEP%20Paper.doc.

④ 《联合国气候变化框架公约》第 4 条(承诺)规定：发达国家缔约方应采取一切实际可行的步骤，酌情促进、便利和资助向其他缔约方特别是发展中国家缔约方转让或使它们有机会得到无害环境的技术和专有技术，以使它们能够履行本公约的各项规定。

对生态技术的移转与扩散存有或多或少的影响。

表 2-2 **知识产权对光伏、生物燃料和风能领域的影响**

| | 光伏 | 生物燃料 | 风能 |
|---|---|---|---|
| 知识产权使用对当前能源市场的限制 | 对知识产权不太担忧 | 基本不担忧知识产权 | 可能存在担忧，但可能最多涉及少数专利权使用费 |
| 发展中国家对未来能源市场的主要担忧 | 可能存在获得先进的、受知识产权保护的技术的难题 | 可能存在获得纤维素技术的障碍与延迟 | 考虑到行业的集中度，可能存在反竞争行为的风险 |
| 知识产权使用对以关键部件或产品生产者的身份进入该行业的限制 | 可能存在获得或创建最高质量生产体系的障碍或延迟 | 可能对有权使用新的酶和转化微生物存在担忧(但最多是专利权许可费问题) | 可能存在获得最先进技术的困难 |
| 领域中最大的担忧 | 有权使用政府资助的技术、标准 | 糖类/乙醇/燃料的全球贸易障碍；有权使用政府资助的技术、标准 | 有权使用政府资助的技术，似乎可能的反竞争行为，标准 |

资料来源：陈伟，张军．知识产权与清洁能源技术转移对发展中国家的影响[EB/OL]. http://www.sciencenet.cn/html/shownews.aspx? id=207777.

总之，知识产权制度的环境影响是复杂的、不确定的。不能因为知识产权制度的某些消极作用，就简单或武断地认为应废除知识产权制度。知识产权制度不仅必要而且必然。正如法学家 Larry Lessig 所言："毫无疑问，保护比没有保护好，没有保护可能许多研究和发明都不会产生，但是更多的保护就不一定更好，这就需要灵活运用保护制度。"①英国知识产权委员会也曾指出："在探讨知识产权保护的价值时，可以

① Lester C Thurow, Needed: A New system of Intellectual Property Rights[J]. Harvard Business Review, 1997(9): 103.

将它与税收相比。几乎没有人会认为税越多越好，然而有些人却认为知识产权保护越多越好……如果过度的税损害了经济增长，那么少一些税收也可能是有益的。”

## 第三节 知识产权制度生态化现状

美国法社会学家 P. 诺内特(P. Nonet)和 P. 塞尔兹尼克(P. Selznick)在《转变中的法律与社会》一书中提出作为法律改革方向的所谓“回应型法”。在他们看来，相对于关注形式理性的自治型法而言，现代法制更多地是一种追求实质理性的“回应型法”。作为回应型法律，“它把社会的压力理解为认识的来源和自我矫正的机会”。① 关于现代法律理论中回应型法的探求，如同 J. 弗兰克所指出的那样，法律现实主义者的一个主要目的就是使法律“更多地回应社会需要”。对此，“庞德的社会利益理论是为发展一种回应型法的模型而作出的更直接的努力。在这种理论看来，好的法律……应该有助于界定公众利益并致力于达到实体正义”。②

在环境危机的挑战之下，全面确立和实现知识产权制度与环境保护的价值统一给传统知识产权制度提出了新的课题，现行知识产权制度有待作出回应。

### 一、国际法层面——以 TRIPs 协议为例

迄今为止，TRIPs 协议理事会与 WTO 环境与贸易委员会(CTE)各成员重点讨论的环境问题主要有：(1)TRIPs 协议与 CBD 目标的关系；(2)传统知识保护；(3)生物体专利授予问题；(4)技术获取与转让。

#### (一)TRIPs 协议与 CBD 的关系

CBD 是第一个有关生物多样性保护和可持续利用的全球多边环境

---

① 他们从理想类型角度将法律变迁与发展分为“压制型法”、“自治型法”和“回应型法”三个阶段。参见[美]诺内特，塞尔兹尼克．转变中的法律与社会[M]. 张志铭，译．北京：中国政法大学出版社，1994：85.

② [美]诺内特，塞尔兹尼克．转变中的法律与社会[M]. 张志铭，译．北京：中国政法大学出版社，1994：81-82.

协议。其有3个主要目标(第1条)：保护生物多样性；持续利用生物多样性组成成分；公平合理地分享由遗传资源利用而产生的利益。CBD规定各国对其本国生物资源享有主权，生物资源的获得应当获得事先知情同意，并且就公平和公正地分享研发的成果及商业化利益达成协议。此即国家主权、事先知情同意和惠益共享的CBD三原则。同时，CBD规定，遗传资源的取得和传播应当与"知识产权的适当和有效保护"相一致。

CBD第16(5)条指出，专利和其他知识产权权利可能对该公约的实施产生影响，各国政府应当在服从其国家法和国际法的前提条件下，以保障知识产权对CBD有所支持，而不是背道而驰。早在1996年11月CBD缔约方大会第三次会议上，就意识到TRIPs协议相关条款与CBD之间的关系，特别应关注与技术转让、生物多样性保护和可持续利用以及分享因遗传资源利用而产生的利益等问题。

根据CBD秘书处向CTE以及TRIPs理事会成员提交的报告，CBD与TRIPs协议相关的条款包括：(1)第15条：遗传资源获取；(2)第8(j)条：传统知识、创新和作法；(3)第16条：技术的获取和转让；(4)第19条：生物技术处理及其惠益分享。可以看到，TRIPs协议和CBD是两个截然不同(见表2-3)，但又紧密联系的协定。TRIPs协议旨在贸易自由化过程中加强知识产权保护；而CBD是联合国框架下，旨在保护生物多样性的多边环境协议。两者的联系体现为两个协定中的某些具体条款存在某种关联，且CBD的缔约方有许多是WTO的成员，这些缔约方要同时接受两个协定的约束。这是在WTO贸易和环境谈判中讨论TRIPs协议与CBD关系的原因之一。

表2-3　**CBD和TRIPs协议相关条款比较**

| | CBD条款 | TRIPs协议条款 |
|---|---|---|
| 1 | 关键目标是保护生物多样性 | 促进自由贸易是知识产权保护的最初动力 |
| 2 | 国家对遗传资源具有主权 | 对生物技术发明授予知识产权可以不考虑所利用的遗传资源或材料的来源 |

续表

| | CBD 条款 | TRIPs 协议条款 |
|---|---|---|
| 3 | 认识到地方社区对生物多样性和可持续利用的贡献 | 知识产权保护个体私权，不保护集体权利 |
| 4 | 任何遗传资源或材料的利用都要求得到其来源国或地方社区的事先知情同意 | 专利申请者不需要披露或公开专利中所使用的遗传资源或材料的来源 |
| 5 | 遗传资源或材料的利用必须在其提供者和使用者之间达成利益共享 | 专利持有者是专利的唯一受益人 |
| 6 | 提供遗传资源和材料的发展中国家必须参与到生物技术研究中 | 无关于提供遗传资源或材料的发展中国家参与生物技术研发的条款 |
| 7 | 向提供遗传资源或材料的发展中国家转让私人技术取决于双方的同意 | 技术转让的决定因素是有偿许可 |

资料来源：俞海 .TRIPs 协议与环境问题研究[M]. 北京：中国环境科学出版社，2005：86.

在 CTE 和 TRIPs 理事会中，各成员对两者关系讨论的焦点集中在两个问题:① 一是 TRIPs 协议是否与 CBD 目标相冲突；二是如何消除冲突并协调两者的关系。对此有三种不同的观点。

一是两者之间有内在冲突，需修改 TRIPs 协议以消除该冲突。持这种观点成员的主要理由是：(1) TRIPs 协议允许对基于遗传资源以及传统知识的专利申请授予专利权，而 CBD 认可国家对遗传资源的主权原则。TRIPs 协议中却无任何条款对 CBD 的这一原则加以支持。故，实施 TRIPs 协议可能损害 CBD 目标的实现。(2) TRIPs 协议对基于遗传材料发明授予专利或其他知识产权，但无事先知情同意或者达成利益共享协议的要求，这与 CBD 所确定的事先知情同意和利益共享原则相悖。

持上述观点或立场的多为生物多样性丰富，但生物技术较弱的发展中成员，如印度，非洲集团、巴西、古巴、委内瑞拉、泰国、秘鲁、玻利维亚、多米尼加、厄瓜多尔等。支持此种观点的成员建议修改 TRIPs

① WTO Document, 2002, IP/C/W368, Submitted by Secretariat of TRIPs Council.

协议，将 CBD 的遗传资源的主权原则、事先知情同意以及利益分享原则纳入其中，对不符合 CBD 第 15 条款的专利申请不予批准。

二是两者之间不存在冲突。其理由包括：(1) TRIPs 协议和 CBD 为两个不同框架下的协定，其目标和原则各自独立，处理不同的主题；(2) 对基于遗传资源的发明授予专利并不违背 CBD 所要求的遗传资源的主权原则、事先知情同意和利益分享，因为只有先获得专利权并商业化后才会产生利益，才有可能实现 CBD 要求的利益共享的目标；(3) 至今尚无此类冲突之实例。持这种观点或立场的多为在生物技术占有优势地位的发达成员，如美国。

三是两者之间不存在内在冲突，但因实施方式不同，可能导致潜在的冲突。因此需要采取国际行动，确保两者能以互相支持的方式得以实施。① 建议修改 TRIPs 协议，以体现 CBD 所要求的义务。要求专利申请者在申请专利时披露遗传资源或传统知识的来源，并能够证明已获得来源国有关机构的事先知情同意，且已达成合理的利益分享协议。但问题是，即使如此，专利法只能在专利申请时制止遗传资源的非法获取或盗用，对那些不申请专利的人来说无能为力。且在实践中，遗传资源的起源地往往不清楚，即使生物资源的直接来源是已知的，但可能不是原始来源，特别是从已经产生多年的野生植物中获得的物质。②

总之，WTO 成员对于 TRIPs 协议和 CBD 关系的看法并不统一，主要发达成员认为二者无任何冲突和矛盾，而大多数发展中成员认为二者之间存在内在的矛盾。尽管存在争论，已有一些国家在其专利法中规定专利申请时的遗传资源来源披露。这某种程度上可制止生物资源或者传统知识非法获取。

### (二) 传统知识 (Traditional Knowledge)

传统知识的含义，迄今尚无定论。WIPO 将传统知识概括为基于传统之上的文学、艺术或者科学著作；表演；发明；科学发现；设计；商标、名称和符号；未披露的信息以及其他一切来源于工业、科学、文学

---

① Australia, IP/C/W/310; Norway, IP/C/W/293; EC, IP/C/W/254.

② 英国知识产权委员会．整合知识产权与发展政策(2002)[R/OL].[2008-07-20]. http://www.iprcommission.org/text/documents/final_report.htm.

或艺术领域，由智力活动产生的基于传统的创新和创造。① 而CBD关于传统知识的概念则侧重于“土著和地方社区体现传统生活方式而与生物多样性的保护和持续利用相关的知识、创新和实践”。保护传统知识将有助于保护环境、生物多样性保护、食物安全以及农业的可持续发展。②

现行知识产权制度能否保护传统知识，避免对其不当占有？对此，分歧甚大。拥护者认为，对目前知识产权体系的某些方面稍加修改就能保护传统知识；③ 事实上，一些国家和地区已运用不同知识产权形式保护传统知识，包括专利、小专利、版权、商标、工业设计、商业秘密、育种者权利以及地理标记等。④ 然而更多的人认为，知识产权制度并不能有效保护传统知识。现行知识产权概念和体系与传统知识不相容：传统知识无法满足授予专利所要求的新颖性、创造性和实用性等条件。⑤

在CTE以及TRIPs理事会中，各成员对传统知识保护的讨论主要集中在两个方面：其一，应在哪个国际论坛框架下讨论和解决传统知识的保护问题？其二，如何保护传统知识？

如果没有一个国际机制，保护传统知识的目的很难达到。因国家和地方法律具有地域性，窃取传统知识的公司在国外获得知识产权保护的情况下，国家和地方层面的保护制度无能为力。在哪个国际框架下予以讨论和解决，则有分歧。印度、巴西、委内瑞拉、秘鲁、玻利维亚、哥伦比亚、厄瓜多尔、尼加拉瓜、古巴、非洲集团等许多发展中成员呼吁应该在TRIPs框架下采取国际行动保护传统知识，⑥ 欧盟、美国、日

---

① 传统知识的类别具体包括：农业知识；科学知识；技术知识；生态学知识；医药知识，包括相关的医药和治疗方法；与生物多样性相关的知识；以音乐/舞蹈/歌曲/手工艺/设计/传说和艺术品为形式的传统文化表达（民间文艺表达）；语言要素，诸如名称/地理标志和符号；活动的文化财富。

② Correa Carlos. Traditional Knowledge and Intellectual Property [EB/OL]. http://www.quno.org/geneva/pdf/economic/Discussion/Traditional-Knowledge-IP-English.pdf.

③ WIPO, 2001, Derived from Correa, 2001.

④ Correa, 2001; Posey and Dutfield, 1996.

⑤ CBD, IP/C/W/347/Add.1; WT/CTE/W/210, 2002.

⑥ WTO Secretariat, IP/C/W/370, 2002.

本、澳大利亚、新加坡、加拿大、瑞士等成员认为，目前将传统知识保护问题纳入WTO并不合适，因为这是一个新的、复杂的、且尚未定义清楚的主题。WIPO是联合国框架下处理知识产权问题的专门机构，且已经在传统知识保护方面做了大量工作。从技术的角度看，它是讨论和解决该问题的最合适的论坛。① 而巴西、印度、委内瑞拉等发展中成员则认为，由WIPO处理TRIPs协议下产生的问题是不合适的，WTO是讨论传统知识保护问题的一个合适的论坛，而且TRIPs理事会和CTE也都做了大量相关工作。同时，这些成员认为，TRIPs理事会应当与WIPO、CBD、联合国粮食及农业组织(FAO)以及其他一些政府间组织进行协调，避免重复的工作。关于如何保护传统知识，WTO成员提出了各自的建议和方法。主要有：(1)利用现有知识产权体系。澳大利亚、欧盟、美国、瑞士等成员建议，应有效地利用现有的知识产权体系来保护土著居民和地方社区的传统知识，包括版权、专利、植物品种保护、商业秘密、工业设计、商标以及地理标志等。② (2)来源披露。巴西、印度、中国、古巴、多米尼加、厄瓜多尔、巴基斯坦、泰国、委内瑞拉、赞比亚、律巴布韦、玻利维亚、秘鲁等发展中成员建议：若发明者使用了传统知识，则在其申请专利时，应该披露发明中所使用的传统知识来源，并提供来源国事先知情同意的证据以及双方所达成的利益公平分享的协议。③ (3)合同。美国认为，最佳方法是遗传资源或传统知识的持有者和使用者签定合同，以明确双方的权利和义务。同时，在国内法律中规定违反合同时的处罚条款。④ (4)数据库和登记制度。欧盟认为，如果仅把传统知识视为一种"在先工艺"(Prior Art)，可通过将传

---

① 发达成员不主张在WTO下讨论传统知识保护，可能的考虑是避免在未来的多边贸易谈判增加更多的不确定性因素。

② Australia, IP/C/W/310, 2001; EC, IP/C/W/254, 2001; United States, IP/C/W/257, 2001; Switzerland, IP/C/W/284, 2001, IP/C/W/400/Rev. 1, 2003.

③ Brazil, IP/C/W/228, 2000; India, IP/C/W/195, 2000; Brazil, China, Cuba, Dominican Repblic, Ecuador, India, Pakistan, Thailand, Venezuela, Zimbabwe, IP/C/W/356, 2002; Bolivia, Brazil, Cuba, Dominican Republic, Ecuador, India, Peru, Thailand, IP/C/W/403, 2003.

④ United States, IP/C/W/257, 2001; IP/C/W/162, 1999.

统知识文献化，如建立数据库或登记制度等，便于专利审查者检索。① 发展中成员则认为，虽然有些成员正在建立相关的传统知识数据库，如印度，但是这种数据库存在缺陷，因为这种数据库无法将国家所有的极为丰富的传统知识囊括其中。在一些发明中所利用的传统知识经常是未被文献化的。而且利用数据库或登记制度可能会使非公共领域的传统知识失去保密性。因此，数据库可作为传统知识来源披露的辅助手段，但是不能替代来源披露。② (5)特殊或专门制度(Sui Generis System)。由于现有知识产权体系、来源披露、合同、数据库和登记制度等对于保护传统知识都存在不足，一些成员提出用一种"特殊机制"保护传统知识。巴西建议，承认传统知识的所有权，这样的制度才能确保最终达到公正和公平。③ 然而，日本认为，建立这样一种制度必须首先澄清"传统知识"的定义和范围。④ 欧盟认为，解决所有权的确定和特征等问题还存在许多障碍。⑤ 新加坡则表示用不同于知识产权保护的体系或制度来保护传统知识需要慎重考虑。⑥

(三)生物体专利权

对生物体的知识产权保护，因涉及生命物质、道德、人体健康、生态保护等公共问题而引起诸多争议。WTO 成员对此问题的立场取决于以下因素：生物技术研发力量；生物技术应用与产业化程度；农业经济的性质；生物多样性丰富程度；该成员是粮食净进口还是净出口(粮食自给率)。美国凭借其在生物技术领域的绝对优势，支持扩大对生物体授予专利的范围，同时建议将植物新品种保护公约纳入 TRIPs 协议，以期加强对植物品种的保护，而对发展中成员普遍关心的农民权问题未予考虑。而多数发展中成员呼吁在 TRIPs 协议中尽量缩小对生命物质授予专利的范围，在植物品种保护中应充分考虑农民权。

支持者认为，对生物体特别是生物技术加强专利保护，能激励私人

---

① EC, WT/CTE/W/223, 2003.

② Bolivia, Brazil, Cuba, Dominican Republic, Ecuador, India, Peru, Thailand, Venezuela, IP/C/W/403, 2003.

③ Brazil, IP/C/W/228, 2000.

④ Japan, IP/C/W/236, 2000.

⑤ EC, WT/CTE/W/223, 2003.

⑥ Singapore, JOB(00)/7853, 2000.

投资，促进技术进步。反对者则从粮食安全，生态保护等诸方面分析了生物体知识产权保护的消极影响：(1)对生物体的知识产权保护，特别是对生物技术的专利保护，可能导致农业的单一种植与栽培(monoculture)，造成农业生物多样性损失。(2)严格的植物品种保护可能剥夺农民千百年来保留、出售、交换以及重新种植种子的传统权利，使原始的种质资源减少或灭绝。(3)扩大对生物体专利保护的范围及强度，不利于生物技术在发展中国家的转让。

TRIPs 协议第 7 条明确知识产权的保护与行使具有促进社会、经济和技术进步的公共政策目标，第 8 条规定，成员可在国内知识产权法律法规制定或修订中，必须采取措施保护公共健康，以增加其对社会、经济及技术发展至关重要领域中的公共利益。第 27. 3(b)条着重阐述了生物体专利权问题，规定：除了微生物、生产植物和动物的非生物和微生物工艺以外，成员可以不对植物、动物以及生产植物和动物的主要是生物方法的工艺授予专利。但是成员应该通过专利或一种有效的特殊(专门)制度①、或者二者结合来保护植物品种。第 27. 2 条规定，为保护公众利益或社会公德，包括保护人类、动物或植物的生命及健康，或者为避免对环境的严重污染，有必要在一成员方的领土上禁止某个发明的商业性实施，该成员方可以排除该发明的可专利性，其条件是此种排除不是仅仅因为该发明的实施为其国内法律所禁止。

依此，TRIPs 协议原则上对生物体发明提供知识产权保护，但如果某项发明危及到公共安全和生态环境，WTO 成员方可单方面排除某些发明于专利之外，并禁止其在成员方境内实施。TRIPs 协议总体上提出了授予知识产权可因环境保护而例外，某种程度上是对生态危机的回应，这为知识产权制度的生态化提供了可能的空间。

---

① 保护植物品种的专门制度主要体现在《保护植物新品种国际公约》(*The Union for the Protection of New Varieties of Plants*, UPOV)。该公约是保护育种者权利的重要国际协定，是国际间开展优良品种的研究开发、技术转让、合作交流和进行农林产品国际贸易的基本准则。该公约于 1961 年在法国巴黎签署，1968 年生效，于 1972 年、1978 年和 1991 年在日内瓦经过三次修订，1978 年修订后的文本于 1981 年 11 月 8 日生效。1991 年文本于 1998 年 4 月 24 日生效。1978 年文本对植物新品种保护范围、权利内容和保护期限的要求较低、易于实施。而 1991 年文本对植物新品种的保护范围更宽，保护水平更高。

## (四)技术转让

知识产权与环境友好技术的转让在国际环境法领域历来倍受关注。《21世纪议程》(*Agenda* 21)①的第四部分(实施手段)在涉及转让无害环境技术时提到，有必要考虑检查知识产权制度对环境友好技术转让的影响和作用，尤其是对发展中国家的影响。② CBD第16条更具体地体现了知识产权制度对技术转让的影响：技术转让为实现CBD目标"必不可少的因素"，要求缔约国承诺向其他缔约方提供、转让技术或为取得技术提供便利。既要承认现有国际知识产权保护体系，对有关技术给予充分有效的知识产权保护，又要防止违反公约目标的知识产权滥用行为。同时，依据CBD第22.1条的规定③，一旦知识产权保护严重破坏或威胁到生物多样性，有关缔约方可不执行TRIPs协议的有关规定。

尽管知识产权保护并非是影响技术转让的唯一因素，但确实对技术转移产生了一定障碍。事实上，知识产权保护是发展中成员不能从发达成员以较低价格获得更多技术的主要原因之一。因此，关于技术转让的讨论和谈判中，主要是发展中成员与发达成员之间的争论。主要发达成员认为TRIPs协议没有对环境保护以及环境友好技术转让产生障碍。瑞士认为TRIPs协议第7条有助于促进技术创新，知识产权体系可以增加企业进行技术转让的安全性。美国认为全面的知识产权体系是技术发展和激励技术转让的基础条件。欧盟认为，知识产权保护应视为对环境保护的支持以及促进环境友好技术的必要条件，有效的知识产权体系可以

---

① 该议程于1992年6月在巴西里约热内卢召开的联合国环境与发展大会通过。它提供了一个从20世纪90年代起至21世纪的行动蓝图，内容涉及与全球持续发展有关的所有领域，是人类为了可持续发展而制定的行动纲领。其基本思想是，人类正处于历史的关键时刻，正面临着国家之间和各国内部长期存在的悬殊现象、不断加剧的贫困、饥饿、疾病和文盲问题以及人类福利所依赖的生态系统的持续恶化。在这种情况下，把环境问题和发展问题综合处理并提高对这些问题的重视，将会使基本需求得到满足、所有人的生活水平得到改善、生态系统得到较好的保护和管理，并给全人类提供一个更安全、更繁荣的未来。

② 联合国环境与发展会议.21世纪议程[Z]. 1992：6.

③ CBD第22条(与其他国际公约的关系)第1款规定：本公约的规定不得影响任何缔约国在任何现有国际协议下的权利和义务，除非行使这些权利和义务将严重破坏或者威胁生物多样性。

为环境友好技术的产生和转让提供激励。①

发展中成员认为，TRIPs 协议第 7、8、40、66(2)、67 条都鼓励发达成员向发展中成员转让技术。但在实践中，发达成员实施这些条款的努力甚微。印度建议，应当建立一套体制，促进技术以公平合理的成本向发展中成员转让，以实现 TRIPs 协议之目标；环境友好技术和产品的所有者应以公平和最优惠的条件向需求者出售；因技术转让的成本高，较为贫穷的发展中成员无法获得所需要技术。政府间的谈判以及政府、机构和政府间组织的经济援助有助于获得所需技术。并可采取较容易实行的强制许可，缩短专利保护期等综合措施。②

实际上，技术转让主要发生在私人部门之间，但是在 WTO 相关谈判中，却要求各成员的政府来促进和解决发达成员向发展中成员的技术转让问题。显然，拥有新技术和产品的公司和机构不愿降低价格和放弃由此产生的巨大经济利益，因此，发达成员应鼓励本地区技术所有者以较低的价格向发展中成员转让环境友好技术。

知识产权制度与技术转让之间的关系是复杂的，它只是影响技术转让的众多因素之一。技术转让同时受接受国的经济和政治稳定性、基础设施、技术力量、资金来源、自然资源禀赋等多种因素的影响。总体而言，知识产权保护对不同国家和地区的技术转让的影响是不同的。

## 二、外国层面——以专利法为例

就目前现状来看，国外在推进知识产权制度生态化的立法尚未全面展开，但在进行各种有益的尝试。本节以专利制度为例，选取了以欧、美、日、韩为代表的发达国家，从各国专利制度中的实体和程序规定等方面分析专利制度生态化的现状。

(一)欧盟

1. 将环境保护纳入公序良俗

在欧洲各国，通说理论认为专利法是“中立”，即所有发明都应同等对待。但欧盟专利局和欧洲各国却认为这种中立原则要以符合“公序

---

① 俞海．TRIPs 协议和环境问题研究[M]．北京：中国环境科学出版社，2005：45.

② India，IP/C/W/195，2000.

良俗”原则为前提。这在《欧洲专利公约》(*European Patent Convention*, EPC)以及在其影响下产生的各国国内专利法中都有所体现——即对某些发明采取区别处理制度。在国际气候政策的驱动下，欧盟各国开始尝试为以气候技术为主的绿色技术开启方便之门，而对那些高能耗型、污染型的技术则禁止授予专利权。

为消除专利保护的地域性对欧共体内部自由竞争的影响，欧共体成员于1975年签署了《共同体专利公约》(*Community Patent Convention*, CPC)，以统一成员国的专利制度，该公约对可专利性的客体作了统一规定。同TRIPs的27条第2款一样，CPC在第53条(a)项中规定：“对下列各项不授予欧洲专利：(a)发明的公布和利用违反‘公共秩序’或道德的，但发明的利用仅仅因为某些缔约国的法律或法规禁止利用的除外。”欧盟《关于生物技术发明的法保护指令》第6(1)条规定：“当发明的商业利用违背公共秩序和公共道德时，该发明不具有可专利性。”①这里所指的公共秩序包括公共安全、个人生命健康安全，也可能包括环境保护。非环境友好发明创造应属违反公序良俗。但毕竟未将污染或破坏环境的发明明确列举在有害于公序良俗或公共卫生发明范围内，这为专利局和法院留下了自由裁量的空间。在植物遗传方面的制度设计上，欧洲专利复审委员会所持有的观点就是：“对环境的严重破坏也属于违背公共秩序的行为之一。”这样的判断自然也为欧洲专利制度拒绝那些气候污染型技术提供了有力的参考依据。

英国1977年的《专利法》section1第3条(a)项规定，任何鼓励进攻性、非道德性或反社会行为的发明应排除出专利权客体范围之外。Cornish认为，ordre public的概念被证明不宜译成英语，因此，1977年英国专利法未直接援引ordre public而改用进攻性、非道德或反社会行为，但ordre public广泛地反映出公共利益或公共政策的依据。②虽然上述规范没有像TRIPs的第27条中一样特别提到环境保护，但作为TRIPs协定的成员方，欧洲各国专利局现已将27条第2款的规定纳入了其法律之内，使得环保原则在欧洲各国有了强制效力。各国在专利审

---

① 魏衍亮．生物技术专利权中的公序良俗原则之评析[M]//郑胜利．北大知识产权评论(第2卷)．北京：法律出版社，2004：93.

② Cornish. Intellectual Property[M]. London：Sweet & Marwen，1999：227-228.

查时会充分考虑其发明的适用对环境是否存在现实的或者潜在污染。德国《专利法》第 2 条第 1 款规定，公布或使用违背公共秩序和善良风俗/公序良俗的发明，不授予专利权。① 《法国知识产权法典》第 L. 611-17 条规定：公布或实施将违反公共秩序和道德的发明，不得授予专利，但不是仅仅因为实施为法律或法规所禁止即认为违反公共秩序或道德。

当然，欧洲专利局也谨慎地指出应当建立环境污染严重性程度的评估标准，尤其是要对二氧化碳等温室气体的排放量予以科学量化的规定，以供欧洲各国的专利机构参考，确定何种程度的环境污染才属于违背了公序良俗。其次，欧洲专利局还坚持认为，对于可专利客体的例外规定必须作缩小解释，否则就会适得其反，让专利制度在对科学技术的激励效果上大打折扣。《欧洲专利局专利审查须知》对该规定只赋以了较窄的解释空间。从第 53(a)条立法目的来看，也更倾向于严格解释，这已在欧洲各国依其国内法处理的专利案件中有所体现。目前人类尚不能找到一种可以完全替代传统能源使用效果的新能源，一开始就对发明苛以二氧化碳等温室气体零排放脱离现实的标准。因此，专利局不能一概排除赋予那些排放温室气体的发明以专利权，而应当在发明可能带来的社会积极效益和可能给环境造成的消极效应之间做出权衡。因此，专利局审查专利申请时有赖于对发明技术环境影响的评价。这需要具有前瞻性和专业性的技术，这也正是欧盟专利局和欧洲各国专利机构所努力的方向。②

2. 建立生态技术专利申请审查“绿色通道”

欧洲各国除致力于将环保原则纳入公序良俗原则的范围外，对生态技术的专利申请程序，也有所推进。如英国知识产权局(UKIPO)在 2009 年 5 月 12 日起为与气候变化相关的生态技术开通“绿色通道”加速此类技术的专利申请审查的速度。这种快速审查制度发轫于美国，旨在有效缓解专利审查时间过长所导致的技术闲置问题。在英国，申请人只需在书面申请中注明其发明系关于生态技术或环境友好型技术，并提出

---

① Vgl. Schulte, Patentgesetz, 4. Aufl. Carl Heymann, 1987. S. 48-60; Bernhardt/Krasser, Lebrbuch des Patentsrecht, C. H. Beck. 1986, S. 134-138.

② 罗岚．应对气候变化下的绿色专利制度构[D]．华中科技大学硕士学位论文，2011：28.

加速审查申请的程序，然后由专利审查员进行评估，核准通过的则按"绿色通道"处理申请。申请被拒绝的，则仍采用常规方式处理。相较于一般平均耗时需 2~3 年才能取得专利普通申请案，"绿色通道"可将专利申请授权的过程最短可简化为 9 个月(详见图 2-5)。①

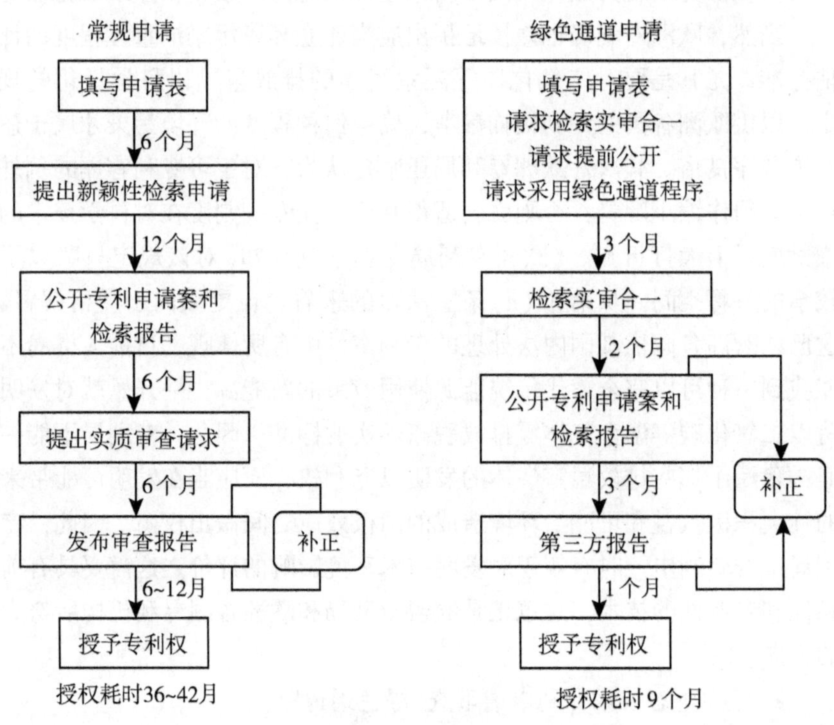


图 2-5 常规申请与绿色通道申请

3. 创建新能源技术专利分类体系

由于 2009 年新能源技术申请量的大幅增长，目前使用的《国际专利分类》未能将新能源技术合理地纳入其中，因此欧洲专利局推出一种新的能把政府间气候变化专门委员会所定义的技术领域全部覆盖的分类体系，并于 2010 年 6 月在其专利信息服务平台有选择地公布清洁能源分

① 何隽. 从绿色技术到绿色专利——是否需要一套因应气候变化的特殊专利制度[J]. 知识产权，2010(1)：35-41.

类体系中部分技术范畴。欧盟新推出的清洁能源新分类系统是一种独立于《国际专利分类》和《欧洲专利分类》的分类体系，但相互间存在一定关联，分类代码为 Y02。该分类体系最终将包括以下技术领域：建筑物、温室气体捕获和封存、能源、工业加工/农业、运输、废弃物处理/处置。欧盟清洁能源新分类体系使新能源专利分析更容易操作，以节省专利信息检索的时间和精力，是欧盟在专利审查中所做的重要探索。①

（二）美国

美国专利法未明确规定不授予专利权的客体，它只是通过判例来确定某些客体应排除在专利保护范围外。② 同时，为了赢得未来世界低碳经济竞争的主动权，美国启动了"绿色复兴计划"，加快了在应对气候变化问题上的立法步伐。2007 年美国国会出台了 McCain-Lieberman 法案 S. 280(《气候责任和创新法案》)，作为激励创新最重要的专利制度成为了美国气候创新政策下的改革目标。

1. 创建生态技术专利申请快速审查程序

值得称道的是，美国专利商标局(USPTO)早在 2006 年 8 月就推出了"新加速审查程序"(Accelerated Examination)。依据《美国专利审查程序手册 1998 年修订版》第 708.02 条规定，可以请求对专利申请实行提前或加速审查的情况包括 10 项，其中第 5 项为发明技术可从本质上改善环境质量；第 6 项为发明技术可对发展或节约能源做出重大贡献。③ 在此基础上，美国在 2009 年 12 月开始实行专门的生态专利申请快速审查试点计划，并很快成为多国生态专利制度效尤的典范。具有以下任一方面贡献的技术都可以进入快速审查通道：改善环境质量；可再生能源的发现或开发；提高能源的效用率和储备；温室气体的减排。除此之外还公布了属于绿环保型色技术的 80 种发明，其中包括了属于可替代能源产品的生物燃料、地热能、太阳能、风能技术，属于能源储备方面的能源储存、配送技术，以及属于温室气体减排的碳捕集封存技术、核燃料和化石燃料的废料回收与改进技术等。这些技术在申请专利时，均可

---

① 任晓玲. 聚焦清洁能源专利申请——欧专局即将推出清洁能源专利新分类体系[J]. 中国发明与专利，2010(6)：96.

② 李明德. 美国知识产权法[M]. 北京：法律出版社，2003：34.

③ 何艳霞. 美国新加速程序审查介绍[J]. 专利文献研究，2007(2)：1-4.

免交请求费，并由美国专利商标局在12个月内完成审查，做出是否授权的最终决定，审查周期同普通专利的申请相比缩短了25%～75%。2010年11月美国专利商标局又宣布生态专利申请快速审查试点计划延长一年，以应对包括中国印度在内的国家在生态技术领域竞争。①

2. 建立"生态专利池"，克服专利丛林，强化交叉许可

在专利的转让与许可制度上，美国一改20世纪下半叶以来形成的"亲专利"态度，采取了提高专利创造性条件和限制专利侵权消极救济等方法，以克服"专利丛林"问题。在气候技术领域，存在大量相互重叠的专利并为不同的权利人所有，错综复杂的"专利丛林"严重阻碍了这些技术有效转让和应用。因此，对某些技术而言，采取专利交叉许可、专利联盟、专利合作研发、专利共享等开放式创新模式实有必要。这些正是美国专利制度在促进气候技术扩散、推广生态技术方面的积极动向。

3. 生态专利强制许可的适用

特别值得注意的是，强制许可在美国专利法中并无专门规定，而是散见于诸多法令中，例如美国的《空气清洁法案》就规定了对控制空气污染发明的强制许可。②

另外，在具体司法实践中也出现了不少强制许可的案例。对于涉及生态技术的侵权案，美国法院以裁判的形式创制了类似的强制许可，即通过支付持续性特许权使用费，而不是发出禁令。对生态专利的侵权诉讼，美国更倾向坚持衡平原则、采取了四要素测试法确定是否颁发永久禁令，即原告必须证明：①原告已经遭受不可挽回的损害；②其他法律救济方式(如损害赔偿)无法适当地补偿此损害；③在比较原被告双方的利弊得失下，此项衡平法的救济方式有正当理由；及④永久性禁令的颁发不会对公众利益造成危害。值得注意的是第四个要素，判决是否会对环境造成不良影响成为了类似案件中司法者考量的重要公共利益的因

---

① Get Your Green Technology to the Head of the Time, Q&A Guide: Green Patents[EB/OL]. [2010-03-24]. www. managingip. com.

② 周长玲. 专利法强制许可制度重构的必要性和可能性探讨[M]//冯晓青主编. 全球化与知识产权保护. 北京：中国政法大学出版社，2008：422-427.

素之一。①

（三）日本

《日本专利法》(1999 年修订本)第 32 条规定：有妨害公共秩序、善良风俗或公共卫生之虞的发明，不能获得专利。以上所述公共秩序，系国家社会的一般利益；善良风俗系社会的一般道德观念，两者称公序良俗，意味着行为的社会妥当性。②

日本政府在 2007 年推出了"2050 凉爽地球"的倡议(Cool Earth 50)，号召全球参与温室气体减排。日本政府一直注重技术创新在未来应对气候变化中的重要作用，尤其是低碳经济技术开发和应用，将成为日本应对气候变化行动中的重要战略。

2009 年 11 月 1 日，日本专利局正式明确了"绿色发明"在专利审查和管理中的特殊地位。其做法是，首先由专利申请人为其生态技术提出快速审查的申请，该申请包含以下事项："本项申请与绿色发明有关的理由；现有技术检索的结果；本发明与相关已有技术的区别。"然后，由生态技术专项审查员审查，经审查符合生态技术要求的即可进入快速审查通道。进入快速审查的申请，自提出申请之日起三个月内可公布快速审查报告。若经审查非属于生态技术，首席审查员则驳回快速审查程序申请并说明理由，建议申请人进入普通审查通道；申请人有异议的，应以书面异议回执的形式回馈给专利局。首席审查员的驳回通知和申请人的异议书都将一并进入专利申请的档案，并予以公告，③ 公告的目的

---

① 最为典型的案例是，在 2004 年美国普爱斯公司有限责任公司(Paice L. L. C)诉日本丰田汽车公司(Toyota Motor Corp.)一案中，得克萨斯州东区地方陪审团确认了丰田的混合动力汽车侵犯了普爱斯的专利的事实，判定丰田侵权；但同时也认为作为专利产品的丰田混合动力汽车可以促进环保产业的发展，并增加消费者的福利，于是援引了公众利益作为一个要素，判决丰田支付普爱斯特许权使用费，而不是发出一项永久禁令。2007 年联邦巡回上诉法院也认可了该地方法院的判决，并强调指出："在某些情况下，在某些禁令场所的专利侵权中，判决持续的特许权使用费或许是合适的。" See Todd R. MILLER, Dawn M. Amos. Cleantech Innovators Should Be Aware of Certain Global Intellectual Property Issue[J]. Intellectual Property & Technology Law Journal, 2010(5): 4-6.

② [日]青山紘一. 特许法(第 7 版)[M]. 东京：法学书院，2005：108.

③ Get Your Green Technology to the Head of the Time, Q&A Guide: Green Patents[EB/OL]. [2010-03-24]. www. managingip. com.

在于避免以后类似的重复申请，接受社会机构和公众的监督和相关建议，以补正专利局审查可能出现的局限性。

(四)韩国

在韩国，与生态技术有关的专利申请可以进入快速审查。早在2008年10月1日，韩国特许厅就推出了专利和实用新型审查三通道系统(Three-track Patent and Utility Model Examination System)，该系统能让申请人自主地从加速审查、普通审查和延期审查三种通道中选择适合其专利策略的审查通道。其后又于2009年10月推出了绿色技术超级加速审查程序(Super-accelerated examinations for green technology)。① 在特许厅制定的《快速审查指南》中对生态技术进行了分类：第一类是与预防和控制污染有关的技术；第二类是获得韩国政府或金融机构财政资助，韩国政府机构予以证明的技术。其中，第一类技术的第3项就包含了关于空气污染的防控设备与方法。第二类中第1项指可再生能源技术，如太阳能电池，燃料电池，生物柴油，第2项指低碳能源技术，如碳捕集封存技术，石油使用效能技术。

符合《快速审查指南》所规定的生态技术，专利申请人可提出快速审查申请。审查员根据需要可要求申请人提交说明技术的环保性的补充材料。材料中应包含已有技术检索的结果及区别说明。一般的专利申请审查周期从申请之日起至少需要18个月，而一旦进入快速审查仅需要3个月。尤其对于与温室气体减排相关的由政府研发经费资助的项目，还可以进入超级快速审查，审查周期甚至可以缩短到1个月。为获得这种优先权，申请人需委托专利局指定的机构进行已有技术的检索，并让该机构将这份报告提交给专利局审查即可。

此外，很多国家均在其国内法中将公共利益作为颁布强制许可的理由。例如，巴西于1999年10月颁布的第3201/99条例②，规定遇有国家紧急状态或公共利益的情形时，可颁布非独占性的强制许可。德国专

---

① See also KIPO：IP Policies，Nov. 8，2012，http：//www. kipo. go. kr/kpo/user. tdf？a=user. english. html. HtmlApp&c=100000&catmenu=ek02_01_02_01，May 21，2013.

② Presidential Decree on Compulsory Licensing，Decree No. 3，201 of October 6，1999.

利法也规定"当对公共利益而言是必不可少时"，可颁布强制许可。对于公共利益的构成范围，各国的规定各不相同。有些国家明确将环境保护纳入公共利益的范围。美国未就保护公共利益而颁布强制许可的专门成文法律，但在涉及经济发展目标的实现、环境问题等公共利益时，将基于公共利益而颁发强制许可的情势交由司法或行政机关裁决。例如，美国政府在 1973 年的能源危机中，为了应付原油价格上涨所带来的通货膨胀，于 1974 年颁布了《联邦非核能源研究和发展条例》，规定在国家的公共利益处于危急时可颁布强制许可。① 但基于环境保护的强制许可，总体上处于模糊不清状态，且发展中国家与发达国家之间存在分歧。

## 三、我国知识产权制度生态化现状分析

我国知识产权制度中，涉及生态化的规定主要有：

(一)专利法的相关规定

我国《专利法》第 5 条规定，"对违反国家法律、社会公德或者妨害公共利益的发明创造，不授予专利权。"环境有害发明应属妨害公共利益之列，不应授予专利权。第 22 条规定，授予专利权的发明和实用新型，应当具备新颖性、创造性和实用性。实用性是指该发明或实用新型能够制造或使用，且能够产生积极效果。中国专利局 1993 年版《专利审查指南》(第二部分第五章 2)，将"能够产生积极效果"解释为："指发明或者实用新型专利申请在提出申请之日，其产生的经济、技术和社会的效果是所属技术领域的技术人员可以预料到的。同现有技术相比，这些效果应当是积极的和有益的。例如，质量改善、产量提高、节约能源、防治污染等。"而 2001 年版《专利审查指南》(第二部分第五章)去掉了"同现有技术相比"，并删除了举例。但将"无积极效果"解释为，"明显无益、脱离社会需要、严重污染环境、严重浪费能源或资源，损害人体健康"(2-65-66)；2006 年版的《专利审查指南》则沿袭了 2001 年版做法，除删除了举例外，还在《专利审查指南》第二部分第五章 3. 2. 6 关

① See Carlos M. Correa. Intellectual Property Rights and the Use of Compulsory Licences：Options for Developing Coutries［R］. South Centre T. R. A. D. E，Working Papers，1999：4.

于“无积极效果”的解释中，干脆去掉了“严重污染环境、严重浪费能源或资源”的技术方案不具备实用性的内容。这不能不说是在专利生态化因素审查方面的倒退。学理上一般认为“严重污染环境、严重浪费能源或资源”的技术方案不具备可专利性，不具备发明或实用新型所要求的实用性。① 同时，专利强制许可制度亦可保证环境公共利益。根据我国现行的《专利法》、《专利法实施细则》、2003 年国家知识产权局颁布的《专利强制实施许可办法》以及 2005 年国家知识产权局颁布的《涉及公共健康问题的专利实施强制许可办法》的规定，我国有三种情形的强制许可，即滥用专利权的强制许可、基于公共利益的强制许可和从属专利的强制许可。强制许可制度在一定程度上可保障环境公共利益的实现。

(二)其他相关规定

《中华人民共和国环境保护法》第 24 条规定：“县级以上人民政府环境保护主管部门及其委托的环境监察机构和其他负有环境保护监督管理职责的部门，有权对排放污染物的企业事业单位和其他生产经营者进行现场检查。被检查者应当如实反映情况，提供必要的资料。实施现场检查的部门、机构及其工作人员应当为被检查者保守商业秘密。”这涉及了环境保护与商业秘密协调。2008 年 5 月 1 日起施行的《环境信息公开办法》是目前我国关于环境信息披露的一个比较完备的规定，为环境信息披露与企业商业秘密的保护的协调提供了依据。

借鉴国外经验，我国推行了环境标志制度，将环境标志注册为证明商标，与认证合格者签订环境标志使用合同，并通过其他有关规定来保障环境标志被正确使用。《反不正当竞争法》第 5 条规定，经营者不得假冒他人的注册商标，也不得在商品上伪造或冒用认证标志、名优标志等质量标志等。商标法和反不正当竞争法对环境标志的保护，有利于环境保护。

此外，根据农业部制定的《中华人民共和国植物新品种保护条例实施细则》第 4 条的规定，对危害公共利益、生态环境的新品种不授予品种权。

虽然我国知识产权制度中有一定“绿色因子”，但仍存在如下不足：

① 吴伯明，黄益芬．专利审查[M]．北京：专利文献出版社，1994：287-288；汤宗舜．专利法教程[M]．北京：法律出版社，2003：77.

首先，重视知识产权制度的经济功能，忽视其生态功能。我国目前的知识产权制度具有浓厚的经济至上性，其立法目的在于激励科学技术的发明和应用，以提高经济效应，而忽视对生态的关注。其次，对专利、植物品种和非专利技术缺少实质性环境评价。专利制度虽然在实用性上考虑了环境因素，但缺少环境评价的标准和方法。再次，缺乏对基于环境保护而披露商业秘密者给予补偿的规定，也无对拒绝披露者的制裁措施。此外，按我国现行《环境保护法》的规定，披露单位仅限于排污单位，且排污单位只是在被现场检查时，才有义务提供必要的信息资料，其他情况下则无此项义务。最后，基于环境保护的知识产权限制制度不健全。我国专利制度虽规定为公共利益之目的而对发明或实用新型专利实施强制许可，但是，环境问题是否属公共利益，尚不明确，这给基于环境保护而实施强制许可带来了合法性障碍。且强制许可对象只限于发明和实用新型专利，而不适用于非专利技术等。

## 第四节　小　结

本是平行而互相独立知识产权和环境保护两个体系在生态危机背景下产生了关联。拯救生态危机，必须实现工业文明向生态文明、资源经济向知识经济，非持续发展向可持续发展的“三重转变”。知识产权制度与此“三重转变”相契合。相较物质资源，知识资源和人力资源取之不尽、用之不竭。知识产权制度乃具有开发知识资源和人力资源之功效，减轻对能源、自然资源的消耗与依赖。知识经济须以知识产权制度作为其存在和发展的基石。可持续发展是经济、社会、环境的全面协调发展。实现这一目标，生态技术是关键。生态技术的创造、运用、保护和管理均与知识产权制度密切相关。

制度通过规制、引导人的生产与生活方式而间接影响环境。知识产权制度的环境影响是间接的。知识产权制度具有替代、导向、激励、规制等功能、促进生态技术转移与转化、有利于资源的循环利用、保障和促进无纸贸易的环境正效应，同时，亦具有破坏生物多样性、增加成本、影响技术创新、阻滞技术的移转与扩散的环境负效应。故，在制度设计上，应考虑知识产权制度的生态转向，引导、发挥其生态正效应，克服、遏制其生态负效益。

环境危机的挑战，要求知识产权制度作出回应。国际、外国和我国的知识产权制度中均有生态因素的考量。但究竟如何协调知识产权保护与环境保护的关系、如何整合知识产权制度与环境保护制度的关系尚处于争论之中。环境利益是否属公共利益，环境保护是否可作为强制许可之理由，等等，均未明朗化。

# 第三章　知识产权制度生态化的正当性

现行的规则和原则可以告诉我们现在的方位、我们的处境、我们的经纬度。夜晚遮风挡雨的客栈毕竟不是旅行的目的地。法律就像旅行者一样，天明还得出发。它必须有生长原则。

——本杰明·内森·卡多佐①

“从事法学研究或学习的人必须学会一种特殊的技能。这是一种‘发现和说明人类的所有行为都应当有正当理由’的技能。”②即具有探求正当性的能力。权利是“利”、“力”与“理”的统一，即利益、强制力和正当性的统一。权利是否能得到人们的真正认同，关键在于其正当性。尤尔根·哈贝马斯(Juergen Habermas)曾指出，现代社会人们普遍关注国家权力的“合法性”(legitimacy)问题。即“某种政治秩序被认可的价值”，这是政治系统成功地保证大众的持久忠诚及其成员意志服从的关键，此处之“合法性”即指“正当性”。③ 关于合法性，让-马克·夸克(Jean-Marc Coicaud)认为，合法性并不限于法律，合法律性并不足以确立国家权力的正当……合法律性只是合法性的一个指数。④ 合法性(正

---

① [美]本杰明·内森·卡多佐．法律的生长[M]．刘培峰，刘骁军，译．贵阳：贵州人民出版社，2003：11.

② [日]川岛武宜．现代化与法[M]．王志安，译．北京：中国政法大学出版社，1994：273.

③ [德]尤尔根·哈贝马斯．合法性危机[M]．刘北成，曹卫东，译．上海：上海人民出版社，2000：128.

④ [法]让-马克·夸克．合法性与政治[M]．佟心平，王远飞，译．北京：中央编译出版社，2002：31-33.

当性)包括伦理正当性(合理性)和法律正当性(合法律性)。①

关于知识产权制度正当性的理由主要从效益主义理论、财产权劳动理论、人格理论和社会规划理论等。② 工业革命以来的社会发展表明，知识产权制度通过产权界定与创新激励机制、产权交易与资源配置机制、产权限制与利益平衡机制、产权保护与市场规范机制、产权管理与政府引导机制等,③ 实现创新激励、利益分配、公共管理及意识形态控制等功能。然而，随着知识产权与技术创新、人权保护、公共伦理、公共健康、环境保护等诸问题的冲突，其正当性正在遭受众多质疑。以美国的 Anatol Volynets 为代表的“知识产权怀疑论”者认为，知识产权保护不是对社会、经济、文化、教育等产生了促进作用，而是阻碍效应；以美国的 Richard Stallman 为代表的“反知识产权论”者提出，应该限制甚至废除知识产权制度；以加拿大的 Davis Genius 为代表的“知识产权僵化论”者认为，现行知识产权制度过于僵化，难以适应现实社会的客观需要，需要进行改造。④ 这些来自不同角度的理论置疑并非空穴来风，它表明知识产权面临着正当性危机。诸多学者从不同角度反思知识产权制度正当性问题。⑤ 本书以生态文明为视角对知识产权制度进行反思。人类 21 世纪的取向和选择是生态化，知识产权制度生态化即为此种取向的一种表现，也是知识产权制度发展和生长的一个维度。

知识产权制度有其正当性。知识产权制度的生态化同样要论证其正

---

① 胡朝阳．知识产权的正当性分析——法理和人权的视角[M]．北京：人民出版社，2007(序言)：2

② [美]威廉．费歇尔．知识产权的理论．黄海峰，译[M]//载刘春田．中国知识产权评论(第一卷)．北京：商务印书馆，2002.

③ 吴汉东．科技、经济、法律协调机制中的知识产权法[J]．法学研究，2001(6)：145-147.

④ 曹新明．知识产权法哲学理论反思——以重构知识产权制度为视角[J]．法制与社会发展，2004(6)：61-64.

⑤ 这些研究主要有：胡朝阳．论知识产权的正当性[M]．北京：人民出版社，2007；饶明辉．当代西方知识产权的理论反思[M]．北京：科学出版社，2008；曹新明．知识产权法哲学理论反思[J]．法制与社会发展(双月刊)，2004(6)；徐瑄．知识产权的正当性[J]．中国社会科学，2003(4)；魏森．知识产权何以正当[J]．自然辩证法研究，2008(5)；王莹．知识产权正当性理论的质疑与批判[J]．求索，2008(5)，等等。

当性即理论基础。依据托马斯·库恩(Thomas Kuhn))的范式(paradigm)理论①，当一种范式无法解决的问题越来越多时，范式便会出现变革。科学发展的过程可分为前范式、范式形成、范式扩展和范式危机等阶段,② 这正是问题与范式互动关系的写照。若新问题在原有范式框架内未能得到解决，便存在一种对新范式的需求。面对生态文明知识产权制度需要一种的新的发展范式——生态化范式。生态伦理、生态经济以及生态正义分别构成了知识产权制度发展生态化范式的三种理论。

## 第一节　知识产权制度生态化的伦理基础

“环境伦理的历史轨迹表明，每一次环境运动都是对旧价值观的扬弃。观念变革为制度变革提供了伦理基础，并最终会反映到法律制度中(法律反映价值观念)，引发法律生态化的趋势，生态化的社会需要生态化的法律。”③因此，对知识产权制度的反思不能从纯功利性或技术性角度进行，必然包括伦理道德角度的审视。伦理道德和人类历史一样久远并渗透在人类活动的诸领域。知识产权制度伦理审视一直都存在，涉及知识产权制度的伦理基础、知识产权与人权、公共健康、表达自由、环境保护的关系。本部分主要研究知识产权制度的环境伦理，即知识产权制度生态化的伦理基础——环境伦理。

---

① 库恩认为，范式维持着科学共同体的稳定，提供一种共同的信念和传统，在实践中给出一些固定的解题模型和范例、标准等，规定着一门学科的边界，使学科的边界成为一个清晰透明的领域。正是这些因素在常规科学时期，维持着科学的、缓慢的、积累式的发展，同时规定着共同体成员的工作方向。范式是一个共同体的成员共同分享的信仰、价值；其次是一些具体的实践准则，是被作为模式或范例的具体的解决难题的办法。参见[美]托马斯·库恩．科学革命的结构[M]．北京：北京大学出版社，2003：158-182.

② Thomas D. Galloway and Riad G. Mahayni. Planning Theory in Retrospect：The Process of Paradigm Change [J]. Journal of the American Institute of Planners 1977 (January)：62-70.

③ 汪劲．环境法律的理念与价值追求[M]．北京：法律出版社，2000：135.

## 一、知识产权制度的伦理之争

知识产权制度特别是专利制度是否应考虑伦理道德，存在争论。伦理之争实际上暗含了知识产权制度是否应考虑环境伦理问题。

### (一)价值无涉——"去伦理化"

在西方发达国家专利法理论与实务界有一种所谓"去伦理化"的观点，主张在可专利性问题上回避伦理判断。除非立法明确排除某一类专利主题的可专利性，在执法和司法中应避免以主观的道德判断驳回专利申请。① 该论点实际上源于技术中性论或技术工具论，即认为每一种技术都是为了解决特定的问题，技术作为达到目的的工具、手段，其本身并无善恶，它既与技术主体的内在价值无涉，亦与外在的政治、经济、文化、伦理因素无关。"火药无论是用来伤害一个人，或者是用来给这个人医治创伤，它终究还是火药。"②火药的使用中有善恶之分，但火药本身却无善恶之分。技术开发与技术产品本身不负载价值，价值问题发生在技术产品的使用上。

基于此，作为鼓励技术创新的知识产权制度特别是专利制度应该保持"价值无涉"或"价值中立"，在专利立法和司法中应尽量避免陷入伦理论争。其理由如下：

首先，专利制度无伦理审查功能。如杰瑞德教授曾提出："无人能否认存在着与生物技术和基因工程相关的重大伦理问题。我们有义务确保此种伦理问题得到妥善处理；并须确保对错误的或存疑的技术发展方向加以有效的控制与管理。问题在于，此种控制是否应在专利法律体系内实现。理智的回答是'不'。"③

其次，专利权授予与否和道德风险防范无关。提供专利保护与否，只是鼓励或延缓研发的问题。不授予专利权，并不能杜绝非生态技术的

---

① Mathias Herdegen. Patents on Parts of the Human Body: Salient Issues under EC and WTO Law[J]. The Journal of World Intellectual Property, 2002(5): 150-156.

② 马克思恩格斯选集(第4卷)[M]. 北京：人民出版社，1995：535.

③ Denis Schertenleib. The Patentability and Protection of DNA Based Inventions in the EPO and the European Union[J]. European Intellectual Property Review, 2003(25): 131.

开发与实施。在美国最高法院 1980 年判决的 Diamond v. Chakrabarty 一案中①，专利局在上诉理由之一是申请人进行基因发明的研究，可能产生严重危害人类自身的结果，如造成污染、传播疾病、基因多样性的丧失等。最高法院则认为，是否授予微生物以专利权，并不影响科学家的相关研究。在微生物寻求专利保护之前，已有大量的研究存在。故，专利制度并非防范技术风险(包括环境风险)的有效制度。即使在专利制度中规定道德原则，实践中亦未必有效。如，《欧洲专利公约》第 53 条关于“违反公共秩序或者道德的发明，不应当授予欧洲专利”的规定在专利实践中很少被适用。②

最后，专利制度为授权性规范，而非技术管制规范。如其他法律禁止某些发明专利的实施，专利权人依然无法行使其专利权。故，伦理道德的判断应交由其他法律部门。专利法应保持其单纯技术色彩，实无必要不厌其烦地重申这些道德原则。③

---

① 在通用电器公司工作的研究石油清污的科学家 Ananda Chakrabarty 研究出了一种可以控制特定细菌对原油降解能力的质粒。1972 年 Chakrabarty 就此向美国专利商标局(USPTO)申请专利。在所提交的专利申请中共包含 36 项权利要求，分为三种类型：(1)生产该细菌的方法权利要求；(2)由漂浮在水上的诸如稻草和该细菌等带菌材料组成的接种物；(3)通过遗传工程所获得的该类细菌本身。经过审查，USPTO 的审查员同意该申请的前两种权利要求，但驳回了第三种权利要求。理由之一是专利法第 101 条中所规定的可以被授予专利权的客体中不包含活体。Chakrabarty 向于 USPTO 的专利申诉与冲突委员会(the Board of Patent Appeals and Interferences)申诉，该申诉委员会基于同样理由驳回 Chakrabarty 的第三种权利要求。Chakabarty 不服，上诉到关税与专利上诉法院(the Court of Customs and Patent Appeals)。上诉法院根据其在先前一个案子中(In re Bergy 案，1977)所提出的观点，即实际上微生物有生命这一事实没有法律意义，与专利法的立法目的不相矛盾，判 Chakabarty 获胜。USPTO 不服关税与专利上诉法院的决定，上诉至美国联邦最高法院。最该法院认为该发明属于第 101 条中的可专利主题，最终以 5 比 4 的微弱优势决定授予该项发明专利权，并确立了如下原则，即专利权可授予“阳光之下凡人为之物(Patentable subject matter should include anything under the sun that is made byman”)，该原则被后来诸多判例所引用，对美国扩大专利保护主题的范围起了重要的推动作用。Diamond v. Chakrabarty，444U. S. 303，206 U. S. P. O. 193.

② 张晓都．专利实质条件[M]．北京：法律出版社，2002：290.

③ Robert L. Harmon. Patents and the Federal Circuit [M]. Chicago：Willian Brinks Olds Hofer Gilson&Lione Ltd.，1993：5.

“去伦理化”或“技术中性论”的观点在人类社会发展早期有一定的合理性，因为，技术对当时的社会和自然系统干扰不大，且技术更多地表现为积极效应。然而，随着技术发展所导致的环境污染和破坏等负面影响的增大，“技术中性论”开始遭致质疑和挑战。其实，技术发明和技术应用实无法截然分开。难道我们能说植树造林技术本身不是善的，研制化学武器技术本身不是恶的吗？原子弹即使被束之高阁，我们也不能说它在政治上、道义上就是清白的，因为从设计制造它的那一时刻起，就将“杀人”这种恶的价值赋予了它。①

(二)价值关联——“去伦理化”批判

“去伦理化”或“技术中性论”的观点“显示了技术工作中的一种致命的不负责任，并且使得现代技术发展的全部可怕后果被归咎于其他因素”②，导致技术主体对技术的异化和负面影响漠不关心。整体而言，技术负荷着政治、经济、文化、历史、伦理、宗教等价值因素。技术是技术观念，进而是社会因素的外在化过程，离开社会因素的技术，便无任何意义和实在的内容。③ 这便是与技术中立论持相反观点的技术价值负载论(也叫技术价值论)。④ 其实，早在古代社会，就有许多关于技术负载价值的观点。中国春秋战国时的著作《庄子·天地》中讲道：“有机械者必有机事，有机事者必有机心。机心存于胸中，则纯白不备，纯白不备，则神生不定；神生不定者，道之所不载也。吾非不知，羞而不为也。”⑤古希腊思想家亚里士多德(Aristotle)认为：“一切技术、一切规划以及一切实践和选择，都应以某种善为目标。”“人们通过求善的技术活动，获得良好的德性，提高做人的境界。”⑥即技术是求善的一种表

---

① 龙翔．技术价值论与技术主体的环境伦理责任[J]．华中科技大学学报(社会科学版)，2008(6)：77.

② [荷]E. 舒尔曼．科技文明与人类未来[M]．李小兵，译．北京：东方出版社，1995：360.

③ 赵建军．追问技术悲观主义[M]．沈阳：东北大学出版社，2001：131.

④ 段伟文．技术的价值负载与伦理反思[J]．自然辩证法研究，2000(8)：31-33.

⑤ [清]郭庆藩．庄子集释[M]．北京：中华书局，2006：433.

⑥ [古希腊]亚里士多德．尼各马科伦理学[M]．苗力田，译．北京：中国社会科学出版社，1990：1.

现，并具有伦理意义。

技术不仅是手段或工具，而且负载价值，包含善与恶的价值判断，具有伦理道德的丰富意含。“技术在伦理上决不是中性的，它涉及伦理学，并且游移在善恶之间。”①美国当代技术批判理论家安德鲁·芬伯格(Andrew Feenberg)也认为：“合理的工艺和机器的设计在用于特定目的之前，特殊的社会体系的价值及其统治阶级的利益已经融入其中了。不仅技术体系的使用中含有社会价值，而且技术体系的设计中也含有社会价值。”②比如，汽车技术的每一次进步，都融入了设计师的经济、审美和生态等价值因素。技术是一种社会建构，它蕴涵了技术设计主体和社会应用主体的内在价值观念和判断。

当代技术哲学家E. 舒尔曼(E. Schulman)认为，技术就是人们借助工具，为人类目的，给自然赋予形式的活动。③ 技术作为技术主体的合目的性思维、经验的物化和创造性活动，总是一种个性的投射。技术体现出技术主体的政治、经济、文化、价值观和伦理道德等目的。因此，技术与目的不可分割，目的与主体不可分割，主体与价值不可分割，使得技术和价值通过这个逻辑链条而联系起来，因而技术必然负载价值。④ 技术通过“目的”这一中介与价值相联系，目的预含了价值。

因此，作为鼓励和促进技术创新的专利制度不可能也不应当放弃伦理与价值判断。合乎伦理(环境伦理)是专利制度正当性的前提。专利制度应对包括生物技术和方法在内的一切技术和方法进行严格的伦理审视，排除有违伦理技术的可专利性。其理由如下：

第一，专利权授予的价值关联。技术创造、选择和使用受人的主观偏好影响。在鼓励何种发明创造的问题上，专利制度应体现立法者的道德倾向。通常而言，授予专利权意味着国家对发明创造者的嘉许与认

---

① [加]M. 邦格．技术的哲学输入和哲学输出[J]．张立中，译．自然科学哲学问题丛刊，1984(1)：56.

② [美]安德鲁·芬伯格．技术批判理论[M]．韩连庆，译．北京：北京大学出版社，200：16.

③ [荷]E. 舒尔曼．科技时代与人类未来[M]．李小兵，译．北京：东方出版社，1995：10.

④ 龙翔．技术价值论与技术主体的环境伦理责任[J]．华中科技大学学报(社会科学版)，2008(6)：79.

可，蕴涵着道义上的支持。此类嘉许认可及支持如果不含伦理道德方面的判断标准，则有悖于立法目的，破坏法律基础。① 知识产权制度的存在价值在于培育和实现一种公正、令人向往的文化，保证市民社会的健康性、参与性、多元性与独立性，以实践可欲的社会。② 这一目标中当然包含着伦理道德的因素。第二，其他制度管制技术的应用，并不能就此而否定专利制度对技术的伦理审视。专利法的规定与其他强行法并不冲突，它们共同构筑了保障和实现社会公益的多道屏障。③ 第三，排除背离伦理道德的发明创造的可专利性，虽然未必能完全制止此类发明的研发和实施，但至少不提供刺激和诱因以鼓励有违伦理道德发明的出现。

对制度的评价应由技术的、功利的、道德的三个层面组成。④ 知识产权制度的评价亦应如此。技术评价为最低层面，无价值合理性或目的合理性思考；它只是策略性的，而非宏观的把握；它只有工具意义，而无目的意义。显然，对知识产权制度的评价不能只依据此一层面。功利评价是对法律制度最为常见和基本的评价。能否实现最大多数人的最大幸福成为评价知识产权制度优劣的标准之一。一个不能促进技术创新和经济增长的知识产权制度显然不是好的法律制度。有关知识产权制度正当性的分析多从功利层面展开，然而，功利地评价有局限性。当知识产权制度违背伦理道德，（间接）损害了人类的生存环境时，它仍然是不正当的。

知识产权制度的伦理审视的旨趣在于反对单纯的功利主义，关注一些更高的价值。“知识产权法也有一种人道主义的定位。”⑤联合国人权促进保护小组委员会通过的《知识产权与人权问题决议》明申“人权义务

---

① 崔国斌．基因技术的专利保护和利益分享[M]//郑成思．知识产权文丛．北京：中国政法大学出版社，2000：338.

② [美]威廉·费歇尔．知识产权的理论[M]//黄海峰，译．刘春田．中国知识产权评论(第一卷)．北京：商务印书馆，2002：10.

③ 胡波．专利法的伦理基础——以生物技术专利问题为例证[J]．法制与社会发展，2008(2)：111-113.

④ 曹刚．法律的道德批判[M]．南昌：江西人民出版社，2001：22.

⑤ Peter Drahos. A Philosophy of Intellectual Property[M]. Aldershot：Dartmouth Publishing Company，1996：214.

优先经济政策和协议”。整个知识产权制度应该为包括人权在内的更广泛的道德价值服务而非仅仅关注技术进步、经济增长此类狭隘的目标。本书认为不仅专利制度要考虑伦理问题，而且整个知识产权制度均要考虑伦理问题。不仅要考虑一般的伦理，亦要考虑特殊的伦理即环境伦理。

## 二、知识产权制度与环境伦理

知识产权制度的生态伦理审视，必须以制度与伦理存在的本质联系为前提。法律是构成制度的主体，伦理与道德在一定意义上是同义语①。这里不妨从法哲学的角度分析法律与道德的关系，来证成制度与伦理的联系。这是本研究讨论知识产权制度与伦理(包括环境伦理)的关系必不可少的前提。

### (一)法与道德关系之争

法与道德的关系，于法哲学层面，就是实然法(Law as it is)和应然法(Law as it ought to be)的关系。此种关系从古至今，争议不断。在中国古代，就有儒家的“道之以德，齐之以礼，有耻且格”。(《论语·为

---

① 在中国古代，“道”和“德”两字开始是分开使用的。“道者，路也。”朱熹解释为：“人所共由谓之道。”“道”在语义学意义就是指人所遵循的“道路”，引申为规则、规范。在伦理学意义上，“道”是处世做人的根本原则。“德者，得也。”朱熹解释为：“德者，得其道于心而不失之谓也。”“德”是对“道”的规范的内心体认和践履，是通过修道而获得的一种内在品德。在中国古代思想史上，“道德”一词合用，始于春秋战国时期。《荀子》称：“故学至乎礼而止矣，夫是之谓道德之极。”可见，道德是指通过主体内心感悟而自觉实行的行为规范总和。伦理一词在中国古代开始也是分开使用的。“伦”的本意是辈、类之意。在伦理学上，它是指人类社会中人们相依相侍的生活关系。“理”是分析精微的意思，引申为事物之间自然存在的条例与法则。“伦理”两字连用最早出现于《礼记．乐记》中，“乐者，通伦理者”，乐者所以通伦理者皆在于“和谐”。许慎的《说文解字》解释说：“伦，从人，辈也，明道；理，从玉，治玉也。”即伦理在中国传统文化中主要是指人伦之理，伦常之理，因而也就是做人的要求和规范。在西方文化中，伦理的最早词形是ethos，含义为品性、气质及风俗习俗。可见道德和伦理只是词源上不同，词义上相同，因此这两个词经常连用。但也有一些不同之处，一般伦理被称为客观法，往往指称社会道德；而道德则被称主观法，多侧重于指称个体道德。参见朱坦．环境伦理学理论与实践[M]．北京：中国环境科学出版社，2001：11.

政》)及法家"法虽不善，犹愈于无法"(《慎子·威德》)的不同主张。西方 19 世纪在自然法学和实证主义法学就法与道德的关系展开了更明确、更具体的争论，形成了彼此对立的两种学派。

以富勒(Lon L. Fuller)和罗纳德·德沃金(Ronald M. Dworkin)等为代表的自然法①学派认为，法与道德具有不可分割的必然联系。富勒用两对范畴说明了两者的关系。第一对范畴是"内在道德"与"外在道德"。富勒认为，法是用规则治理人类的有目的的事业，作为一种"有目的的事业"，法律具有"内在道德"和"外在道德"，否则就"导致一种不能被恰当地称为法律体系的东西"。② 其中"内在道德"是指内含于法的概念之中并成为评价法律和官员行为的善恶标准。第二对范畴是"向往的道德"和"义务的道德"。前者是"道德理想"，只能作为法的目的，是提倡的而非必需的。后者是"道德义务"，它与法律相近，是提倡的也是必需的，具有法律上的拘束力。德沃金认为，法律由规则、原则和政策等因素构成，其中如"不得不公正地损人利己"、"不得从其错误行为中获利"等法律原则本身就是道德原则。③ 伯恩·魏德士(Bernd Ruthers)更是明确指出，道德既是法的基础和条件，也是法的目标。④ 总之，自然法学派认为，道德是法的存在依据和评价标准，法必须合乎道德。

约翰·奥斯丁(John Austin)、汉斯·凯尔森(Hans Kelsen)、H. L. A. 哈特(H. L. A. Hart)等分析实证主义则主张法和道德的分离，否认两者之联系。奥斯丁主张"恶法亦法论"，"法律的存在是一回事，它的优缺点是另一回事"。他指责把法与道德混淆的倾向，讥讽它是产

---

① 所谓自然法是自然万物的理性法则，其实质是道德法则，它在人和社会中的充分实现便是法。与"自然法"相近的概念有："宇宙法"(the law of the universe)、上帝法(the law of God)、永恒法(the eternal law)、人类法(human law)、理性法(the law of reason)、道德法(the law of morality)。参见张文显．二十世纪西方法哲学思潮研究[M]．北京：法律出版社，2006：37.

② [美]富勒．法律的道德性[M]．郑戈，译．北京：商务印书馆，2005：47.

③ 沈宗灵．现代西方法理学[M]．北京：北京大学出版社，1992：115.

④ [德]魏德士．法理学[M]．丁晓春，吴越，译．北京：法律出版社，2005：180-182.

生莫名其妙的术语，隐晦无知和困惑的一种最丰富的来源。① 凯尔森认为“法律问题，作为一个科学问题，是社会技术问题，并不是一个道德问题”。② 当然，他们也承认相当多的法律规则体现着道德，或者本身就是道德规范，法律事实上受道德的深刻影响。如哈特提出了“最低限度自然法”理论，认为如果法律不包括最低限度的自然法，就不是良好的和有效的法律。但这种承认仅仅说明法律与道德在事实上的联系而非必然的内在的联系，即“法律反映或符合一定道德要求，尽管事实上往往如此，然而不是一个必然的真理”。③

分析实证主义法学派对法概念的分析，提高了法的科学化程度，有其积极意义。但其否认法与道德的联系，认为恶法亦法的观点，则会削弱法的价值基础，以至于把法看成机械的规则体系。④

### （二）法与道德之必然联系

无论从事实上，还是从产生上以及法律适用上，法与道德都存在密切联系。

首先，法律与伦理道德存在事实上的联系。即便是主张法与道德分离的实证主义法学家，也承认“许多事物属于法律与道德的交叉领域”，法律的发展受到道德观念的影响，也反过来影响道德。“通过明确的法律规定，道德原则可在不同程度上被引入法律制度，进而构成法律规则的一部分；法院也可能负有依其所认为正义或善的标准做出判决的法律义务。”在法律规范本身就是主观的产物，凝结着立法者关于善与恶、合理与不合理、正义与非正义的基本道德价值判断。哈特也承认法律与道德事实上的联系，只是他反对“不符合道德的法律就不是法律”的观点。

其次，就法与道德的产生而言，两者亦存在本质联系。从人类的发

---

① 张文显．二十世纪西方法哲学思潮研究[M]．北京：法律出版社，2006：85.

② ［奥]凯尔森．法与国家的一般理论[M]．沈宗灵，译．北京：中国大百科全书出版社，1996：5.

③ ［英]哈特．法律的概念[M]．张文显等，译．北京：中国大百科全书出版社，1996：182.

④ 马长山．法治社会中法与道德关系及其实践把握[J]．法学研究，1999(1)：4-6.

展史来看，最初化解和防止纷争，调整人与人之间关系的是道德规范。然道德规范遵守靠自律，而无国家强制性，因此，社会需要另外一种规范来弥补道德规范的不足。① 这便是具有强力保障性、广泛适应性、普遍遵守性等特征的法律规范。法律制度本身是人类创造出来用以保障人的生存与发展，应最终有利于人的全面发展。就此而言，真正的法律必须体现、保障和维系人的全面发展的基本道德义务。法律是“真善美”的统一(吴经熊语)，法之“善”的维度就是道德价值，这是法真正生命力所在。当然，因种种因素的影响与制约，现实中的法律未能体现一定的道德价值。但法之应然与实然的矛盾不能成为将法与道德加以分割的理由。

最后，适用法律不能回避道德判断。遑论自然法学，即便分析实证主义者奥斯丁也不赞同“法律是法官由前提推导结论的封闭的逻辑体系”。他认为，在某些情境下法官造法不可避免。他甚至批评法官不能使其判决“适应功利道德标准所揭示的持续变动的社会需要”；批评法官是“自动售货机”的观点，是对孟德斯鸠分权思想的偏信，是对布莱克斯通“法官能发现法律，而绝不能制定法律的幼稚幻想的盲从”。② 哈特也承认，“判决的作出要求法官进行道德判断”，“法官有充分的自由裁量权，应全面考虑案件的复杂性，从而谋求这些价值主张之间的平衡”。③

总之，法应反映社会的道德价值和需求，惟其如此，才能为社会普遍认同和接受，并进而转化为社会主体的行为准则。

### (三)知识产权制度与环境伦理的联系

以上通过法与道德必然联系的分析，以证成制度与伦理的联系，进而可推论出知识产权制度与环境伦理的联系。

相较一般伦理规范，环境伦理无固定定义，且很难取得一致意见。可是，每个人每天都在做出牵涉到环境伦理的决策。即使类似“我应当

---

① 曹刚．法律的道德批判[M]．南昌：江西人民出版社，2001：13.

② [美]H. L. A. 哈特．实证主义与法律和道德的分离．瞿小波，译[M]//强世功．法律的现代性剧场：哈特与富勒的论战．北京：法律出版社，2006：114-116.

③ [美]H. L. A. 哈特．实证主义与法律和道德的分离．瞿小波，译[M]//强世功．法律的现代性剧场：哈特与富勒的论战．北京：法律出版社，2006：121.

吃什么?"和"我应当用什么?"这样的简单问题，都会牵涉到环境伦理。环境伦理是指人对自然的伦理，它涉及人类在处理与自然的关系时，何者为正当合理的行为，以及人类对自然负有何种义务等问题。知识产权制度与环境伦理之关系体现在价值层面和规范层面。

从价值层面上，知识产权制度应服从环境伦理评价及其价值取向。知识产权制度绝非仅仅是一种促进创新与发展经济的工具，更重要的是要通过这种普遍有效的理性规则，内在地传递、表达、推行某种高于经济价值的其他价值，如人权、公共健康和环境保护。换言之，知识产权制度并非纯粹技术规则，而是目的性与工具性的统一。惟其如此，知识产权制度的存在才具有更充分的理由。一个不利于环境保护的知识产权制度，即使它具有更多其他价值，那也是苍白的。因为环境是人类的生存之基。

制度(包括知识产权制度)的基本属性决定其必须以环境伦理为基础。人类的生存发展依赖于两个环境：社会环境和自然环境。传统伦理为人伦之理，只调整人与人、人与社会之间的关系，人与自然的关系未进入伦理认识的视野。有人存在，便有人与自然的关系。人类社会之初，人们对自然心怀敬畏，加之生产工具的不发达，人对自然的干预广度和深度未超出自然可承受的范围，人与自然处于和谐状态。① 因此，伦理关系不涉及自然环境，这很自然。但随着科技的迅速发展，人对自然界的改造和干预程度越来越大，不仅威胁到当代人的生存发展，也害及了或将要害及子孙后代的生存权利。在此情况下，认识和实践人与自然关系的伦理规范尤显必要。人与人的关系以自然为媒介，因为人类无时不刻都同自然环境进行着物质、能量和信息的交换。所以"人对自然环境的态度最终会对社会生活产生影响，触及人本身的利益。可见，人与自然的关系也就体现了人们彼此间的利益关系，从而人用什么态度对待自然环境也就有了道德意义"②。当然，伦理作为社会现象，其主体只能是人。③ 生态伦理把伦理从人与社会环境的关系扩大到人与自然环

① 当然这种"天人合一"式和谐是建立在人对自然规律不了解基础上的一种朴素的和谐，是一种无为消极的，"小国寡民"式的、缺乏科学理性的"天人合一"。

② 郭广银．伦理学原理[M]．南京：南京大学出版社，1995：6.

③ 李爱年．环境法的伦理审视[M]．北京：科学出版社，2006：25.

境系统，不是扩大道德主体的边界，而是扩大道德对象的边界。①

基于生态危机而出现的环境伦理，要求人类作出全面的回应。作为规范人类行为的制度（包括知识产权制度）当然要与环境伦理的取向相吻合。人的行为是受思想意识支配，也受到制度的规范。知识产权制度设计将环境伦理价值内化其中，会引导智力成果的创造者、使用者、保护者、管理者在行为选择与价值判断时考量环境因素。只有顺应和反映一定的环境伦理价值取向的知识产权制度才能获得社会的普遍认同，其存在的正当性基础也更为厚实。

在规范层面上，知识产权制度中的某些规定也体现了环境伦理的价值取向，知识产权制度已经或正在回应环境伦理和生态文明的要求。文章第 2 章第 3 节已有阐述，不赘。事实本身说明了知识产权制度的环境伦理取向。同时，制度的稳定性与立法的局限性和滞后性，加之社会的多变性与复杂性决定了知识产权制度有其不足，一些对环境不友好行为（如耗能量大的发明设计、生态专利的不许可等）本应受到规制，却无相应的依据，此时相关机构与人员（如专利审查机关和审查员、法院和法官）可依环境伦理对此类行为作出评价与判断。因此，环境伦理可补充知识产权制度的不足，为知识产权制度的发展提供了一个维度。因此，以环境伦理的价值和意蕴进行知识产权制度创新必要且可能。

## 三、可持续发展的环境伦理观

### （一）“人类中心主义（anthropocentrism）”到“生态中心主义（Ecocentrism）”

环境伦理思想自古有之，但作为一门新学科和应用伦理学，环境伦理学最初在 20 世纪 40 年代，由美国的科学家、环境保护主义者奥尔多·利奥波德（Aldo Leopold）和法国哲学家阿尔贝特·施韦泽（Albert Schweitzer）分别提出。“传统的伦理道德是以调整人与人、人与社会之间的相互关系，但环境伦理的产生，将伦理道德的视野扩展到了自然界。环境伦理是对人生存的社会性和对自然的依赖性的双层关照。它的出现，是人类在伦理道德方面的一次觉醒，是人类在价值观上的一次巨

① 中外有很多学者将生态伦理的主体扩展至除人之外的动物、植物。这在理论上可能有一定道理，但在实践上作为一种制度设计则存在诸多的障碍和困难。

大转变。”①正如施韦泽所言：“人们曾经认为，那种把黑人视为人，并要求人道地对待他们的观念是荒谬的。这种曾被认为荒谬绝伦的观念现在已变成真理。今天人们可能仍会认为，下述主张有些夸大其词：一种合理的伦理，要求人们一以贯之地关怀所有的生物（包括最低级的生物）。”②生态危机使得人与自然关系的重要性凸显，使得人对自然的伦理关怀变成了一种实实在在的责任。当然也有人否认环境伦理。③

环境伦理的主张很多，大致上可归纳为人类中心主义和生态中心主义两大派。当然，两派内部观点各异。在人类中心主义方面，有传统的人类中心主义，有适应于当代环境问题的现代人类中心主义，其中包括B. G. 诺顿（B. G. Norton）的‘弱人类中心主义’④、W. H. 默迪（W. H. Murdy）的‘现代人类中心主义’⑤、可持续发展意义上的人类中心主义，等等；在非人类中心主义方面，有彼得·辛格（Peter Singer）的动物解放主义，有汤姆·雷根（Tom Regan）的动物权利主义，有施韦泽、P. W. 泰勒（Paul W. Taylor）的生命中心主义，有利奥波德、阿伦·奈斯（Arne Naess）、霍尔姆斯·罗尔斯顿（Holmes RolstonIII）等人的生态中心主义等等”。⑥

---

① 龚群．当代中国社会伦理生活［M］．成都：四川人民出版社，1998：427.

② ［美］纳什．大自然的权利［M］．青岛：青岛出版社，1999：242.

③ 经济学家朱利安．L. 西蒙（Julian. L. Simon）认为不需要环境伦理学，因为他相信一切正常；认为进步不但没有破坏环境，反而实际上改善了环境。进步在解决其他一切问题的同时，也产生了一些问题，但是在西蒙看来，它接着又会解决它所产生的问题，人类的前途一片光明。参见［美］彼得·S. 温茨．现代环境伦理［M］．宋玉波，朱丹琼，译．上海：上海人民出版社，2007：3.

④ 诺顿认为，人类的中心地位是一个历史事实，因而主张对传统人类中心主义的强势意义进行限制和削弱。

⑤ 默迪认为，不管非人类中心主义如何诘难与批判，人类中心主义都是不可超越的；人类中心主义的不可超越性从根本上来说取决于“使我们成为人类的那些因素”，“所谓人类中心就是说人类被人评价得比自然界其他事物有更高的价值。根据同样的逻辑，蜘蛛一定会把蜘蛛评价得比自然界其他事物都高。因此人理所当然是人为中心，而蜘蛛是蜘蛛中心论的。这一点也适用于其他的生物物种”。参见［美］默迪．一种现代的人类中心主义［J］．章建刚，译．哲学译丛，1999（2）：12-18.

⑥ 徐嵩龄．后记——论环境伦理学研究［M］//徐嵩龄．环境伦理学进展：评论与阐释．北京：社会科学出版社，1999：470.

纵观人类文明发展史可知，在原始时代，由于生产力水平低下，科学技术不发达，人类处于“未区分”的状态，人被淹没在自然之中。人类活动对大自然影响甚微，并受制于环境。及至农业时代，因生产工具的进步，人类改造环境的能力不断提高的同时，也对自然环境造成了一定影响，但影响有限，人与自然的关系大体平衡。随着工业文明的兴起，特别是在文艺复兴之后，人类有了两大发现，一是人的发现，扣压在人们头上的神圣灵光逐渐被世俗的生活所粉碎，上帝的权威逐渐失落，人的主体性得到解放和张扬。二是自然的发现，科学技术的发展使人类征服自然的能力空前提高。人类主体意识的膨胀，加之强有力的征服自然的工具，人类对自然疯狂掠夺就不可避免了。“人类中心主义”对环境危机的产生负有不可推卸的责任。

由此人们对“人类中心主义”进行了反思，提出了一系列生态伦理学观点，其中最有代表的当属“生态中心主义”，也被称为“生态中心论”。尽管其流派很多，观点各异，但基本立场一致：人和自然存在“伦理关系”，应该把人类以外的物种、生态系统乃至整个大自然都作为以自身为目的的价值主体来看待，他们不仅具有外在价值，而且具有内在价值，要对人类、大自然的其他生物物种乃至其他无机物讲“道德”。

应当承认，生态中心主义对于生态伦理学体系的建构有积极的作用，有利于纠正人类长期以来形成的“人是万物尺度”、“人定胜天”的思维模式。但这种理论只看到人类活动对自然秩序已经造成和可能具有的破坏性，而未看到人类也可以通过理性调整自己的行为，恢复和重建自然界的秩序。① 认为众生平等，承认自然的内在价值和道德权利，就能解决当今之环境问题，是一种幼稚的空想。生态中心主义混淆了存在论的“是”与价值论的“应当”之间的区别，② 从“是”直接推导出“应当”，其本意就是用自然取代人类，把自然当作价值判断的终极尺度。尽管生态中心论一再辩解生态中心主义并非用“天道”吞噬“人道”，但

---

① 王耀先，陈剑澜．可持续发展的环境伦理观[M]//徐嵩龄．环境伦理学进展——评论与阐释．北京：社会科学出版社，1999：162.

② 刘福森．自然中心主义生态伦理观的理论困境[J]．中国社会科学，1997(3)：53-56.

是，混同体现自然规律的存在论与考察伦理道德的价值论表明生态中心主义缺乏将二者联系在一起的理性基础，只能借助于信仰。且以自然的名义判断人类行为，仍然留下了未解决的问题，即谁(人)可以成为自然的代言人。①

本质上，生态中心主义否定了人类通过技术和管理等理性手段解决环境问题的能力，而把解决之道归于自然的演化过程。尽管技术的作用不可盲信，但技术方法较依赖自然过程缓解环境危机要现实和可靠得多。自然资源的有限性并不能设置人类发展的限度，人类的技术能力能拓展人类发展的空间。

因此，对环境和自然资源采急功近利、贪婪掠夺行径的传统"人类中心主义"与那种泛爱一切物种的温情主义的"生态中心主义"均不可取。

(二)超越中心——可持续发展的环境伦理观

生态中心主义显然是把道德视野和伦理关系"移情"于非人存在之上的结果。这种"移情"，恰恰是一种典型的人的自我中心化的做法。因为它把人的"自我"尺度外向地投射到对象世界的结果。② 这本质上还是人类中心。人类中心主义和生态中心主义所依据的前提是人与自然的、中心与边缘的区分。可持续发展思想是在摈弃这一思维模式的基础上提出的解决人与自然关系的新理念，是在突破"中心论"的基础上的一个折中的产物，在相当程度上整合并超越了人类中心主义和生态中心主义，成为包容性更强、内容更丰富、体系更完备的理论，并能够在不同层面上指导人类保护环境的实践活动，也更具有现实意义。③ 因此传统的"人类中心主义"和理想的"生态中心主义"，均非处理人与自然关系、人与人之间关系的正确价值取向，我们需要的是超越"人类"或是

---

① Hanna M. Environmentally Responsible Managerial Behavior: Is Ecocentrism a Prerequisite? [J]. Academy of Management Review, 1995, 20: 796-799. 转引自胡军．生态中心管理范式？——对绿色管理研究的反思[J]. 科学技术与辩证法，2007(4)：100.

② 何中华．可持续发展面临的几个难题[J]. 天津社会科学，2000(8)：31-33.

③ 万志前．环境法的价值预设与规范构造[J]. 华中科技大学学报(社会科学版)，2006(3)：45-46.

“生态”为中心的可持续发展的环境伦理观。

用何种环境伦理模式作为知识产权制度生态化的伦理基础，不仅要看其在逻辑上是否自洽，还要看其现实的适用性。学者徐嵩龄认为，一种理论模式包含着三要素：一是理论产生的前提(即基础条件与背景)；二是构建理论所需的内在逻辑即方法论；三是理论导致的结论。其中，理论产生的前提最容易被忽视。作为一种理论的前提要素，可能表现为三种情况：(1)它是来自现实的抽象；(2)它反映部分现实而不是现实的全部；或(3)它是缺乏现实基础的假设。如果不考虑理论前提而贸然选择理论模式或考虑了理论前提，把假设性前提当作现实性前提，把局部现实性前提当作全部现实性前提，则会导致在实践中的挫折和失败。① 众所周知，环境问题根源在于人类自己，在于人类思维、决策和行为的失误。解铃仍需系铃人。解决问题的出路在于人类的价值观念、思维方式和行为方式转变，并在此基础上进行绿色创新。可持续发展观念的提出，源于全球性的环境危机，是人类对环境问题认识不断深化的结晶。其对人类行为的指导既具有现实性也具有明确的方向性。

可持续发展的环境伦理观是一个涉及经济、社会、环境、文化、技术等多方面的综合性概念。尽管对其表述各异，但基本内涵大致包括：第一，否定传统的有“增长”无“发展”经济增长观，并不主张环境保护的唯一性，通过经济的“零增长”来达到保护环境的目的；第二，人类有权利用自然来满足自身的生存需要，但以不改变自然界的基本秩序为限度，人类要在遵循“自然规律”的前提下来改造、利用“自然物”，做到“人定顺天”，求得人与自然的和谐共处；第三，在世界各国、国内各人、当代人与后代人之间公平地分配环境利益和负担。可见，这一全新的发展模式，蕴涵着经济发展、生态平衡和社会公正三大目标。

作为知识产权制度生态化环境伦理基础的可持续发展观，具有现实性和可操作性。建立在可持续发展观基础上的知识产权制度，为实现知识产权私益与保护环境公益的平衡提供根据。这一方面要求立法者在进行知识产权制度设计时考虑环境友好和资源节约，在知识产权的创造、运用、限制、保护各环节贯彻可持续发展的思想；另一方面需要社会公

① 徐嵩龄．后记——论环境伦理学研究[M]//徐嵩龄．环境伦理学进展：评论与阐释．北京：社会科学出版社，1999：470.

众特别是消费者的推动。知识产权制度生态化的动力来自公众对环境友好技术和产品的需求和选择。这需要消费者环境伦理的觉醒。

## 第二节 知识产权制度生态化的经济学基础

几乎所有环境污染和破坏行为都受到了经济利益的驱使。人类单一的经济利益的追求是环境问题产生的直接原因。生态经济的提出源于经济发展同生态环境的矛盾与冲突，源于人与自然的不和谐，是人类对传统经济发展方式反思的结果。经济和科技以前所未有之速度与规模的发展，给人类带来物质富裕与满足的同时，也导致了环境污染、资源枯竭、生态恶化等。正是在此背景下，生态经济应运而生。生态经济是知识产权制度生态化的经济学基础。

### 一、生态经济的内涵

根据莱斯特·R. 布朗(Lester R. Brown)的定义，生态经济(ecological economics)，就是一种遵循生态学规律的经济。① ecological和economics中所共的词根"eco"来源于希腊词语"oikos"，意为"家务"。② 从词源学角度看，可以将ecology理解为"家务"的逻各斯(logos)，economics是"家务"的规则(nomos)，而生态经济则是这两种"家务"的结合。谈及生态学家与经济学家间的关系时，布朗将生态学家比作建筑师，而经济学家则为建造商，经济发展的蓝图理应由生态学家提供，因为他们懂得一切经济活动与其周围生态环境间相互依赖关系，而经济学家的任务就是将生态学家所提供的蓝图变为现实。就经济与生态的关系，布朗在书中明确提出了"经济必须归属于生态"的理

① [美]莱斯特·R. 布朗. 生态经济：有利于地球的经济构想[M]. 林自新等，译. 上海：东方出版社，2002：88.

② Roger Penman, Yue Ma, James McGilvray, Michael Common. Natrual Resources and Environmental Economics[J]. Toronto: Addison Wesle(Pearson technology group Canada), 2003: 18-19. 转引自何嫣. 科技哲学视野下的莱斯特·布朗生态经济思想研究[D]. 中南大学硕士学位论文，2005：2.

念。① 可见，生态经济是对经济乐观论②和环境悲观论③的超越，认为两者可以有机统一。

生态经济以系统论为其理论基础，认为经济系统是整个生态系统的亚系统或子系统(sub-system)，生态系统决定了社会发展的最大限度，但这个限度并非固定，可随着人类技术水平的发展而不断变化。布朗认为，把经济视为地球生态的子系统，以环境中心论取代经济中心论，这是一场如同哥白尼提出日心说式的思想革命。正如我们承认地球不是太阳系的中心，为科学的发展廓清了道路；我们承认经济不是我们世界的中心，则为经济的可持续发展和人类状况的改善创造了条件。④ 生态经济强调人类社会经济活动必须服从自然生态规律，将经济规模限制在生态系统的资源供给和废弃物调节能力之内，以维护生态系统的稳定。著名生态经济学家赫尔曼·戴利(Herman Daly)说："可持续发展观念的驱力，让人们重新思考人类经济活动与自然界的关系——生态系统是一有限、无成长，物质封闭的系统。人类经济产出的速率，必须符合生态系统再生与吸收的速率，如此才可能达到所谓的可持续。"⑤可见，生态经济是一种有利于地球的经济模式，既能够满足当代人的需求而又不危及子孙后代满足其自身之需的经济。一种经济只有尊重生态学诸原理才会是可持续发展的，否则经济的发展会由盛转衰，终致崩溃。非此即彼，

---

① [美]莱斯特·R. 布朗. 生态经济[M]. 林自新等，译. 上海：东方出版社，2002：4.

② 其代表人物是朱利安·西蒙(Julian Simon)，他以《增长的极限》的悲观论为对立面，通过大量的证据证明人类的智慧总可以战胜经济行为所带来的资源短缺和环境问题。随着科学技术的进步，人类资源没有尽头，恶化只是工业化过程中的暂时现象，环境问题可通过开发新的技术加以解决，增长没有极限。

③ 以《增长的极限》一书的观点为代表的罗马俱乐部，从人口资金、粮食、不可再生资源、环境污染等问题出发，认为人类社会对自然界的破坏已达到或超过自然界的承载能力，为防止生态系统的崩溃，控制人类活动是根本措施，主张经济零增长，提倡适度消费。参见[美]丹尼斯·米都斯等著. 增长的极限[M]. 李宝恒，译. 长春：吉林人民出版社，1997：序.

④ [美]莱斯特·R. 布朗. 生态经济：有利于地球的经济构想[M]. 林自新等，译. 上海：东方出版社，2002：1-3.

⑤ [美]赫尔曼·戴利. 超越增长[M]. 诸大建，胡圣，译. 上海：上海译文出版社，2001：1.

绝无他途。① 立足于人和自然的关系来界定生态经济，布朗抓住了问题的关键。

生态经济并非否认经济，它只是反对唯经济主义的增长观，主张经济、社会、生态环境共同进步、协调发展，经济效益、社会效益和生态效益三者的有机统一。故，生态经济本质上是一种可持续性经济，其基本原则是用生态理性指导现代经济，而生态理性又包括坚持环境容量对人类经济总体规模的限制性、坚持经济活动与生态系统协调一致的必要性、坚持经济决策中环境考虑的优先性。生态经济学的出现标志着经济学中一场范式转换的发生。② 其出现是人类自然观从机械论转变为有机整体论的标志。生态经济的科技观、价值观与人学观为知识产权制度的生态化提供了经济理论基础。

## 二、生态经济科技观与知识产权制度

科技观的核心问题是科学技术同生产力之间的关系问题。从马克思的"生产力中也包括科学"到邓小平的"科学技术是第一生产力"，科学技术对生产力发展所起的作用越来越大，因而成为"第一"生产力。但仅仅关注和研究"科学技术是第一生产力"还远不够。

### (一)"生产力中也包括科学"到"科学是第一生产力"

科学技术是生产力是马克思主义科技观的核心。马克思在《资本论》这部划时代巨著中，提出了科学技术是生产力这一著名论断，认为"生产力中也包括科学"③，这其中的"科学"主要是指自然科学。④ 邓

---

① 李彦龙．哲学视野中的生态经济[D]．中共中央党校博士学位论文，2004：1.

② 张德昭．生态经济学的范式——生态、经济与德性之思[J]．自然辩证法研究，2008(5)：99-101.

③ 马克思恩格斯全集(第46卷下)[M]．北京：人民出版社，1980：211.

④ 马克思曾指出，劳动生产力是由多种情况决定的，其中包括：工人的平均熟练程度、科学的发展和它在工艺上的应用程度，生产过程的社会结合，生产资料的规模和效能，以及自然条件。在这里，马克思将"科学"与"工艺上的应用"相联系。之后，马克思更加明确指出，大工业把巨大的自然力和自然科学并入生产过程，必然大大提高劳动生产率。正是在此基础上马克思提出了"生产力中也包括科学"的著名论断。可见，在马克思的这一论断中，"科学"是指自然科学。

小平所提出的"科学技术是第一生产力"的著名论断则将"科学"在生产力中的地位和作用提升为第一位、起主导作用的因素。这是对马克思主义的发展。

针对20世纪70—80年代世界新技术革命的新形势，邓小平同志于1988年9月5日在会见捷克斯洛伐克总统胡萨克的谈话中指出："世界在变化，我们的思想和行动也要随之而变。过去把自己封闭起来，自我孤立，这对社会主义有什么好处呢？历史在前进，我们却停滞不前，就落后了。马克思说过，科学技术是生产力，事实证明这话讲得很对。依我看，科学技术是第一生产力。"①从环境伦理层面分析，"科学技术是第一生产力"是建立在人类中心主义基础之上的，其中"第一"的含义表现为：科学技术是生产力质的规定性，对生产力发展起主导决定性的作用，是推动生产力变革的最主要力量。不论是"生产力中也包括科学"，还是"科学技术是第一生产力"，这其中的"科学技术"和"生产力"仍然是人们征服自然、改造自然的工具和能力，属于传统意义上的科学技术和生产力。

### (二)生态科技是第一生产力

生态科技或绿色科技是指科学技术的生态化。其与传统科技的根本区别在于运用科技的目的不同。传统科技的运用建立在人与自然对抗的基础上，目的是使人类征服自然、改造自然和掠夺自然的速度更快、规模更大和程度更深。因此，传统科技越进步，其对生态环境的破坏就越严重，人类生存和发展的空间就越狭窄。生态科技则不同，其运用建立在人与自然和谐共处的基础上，目的是促使人与自然协同演进、共同发展，是以可持续发展观为理念，受生态意识支配和生态伦理、生态价值约束的科技。

科学是人们认识和改造自然的经验积累和抽象概括，是对自然现象的分析和自然规律的揭示。生态自然是科学产生的母体，技术则是科学的延伸，是科学的实际运用。可见，科学技术本身具有促进人与自然和谐的潜能，而生态科技则把这种潜能发挥出来。作为调节人与自然间关系，实现人类价值和目标的手段或工具，科技具有造福人类和祸害人类的两重性。生态科技则是张扬科技的正面效应，抑制科技的负面效应。

---

① 邓小平文选(第3卷)[M]. 北京：人民出版社，1993：274.

全球生态环境问题，源于科技进步与科技伦理、科技价值的不协调、不一致。生态科技是与生态伦理、生态价值相匹配的科技。①

生态经济的科技观应是生态科技观，它以人与自然的和谐共存和共同进化为理念，追求的是生产力的质的飞跃。因此，生态科技是生态经济生产力或绿色生产力，其不再是人类征服自然的能力，而是“人类适应环境、改造环境和建设、修补生态环境为人和自然服务的能力”。②就生态科技与生态经济生产力之间的关系而言，生态科技不仅是生态经济生产力，而且是生态经济第一生产力。

（三）生态科技观与知识产权制度

前文分析指出，知识产权制度具有促进、激励科技进步的功能。但此种科技事实上可能不是第一生产力，而是第一破坏力。知识产权制度所促进的科技进步，既可能是绿色科技，也可能是黑色科技。生态经济的生态科技观要求作为科技发展促进因素之一的知识产权制度引导、激励科技发展的生态转向。知识产权制度发展的生态化路径，与生态经济的科技观相吻合。

## 三、生态经济价值观与知识产权制度

（一）从传统价值到生态价值

价值是一个宽泛的概念。在哲学层面上，人们对其理解各异，但普遍认同价值是“客体的存在、属性及其变化同主体的尺度和需要相一致、符合或接近”。③ 论及价值，马克思认为：“的确，它们（指‘value，valeur’）最初无非是表示物对人的使用价值，表示物的对人有用或使人愉快等属性。事实上，‘value，valeur，Wert’这些词在词源学上不可能有其他来源。使用价值表示物和人之间的自然关系，实际上是表示物为人而存在。”④可见，价值是一种主体和客体间满足与被满足的关系。

---

① 李彦龙．哲学视野中的生态经济[D]．中共中央党校博士学位论文，2004：45.

② 叶平．环境革命与生态伦理[M]．哈尔滨：黑龙江科学技术出版社，1995：112.

③ [美]亨利·威廉·斯皮格尔．经济思想的成长[M]．宴智杰，刘宇飞等，译．北京：中国社会科学出版社，1999：2-3.

④ 《马克思恩格斯全集》（第26卷）[M]．北京：人民出版社，1974：326.

传统价值向生态价值转变，其实质是人类中心主义价值观向人与自然和谐的价值观转变，是对传统价值观的反思与扬弃。在价值问题上，人类中心主义坚持以人为中心，强调人类的价值高于一切，人类是一切价值的来源与尺度，非人类的世界只有外在的工具价值。生态中心主义则高扬反人类中心主义的大旗，走向了另一个极端，表现为生物中心论和生态中心论，强调包括人类在内的所有生物和生态的价值。其理论主张虽有不足之处(详见前文相关论述)，但它对除人类之外的生物价值的肯定，对拓宽价值的范畴有所贡献。人类中心论和生态中心论从各执一端的所谓中心的角度理解价值问题，思维方式都失之偏颇。价值作为关系范畴，主体和客体具有对等性，不存在何为中心。

其实，价值作为主客体间的关系范畴，无客体的价值也就谈不上主体的价值。主体价值的获得须以对客体价值的承认为前提。故，价值是主客体之间的一种互益性关系。价值之有无、大小，取决于主客体的互益性状况和程度。主客体间存在互益性，就体现出价值；主体有益而客体无益，或者相反，就是无价值或负价值甚至是反价值。易言之，一方有益，另一方无益便谈不上有价值。一般而言，主客体之间互益性程度越大，价值也就越大，否则就越小。① 亦有学者主张，应该改变价值中主客体间的关系，由原来的"主从需要论"转变为"平等互利论"。价值作为一种关系范畴，其所表示的是主客体间互利平等的关系，"这种关系是双向的，不是单极的。即在这种双向关系中，既要达到对价值客体的性质和功能的完善，又要达到对主体本性的超越和发展。价值的有无和大小取决于主客体互利的程度。所以，主体价值的实现必须承认客体自身的价值，或者说主体价值的获得必须以对客体价值的承认和获得为前提条件"。"任何物种和生命个体对其他的物种和生命个体都具有价值，整个生态系统其实就是一个价值传递和价值循环的系统。"②

同传统价值观相比，生态价值观最大的特点是突出生态环境与自然资源的使用价值和非使用价值(如表3-1)。按照此种价值观，生态环

---

① 方世南．环境哲学视域内的生态价值与人类的价值取向[J]．自然辩证法研究，2002(8)：20-24.

② 常素梅．可持续发展所蕴含的全新价值观之探析[J]．常熟高专学报，2003(1)：25-28.

境、自然资源不仅具有工具价值，而且具有内在价值，是两者的有机统一体。

表 3-1　　　　**资源环境价值的构成**

<table>
<tr><td rowspan="5">资源环境总价值</td><td rowspan="2">使用价值（UV）</td><td>直接使用价值（DUV）</td><td>可直接消耗的量</td><td>食物<br>生物量<br>娱乐<br>健康</td></tr>
<tr><td>间接使用价值（IUV）</td><td>功能效益</td><td>生态功能<br>生物控制<br>风暴防护</td></tr>
<tr><td rowspan="3">非使用价值（NUV）</td><td>选择价值（OV）</td><td>将来的直接和间接使用价值</td><td>生物多样性<br>保护生存栖息地</td></tr>
<tr><td>遗赠价值（BV）</td><td>为后代遗留下来的使用价值和非使用的价值</td><td>生存栖息地<br>不可逆改变</td></tr>
<tr><td>存在价值（EV）</td><td>继续存在的知识价值</td><td>生存栖息地<br>濒危物种</td></tr>
</table>

资料来源：[美]皮尔斯．世界末日[M]．北京：中国财政经济出版社，1997：116-120.

按照生态学原理，人和其他生物一样，生存在一定的生态环境中。因此，对价值研究应该与生态环境联系起来，否则便达不到系统和全面的程度。① 保持人类社会的生存与发展是生态环境对于人类价值最为重要的价值之一，这便是生态环境的工具价值。包括：为人、人类社会的生存和发展提供空间、物质、能量、信息；为人类提供精神食粮，满足了人的精神文化需要。正如马克思所言："从理论方面来说，植物、动物、石头、空气、光等等，部分地作为自然科学的对象，部分地作为艺

① 方世南．环境哲学视域内的生态价值与人类的价值取向[J]．自然辩证法研究，2002(8)：20-24.

术的对象，都是人的意识的一部分，都是人的精神的无机自然界，是人为了能够享用和消化而必须事先准备好的精神食粮……人靠自然界来生活。这就是说，自然界是人不致死亡而必须与之形影不离的身体。说人的物质生活和精神生活同自然界不可分离，这就等于说，自然界同自己本身不可分离，因为人是自然界的一部分。"①

生态环境的内在价值主要表现为：一是本身存在的价值，即罗尔斯顿所说的"自为的存在"；二是维护生态系统整体性的价值。"出于对种群、基因库、生境的关心，我们需要'内在'也有一种'群落中的善'的集群性含义。每一种内在价值在其前其后都有一个'与'，指向它所由来的一些价值和它所朝向的一些价值。""每一事物都是以一定的角色在一个整体中体现它的善的。"②

(二)生态价值与知识产权制度

生态价值的主客体互益性的合理机制，要求主体价值的充分实现须以尊重和保证客体价值的获得为前提。追求经济价值本无可厚非。但是，追求经济价值不能背离生态价值，它们之间互为因果关系和前提条件。知识产权制度的设计不能只顾及其物质经济功能及其对经济增长的贡献，还需要充分考虑其生态贡献，否则可能导致诸如生物多样性的减少、环境污染和破坏等，最终影响其经济功能的实现。《2008 年世界状况》针对生态系统的退化指出，"有关生态系统服务的经济价值缺乏综合数据"，但是越来越多的研究结果表明："这些服务具有重要的经济价值，尽管它表现得并不明显。"森林、矿物和能源资源的减少、渔业资源的枯竭、空气和水污染以及生物多样性的降低都会在经济上付出代价。③ 单一地追求经济价值，忽视或无视生态价值，必然会对人类的生存环境构成威胁，可持续发展将成为不可能，在此情况下，知识产权制度所促进的科技经济发展的又有何用?

生态价值主客体互益论为生态技术转移提供了理论基础。当今，全

① 马克思.1844 年经济学哲学手稿[M]. 北京：人民出版社，1985：52.

② [美]霍尔姆斯·罗尔斯顿 III. 哲学走向荒野[M]. 刘耳，叶平，译. 长春：吉林人民出版社，2000：190-191.

③ [美]玛莉安·贝德. 二十一世纪的经济学[EB/OL].[2008-03-31]. 中外对话，http://www.mba.org.cn.

球化已是不争事实，生态危机已经越来越成为超越社会制度和意识形态的问题，成为事关人类生死存亡的共同问题。因此，必须寻找超越不同利益主体的更大的利益，即全人类共同的利益。为此，须以全球视野和世界眼光，确立对生态环境这一公共物品应有的公共责任意识和公共价值观，改变那种只顾自己民族和地区的局部利益的价值观。生态危机也已成为世界性的灾难，环境问题的解决需要国家合作。为此，国际社会缔结了诸多的国际公约，如CBD、《联合国气候变化框架公约》，这其中涉及生态技术转移与知识产权保护的问题。国际知识产权制度的设计，应考虑与生态价值"互益"，发达国家应向发展中国家提供技术援助或提供优惠条件以帮助解决环境问题。因为发达国家价值的实现须以保障整个地球环境这一客体的价值为前提。

## 四、生态经济人学观与知识产权制度

"深刻的经济理论来自深刻的'人'学。"①"经济学是一门人学。"②"经济人"是经济人学最集中的体现，它既是经济学理论的逻辑起点，又是贯穿整个经济发展过程的一条主线。因此，抓住了"经济人"，也就抓住了经济学理论，也就抓住了引起经济发展困境、生态危机的深层根源。可以说，经济困境就是"经济人"困境，生态危机就是"经济人"本身的危机。③

### (一)"经济人"假说

"经济人"的思想渊源可以追溯到古典经济学家亚当·斯密(Adam Smith)。在斯密看来，作为经济主体的"经济人"是自利的理性人。在自由竞争的条件下，"经济人"追求自利的经济活动能增进社会的总体利益。斯密指出："一个人可能怀有高尚的仁爱情怀，但不等于说他就愿意以低于市价的价格出卖其商品，或以高于市价的价格购买商品。我们有饭吃或有酒饮，不是因为面包师或酿酒师的仁爱，而是出于他们的

---

① 董建新．人的经济哲学研究——"经济人"的界说、理论分析与运用[M]．广州：广东人民出版社，2001：241.

② 丁栋虹．经济的主体与主体的经济学——从"经济人"看经济学与经济的发展[J]．江苏社会科学，1995(6)：18-24.

③ 李彦龙．哲学视野中的生态经济[D]．中共中央党校博士学位论文，2004：77.

自利打算。"①"每个人都力图应用他的资本，来使其产品能得到最大的价值，一般地说，他并不企图增进公共福利，他也不知道增进福利为多少。他所追求的仅仅是他个人的利益。在这样做时，有一只看不见的手引导他去接近一种目标，而这种目标决不是他所追求的东西。由于追求他自己的利益，他经常促进社会利益，其效果比真正想促进社会利益所得到的效果更大。"②

"经济人"思想主要观点如下：一是自利。"经济人"的一切活动都出于自利(不等于自私)的打算。二是最大化。"经济人"追求以最小代价来谋求最大利益，尤其是经济利益。这涉及选择和经济理性问题，故"经济人"又称为"理性经济人"。三是利他。即自利的、追求经济利益最大化的"经济人"客观上能增进社会福利，甚至比真正想促进社会福利所取得的效果更好。通往幸福的路可能是由"邪恶"的动机促成。"私欲即公益"(蒙德维尔语)。四是利己与利他的统一。利己是指主观动机，利他则是客观效果。不存在绝对的、脱离利他的纯粹利己。即"经济人"与"道德人"是合一的。③ 利己与利他的统一为"经济人"的生态化提供了可能。

(二)"经济人"到"生态人"

传统经济向生态经济转变，必然要求传统经济的"经济人"向生态经济的"生态人"转变。生态人具有如下特性：

第一，"生态人"的需求。"生态人"否认经济效益单一需求，追求经济效益与生态效益有机统一。"生态人"的需求转向，源于内部的利己动机和外部的竞争压力。就内部的利己动机而言，虽然经济效益和生态效益在短期内存在矛盾，但从长远来看，两者是统一的，兼顾生态效益和经济效益会给"生态人"带来更大的、更持久的利益；就外部竞争压力而言，生态经济作为一种新的经济发展模式或理念，具有强大的生

---

① [英]亚当·斯密．国民财富的性质和原因的研究(上)[M]．郭大力，王亚南，译．北京：商务印书馆，1972：14.

② [英]亚当·斯密．国民财富的性质和原因的研究(下)[M]．郭大力，王亚南，译．北京：商务印书馆，1972：27.

③ [美]詹姆斯·M. 布坎南．自由、市场和国家[M]．吴良健等，译．北京：北京经济学院出版社，1989：18.

命力和良好的发展前景。在生态化潮流中和人们生态意识日益觉醒的背景下，生态化转向的企业最终会赢得消费者，赢得市场。

第二，“生态人”的理性。较感性而言，理性以抽象概括为特点，以认识事物的本质为目标。“经济人”理性为经济理性，即为达到利润最大化之目的，在资金投入、运作、管理、经济行为目标选择等方面不感情用事，以经济利益最大化衡量一切、评判一切、取舍一切。当然，“经济人”理性的内涵是发展变化的，如新古典“经济人”的完全理性理论、赫伯特·西蒙(Herbert Simon)的有限理性理论①等。

“生态人”理性则是生态理性。生态理性是一种制约理性，即限制只顾经济发展，不顾环境保护的理性；限制只顾眼前利益而不顾长远利益的理性；限制只顾局部而不顾甚至牺牲全局利益的理性；限制只顾当代人利益而不顾甚至牺牲后代人利益的理性。生态理性是兼顾经济效益、生态效益和社会效益的理性，并力争做到经济发展、环境优化、社会进步三者兼顾与统一。生态理性是可持续的理性，由于生态理性提倡和鼓励有利于生态环境、有利于全局发展和长远发展的经济行为，故，可持续性是生态理性应有之义。

第三，“生态人”的人性。就人性中的利己与利他关系而言，“生态人”人性是利他范围的扩大化，将自然资源和生态环境作为“目的”，而不仅仅将其作为“手段’，是“目的”与“手段”的统一。生态经济的主体，只有注意保护自然资源和生态环境，才能赢得消费者，赢得市场，最终达到赢利的目的。“生态人”的人性就是自然资源和生态环境的目的化。

综上，“生态人”就是具有生态价值观念的人，并能对一切与环境相关的事物做出符合生态学评价的人。其行为规范应遵循人地和谐的自然观原则、公平与正义原则、废弃物的无害化与最小量化原则、资源节

---

① 赫伯特·西蒙认为，理性是一种行为方式，由于情况的复杂性、信息的不完全性和非对称性、人本身的局限性等，完全理性是不可能的，因此，他提出了有限理性理论，以批判和取代新古典“经济人”的完全理性。西蒙把理性划分为强度不同的三种，一是完全理性，虽是一种很强的理性，但是，在现实中是很少的甚至是不可能的；二是有限理性，是一种普遍存在的现实的理性；三是直觉理性，是一种较弱的，出于本能反应的理性。在西蒙看来，“经济人”的理性是一种有限理性。

约原则、自然保护与生态恢复原则。①

(三)生态人与知识产权制度

制度最终要靠人去执行、遵守和维护。知识产权制度生态化的目标实现，需要知识产权的创造者、应用者、保护者、管理者的生态意识和观念。

在知识产权的创造中，“生态人”的追求不再仅仅只把经济效益作为唯一目标，还应把生态效益作为其考量因素。具体而言，就是知识生产者要确立环境友好理念，确立知识生产者的环境伦理责任与规范，提倡生态设计，确立知识产权授予条件的环保性。在知识产权的运用中，生态经济的“生态人”会促进生态专利技术转移，对知识产权成果转化自觉接受环境影响评价；在知识产权产品上使用环境标识，指导消费者的选择。在知识产权的保护中，生态经济的“生态人”观，要求裁判者在侵权认定、救济方式选择、侵权物的处理上考虑节约资源和保护环境，等等。

## 第三节 知识产权制度生态化的法理基础

“正义是社会制度的首要价值，正像真理是思想体系的首要价值一样”,② 而法律则是旨在“创设一种正义的社会秩序(just social order)”。③ 作为一种私权的知识产权与社会公益(包括生态环境)并非完全一致。在生态危机日益严重、知识产权保护不断扩张的趋势下，必须对这两者的关系予以理性思考。平衡两者的关系，应依托一种更高的价值对知识产权制度进行再设计。

### 一、法理基础之一——环境正义

任何一种法律制度都会不同程度地反映正义理念。罗斯科 · 庞德

---

① 李贵炳 .“生态人”的人性假设在管理学中的价值[J]. 中国煤炭经济学院学报，2002(2)：156-170.

② [美]约翰 · 罗尔斯 . 正义论[M]. 何怀宏等，译 . 北京：中国社会科学出版社，1988：15.

③ [美]E. 博登海默 . 法理学：法律哲学与法律方法[M]. 邓正来，译 . 北京：中国政法大学出版社，1999：318.

(Roscoe Pound)认为："我们每一个人都有多重的意念和愿望，而且大家都希望满足之。人口数量极大，而地球却只有一个。每一个人的愿望总是与其邻人的愿望相互冲突或相互重叠。因此，就产生了一项艰巨的社会工程任务。这是一种创造生存必需资料，满足共同生活在一个政治组织社会中的人们各种意念和愿望的方法。即使它无法满足人们对它的一切期望，至少也尽可能地达到这个目的。我们所说的法律目的的公平，其含义正在于此。这意味着对各种关系进行调整以及对行为的管理，以使其创造生存必需之资料；意味着在最少阻碍和浪费的条件下尽可能地满足人们拥有某物或做某事的各种愿望的手段。"①

庞德的论述演绎了法的正义价值在于平衡个人利益、社会利益与环境利益的关系。一般说来，法对正义的维护是通过权利、义务在主体之间的配置来实现的。环境时代的正义用法律语言来表述就是权利、义务在当代人与当代人之间、当代人与后代人之间的合理配置，以及人类对其他非人类的权利与义务配置。② 知识产权制度的生态化遵循的正是环境正义的法理基础，它要求人类重新调整对其他生命物种以及生态环境的价值判断，公平地分配基于环境产生的权利和义务。

(一)环境正义之内涵

环境正义运动源于20世纪80年代美国的环境风险的不公平分配。该运动引发了各国学者对环境正义的研究。美国有学者将其解释为："社会中所有团体公平地分配技术进步所带来的负担和利益的状况"。③美国环保部门则认为，环境正义是指在环境法律、法规和政策的制定、适用和执行等方面，全体国民，不论种族、肤色、国籍和财产状况差异，都应得到公平对待和有效参与环境决策。④ 罗尔斯顿指出，为实现环境公平，社会强势群体应与社会弱势群体差别对待，社会强势群体应承担更大的环境责任。因此，环境正义主要解决的是社会强势群体的环

① [美]罗斯科·庞德. 通过法律的社会控制/法律的任务[M]. 沈宗灵，译. 北京：商务印书馆，1984：34.

② 郑少华. 生态主义法哲学[M]. 北京：法律出版社，2002：156-170.

③ David. E. Newton. Environmental Justice：A Reference Hand-book [M]. California：International Horizons Inc.，1996：249.

④ Institute of Medicine. Toward Environmental Justice [M]. Washington D. C：National Academy Press，1999：1.

境责任承担问题，只有社会强势群体履行了自己的环境义务，承担了与其享受环境的权利相称的环境责任，才能实现社会弱势群体的环境权，实现环境公平。① 法国学者亚历山大·基斯将环境正义的内涵概括为三个方面："首先，它意味着在分配环境利益方面今天活着的人之间的公平；其次，它主张代际之间尤其是今天的人类与未来的人类之间的公平；最后，它引入了物种之间公平的观念，即人类和其他生物物种之间的公平。"②在我国，环境正义被理解为体现"人与自然和谐共处"的正义；③ "是在处理环境保护问题上，不同国家、地区和群体之间拥有的权利和承担的义务必须公平对等，体现了人们在利用和保护环境中，对其权利和义务、所得和投入的一种公平评价"；④ "是指在所有与环境有关的行为和实践，不同国家、民族、阶层的人都有合理的权利，承担合理的义务，受到公平公正的待遇"⑤；等等。

环境正义是一个难以定义的概念⑥。如同正义"有着一张普洛透斯似的脸(a Protean face)，变幻无常"⑦，对"环境正义"的理解亦如此。但有一个基本内涵被普遍接受，即所谓环境正义(environment justice)，并非是"对环境的正义"(justice to the environment)，而是指环境利益或

---

① [美]霍尔姆斯·罗尔斯顿 III. 环境伦理学[M]. 北京：中国社会科学出版社，2000：32.

② [法]亚历山大·基斯. 国际环境法[M]. 张若思，编译. 北京：法律出版社，2000：3.

③ 蔡守秋. 论环境道德与环境法的关系[J]. 重庆环境科学，1999(2)：3-6.

④ 张登巧. 环境正义——一种新的正义观[J]. 吉首大学学报(社会科学版)，2006(4)：23-27.

⑤ 王小文. 美国环境正义探析[J]. 南京林业大学学报(人文社会科学版)，2007(2)：23-28.

⑥ 对环境正义的理解有广义与狭义之分，广义的环境正义除了要求人与人之间的平等，还主张代际之间的平等和源于对自然内在价值的尊重的物种之间的平等。而狭义的环境正义起源于在各地区或国际间控制与分配稀缺资源的需要，认为应首先确保现存人类社会范围内的正义，确保环境资源利益和对其进行保护的成本在社会所有成员间平等分配，这种旨在协调相互竞争的社会经济政策以获得资源平等分享的"环境正义"，在本质上是分配正义原则的应用。可见，对环境正义的不同理解实质上是对环境正义共同体的不同理解。本文采狭义的环境正义概念。

⑦ [美] E. 博登海默. 法理学法律哲学与法律方法[M]. 邓正来，译. 北京：中国政法大学出版社，1999：252.

负担在不同主体间的分配正义,① 其核心是寻求环境利益与环境风险在分配上的平等。环境正义包括国际环境正义和国内环境正义、代内环境正义和代际环境正义、分享环境权利的正义和承担环境义务的正义。

环境正义集中体现了人与自然、人与人之间关系的相互制约性。马克思和恩格斯在《德意志意识形态》一书中指出:“人们对自然界的狭隘的关系制约着他们之间的狭隘的关系,而他们之间的狭隘的关系又制约着他们对自然界的狭隘的关系。”②对如何认识人与自然的矛盾,恩格斯曾谆谆告诫人们:“我们不要过分陶醉于我们人类对自然界的胜利,对于每一次这样的胜利,自然界都要对我们进行报复……因此我们每走一步都要记住,我们统治自然界,绝不像征服者统治异族人那样,像站在自然界之外的人似的,相反地,连同我们的肉、血和头脑都是属于自然界和存在于自然界之中的……”③为保护自然环境,需要实现“人类与自然的和解以及人类本身的和解”。④ 环境正义的内在精神是人与自然、人与人的和谐共处。

(二)作为法律正义的环境正义

正义遍及社会诸领域,但并非所有领域内的正义问题都能或者有必要进入法学的视野。“正义如欲实现法的转化,需经国家和社会的选择。”⑤对于正义在多大程度上能转化为法律正义,主要取决于两个因素,一是正义本身是否需要或适合转化为法律正义;二是正义存在和发挥价值的国情环境。⑥

资源匮乏、环境污染、生态危机等不仅是环境伦理学要面对的课题,更是法哲学的新课题。法哲学的任务之一就是对新经济、新技术所带来的新型社会关系及时概括和重构。在相当长时期内,环境利益在人类的利益体系中并未表现出明显的独立性,而是隐藏在诸如相邻关系、不可量物之侵害等制度体系内。但随着环境危机的出现,环境利益关系

---

① Andrew Dobson. Justice and the Environment [M]. Oxford University Press, 1998: 20.

② 马克思恩格斯全集(第3卷)[M]. 北京:人民出版社,2002:35.

③ 马克思恩格斯全集(第4卷)[M]. 北京:人民出版社,1995:383.

④ 马克思恩格斯全集(第3卷)[M]. 北京:人民出版社,2002:449.

⑤ 周旺生. 论作为第三种规范的法律正义[J]. 政法论坛,2003(4):33-39.

⑥ 周旺生. 论作为第三种规范的法律正义[J]. 政法论坛,2003(4):33-39.

随之突显，并成为许多社会关系新的概括和归结。环境领域发生的正义问题，成为“国家生活中的公正和社会生活中的基本公正”，是一种“适合或需要用法来确认和保障”的基本正义。

环境正义与环境伦理(道德)相比，是更为具体的道德要求。环境正义考察的是不同主体间环境利益与负担的分配是否公平。在强者与弱者的权利义务的博弈中，后者取胜的可能性很小，而环境问题的特殊性恰恰在于强势群体与弱势群体具有不同的“环境底线”和自我救济能力。但普遍的社会舆论是忽略环境正义的具体性和特殊性，将之与一般的环境道德相混同。如旨在提高公民环境意识的公益广告通常是针对每个人的具体行为方式进行非正式的批判或指引，“人人有责”等倡议的背后是一个普遍责任和共同责任的假定。已有学者深刻意识到一般环境道德的弊害，指出：“我们的个体责任感已被生产决策者用来制造了一个人人有责的神话。如果每个人都同等程度地参与了问题的制造，那我们将无法让任何具体的机构或人员出来负起责任。如果人人有错，那实际决策祸害地球的人员或机构反倒溜之大吉。”①正如斯密所言：“行善犹如美化建筑物的装饰品，而不是支撑建筑物的地基，因此作出劝诫已经足够，没有必要强加于人。相反，正义犹如支撑整个大厦的主要支柱。如果这根柱子松动的话，那么人类社会这个雄伟而巨大的建筑必然会在顷刻之间土崩瓦解。”②作为法律正义的环境正义所揭示的正是一般环境道德的宽泛和盲点，它指出各主体对于环境问题的不同性质和程度的责任。③

### (三)环境正义与知识产权制度

环境正义应成为知识产权制度设计的法理基础之一和判断知识产权制度是否具有正当性的重要标准之一。

在污染转移和资源争夺方面发生的许多实例已充分表明，当蕴涵着一切可能性的环境条件被剥夺时，最基本的人权也会受到严重威胁。例

① ［美］丹尼尔·A. 科尔曼．生态政治：建设一个绿色社会［M］．梅俊杰，译．上海：上海译文出版社，2002：40.

② ［英］亚当·斯密．道德情操论［M］．蒋自强等，译．北京：商务印书馆，1998：106.

③ 马晶．环境正义的法哲学研究［D］．吉林大学博士学位论文，2005：17.

如，在生态环境保存完好的地区，生物多样性都异常丰富，某些跨国公司通过基因掠夺获得的发明或植物新品种等得到了知识产权保护，这不但破坏了生态环境，而且令原住民生产方式的合法性遭到了法律的质疑和否定。① 这样的知识产权制度与环境正义相悖。在国际法领域，生物多样性的商业化保护不但加深了拥有资源的国家与拥有技术的国家之间的不平衡，而且助长了对环境的破坏。② 当法律无法促进一种环境正义的结果，甚或构成一种反作用时，就表明其在环境资源保护方面可能存在缺失，需要加以变革与完善。巩固法的正义基础，不但需要将环境正义上升为一项法律原则，为规则群提供正当性基础，而且更需要制定权利义务的具体规则，将环境正义具体化。知识产权制度应当体现环境正义（如对遗传资源、传统知识的保护），成为保障环境正义实现的规则之一。

## 二、法理基础之二——知识产权私权公权化与环境利益的契合

2008 年 4 月 9 日，《国家知识产权战略纲要》出台表明知识产权在一定程度上超越了个人本位的狭窄视野，从而将其置于更高的层面予以理解和运用。与其他私权比较，之所以提出知识产权战略而不是“物权战略”、“债权战略”，在于知识产权具有超越私人本位的全局性视野，它在促进经济繁荣、文化发展、科技进步等各方面既有正效应，亦有负效应，已成为影响国家整体目标和企业经营目标实现的“社会问题”，

---

① 例如，美国孟山都公司对一项来自中国上海附近的野生大豆的“研究成果”申请国际专利，声称其发现了该大豆内含的高产基因标记。他们以该野生大豆为亲本，与栽培大豆杂交，培育出新的大豆品种，并提出包括该野生大豆“高产性状基因序列”、所有含有该基因序列的野生和栽培的大豆及其后代、生产具有该高产性状基因的栽培大豆的育种方法、以及凡被植入这些高产基因的转基因植物、包括大麦、燕麦、卷心菜、棉花、大蒜、油菜、亚麻、花生、高粱、甜菜、土豆甚至苜蓿、向日葵、棕榈、花椰菜等一些重要的农作物在内的 64 项权利要求。据报道，孟山都的专利申请如获批准，将在实际上剥夺其他人（包括中国人）使用这一野生大豆的权利。参见庞瑞锋．种中国豆侵美国“权”？［N］．南方周末，2001-10-25.

② ［法］亚历山大・基斯．国际环境法［M］．张若思，编译．北京：法律出版社，2000：309-310.

因而才会出现战略考量的需求。① 知识产权的属性在1995年生效的TRIPs协议中被明确界定为一种私权；同时，《世界人权宣言》、《美洲人类权利和义务宣言》等国际人权公约又规定了知识产权的人权意义。这揭示了知识产权制度的均衡保护思想，即知识财产专有权的保护与知识财产利益的合理分享。“在私人利益与公共利益不一致的领域，需要从公共利益出发建立新的法律秩序，由政府对不利于公共利益的私人利益进行适当的调整、规制、矫正。”②知识产权制度的生态化实质是环境公益对知识产权私权的限制与干预，以达到私人利益与环境公益的平衡。

### (一)知识产权的私权属性

从历史演进看，知识产权在18世纪首先是作为一种特权以垄断权形式出现。即知识产权“并非起源于任何一种民事权利，也并非源于任何一种财产权”；“知识产权正是在这种看起来完全不合乎‘私权’原则的环境下产生，而逐渐演变为今天绝大多数国家普遍承认的一种私权，一种民事权利”。③ 进入资本主义社会后，知识产权演变为依法产生的私权。现代市场经济社会，确定知识产权的私权属性尤为重要，因为只有确立知识财产所有人的产权，才能为知识财产进入市场提供前提条件，并避免国家公权力的肆意干涉。因为权利本身对权力具有制约作用。

知识产权制度，一直被寄予激励知识创新、维护公平竞争、促进科技进步、推动经济发展等崇高目标。然而，随着市场经济日趋激烈的竞争，知识产权制度已偏离其初衷，更多地异化成为发达国家及跨国公司谋求经济利益、阻碍竞争的工具，并由此产生了知识产权与某些权利尤其是发展中国家民众的健康权、生存权、文化权、环境权等基本人权的冲突，导致知识产权制度正当性基础的动摇。

### (二)知识产权私权的公权化趋向

知识产权属私法领域财产权，但20世纪以来，西方国家出现了

---

① 梅术文．实施知识产权战略的正当性之维[J]．法制与社会发展，2008(4)：130-132.

② 王明远．清洁生产法论[M]．北京：清华大学出版社，2004：37.

③ 郑成思．知识产权论[M]．北京：法律出版社，1998：4-5.

"法律社会化"、"私法公法化"的立法潮流和理论观点，使得政治国家与市民社会的分野日趋模糊，公法与私法的相互渗透和融合形成了所谓"第三法域"。① 公法向私法渗透的一个重要途径是国家权力对私权领域的介入和直接干预。于此背景下，本具有一定公权因素的知识产权公权化趋势愈加明显。具体表现为：

其一，利益平衡。知识产权制度的利益平衡思想，形式上体现为知识产权制度自身的限制，如专有权的期限限制、合理使用制度、强制许可制度、权利穷竭原则等，这实质上是国家公权对知识产权这一私权的适当调整与干预，以使知识产权制度能充分保护权利人私益的同时，保障一般社会公众获取和接触知识和信息的公益，实现社会效用的最大化。知识产权制度产生以来，其平衡知识产权权利人私益和社会公益之间关系的努力从未停止过。利益平衡的思想为知识产权制度发展的生态化设计提供了理论基础，生态化的实质是对知识产权这一私权的环境限制。作为公共利益之一环境利益是知识产权利益平衡机制需要考虑的一个维度。如基于环境保护的强制许可、基于研究控制气候变暖之需而利用享有版权的作品的合理使用、基于环境保护而循环使用专利产品的侵权免责等。

其二，管理特性。在知识产权制度中，存在许多管理规范，其中相当一部分属于知识产权行政管理范畴。在知识产权的确权、知识产权的行使、知识产权行政和司法保护诸方面，均不同程度地体现了国家公权力对知识产权制度渗透，体现了私权与公权一定程度的融合。知识产权的管理特征，为国家将环境利益融入知识产权制度提供了可能。如就知识产权的确权而论，授权机关对于发明、实用新型、外观设计决定授权时，可考虑将节约资源、保护环境作为授权的条件，对生态技术的专利申请可以开辟绿色通道，加速生态技术的专利审查等。

其三，公共利益的价值目标。知识产权的公权因素可从知识产权制度追求公共利益的价值目标方面理解。尽管知识产权法以法定形式确认和保障了知识产权人的权利，它也需要兼顾保障公共利益，寻求私人利

① 董保华等．社会法原论[M]．北京：中国政法大学出版社，2001：1.

益与公共利益的平衡就成为知识产权法建立以来一直追求的目标,① 并在长期的知识产权司法和立法实践中已被不断地得到确认。例如，美国《宪法》规定，知识产权是为实现社会目标的有限的权利，并在司法原则和立法上强化这一观点。在 1948 年，美国联邦最高法院坚持，知识产权法“对知识产权人的报偿是作第二位考虑的”。② 在更早的 1909 年，关于美国《著作权法》的国会委员会的报告中则指出：“国会根据宪法的条款制定著作权法，不是基于作者在他的作品中存在的自然权利，而是基于有服务于公共福利……手段是保障作者对其作品以有限的保护期的专有权。”③

TRIPs 协议也强调知识产权有实现公众利益的目的(第 7 条和第 8 条)。在我国，知识产权法律制度一般在第 1 条开宗明义地规定知识产权保护的双重立法目的或“二元价值目标”。④ 其中，保护创造者等知识产权人的利益是知识产权制度的直接目的，促进知识和信息的广泛传播，实现科学、文化进步与经济发展是知识产权制度的最终目的(公益目的)。

知识产权制度的二元价值目标是以激励机制为基础、以利益平衡的

---

① 冯晓青，刘淑华．试论知识产权的私权属性及其公权化趋向[J]．中国法学，2004(1)：66-68.

② United States v. Paramount Pictures, Inc., 334 U.S. 131 (1948)；另见 Twentieth Century MusicCorp. v. Aiken, 422 U.S. 151, 156(1975)．转引自冯晓青．知识产权法与公共利益探微[J]．行政法学研究，2005(1)：50-52.

③ H..R. Rep. no. 2222, 60th, Cong. 2d See 7(1909)．转引自冯晓青．知识产权法与公共利益探微[J]．行政法学研究，2005(1)：50-52.

④ 如《商标法》第 1 条规定：为了加强商标管理，保护商标专用权，促使生产、经营者保证商品和服务质量，维护商标信誉，以保障消费者和生产、经营者的利益，促进社会主义市场经济的发展，特制定本法；《专利法》第 1 条规定：为了保护专利权人的合法权益，鼓励发明创造，推动发明创造的应用，提高创新能力，促进科学技术进步和经济社会发展，制定本法。《著作权法》第 1 条规定：为保护文学、艺术和科学作品作者的著作权，以及与著作权有关的权益，鼓励有益于社会主义精神文明、物质文明建设的作品的创作与传播，促进社会主义文化和科学事业的发展与繁荣，根据宪法制定本法。

调节机制为手段加以实现的。① 知识产权制度的设计，要在充分保护知识产权人权益的同时，通过诸多权利限制制度来平衡私人利益与公共利益，促进科技、社会、经济的全面发展。知识产权制度的“二元价值目标”中的公益目标与环境保护是契合的，这是知识产权制度生态化的可行性基础。

## 三、法理基础之三——环境权与知识产权协调之需

环境正义体现在权利上，就是环境权的实现。知识产权制度的“二元价值”目标，使得知识产权制度保护私人权益的同时，还要考虑促进包括环境权益在内的社会公共利益目标的实现。这样知识产权与环境权就有了对接与协调的基础。

知识产权制度的平衡机制处于动态变化之中，它随着社会、科技、经济的发展而变化。其平衡机制的失衡必然抑制整个社会的发展进步。如扩大公共利益的范围，会减弱激励机制的作用，使整个社会创新的动力不足，影响知识产权基本目标的实现。反之，知识产权保护的强化和扩张，会缩小公共利益的范围，引起知识产权与其他基本人权的冲突。

知识产权的保护不应当和基本人权(如生命权、健康权、隐私权、环境权等)相冲突。当冲突存在时，知识产权应当让位于更上位的基本人权。“道德的知识产权法应当是知识创造与知识传播的统一，是权利人的利益增长与人类进步的统一。违背了这两点，就违背了专利法的初衷和道德底线。”②知识产权与环境权冲突的解决需要知识产权制度的生态化。

环境权产生于20世纪60年代，其具体主张是由原德意志联邦共和国的一位医生在1960年首先提出来的，他向欧洲人权委员会提出控告，声称向北海倾倒放射物的做法违反了《欧洲人权条约》中有关保障清洁卫生环境的条款。③ 这一控告成为最早的环境权主张。1970年在日本

---

① 冯晓青．知识产权法的目的与利益平衡机制研究[J]．南都学坛(人文社会科学学报)，2004(3)：77-79.

② 李扬．知识产权基础理论和前沿问题[M]．北京：法律出版社，2004：233.

③ 齐树洁，林建文．环境纠纷解决机制研究[M]．厦门：厦门大学出版社，2005：99.

东京举行了有 13 个国家参加的“公害问题国际座谈会”，会后发表的《东京宣言》呼吁：“我们请求，把每个人享有其健康和福利等要素不受侵害的环境权利和当代人传给后代的遗产应是一种富有自然美的自然资源的权利，作为一种基本人权，在法律体系中确定下来。”1972 年联合国在斯德哥尔摩召开的“人类环境会议”上通过的《联合国人类环境会议宣言》提出：“人人有在尊严和幸福的优良环境里享受自由、平等和适当生活条件的基本权利。”至今，环境权作为一项新型人权的观点已被国际社会普遍接受，且越来越多的国家在宪法和综合性的环境法律中确认环境权或涉及环境权的内容。在宪法层面，描述环境权的形容词很多，如安全的、满意的、健康的、无污染的、生态平衡的、令人向往的、干净的、纯洁的等；有的已在宪法中明确规定公民的环境权，如菲律宾、智利、俄罗斯等国；有的国家在宪法中既规定了公民享有环境的权利，又规定了公民负有环境保护的义务，如韩国、西班牙、土耳其等国；有的国家则在宪法中从义务的角度间接规定了公民的环境权，如伊朗、斯里兰卡、阿尔巴尼亚等国。① 一些国家在综合性环境法律中规定了环境权的内容。如，美国 1969 年《国家环境政策法》第 3 条规定：“国会认为，每个人都应当享受健康的环境，同时每个人也有责任对维护和改善环境作出贡献。”日本 1969 年《东京都公害防治条例》序言中明确规定：“所有市民都有过健康、安全以及舒适的生活的权利，这种权利不能因公害而滥受侵害。”

可见，环境权作为一项人权已为许多国家的宪法和国际法文件所确认，并已列入“人权清单”，是一项所谓的“第三代权利”和“集体权利”。② 其基本元素包括以下几个方面：(1)环境权的主体包括当代人和后代人；(2)环境权的对象是人类环境整体，它既包括天然的环境和人为环境要素，还包括各环境要素所构成的环境系统的功能和效应；(3)环境权的实施方式具有多样性，包括对环境资源的使用、主张国家

---

① 李艳芳．环境权若干问题研究[J]．法律科学，1994(6)：61-63.

② 关于权利的进化，西方学者把人权的发展分为三代：第一代为个人自由和公民权、参与权；第二代为社会、经济、文化权利，兼具个人权利和集体权利的性质；第三代为和平、发展、洁净的环境和分享人类共同遗产的权利。[斯里兰卡]C. G. 威拉曼德拉主编．人权与科学技术发展[M]．张新宝等，译．北京：知识产权出版社，1997：209-210.

对环境的保护、请求司法保护、参与环境管理等；（4）环境权是权利与义务的统一。①

如何协调环境权与知识产权的关系，尽管知识产权制度特别是专利制度中间接地确立了非生态技术不能授予专利权的总的指导原则，但维护环境公益的环境理念和要求并未真正融入现代知识产权制度，更没有相应的执行措施，或者说环境权与知识产权之间的协调尚有许多空白领域。②

就环境资源的知识产权保护而言，存在着两个问题：第一，对遗传资源和传统知识的权利认定。土著地区和地方社区所保存的遗传资源和传统生态知识与技术不仅维护了生物多样性，并具有环境持续利用的价值，但是按照现行知识产权制度，此类环境要素无法获得知识产权特别是专利权的保护。1991 年《人权与环境》报告认为，土著人民及其知识是环境保护的重要资源，他们的农业和文化习俗保护着生物多样性，而其社区又是环境掠夺的悲剧性受害者。国际社会注意到遗传资源和传统知识在知识产权制度中的缺位，并对此给予关注和讨论。第二，对现代生物技术的权利限制。根据 CBD 第 2 条的规定："'生物技术'是指使用生物系统、生物体或其衍生物的任何技术应用，以制作或改变产品或过程以供特定用途。"③这种生物技术是广义的生物技术，它包括传统的生物技术和现代生物技术。狭义的生物技术仅指现代生物技术。在现代生物技术中对人类造福最大且最具有潜在风险的是诸如克隆技术、胚胎移植技术、基因重组技术、DNA（脱氧核糖核酸）重组技术、细胞杂交技术等为代表的现代生物技术等基因工程技术。④ 现代生物技术，特别是转基因技术的大量使用，对经济发展带来很大的好处，同时也存在着影响生态环境的诸多隐患。

根据 TRIPs 协议的规定，只要不违反公共利益或社会公德，或不属于专利权的排除领域，所有技术领域的发明均可申请专利。但是，各国

---

① 吕忠梅．环境法新视野[M]．北京：中国政法大学出版社，2000：122-123.

② 梅乔．专利法制"绿化"刍议[D]．河海大学硕士学位论文，2006：20.

③ 全国人大环境保护委员会办公室．国际环境与资源保护条约汇编[G]．北京：中国环境科学出版社，1993：146.

④ 蔡守秋．论生物安全法[J]．河南省政法管理干部学院学报，2002(2)：2-3.

专利制度不仅要遵照 TRIPs 协议来拟定，而且也要遵守国际人权法与国际环境法的标准。控制基因专利的授予范围、保证基因专利的正当使用，在不损害环境权利的基础上保护基因专利，这是各国立法者必须考虑的问题。

环境权要求以环境不受损害为基本标准，这一标准不仅是其他权利所没有的，而且是对其他权利的限制。① 因此，环境权本质上是一种与其他权利相冲突的权利，在一定意义上，它实际上起着控制其他权利的作用。环境权的产生某种程度上也是对知识产权的限制，协调环境权与知识产权的关系，需要知识产权制度设计考虑环境利益。

## 第四节 小 结

知识产权制度不能回避伦理的判断。对制度的评价由技术的、功利的、伦理的三个层面组成，合乎伦理(环境伦理)是知识产权制度正当性的前提，它在某种程度上超越了技术和功利。知识产权制度的环境伦理审视的旨趣在于反对单纯的功利主义，反对单纯的激励和奖励创新的工具论。应以可持续发展观作为知识产权生态化的伦理基础。这一伦理观相当程度上整合并超越了人类中心主义和生态中心主义，成为包容性更强、内容更丰富、体系更完备的理论，也更具有现实意义。

生态经济的科技观、价值观与人学观为知识产权制度的生态化提供了经济基础。生态经济的科技观认为生态科技是第一生产力。生态科技观要求作为科技发展动力之一的知识产权制度引导、规制、激励科技向生态化转向。生态经济的价值观认为生态环境、自然资源等非劳动生产要素本身兼具工具价值和内在价值。知识产权制度设计应充分考虑生态价值，否则最终会影响经济价值的实现。生态经济主张“生态人”人学观，知识产权制度生态化的目标实现，需要知识产权的创造者、运用者、保护者、管理者的生态意识和观念。生态经济的“生态人”观为其提供了理论基础。

环境正义的核心是寻求环境利益与环境风险在分配上的平等。环境正义应成为知识产权制度设计的法理基础之一和判断知识产权制度是否

---

① 吕忠梅．环境法新视野[M]．北京：中国政法大学出版社，2000：126.

具有正当性的重要标准之一。知识产权制度的二元价值与环境利益相契合，这使得知识产权制度生态化的必要且可行。作为基本人权的环境权某种程度上是对知识产权的限制。当知识产权和环境权发生冲突时，应让位于具有更高价值的环境权。协调环境权与知识产权的关系，需要知识产权制度设计考虑环境利益。

# 第四章　知识产权取得制度发展的生态化路径

许多研究和事实已经证明，传统科技创新很大程度上是资源浪费和环境破坏的。① 无论是21世纪的世情还是中国的国情都决定了，中国发展最为需要的应该是绿色或生态导向的创新或创造。知识产权取得，有的是自动取得(如版权)，有的是依申请审查取得(如专利权和商标权)。本部分主要论述依申请取得的情况，且主要以专利取得为例分析知识产权取得制度发展生态化的路径。

## 第一节　增设“环保性”授权条件

### 一、专利授予的一般条件

知识财产不等于知识产权，只有那些达到法定条件的知识才能成为法律意义上的财产。以专利为例，只有满足实用性、新颖性和创造性的发明创造才能获得专利权。

(一)实用性

实用性亦称工业实用性。即一项发明不能是纯理论的，必须能在实践中实施。“实用性”一词所反映的是在实践中制成或制造的可能性以及在实践中实施或使用的可能性。② “所谓能够利用于产业之中，并不意味着可能取得经济上的利益。能否取得经济利益，主要是根据经济和

---

① 诸大建．中国发展需要绿色创新[N]文汇报，2008-4-17.

② 世界知识产权组织国际局编．专利法讲座资料汇编[M]．专利法讲座翻译组，译．北京：专利文献出版社，1985：105-106.

社会各种条件而定，未必就直接与发明的质量即技术价值有关。”①

中国专利法对实用性的定义明确要求能够制造或者使用的发明或者实用新型要“能够产生积极效果”。中国《专利法》第22条第4款规定：“实用性，是指该发明或者实用新型能够制造或者使用，并且能够产生积极效果。”中国国家知识产权局公布的《专利审查指南(2001)》(第二部分第五章)曾将“能够产生积极效果”解释为：“是指发明或者实用新型专利申请在提出申请之日，其产生的经济、技术和社会的效果是所属技术领域的技术人员可以预料到的。同现有技术相比，这些效果应当是积极的和有益的。例如，质量改善、产量提高、节约能源、防治环境污染等。”对此，有人提出批评意见②，2006年《专利审查指南》将第二句删除。本书认为，实用性应含“有益性”的要求，实用性的概念应是“实”和“用”的结合，“实”代表实践，“用”代表了有益的一面。明显无益，如污染和破坏环境、浪费能源或资源的发明创造显然无实用性。

(二)新颖性

新颖性背后的基本原理是“信息”原理，即何种信息已经进入公有领域？在申请日前公众已可以获得何种信息？这把注意力集中在了技术的公开披露和公众对技术的可获得性上。③“一项新发明在申请日之前决不能为公众所知晓……否则，公众就不能从专利申请人处得到任何教益，这种发明也就不能获得专利的保护。”④实行专利制度的主要目的之一在于鼓励人们从事发明创造活动，及早地将不为人们所知的新发明创

---

① [日]吉藤幸朔．专利法概论[M]．宋永林，魏启学，译．北京：专利文献出版社，1990：90.

② 实用性对技术方案的技术效果的要求只是有与无的问题，而不应是多与少或积极与消极的问题。实用性只是要求技术方案具有技术性，并不要求技术方案要具有经济效果，更不应要求具有积极的经济效果。因为已经有了专利法第5条，再在实用性中要求社会有益性就重复了。参见张晓都．专利实质条件研究——从发明与实用新型专利的实质条件到生物技术发明的可专利性[D]．中国社会科学院博士学位论文，2001：5.

③ H. San Frost. Why Europe Needs a Sale Bar，[1996][EIPR 2]；转引自张晓都．专利实质条件研究——从发明与实用新型专利的实质条件到生物技术发明的可专利性[D]．中国社会科学院博士学位论文，2001：33.

④ 王维藩，黄红英编译．法国发明专利法[M]．北京：中国对外翻译出版公司，1986：6.

造的信息向社会公开，以促进社会经济技术的发展。当然，发明创造者可获得专利权这一对价。

现在许多国家专利法是从反面规定新颖性，即如果一项发明是现有技术中没有的，它就具有新颖性。实用新型也是一样。① 现有技术又称已有技术、公知技术、在先技术、先行技术等，它是指在某一特定时间以前，公开的、公众能够得知的技术内容，或处于能够为公众获得的状态，并能够使公众从中得知实质性的技术知识。对发明和实用新型的新颖性判断，各国基于技术经济发展水平不同而采用的判断标准不尽相同，有采绝对新颖性标准，有采相对新颖性。我国2008年修改的《专利法》，对发明、实用新型和外观设计的新颖性判断采绝对新颖性标准。②

(三)创造性

创造性条件是发明或实用新型获得专利权的技术水平要求。并非一切新颖、实用的技术和方法都能获得专利权保护。旧东西与仅仅在技术上或字面上新颖的东西之间，差别可能是非常微不足道的，乃至新颖的东西可以轻易地甚至自动地从旧的已知物中推演出来。③ 技术上一般性的进步由于普通工匠都能想到或做到，故无需专利保护自然也会变为公开的秘密。

创造性在美国专利法中使用的是"非显而易见性"(Non-obviousness)一词，英语的"显而易见的"(obvious)这个单词来源于拉丁语via，意为"路"。位于你路上的、你肯定能够看见的结果，就是一个显而易见的结果。④《欧洲专利公约》第56条规定"如果考虑到现有技术，一项发明对于本专业技术人员不是显而易见的，应认为是具有创造性的发

① 汤宗舜．专利法解说[M]．北京：专利文献出版社，1994：93.

② 我国《专利法》第22条第2款和第5款分别规定："新颖性，是指该发明或者实用新型不属于现有技术；也没有任何单位或者个人就同样的发明或者实用新型在申请日以前向国务院专利行政部门提出过申请，并记载在申请日以后公布的专利申请文件或者公告的专利文件中。""本法所称现有技术，是指申请日以前在国内外为公众所知的技术。"

③ [德]迪特尔，巴拉斯．发明的创造性[C]//专利与商标的申请和保护——北京国际工业产权讨论会文集．北京：中国展望出版社，1986：70-71.

④ 世界知识产权组织编．知识产权纵横谈[M]．张寅虎等，译．北京：世界知识出版社，1992：85.

明"。中国《专利法》第22条第3款规定："创造性，是指与现有技术相比，该发明具有突出的实质性特点和显著的进步，该实用新型具有实质性特点和进步。"对一项显而易见的技术授予专利，必然会产生太多垃圾专利而束缚产业部门的竞争自由，阻碍技术创新。

## 二、一种新的标准——环保性

科技发展是经济增长的助推器，但同时也是导致全球环境危机的关键因素。问题似乎植根于科技的发展所选择的方向的非生态性或反生态性。人们通常强调技术新颖性和创造性，而忽视了技术对环境的影响，很大程度上源于专利授予的条件。一项发明如果符合实用性、新颖性和创造性三个标准，则可以授予专利权。这种标准体制可能使发明创造者努力创造一些新奇的可以获得利润的技术或方法而不顾及其环境影响。将环保性作为一个新的标准引入专利制度，可诱导发明创造出"新的，有益的和绿色的"产品和工艺。

当然，对此有反对的观点，认为知识产权法的职责是鼓励、促进技术创新，恐难胜任区别创新技术是否环保，这就需要寻求环境法的帮助。故知识产权法应与环境法携手共促创新技术的生态化。① "对新技术的道德评价应依据现实证据，而不能凭借所谓的可能的危险的预测，以免因此损害发明人的合法权益。"②专利审查、专利诉讼中，审查员、法官都没有资格对技术主题进行道德审查。专利异议理由中亦不得包含道德理由。当然，我国农业、卫生、科技等部门可以颁布法律法规限制或禁止开发、实施某些专利技术，限制或禁止销售某些产品，或者对某些专利技术的开发实行事先或事后的行政审查制度。与专利局不同，这些部门属于技术管制部门，它们有义务对任何技术主题进行道德审查。但是这种审查与专利制度毫无关系。它也并非专利局、专利法院、专利律师、专利研究人员所能介入之事。③

---

① Michael A. Gollin. Driving Innovation: Intellectual Property Strategies for a Dynamic World[M]. New York: Cambridge University Press, 2008: 334-335.

② 崔国斌. 基因技术的专利保护和利益分享[C]//郑成思. 知识产权文丛(第三卷). 北京：中国政法大学出版社，2000：271.

③ 魏衍亮. 生物技术的专利保护研究[M]. 北京：知识产权出版社，2004：125-126.

但问题是，如果我们继续允许以专利制度促进“新的和有用的，但非环保”创新以促进经济增长，然后再采用污染治理技术来恢复破坏的环境。这样做不仅浪费资源，而且还使我们处于贸易经济增长和环境保护的两难境地。①

考察专利领域的国际公约和国内法，可以看出，立法者试图利用专利制度保护发明人利益的同时，竭力保护社会公众利益不受侵犯，这其中包括对社会伦理道德的尊重和社会公共秩序的保护(包括环境保护)，这在 EPC(Art. 53(a))、Trips 协议(Art. 27. 2)和我国《专利法》第 5 条均有类似规定。我国专利审查指南在解释实用性时，从反面规定，严重污染环境、严重浪费能源或者资源的发明创造不具有实用性。② 反对者经常利用社会成本等经济学理论来说明，专利法不应借口公序良俗或道德伦理而拒绝授予某发明专利，而应该把这样任务交由其他法律来完成。但他们可能没有看到，如果一股污水不能有益于社会而只能有害于社会，那么为什么不在源头就遏制住它，而偏偏要等它扩散到江河里以后再治理呢？舍本逐末的做法可能会导致更高的社会成本。③

本书认为，专利授予条件并非一成不变，而是随着科技、社会的发展而不断变化。这种变化包括新的授予条件的出现或已有条件的内涵发生变化。随着环境问题的出现和公众环境意识的不断提高，考虑专利授予的环保性(Greenness)条件，这体现了环境保护所要求的预防、审慎和安全的原则。就消极条件而言，可以将非生态或反生态技术发明排除在专利权的客体之外。就积极条件而言，授予专利的发明和实用新型应具备新颖性、创造性、实用性和环保性。专利授予条件引导和决定着技术创新的方向。依传统“三性”标准，专利制度无助于环境保护，如加入环保性要求，就可能促进技术创新的生态转向。故，应增加一个新的

---

① Mu-YenHsu. Green Patent：Promoting Innovation for Environment by Patent System. 本文由台湾政治大学许牧彦教授提供，在此特表感谢。

② 实用性不要求具有积极的效果，但实用性的要求可表现为反面约束，如明显无益、脱离社会需要、严重污染环境、严重浪费能源或者资源的申请主题不具备实用性。

③ 刘银良．生物技术的法律问题研究[M]．北京：科学出版社，2007：28.

标准——环保性。① 对环保性的审查过程大体如下：②

(1)要求发明创造者在专利说明书描述发明创造的环境影响，包括所用材料，制造过程，使用期和处置过程。这实际上是环境影响公开的要求，其公开程度要使普通技术人员明白。

(2)鼓励其他企业或者创新者揭露虚假的说明书。如果其虚假说明书经审查被证实的，该专利将宣告无效。环境保护涉及公共利益，可发挥公众的参与监督作用，公众可在任何时候一旦发现该专利技术破坏环境或危害环境之虞时，可以此为由，请求专利复审委员会宣告该专利权无效，专利复审委员会经审查属实者，应当宣告该专利无效，并通知相应环保部门做出处理。

(3)如果创新是原创性的(即无先例)，那么其环保声明将自动被接受。

(4)如果创新不具原创性(即有先例)，则需要比较目前申请发明与先前发明在环保方面的性能。新申请的发明创造的环保性能必须优于先前的发明创造。反之，则不具可专利性。

(5)如果一个发明创造符合四项标准(即实用性、新颖性、创造性和环保性)，则可获得专利。审查员和法官将根据说明书、权利要求书和环保性决定专利的保护范围。例如，如果一个发明创造在很大程度上比先前的发明创造更环保。它可能独立于先前的专利而被授予一项专利，其专利范围可涵盖先前专利的范围。

根据上述规则，会使得发明创造者将环境保护铭记于心并努力提高发明专利的环保性能。对于目前非环境友好的专利，发明创造者应积极提高其环保性能以申请新的专利。为获得一个新的专利，发明创造必须足够环保。即便是原创性的发明创造，其发明创造者也应努力提升其环保水平，以减少可能被替换的风险。这种体制机制可以引导发明创造者提高创造的环保性，发明一些新的、有益的和环保的技术或设计。

---

① 当然，也可以考虑延伸实用性的内涵，使其包括环保因素，但因就实用性内涵是否应包括积极的社会效益而言本身存在争议，故不如直接将环保性作为专利权的授权条件。

② Mu-YenHsu. Green Patent：Promoting Innovation for Environment by Patent System. 本文由台湾政治大学许牧彦教授提供，在此特表感谢。

环保性标准的审查，关键在于环保性的界定。根据世界可持续发展工商理事会(WBCSD)关于生态效益的界定，环保性应包括七个方面：减少产品和服务的材料消耗、减少产品和服务的能量消耗、减少有毒物的排放、增加材料的再循环利用、尽可能使用可再生的能源、增加产品的耐用性、增强产品的服务强度(多功能性——笔者注)。①

环保性的列举只是环保内涵的某些方面，不可能事先完全界定。应该知道，虽然"新颖性，创造性，实用性"也难以界定，但300多年来，专利制度已成功促进了新的和有用技术的进步。这是因为专利审查建立在相对标准的基础上。我们并不需要预先界定环保的完整内涵，但可通过新的专利申请与先前发明的比较，个案审查发明创造的环保性，以达到环保审查的目的。专利法也可参考TRIPs协议和《欧洲专利公约》(EPC)的做法，直接规定任何损害环境的专利都不应当被授予专利，并且可将本国规定的减排系数作为直接的衡量标准系数，还可规定申请人须提供实质性证据表明其环保性特征或者由专门授权机构出具认证证明方可提出专利申请，以减轻专利审查员在"环保性"标准判定上的负担。

专利是发明创造者与政府之间的合同，此合同由发明创造者启动。创新者积极描述并披露技术以换取政府的保护。如果政府事先需要某种技术，可以设置一个奖项②来鼓励发明创造者去发明此项技术。如果政府知道此项发明创造的市场规模，它可以为了社会公共利益购买③该发明创造。但一般而言，政府不能事先明确某项发明创造，也无法知道其市场规模。这可以解释为什么是专利，而不是奖金和购买是政府鼓励创新的主要政策工具。通过运用专利制度，政府不必事先明确某项发明创造或知道其市场规模，但仍然可以有效地促进"新颖的，非显而易见的和有用的"创新。同样，政府并不需要事先界定发明创造的环保性，但

① Mu-YenHsu. Green Patent: Promoting Innovation for Environment by Patent System.

② 比如美国总统绿色化学挑战奖(Presidential Green Chemistry Challenge Awards in U.S.)。此奖始于1996年，由美国环境保护署、美国科学院、国家科学基金和美国化学会联合举办，每年6月开奖励大会，至2017年，已连续举办22届。

③ 政府可运用政府绿色采购来促进绿色创新。

仍可以有效地促进绿色创新。环保性虽然很难界定，但专利制度的独特性可以使环保性的界定变得容易。

另外，在判断是否"富有美感"和是否"适于工业上应用"，以授予外观设计专利时，也应考虑环境因素，如包装、使用的材料是否环保等。对申请注册商标而言，除审查商标的"显著性"或"可识别性"外，应将审查范围延伸到该申请商标拟核准使用的商品或服务上，即该商品或服务是否环境友好。凡相同或类似商品，所申请注册的商标相同或近似，在"显著性"强度相同的条件下，拟核准使用商品更环保者获得优先注册。对于立体商标的注册，比如容器包装，则可直接审查该容器构成的材料是否环保？是否为简装？是否存在过度包装(包装价值大于被包装商品的价值)等。当然上述问题脱离了审查商标"显著性"本身，涉及注册商标载体，这种扩大化的审查是否有违商标法的立法宗旨，这在立体商标中不太突出，但在平面商标的实质审查中会引起争议。

## 三、环保性的判断方法——生态设计理论

反对将环保性列入审查标准者，很大程度上也是担心判断标准的模糊性和不确定性。但"环保性"审查并非是毫无根据的臆测，也并非毫无方法可言，"环保性"的判断可以借鉴生态设计的理论。某种程度上，环保性的判断比公共秩序或道德伦理的判断更具有可操作性。

人类创造了很多奇迹，发明了汽车、飞机，照相机、复印机、杀虫剂等。但人类在享用这些伟大的发明所带来的便利时，也承担着资源消耗和环境恶化所带来的后果。由于80%以上的环境影响取决于产品的设计阶段，产品的生态设计就在这种前提下应运而生，并成为生态设计的一个核心观点。① 正如 SimVan der Ryn 和 Stuart Cown (1996) 在"Ecological Design"中指出：在许多情况下，环境的危机就是设计的危机。②

---

① Annkia Gottberg, Joe Morris, Simon Polldar, Cecilia Mark-Herbert and Matthew Cook. Producer Responsibility, Waster Minimization and the WEEE Directive: Case Studies in Eco-design from the Europeanlighting Sector Science of The Total Environment, 2004, 359(15): 38-56.

② 张丹华等．生态设计回顾与展望[J]．环境污染与防治，2006(5)：8-10.

生态设计的思想可以追溯到20世纪60年代，美国设计理论家Victor Papanek在他出版的《为真实世界而设计》(*Design for the Real World*)中，强调设计应该认真考虑有限的地球资源，为保护地球环境服务。这在当时引起了很大的争议。随着环境的恶化，生态设计的概念开始逐步清晰。生态设计是相较传统设计而言的(两者的区别见表4-1)，是任何与生态过程相协调，并尽量对环境破坏影响最小的设计形式，①它并非要完全的改变每个行业所特有的设计模式、设计方法、设计经验，而是将经济、社会、环境融合到一起，结合各个行业的自身特点注入生态的理念和思想。② 一些国际著名的大公司，例如荷兰的菲利浦公司很早就尝试有关产品的生态设计，并取得成功。飞利浦已向市场推出了数百种生态设计产品，且其价格没有高出能够被接受的价格点。如，一款可佩带MP3播放器与最相近的同类产品平均水平相比，重量轻了39%，功耗低了87%，封装材料减少了47%。产品生态设计的案例也表明，生态设计可减少30%~50%的环境负荷。③ 又如，现在普及的数码相机与传统机械相机相比就具有环保性，使用数码相机无须购买胶卷，只需一次性购入存储卡，便可反复使用。且数码相片可以在电脑屏幕上浏览或是直接在数码相机的屏幕上浏览，不一定要冲印，而传统相机拍摄的胶卷必须冲印才能完成其功能，这使得数码相机比传统相机更加节约能源。

表4-1 **传统设计和生态设计的比较**

| 问题 | 传统设计 | 生态设计 |
| --- | --- | --- |
| 能源 | 通常是不可再生，依赖于化石燃料或核能；设计是基于消耗自然资产 | 可再生能源，太阳能、风能、小型水能或生物质能；设计是基于太阳的输入 |

---

① 汪毅．生态设计理论与实践[D]．同济大学博士学位论文，2006：2.

② M. D. Bovea，A. Gallardo. The Influence of Impact Assessment Methods on Materials Selection for Eco-design[J]. Materials&Design，2006，27(3)：209-215.

③ 环保法规影响设计链与供应链加快生态设计推进速度[J]．现代表面贴装资讯，2006(2)：81-82.

续表

| 问题 | 传统设计 | 生态设计 |
| --- | --- | --- |
| 物质利用 | 粗犷地利用高品质原料，造成有毒和低质物料弃于土壤、水和空气中 | 生产过程中的弃物成为下一过程的原料；在回用、循环、柔性、易于维修和耐久性方面开展设计 |
| 污染 | 多样化和具有地方特征 | 最小化；弃物的多少和组分能与生态系统吸收它们的能力相配 |
| 有毒物使用和排放 | 常见的和破坏性的 | 极少地、节制使用，在特定地环境中才使用 |
| 生态规律与经济的关系 | 认为是对立的；短期观点 | 认为两者是相配合的；长期观点 |
| 设计准则 | 基于经济学满足技术上的习惯做法和方便 | 为了人类与生态系统的健康，基于生态经济原理 |
| 对于生态背景的灵敏度 | 在全球重复许多标准的设计模式，很少考虑文化或地方特征 | 按生态区划作出响应，设计是土地、植被、材料、文化、气候和地形的集成；解决办法在具体地点上培育出来 |
| 对文化背景的灵敏度 | 趋向于建设一种均一的全球文化，消除地方性和公共资产的观点 | 尊重和培育地方的传统知识，地方的材料和技术 |
| 生物、文化和经济多样性 | 采用标准化的设计，高能量、高耗材，因而侵害生物、文化和经济的多样性 | 保持生物多样性和地方上相适应的文化和经济系统 |
| 知识基础 | 局限于狭窄的学科 | 多个设计学科的集成和广泛的各种科学的综合 |
| 空间尺度(规模) | 趋向于一定时间，在一定尺度上工作 | 穿越多个尺度的集成设计，反映较大尺度与较小尺度互相影响 |

续表

| 问题 | 传统设计 | 生态设计 |
| --- | --- | --- |
| 全系统 | 沿着各个边界来划分各个子系统，不能反映系统基础的许多自然过程 | 按整个系统开展工作，生产出能提供最大可能的内部完整性和一贯性程度的服务 |
| 自然的职能 | 设计必然要强制自然和按人类的预测满足狭义的人类需求 | 以自然为友，按照自然的自我设计智慧行事，以减少对物质和能源的过度依赖 |
| 参与层面 | 依赖于专业行话和不愿意与公众对话、缺少社区参与 | 信奉一种清晰的、欢迎公开讨论和争议的氛围，每个人都有权参与讨论 |

Sim Van der Ryn, Stuart Cowan. Ecological Design[M]. Washington D. C.: Island Press, 1996.

依生态设计理论，环保性审查包括以下方面：

第一，材料选用。产品与材料资源的关系密切，生态设计中材料选用尤为重要，因此首先应考虑材料选用：

(1)使用再生资源。少用短缺或稀有的原材料，多用废料、余料或回收材料作为原材料；尽量寻找短缺或稀有原材料的代用材料；

(2)降低材料的消耗量。减少所用材料种类和数量，并尽量采用相容性好的材料，以利于废弃后产品的分类回收；

(3)采用无毒的材料。无毒一般是对人而言的，实际上还应把自然界的生物，对人和自然界有害的材料都应视为有毒；

(4)提高资源再生利用的效率，优先采用可循环利用的材料。

第二，产品结构方面的考虑，主要包括：

(1)产品在满足功能的基础上，尽量做得小，以节约资源；

(2)产品的结构尽量简单，以方便安装和拆卸；

(3)结构模块化处理，使产品部件的使用寿命更加合理；

(4)尽量少用不可逆的紧固方式，采用可装、可卸的紧固方式，便于维修和再利用；

(5)简化产品的包装，在满足便于装箱运输的条件下，尽量小巧，并且能多次使用。

第三，产品制造工艺方面的考虑，主要包括：

(1)提高产品的成品率，一般结构越简单的产品生产成品率越高；

(2)减少制造流程，以降低声源污染和节约能源；

(3)产品设计要考虑生产时的污物排放，尽量使得排放少、无毒化。①

第四，回收和拆卸方面的考虑。以汽车设计为例，以往的产品生命周期以整个产品作为考察对象，到了年限的汽车整车报废。其实汽车各部分的报废年限并不相同，这就未做到物尽其用。现在的新观念是从产品的局部系统或零件看待产品生命周期，报废时，产品中生命周期长的模块可以运用到新的产品当中，并由此产生了面向回收的设计(Design For Recycling，DFR)和面向拆卸的设计(Design For Disassembly，DFD)，即在发明或设计的初始阶段就将可拆卸作为结构设计的目标之一，使零部件得到最大限度的回收再利用，使最终产生的废物数量为最小，以利于节约能源，保护环境，同时使企业获得最大利润。具体审查方面如下：②

(1)固定方法的标准化，提高拆解率。如车体零件分别采用铆接、焊接、插接和螺纹联接等接方式。从整体性来看，铆接和焊接较好；但就处理技术而言，焊接或铆接成组合件势必会造成回收难，因此车体采取扣件插接或螺纹联接代替其他传统的接合方法，会提高组件的拆解容易度。

(2)采用系列化、模块化的产品设计。在不同系列的产品中尽可能的采用相同的零部件和标准件，以便于分类。

(3)尽可能地选取可重新使用的零部件或经过工艺处理后具有与同类新零件相同功能和寿命的零部件。如汽车驱动桥、变速箱的壳体等零件都可回收再使用。

(4)考虑零件的异化再使用方法，在全社会范围内寻找其再使用的途径，充分利用回收的零部件。如发动机回收后既可以作为汽车修理时

① 江牧．工业产品设计安全原则［M］．北京：中国建筑工业出版社，2008：165.

② 赵树恩．废旧车辆可拆卸性技术研究［J］．陕西工学院学报，2003(4)：30-31.

使用，也可以作为教学实物用于教学。

(5)物质使用最小化。遵循“最少就是最好”的原则，在保证总功能的前提下，设计时应以使用物质最少作为目标。

(6)材料种类最少化。设计时应尽可能的减少使用材料的种类，以便提高分类效率和回收率并降低材料的购买价格。

(7)选择理想材料。在不影响功能的前提下，尽可能使用可再循环利用材料、生物材料及回收再生材料，促使整个社会形成一个资源有效使用的良性循环。

(8)充分考虑材料的兼容性，即便这些材料构成零部件无法拆卸，也可一起被再生利用。

## 第二节　建立生态专利快速审查机制

生态专利快速审查制度，是生态专利制度中的程序类制度，旨在生态技术申请为生态专利时加快授予专利的申请与审查程序，从而使得生态技术尽快获取专利，并尽早应用于实践，实现其价值与功能。与普通的专利审查制度相比较，生态专利快速审查制度具有技术申请范围明确①和审查时限短②的特点。

### 一、我国生态专利快速审查制度现状

2007年为贯彻落实《四川省人民政府关于加强节能工作的决定》(川府发[2007] 8号)和《四川省节能减排综合性工作方案》(川府发[2007] 39号)的有关精神，四川省知识产权局建立了节能减排技术专利申请绿色通道，加强节能减排技术知识产权保护，推动节能减排技术的推广和

---

① 如美国的生态专利申请应该包括：生态环境、关于再生资源和能有效的使用或节省资源；韩国规定申请走“超快程序”的发明专利必须和绿色技术有关联；巴西专利行政部门规定申请进入试点方案的绿色技术应在以下技术范围内：可再生资源、节能减排、废弃物循环利用，等等。参见余瓔瓔．国外绿色专利快速审查制度及其对我国的借鉴[D]．华中科技大学硕士学位论文，2013：10-12.

② 英国的“绿色快速通道”相较其普通的专利审查时限，缩短到只需要大约9个月的时间，美国缩短到只需要大约12个月，韩国最快只需要1个月，平均缩短到4个月，巴西则缩短到需要2~3年。

应用。具体措施是：在国家知识产权局成都代办处开设节能减排专利申请快速通道，对节能工艺、生物质能源转换、绿色建筑材料、清洁燃料汽车、水和大气污染治理等节能减排技术，加快办理专利申请程序，帮助核心关键技术加快专利审批。同时，对节能减排领域的发明专利申请、优秀实用新型专利申请优先给予专利申请资助。①

2009年5月11日，英国专利局推出其绿色通道项目前夕，《绿色专利倡议——作为中英经济财经对话》（*UK/China Economic and Financial Dialogue*）中宣布的一个关键的可交付成果，就已经得到了中国认可。② 中国国家知识产权局于2012年6月19日出台的《发明专利申请优先审查管理办法》（以下简称《办法》，于2012年8月1日起实施）第4条规定了可以予以优先审查的发明专利申请，包括：（1）涉及节能环保、新一代信息技术、生物、高端装备制造、新能源、新材料、新能源汽车等技术领域的重要专利申请；（2）涉及低碳技术、节约资源等有助于绿色发展的重要专利申请；（3）就相同主题首次在中国提出专利申请又向其他国家或地区提出申请的该中国首次申请；（4）其他对国家利益或者公共利益具有重大意义需要优先审查的专利申请。在这四个类别中，第一类和第二类与生态技术有关，生态技术的专利申请当然属于第四类中对国家利益或者公共利益具有重大意义的典型例子。但该《办法》只规定了生态专利快速审查的对象，离真正的生态专利快速审查制度还有一定的差距。

2014年12月30日，国务院办公厅印发《深入实施国家知识产权战略行动计划（2014—2020）》（以下简称《计划》）明确指出需要对知识产权的审查制度进行健全，并调整审查方式和完善专利审查高速通道。该《计划》作为《纲要》的施行文件，细化了《纲要》的要求，同时《计划》中提到完善专利审查快速通道，这也为我国建设生态专利快速审查制度提供了政策支持。

---

① 中华人民共和国国家知识产权局四川子站：四川省知识产权局开设节能减排技术专利申请和保护绿色通道[EB/OL].［2016-10-18］. http：//www.sipo.gov.cn/dfzz/sichuan/xwdt/ywdt/200708/t20070823_197785.htm.

② IPO：UK 'Green' Inventions to Get Fast-tracked through Patent System[EB/OL].［2013-05-21］. http：//www.ipo.gov.uk/about/press/press-release/press-release-2009/press-release-20090512.htm.

## 二、我国生态专利快速审查机制的完善

### (一)明确生态专利快速审查的对象

国外的专利快速审查程序的适用都具有明确的对象：英国专利局的绿色通道项目针对与生态技术或环境友好型技术相关的发明；韩国特许厅规定的超级加速审查程序适用的对象是按照国家的低碳、绿色发展战略来设计的生态技术；美国专利商标局的对象的生态技术试点项目是对有关改善环境质量、节约能源、发展可再生能源、减少温室气体排放的申请提前进行实质审查，加快生态技术的专利授权；加拿大、以色列、巴西的快速审查项目也都是专门针对生态技术的专利申请。相比之下，《办法》虽然有涉及“低碳技术、节约资源等有助于绿色发展的重要专利申请”，但需要进一步明确其适用范围。

### (二)细化生态专利快速审查程序

首先，应将受理与初步审查程序相融合。① 在申请人递交生态技术专利申请时，国家知识产权行政部门在受理的同时即可进行初步审查。初步审查即形式审查，所审查的是对申请文件及手续是否合格，在告知申请人是否受理的同时也可告知其被驳回申请的原因，合并这两程序，可以缩短生态专利审查的时间。其次，减少《办法》中不必要的程序。比如《办法》规定申请人应提交由省、自治区和直辖市知识产权局签署意见并加盖公章的《发明专利申请优先审查请求书》，按此规定，申请人需要进行两次申请，这会加重申请人负担，增加知识产权行政部门的工作量，延长发明专利审查时间。最后，细化“环保性”的实质性审查的标准和步骤。生态专利快速审查制度的实施和良好运行离不开专利审查质量的提高，生态专利的快速审查不同于一般的专利审查，除了“三性”的判断，还涉及“环保性”的认定。对于“环保性”的认定前文已作论述。在具体步骤上，首先由生态技术申请人在专利说明书明确其生态技术环境效应；其次，在专利授权公告后，鼓励公众对生态专利环境效应的真实性提出质疑，专利部门审查属实的，可宣布生态专利无效。

---

① 徐伟杰．试论我国专利审查程序的优化[D]．中国政法大学硕士学位论文，2010：10-13.

### （三）建立生态技术分类表①

由欧洲知识产权局（EPO）、联合国环境规划署（UNEP）以及国际贸易和可持续发展中心（ICTSD）合作研究的专利和清洁能源项目，以专利和清洁能源技术的发展与转移之间的关系为研究主题，对生态技术分类的政策制定给出了重要意见，其中就有关于生态技术分类系统的一份研究。该研究审视了可用于商业发展或者在近期有很强的商业化前景的生态技术，最后确定了六个类别，包括风能、水电/海洋能、太阳能、地热能、生物燃料和清洁煤。世界知识产权组织于 2010 年 9 月 16 日推出了国际专利分类绿色清单（IPC Green Inventory）②，该绿色分类表由 IPC 专家委员会制定，旨在将目前分布广泛的环保技术集中，便于《联合国气候变化框架公约》（UNFCCC）所列有关环保技术（ESTs）专利信息的检索。

生态技术列举和分类既可以给申请人以明确的申请指引，又可以给审查员以明确的审查指导。国家知识产权局可以在吸取世界知识产权局、欧洲专利局还有其他国家专利局相关经验的基础上，充分结合我国的专利审查具体情况，尽快出台详尽的发明专利申请优先审查指南，制定生态技术分类表，以技术分类和列举的方式规定何种技术是国家政策鼓励研发和创新的环保技术，可以适用《办法》中的相关优先审查类别。

---

① 李薇薇，余璎璎，郑友德．欲速而不达：绿色专利快速审查机制的实效分析［C］//知识产权与可持续人类发展论坛论文集．2013.

② 国际专利分类绿色清单中，环保技术是按照层级结构呈现的，四层架构下一共有七大类主题：可替代能源生产，交通，节能，废物管理，农/林业，行政、管理或设计方面，核发电；七大类主题又下设若干小的技术类别，小的技术类别又划分到更加具体的技术。以第一类可替代能源生产为例，可替代能源生产被分为生物燃料、煤气化联合循环发电（IGCC）、燃料电池、生物质的热解或气化、人为浪费的能源利用、水力发电、海洋热能转换（OTEC）、风能、太阳能、地热能、非源自燃烧的其他热能的生产或利用、废热利用、生产机械动力的设备 13 类；其中的太阳能又分为太阳能光伏、太阳热量利用、混合太阳能热光伏系统、利用太阳能驱动汽车、利用太阳能生产机械动力、屋顶覆盖方面的能量收集装置、利用太阳热产生蒸汽、利用太阳能冷却或加热泵系统、利用太阳能干燥材料、太阳能集中器、太阳能池。据不完全统计，IPC 绿色清单所列举的环保技术多达近 200 种，每一种技术又分别对应各自所属的国际专利分类号，同时还有 IPC 和 PATENTSCOPE 的在线检索链接。

## 第三节 完善专利申请中遗传资源来源披露制度

CBD公约将遗传资源(Genetic Resources)定义为“具有实际或潜在价值的遗传材料”,① 遗传材料是指“来自于动物、植物、微生物或其他来源的任何含有遗传功能单位的材料”。② 遗传资源的首要作用是维持物种和生态系统的进化过程，是物种和生态系统不断繁殖、变异和进化的前提和基础。此外，遗传资源还具有消除污染物、保护生态环境的作用。总之，遗传资源是生物多样性的生物基础，直接或间接地支持生物多样性，并缓冲潜在的对环境和经济不利的遗传适应性。

如何在申请审查阶段，防止生物剽窃(Biopiracy)③，保护遗产资源，进而保护环境，方式之一是专利申请时的遗传资源来源披露。

专利制度的特点是申请人通过公开自己发明创造的相关信息而获得对该发明一定程度的独占权。因此，如果一项专利申请的内容由遗传资源组成或由遗传资源产生，则申请人应当在其专利申请文件中明确指出这些资源的来源，并证明取得了这些资源所属国的事先知情同意。目前

---

① CBD第2条。

② CBD第2条。

③ “生物剽窃”尚无公认定义。非政府组织“侵蚀、技术与集中行动组织”(Action Group on Erosion, Technology and Concentration, ETC)将其定义为个人或者机构占有农村和本地社区的知识和遗传资源，以寻求对这些资源和知识的排他性垄断控制，其常用方式是专利和植物育种者权利。“生物剽窃”分为两种类型：一种是“错误”地授予专利。这是指被授予专利权的发明相对于已经属于公共领域的、关于遗传资源的知识、特别是传统知识来说，不具备新颖性或创新性；另一种是所谓“正确”地授予专利权。这是指对那些从传统知识或遗传资源中开发出来的发明依照本国专利法正确地授予的专利权。See Commission on Intellectual Property Rights (CIPR), Integrating Intellectual Property Rights and Development Report[R]. London, 2002(9): 83. 根据粮农组织的Crucible Group II的观点，生物剽窃是指遗传资源利用者未经特定地区当地人和/或主管机关在共同商定条件基础上的获取与惠益分享安排作出事先知情同意而占有生物资源的行为。See The Crucible Group II. Seeding Solutions, Vol. I,, “Policy Options for Genetic Resources: People, Plants, and Patents”[M]. International Development Research Centre, Intenrational Plant Genetic Resources Institute, Dog Hammarskjold Foundation, Rome, 2001: 111.

有些国家的专利法中已设置此类程序(见表4-2)。如果在所有国家的专利法中均要求专利申请人公开遗传资源的来源，则有助于实现CBD的目标，使任何以非法手段获取或以未经授权而使用遗传资源或相关知识的人都无法取得专利权。专利申请阶段的遗传资源来源的披露尽管不能涵盖所有有关遗传资源的利用情形，如不申请专利，但这种情况毕竟只是少数。因此，发展中国家在各种国际论坛及国内实践中积极推动在专利制度中增加有关遗传资源来源的公开要求，以期增强对遗传资源的保护。

表4-2　**设置遗传资源来源披露的专利法实例**

| 国家或地区 | 具体内容 |
| --- | --- |
| 印度 | 经过第二次修正(2002年)的1970年印度专利法第10章(说明书内容)规定，专利申请人必须在其说明书中公开涉及的任何生物物质的来源和地理起源。修正后的第25章(对专利授权的异议)规定，允许以“整个说明书没有公开或不正确地提及发明所用生物材料的来源或地理起源”为由，对专利提出异议 |
| 安第斯社区 | 安第斯486决议在第26条中规定，专利申请应向有法定资格的国家局提出并且应包含：<br>……<br>h)如果一项专利申请涉及的产品或方法是基于起源于成员国之一的遗传资源或产品而得到或者由其产生的，则申请人应当提交其获取生物资源合同的副本 |
| 哥斯达黎加 | 生物多样性法第80条(事先协商的义务)规定：“在对包含生物多样性成分的发明创造授予知识或者工业产权保护之前，国家种子局以及知识与工业产权局都必须与专为管理生物多样性而设立的技术办公室协商。他们必须提供由该办公室签发的产地证明以及事先知情同意证明。该办公室提出的合理异议将阻止专利权的授予。”<br>在上述情况下，不提供必要的信息将导致驳回专利申请或者宣告专利权无效 |

续表

| 国家或地区 | 具体内容 |
| --- | --- |
| 欧盟 | 欧盟 1998 年关于保护生物技术发明的指令规定，必要时专利申请应当包括关于生物材料的地理起源的信息，如果该信息是已知的话。但这完全是自愿的，因为这不会有损于专利申请的审批，也不会影响已授权专利的有效性 |
| 中国 | 2008 年第三次修订的《专利法》第 5 条第 2 款规定：对违反法律、行政法规的规定获取或者利用遗传资源，并依赖该遗传资源完成的发明创造，不授予专利权。第 26 条第 5 款规定：依赖遗传资源完成的发明创造，申请人应当在专利申请文件中说明该遗传资源的直接来源和原始来源；申请人无法说明原始来源的，应当陈述理由 |

Commission on Intellectural Property Rights(CIPR). Integrating Intellectual Property Rights and Development Report[R]. London：2002.

专利申请遗传资源来源公开制度无疑是保护遗传资源的一种有效手段，然而，这一制度也只能通过专利法来制止遗传资源的非法获取或未经许可的使用，对于那些这样做了却不申请专利的人来说无能为力。且实践中遗传资源的起源地往往不清。① 即使遗传资源的直接来源已知，但这可能不是原始来源，特别是从已经产生多年的野生植物中获得的物质。这一问题的解决可借助遗传资源的文献化来实现。

遗传资源注册登录和文献化为数据库，已经成为保护遗传资源、防止不当占有的一个可行对策。专利法中规定披露义务后，遗传资源以及相关传统知识的数据库，可以为审查员的检索、现有技术和新发明的划界、可专利性的判断提供基础平台，降低审查成本、提高审查效率，使得专利审查部门对与遗传资源相关的现有技术情况的检索和获取更具有方向性和可靠性。② 对提供遗传资源的国家和社区而言，这种措施提高了参与专利权人的潜在商业收入分成的可能性和请求分享利益的能力。

① WIPO/GRTKF/IC/2/15，http：//www.wipo.org/eng/meetings/2001/ige/doc/grtkfic2_15.doc.

② 唐晓帆，郭建军．传统医药的著作权和数据库保护[J]．知识产权，2005(3)：30-35.

的确，对不申请专利者，遗传资源来源披露对其无能为力。但设置这一程序总比无此程序对遗传资源的保护要强。当然，为克服此类问题，可赋予遗传资源所有者以遗传资源权，并将此种权利纳入知识产权体系，这样，遗传资源所有者可直接基于遗传资源权的排他性和绝对性主张对遗传资源的保护。这涉及遗传资源是否符合知识产权保护条件这一更复杂问题。对此，本节不作展开，详见知识产权运用制度生态化一章。

## 第四节 小 结

知识产权取得制度是知识产权运用、保护、限制的前提和起点。在这一阶段知识产权制度生态化考虑的主要是对不符合生态要求的发明创造排除在专利授权客体之外，对符合生态要求的发明创造而言，则设置快速审查机制，让其尽快获得专利保护，以便尽快推向市场和商业化。为加强遗传资源的保护，防止“生物剽窃”，需要完善专利申请的遗传资源来源披露等。对于不需要审查即可以自动获得的知识产权而言(如著作权和商业秘密)，如果这类知识产权对生态环境有害，法律只能限制这些知识产权的运用。① 即就消极的客体而言，法律不能阻止这类客体获得保护，只能限制或禁止此类客体的运用。当然就积极的授予条件而言，对自动获得知识产权保护的客体而言，法律则能有所作为。有学者提出，生态作品可版权性应突破传统独创性判断标准，即使生态作品所有的突出的装饰性因素在一定程度上内化于节能环保的功能性之中，其艺术性不可能完全脱离功能性而单独存在，这也应当符合独创性要求。②

---

① 我国《著作权法》第4条规定：“著作权人行使著作权，不得违反宪法和法律，不得损害公共利益。国家对作品的出版、传播依法进行监督管理。”依据该规定，国家可以为了公共利益和社会公德等需要而禁止某些作品的出版与传播。环境利益应属于公共利益的一种，详见文章相关部分的阐述。

② 详细的论述参见郑友德，李雅琴．我国著作权制度的生态化路径[J]．法学，2015(2)：76-87.

# 第五章　知识产权运用制度发展的生态化路径

知识产权运用是保护知识产权的最终目的。《纲要》鼓励和支持市场主体依法运用知识产权，促进各种创新和发明成果的转化，这是符合知识产权特性的战略安排。《纲要》将“有效运用”作为知识产权战略的方针之一，并将知识产权运用提升到促进经济发展、造福社会、造福人民的战略地位。在现代社会，知识产权已不仅仅是保护智力创造、文化资源的手段，更是国家的重要战略资源和企业的无形资产。知识产权的价值只有通过应用方能得以实现。

知识产权应用制度发展的生态化路径主要包括：构建基于责任规则的生态技术转移制度、建立生态知识产权信息共享机制、知识产权成果转化中的生态考量。

## 第一节　构建基于责任规则的生态技术转移制度

知识产权规则通常包括占有规则和传播规则。过分强化的知识产权保护会导致由于知识产权过度垄断而带来成本问题。而削弱知识产权保护则会引起过度自由搭乘现象，以及由此引起的创新领域的投资减少。任何立法的难点就在于占有规则和传播规则之间找到一种平衡。① 取得知识产权的目的在于运用，运用的前提在于转移。本节以生态专利技术为例论述生态创造成果的转移。生态技术转移主要涉及知识产权的传播规则。传播规则的设置应有利于生态专利技术的转移。

---

① ［澳］彼得·达沃豪斯，约翰·布雷斯韦特．信息封建主义［M］．刘雪涛，译．北京：知识产权出版社，2005：13.

## 一、生态技术转移的内涵及相关规定

联合国曾将技术转移定义为系统知识的转移，是从生产知识的地方转移到使用知识的地方。技术转移的内容不是一种设备，而是涉及知识、信息、专利等软件。转移的目的是为了得到广泛的运用；所转移的技术一般比过去的技术更为新颖、更加先进。① 依此，生态技术转移是指通过无偿或有偿的方式将生态技术在技术拥有者与使用者之间输出与输入的过程。我国与技术转移有关的法律法规有：《对外贸易法》《专利法》《商标法》《反不正当竞争法》《著作权法》《合同法》《技术进出口管理条例》《禁止进口限制进口技术管理办法》等。这些法律法规中关于技术转移的一般规定也适用于生态技术转移。

知识产权制度与生态技术转移关系的研究多在南北分析框架下进行。理论上通常假设北方(发达国家或地区)从事技术研发活动，而南方(发展中国家或地区)则为技术进口方。发达国家在技术研发方面占有绝对优势(拥有并控制技术的实体往往是发达国家的跨国公司)，作为技术受让者的发展中国家及其国民难以完全通过市场途径获得生态技术。全球环境危机的解决需要国际合作。发达国家也意识到，如果发展中国家改善和治理环境污染和破坏的能力得不到提高，改善全球环境和气候的目标会落空。当然，发展中国家也希望能以较为优惠条件获得生态技术，改善本国生态环境。因此，目前关于生态技术转移的规定大多体现在相关的国际环境公约和条约中(如表 5-1)，而在国内法上鲜有体现，因为一国之内的生态技术转移，政府可基于环境公共利益的考虑加以干预而达成。

表 5-1　　**与生态技术转移有关的主要国际法律文件**

| 文件名称 | 与生态技术转移有关的内容 |
| --- | --- |
| 《保护臭氧层维也纳公约》(1985 年) | 各缔约国应从事合作，在符合其国家法律、条例和惯例及照顾到发展中国家的需要的情形下，直接或通过有关国际机构促进技术和知识的发展和转让。(第 4. 2 条 ) |

① 戴庚先．技术创新与技术转移[M]．北京：科学技术文献出版社，1994：14.

续表

| 文件名称 | 与生态技术转移有关的内容 |
| --- | --- |
| 《破坏臭氧层物质管制蒙特利尔议定书》(1987年) | 每一缔约国应配合财务机制支持的方案，采取一切实际可行步骤，以确保“现有最佳的、无害环境的替代品和有关技术迅速转让给”发展中国家成员，并且这种转让在公平和最优惠的条件下进行。(第10A条) |
| 《控制危险废物越境转移及其处置巴塞尔公约》(1989年) | 考虑到发展中国家管理危险废物和其他废物的能力有限，确认有必要按照开罗准则和环境署理事会关于促进环境保护技术的转让的第14/16号决定的精神，促进技术特别向发展中国家转让，以便对于本国产生的危险废物和其他废物进行无害管理。各方“根据国内法律法规和政策的规定，在技术转移和管理有害物质及其他垃圾的环保管理机制”方面积极合作。(第10.2.d条) |
| 《21世纪议程》(1992年) | 第30章规定：“跨国公司作为难得的保护和改善环境技术的储存器，在推动技术转移的合作和与此有关的事项上有特殊的地位和利益……”第34章规定了“转让环境无害技术、合作和能力建设”。 |
| 《生物多样性公约》(1992年) | 缔约国之间技术的取得和转让均为实现本公约目标必不可少的要求，因此承诺遵照本条规定向其他缔约国提供和/或便利其取得并向其转让有关生物多样性保护和持续利用的技术或利用遗传资源而不对环境造成重大损害的技术。(第16.1条) |
| 《气候变化框架公约》(1992年) | 发达国家缔约方和其他发达缔约方应采取一切实际可行的步骤，酌情促进、便利和资助向其他缔约方特别是发展中国家缔约方转让或使它们有机会得到无害环境的技术和专有技术，以使它们能够履行本公约的各项规定。在此过程中，发达国家缔约方应支持开发和增强发展中国家缔约方的自生能力和技术。(第4.5条) |

续表

| 文件名称 | 与生态技术转移有关的内容 |
| --- | --- |
| 《京都议定书》(1997年) | 合作促进以有效方式开发、应用和传播与气候变化有关的有益于环境的技术、专有技术、做法和过程，并采取一切实际步骤促进、便利和酌情资助将此类技术、专有技术、做法和过程特别转让给发展中国家或使它们有机会获得，包括制订政策和方案，以便利有效转让公有或公共支配的有益于环境的技术，并为私有部门创造有利环境以促进和增进转让和获得有益于环境的技术。(第10. c条) |
| 《卡塔赫纳生物安全议定书》(2000年) | 为履行本议定书的条款，发达国家缔约方亦可通过双边、区域和多边渠道提供财政和技术资源，而发展中国家缔约方和经济转型国家缔约方则可利用这些渠道获得财政和技术资源。(第28.6条) |

上述国际环境法律文件在一定程度上反映了南北合作的成就，但利益分歧仍然存在，实施效果不甚明显，原因在于有关条款和规则的"弹性"太大，有关生态技术转让承诺的法律拘束力不强。相关条约明确规定实现环境保护目标的核心是技术转移和资金安排，但这些环境协议中的发达国家对生态技术转移的义务往往与知识产权相联系，① 且无任何责任机制作保障，等于是"软"法。换言之，只有靠发达国家(跨国公司)良心发现，生态技术转移的目标才能达成。

## 二、生态技术转移的知识产权因素分析

影响生态技术转移的因素很多，为了突出主题，本部分仅分析知识产权制度对生态技术转移影响。知识产权制度本身是一把"双刃剑"。作为"天才之火加利益之油"的知识产权制度特别是其中的专利制度有利于(生态)技术的转移(详见前文关于知识产权制度环境正效应的分析)。但知识产权的独占排他性和知识产权保护所导致的高额技术许可费可能阻碍生态技术转移。且在发达国家的主导和推动下，发展中国家

① 如CBD第16条的规定。

不得不接受远高于自身发展水平的知识产权保护标准,① 这加剧了生态技术向发展中国家转移的难度。

TRIPs 协议第 7 条规定:“知识产权的保护与权利行使,目的应在于促进技术的革新、技术的转让与技术的传播,以有利于社会及经济福利的方式去促进技术知识的生产者与使用者互利,并促进权利与义务的平衡。”这一规定有利于生态专利技术的转移,但又过于原则。TRIPs 第 66 条第 2 款规定:“发达国家成员应采取鼓励措施促进和鼓励其境内的企业和组织向最不发达国家成员进行技术转让,以使他们创立一个良好而有生命力的技术基础。”第 40 条第 1 款规定,各成员一致认为一些限制竞争的有关知识产权的许可做法或条件可对贸易产生不利影响,并会妨碍技术的转让和传播。但这些条款的弹性太大,不具有可操作性。虽然 TRIPs 第 30 条和第 31 条允许成员为公共利益和紧急状态实施强制许可,但这只是 TRIPs 的极端例外。② 且真正适用强制许可时往往基于“公共利益和紧急状态”的解释而发生纠纷,南非和巴西都因强制许可有关艾滋病药物技术受到美国的刁难。③ 在国际上,至今尚无基于环境保护而强制许可生态技术的案例。国际环境制度对待生态技术转移的态度矛盾而暧昧,既要转移生态技术,又要保护知识产权。虽然 CBD 第 16 条第 5 款规定了协调途径,即“缔约国认识到专利和其他知识产权可能影响到本公约的实施,因而应在这方面遵照国家立法和国际法进行合作,以确保该项权利有助于而不违反本公约目标”,但该规定无实质内容。

## 三、将责任规则引入生态技术转移

当产权受到侵害时,如何保护?卡拉布雷西(Calabresi)和梅拉德

---

① 王冰艳. 环境无害化技术转移的政策法律困境与对策[M]//吕忠梅. 环境资源法论丛(第 6 卷). 北京:法律出版社,2006:163.

② Analysis of Effective Operationalization of Provisions Environmentally Sound Technologies to An Developing Countries In Multilateral Environmental Agreements, Pursuant to Agenda 21, drafted by Ulrich HOFFMANN, UNCTAD Secretariat www. unctad. org.

③ 在这两个案件里,有关发展中国家一再地坚持和 NGO 的压力使美国最终让步。有关案例参见冯洁涵. 全球公共健康危机、知识产权国际保护与 WTO 多哈会议宣言[J]. 法学评论,2003(2):12-15.

(Melamed)在科斯交易成本理论的基础上，于1972年在其《财产规则、责任规则和不可让与性》一文中，提出了三种产权保护规则：财产规则、责任规则与不可让与性。① 不可让与性是指承认某一主体拥有特定权利，但禁止或限制权利拥有者转让。比如禁止酒馆卖酒给未成年人。可让与性之下分财产规则和责任规则。在财产规则下，某一主体拥有特定权利，他人若想取得该权利，必须通过自愿交易，以卖方同意的权利价格取得该权利。未经权利人同意，任何人不得使用权利，否则，构成侵权。而责任规则允许他人不经权利主体的同意而使用该权利，是一种强制的非自愿的“交易”，但事后要进行补偿。相较财产规则，责任规则下的权利主体拥有的不再是一项完整的无限权利，而是一个在法定情形下可以被他人以法定补偿强行剥夺的有限权利。② 选择何种规则保护产权，应该根据交易成本的高低进行判断，当交易成本较低时，财产规则优于责任规则；当交易成本相对较高时，则与此相反。③

为克服生态技术转移及商业化可能存在的困难，可以考虑引入责任规则(Liability Rules)。④ 该规则的核心是，“先使用，后付费”：使用者使用受专利保护的生态技术时，不需要经过专利权人的许可，但需要事后按一定的标准向专利权人支付许可费用。这是一种强制的非自愿的

---

① Gudio Calabresi and Douglas Melamed. 财产规则、责任规则与不可让与性：一个权威的视角[M]//明辉，译. 哈佛法律评论 · 侵权法学精粹. 北京：法律出版社，2005：285.

② 凌斌. 法律救济的规则选择：财产规则、责任规则与卡梅框架的法律经济学重构[J]. 中国法学，2012(6)：11-12.

③ 魏建，宋微. 财产规则与责任规则的选择——产权保护理论的法经济学进展[J]. 中国政法大学学报，2008(5)：133-135.

④ 责任规则最初由Calabresi和Melamed于1972年在其《财产规则、责任规则和不可让与性》一文中提出。当产权受到侵害时可选择三种产权保护规则：财产规则(Property Rules)、责任规则(Liability Rules)与不可让与性(Inalienability)。不可让与性是指承认权利主体拥有特定权利，但禁止或限制其转让。可让与性之下分财产规则和责任规则。前者是指权利主体拥有特定权利，他人若想使用其权利，必须通过自愿交易，以卖方同意为前提取得该权利；未经权利主体同意，任何人不得使用其权利，否则，构成侵权。后者是指权利主体不得禁止他人使用其权利，但使用者应向权利主体支付使用的对价。Gudio Calabresi and Douglas Melamed. 财产规则、责任规则与不可让与性：一个权威的视角[M]//明辉，译. 哈佛法律评论 · 侵权法学精粹. 北京：法律出版社，2005：285.

"交易"。① 如不建立责任规则，生态技术使用者在将生态技术商业化前要与专利权人谈判，以获得商业许可。这会增加谈判的交易成本或面临谈判失败的风险，延迟或阻止生态技术的商业化推广。当某种生态技术中有多个不同的专利权人时，使用者还需要与多个专利权人谈判，发生"反公地悲剧"现象的，导致生态技术闲置浪费。即使能获得许可，用于谈判的时间也无疑会推迟新品种进入市场。

## 第二节 建立生态知识产权信息共享机制

据《知识管理评论》2001 年 11 月份的调查，在知识管理面临的 10 大挑战中，知识共享排居第二位。因此，知识共享是知识管理的一个重点，也是知识管理成功实施的一个难点。它作为知识管理的一个核心，对知识管理的效果起着决定性作用。②《纲要》在战略措施中提到加强知识产权行政管理。其中之一是构建国家基础知识产权信息公共服务平台。建设高质量的专利、商标、版权、集成电路布图设计、植物新品种、地理标志等知识产权基础信息库，加快开发适合我国检索方式与习惯的通用检索系统。指导和鼓励各地区、各有关行业建设符合自身需要的知识产权信息库，促进知识产权系统集成、资源整合和信息共享。建立生态知识产权信息共享机制是知识产权运用制度生态化的一个重要方面。以下以专利信息服务为例展开论述。

### 一、专利信息服务现状

专利信息是人类智慧创造成果的文本化，因其蕴含着丰富的技术、法律、经济情报，有利于创新主体有的放矢，以最小成本找到所需信息，对国家及市场主体的科技创新(包括生态科技创新)和战略决策具有极其宝贵的参考价值。专利信息已成为知识经济时代最重要的战略资源，因此，各国非常重视提供专利信息服务(如表 5-2 美、日、韩专利

---

① 王建安．介于产权规则和责任规则之间的知识产权集体管理组织[J]．科研管理，2007，28(1)：27-32.

② 乐怡婷．基于竞争关系的团队间知识共享管理[J]．商场现代化，2006(8)：72-74.

信息服务状况)。

表 5-2　　美、日、韩专利信息服务状况

| 国别 | 专利信息服务机构 | 专利信息服务内容 |
| --- | --- | --- |
| 美国 | 专利商标局(USPTO) | 专利局负责出版官方专利公报。从 1872 年起，每周二出版一次专利公报。在 2002 年 9 月 24 日停止出版纸质专利公报，从 2002 年 7 月 2 日起出版 CD-ROM 和网络版电子专利公报。客户服务中心负责提供专利信息服务和专利信息产品。用户可以在该中心定制 CD/DVD-ROM 产品。通过电子商务中心的网页(www. uspto. gov. /ebc/indexebc. html)可免费获得专利在线申请、专利申请状态查询；已公布的专利申请全文检索数据库。专利技术监测部提供专利统计分析报告。按照年度出版《行动索引报告》，分析外国在美国申请专利的领域及数量；出版《美国专利趋势报告》，分析美国专利技术的变化趋势 |
| | 公益服务机构 | 一些与知识产权相关的协会、研究机构和大学图书馆等非营利组织，将各种超级链接的检索网站汇总起来，方便用户查找。如美国律师协会知识产权分会，网址为 www. abane. org/intelprop/ |
| | 商业公司 | 一般都建立自己的网站，提供特色的数据库或专门的服务。如 www. ip. com，为企业管理提供综合的 IP 产品服务，提供最新专利信息和技术信息分析；www. questel. orbit. com，可以在线获得专利、商标、非专利文献等信息，但需要付费注册才能使用 |
| 日本 | 日本专利局(JPO) | 日本专利局从 1993 年 3 月起，通过互联网免费提供从 1885 年以来所有日本发明、实用新型、外观设计、商标等电子文献的工业产权信息。从 1998 年 4 月起提供 CD-ROM 形式的公报。2004 年 1 月和 7 月分别开始以 XML 标准格式出版《公开・登记公报》和《发明・实用新型公报》，并制成 DVD-ROM。从 2004 年 10 月起专利局委托工业所有权情报研修馆(NCIPI)对“IPDL”进行管理和维护 |

续表

| 国别 | 专利信息服务机构 | 专利信息服务内容 |
|---|---|---|
| 日本 | 工业所有权情报研修馆(NCIPI) | 在1899年日本加入巴黎公约后，作为日本提供专利公报和其他专利信息的中央图书馆。1997年4月，更名为"工业所有权综合情报馆"，负责专利文献咨询业务、信息传播和信息服务。2004年10月更名为工业所有权情报·研修馆，开始接收"工业产权数字图书馆"的业务，同时，提供信息和人力资源发展服务。包括：公报图书馆服务；提供审查和复审方面的文献，日本和外国的书籍和技术文献的收集和制作；促进专利许可服务；咨询服务；信息传播服务 |
| | 日本发明协会(JIII) | 销售纸质、CD-ROM、DVD-ROM专利公报；公开技术报告的发行与在线服务；专利地图制作软件的销售；完成针对商业和工业用户的培训计划；举办专利信息展览会；为中小学和高等学校筹备工业产权教材 |
| | 日本专利情报机构(JAPIO) | 该机构接受NCIPI的委托建立了专利流通数据库。该数据库除了登录常规的专利著录数据外，还包括与专利实施有关的信息，以及与所收录专利相关的申请、审查、授权及当前法律状况等的详细记录 |
| 韩国 | 韩国知识产权局(KIPO) | KIPO通过CD-ROM或互联网出版公报；2001年7月1日，KIPO实现了通过互联网出版专利公报。提供专利、商标、商业模型、外观设计、非专利文献和审判决定检索系统。1996年起提供网上专利信息检索服务。2001年起，公众可免费检索。2006年起，提供韩文—英文的在线翻译服务 |
| | 专利信息研究所(KIPRIS) | 为KIPO的审查员提供对现有技术的检索报告和分析报告，进行专利的IPC分类，还制作韩国专利摘要的英文数据库 |

续表

| 国别 | 专利信息服务机构 | 专利信息服务内容 |
| --- | --- | --- |
| 韩国 | 韩国发明促进协会（KIPA） | 通过举办技术展览、交流技术信息、组织参加国际发明展览、举办学生发明展览等，促进发明人与公司的接触，以促成专利技术的商业化。该协会还设有“长期专利技术市场”以促进专利技术的交易 |
|  | 韩国工业产权信息中心（KIPRIC） | 该中心是韩国最大、最专业化的专利信息机构之一，由 KIPO 设立。1995 年以“韩国工业产权信息中心”的名称成立，2002 年 1 月正式改为“韩国专利信息中心”。KIPO 的委托服务包括：现有技术的检索及分析、IPC 分类、专利文献的数字化、出版韩国专利文摘、构建专利电子信息数据库。在接受委托服务的同时，还向公众提供现有技术的检索和分析服务 |

根据以下资料整理：那英．世界各国公众专利信息服务发展及现状[J]．中国发明与专利，2007(5)：36-37；吕荣波，刘化冰．韩国专利信息传播和应用情况介绍及借鉴[J]．中国发明与专利，2006(6)：75-78.

我国原始初级的专利信息服务始于 1985 年出版的第一本专利公报。随后专利信息载体的不断推陈出新——胶片、CD、DVD，2001 年国家知识产权局在互联网上免费公开专利信息，标志我国的专利信息服务上升到一个新水平。但就专利信息服务的具体内容而言，还处于专利信息服务的初级阶段：国家知识产权局政府网站和国内的多家专利信息机构向用户提供的只是中国专利的初级信息，且数据信息资源比较单一，除知识产权出版社外，许多机构都无国外的专利信息资源；专利的审查和申请状态等中间信息不能被检索；专利的英文信息公开不充分，仅能提供发明专利的英文文摘信息。此外，在所公开的中国专利信息当中，大多数数据未经深度加工，检索效率不高。对于较高层次的专利定性分析、技术跟踪、专利情报挖掘等信息应用，目前还处于起步阶段。国内目前有 3 家政府机构的 WEB 站点提供中国专利文献的免费检索：国家知识产权网、中国专利信息网和中国专利信息中心。

专利公共信息服务生态化一方面要在专利公共信息服务平台下，应建一个专门的生态专利信息数据库；另一方面，应避免过多地重复建设，以提高资金的使用效率，避免浪费。

## 二、建立生态专利公共信息服务平台

截至2016年6月，我国已成立的41家全国专利技术展示交易中心大都建立了“中外专利数据库”，囊括了中、美、日、英、法、德、瑞士、欧洲专利局、专利合作条约组织的专利文献摘要和大部分附图，配有强大的检索分析功能，并能定期进行数据更新。可依托该数据库，根据不同的主题建设各专业专利数据库。为适应不同行业的需求，方便不同类型企业寻找投资方向，拓宽专利实施与产业化渠道，国家知识产权局已与有关方面合作，在产业相对集中的区域建立有特色的专利专题数据库，目前已建成光电子、农业、石化、中医药、集成电路、生物资源、环境保护、速冻食品、装备制造等10多个专题数据库。① 据WIPO测算，利用专业的专利数据库，能够为科研项目节约40%的经费和60%的时间。② 对生态专利信息服务而言，可考虑两种方式，一是，由政府组织建立专门的生态专利信息数据库；二是，由市场主体提供专门的生态专利信息服务。目前已有相关的网站提供有偿的生态专利信息服务。③

我国国家知识产权局可考虑建立一个生态专利数据库，给企业和个人在研发生态技术时以重要的信息参考，避免相关技术的重复研发；同时，请求优先审查的申请人应提交一份基于生态专利数据库的现有技术

---

① 认清形势 明确任务，大力推进专利实施与产业化工作——邢胜才同志在全国专利实施与产业化工作交流研讨会上的讲话[R/OL]. http://www.020mx.com/zlnews/200610/1273_2.html.

② 赵意焕. 专利运用与产业化服务体系建设对策研究[J]. 中国科技论坛, 2008(6): 38.

③ 中国创业联盟网站(www.8002008.com.cn)，有偿提供绿色环保类专利121项。这121项专利的信息压缩在一张光盘上。包括每一系列全部专利技术资料，每项专利技术资料均为正式专利全文说明书，含技术配方、加工工艺、质量标准等；同时包括专利发明人、权利要求书、说明书和附图等。每张光盘售价100元(用特快专递加收10元)，购买单项专利技术，每一项收费20元(加收邮费5元)。

检索报告，申请人需对其所要求保护的发明与现有技术之间的差异进行说明，供审查员参考。①

生态专利信息服务是否应有偿，不能一概而论。政府在专利信息服务中往往无足够的人力、物力、财力，免费为市场主体提供各类服务，这为商业性质的专利信息服务创造了空间。专利信息服务是否有偿的基本原则是：简单初级的专利信息服务应该是公益的免费的，由政府提供；深度增值专利信息服务应是有偿的，由商业服务机构按市场规律运作提供，两者结合方可促进专利信息产业良性发展。

在生态文明的建设中，我国政府应起积极推动和引导作用，推进生态专利信息的传播和利用是政府之责。就生态专利信息服务而言，起初阶段可考虑由政府承担更多的责任，提供公益性的服务。待条件成熟，人们认识到生态专利信息的市场价值后，可考虑由商业性组织提供深度增值的生态专利信息，按市场运作收取费用。因为由政府出资对企业提供免费深度增值服务不太现实。换言之，基于有限政府的原则和政府自身能力限制，可以适当地放权于社会，为商业性信息服务提供成长空间。当然，政府相关部门应当对商业性组织提供生态专利信息服务给予指导和政策支持，同时拓宽专利信息传播渠道，加大宣传力度，不断提高公众利用生态专利信息的意识和能力，促进生态专利信息的有效传播和利用。

此外，在生态专利信息服务中，还涉及生态专利信息的数字版权问题。对此有不同观点：一种观点认为，专利信息是公共信息资源，专利信息提供者不享有著作权，故，可以免费使用；另一种观点认为，某项生态专利信息本身不存在知识产权，但是，将生态专利信息加工处理，集成为数据库，这其中凝聚了大量的人力、物力，已非简单孤立的信息，而是已经增值的信息，不能免费使用。正因如此，即使发达国家和地区，欧洲、日本、韩国等为公众提供专利信息检索、下载服务时，系统均有不同限制。对此，较为合理的做法是：对国家免费提供的初级生态专利信息服务，中介服务机构可免费下载，但不能做同质服务，简单地拷贝或下载信息后转而出售这些信息；对经过加工的信息，中介服务

① 李薇薇，郑友德．绿色专利快速审查机制的实效评价及完善[J]．华中科技大学学报(人文社科版)，2014(3)：49-52.

机构应该向信息源提供者支付合理的信息加工及许可费后方可使用信息做增值服务。同时，拥有信息源的机构应负有传播生态专利信息的社会责任和义务，收取的信息加工及许可费用要合理。惟其如此，才能解决信息中介服务机构与信息源提供者之间的矛盾，形成中介服务机构与信息源提供者之间合理的利益分配机制。

## 三、整合专利信息资源，提供集成化信息服务

值得注意者，我国各省市近年来在国家知识产权局的支持下，纷纷建设了自己的信息服务平台。这些省市平台与国家局平台的关系亟待国家统一的规划与布局，加强联合与沟通，避免重复建设和浪费，以提高资金的使用效率。

2006年3月，国家知识产权局在北京召开"全国专利信息服务与应用"大会公布了《国家知识产权局对外专利信息服务整合方案》，这是我国专利信息服务的新起点。根据整合方案精神，国家对外专利信息服务遵循信息资源提供的唯一性、信息加工标准的统一性、专利法律状态的真实性、提供公共产品结构的优化性、对外服务窗口的单一性和全局工作的协调性等原则，国家知识产权局将对外专利信息服务任务统一归口由知识产权出版社承担。国家此举意在加强对外专利信息服务规范管理，改变原产品重复、多头对外、权威性差的状况，提高专利信息服务与应用的质量，更好搭建政府提供公共产品的专利信息服务平台。但这一整合方案依然较为原则，并未明确省市专利信息服务平台与国家专利信息服务平台之关系。且国家知识产权局名下参与专利信息传播和利用的机构过多，力量分散，内耗大，低水平的重复建设过多，不利于优势互补和形成规模效应，不利于我国专利信息传播整体水平的提高。① 为此，有必要在专利信息服务领域引入集成理念，推行专利信息集成服务(Patent Information Integrated Service，PIIS)的新模式，即利用现代信息技术，通过信息资源共享，将专利及相关领域的信息加以集中组织，进行专利信息的二次开发，为用户提供集成的专利信息服务环境，使用户得到围绕专利的一系列信息服务，包括专利文献查找与获取、资源导

---

① 吕荣波，刘化冰．韩国专利信息传播和应用情况介绍及借鉴[J]．中国发明与专利，2006(6)：77-79.

航、咨询与培训，以及专利信息统计分析等服务。其目标为：充分而合理地整合和共享全球专利信息资源，将专利信息服务的各要素进行优化整合，避免专利信息平台的重复建设；满足用户全方位专利信息需求，提供“一站式”的专利信息服务。

随着数字与网络技术的渐趋成熟，专利信息服务集成化成为必要与可能。一是用户需要集成化的服务。用户希望能方便地、一次性地获取不同形式、不同来源的专利信息，需要一种集文献检索、参考咨询、文献提供等多种功能为一体的专利信息集成化服务。二是专利信息资源需要整合。专利信息资源的载体形式多，且专利信息数量巨大，内容丰富，具有多方面的功能。这使得专利信息资源在被提供给用户前，有必要经过筛选、分析、评价、整理和集合等工作。三是具备信息技术条件。一些本身就具有智能和集成性质的新技术相继出现，例如指引库技术、信息推送技术、并行搜索引擎技术等，这些最新技术的应用使得专利信息服务的集成化成为可能。

建设 PIIS 平台，应遵循如下原则：① (1)统一原则。PIIS 平台应遵循国际和国内有关的通用协议或格式，以统一的方式整合资源，以节省人力、物力和时间。(2)用户导向原则。应确立用户导向在专利信息集成服务过程中的核心地位，保障用户参与建设过程，从多角度、多层次出发考虑用户需求。(3)开放原则。PIIS 平台应该是一个开放的系统，应充分利用国内已有资源、技术，在集成化过程中实现不同系统和产品间接口和协议的标准化和互相兼容。(4)经济性原则。应充分利用现有的资源与技术，避免资源建设与技术开发的重复和时间、人力及经费的浪费。

此外，生态专利信息服务还有其他形式，如建设生态专利技术展示交易平台，各省应建立若干专利技术展示交易中心，共同形成一个诚信和低成本的全国专利技术展示交易服务体系和网络平台，为专利技术供需各方，特别是非职务发明人和中小企业提供专利技术及产品展示、交易及相关服务。主办生态专利展会，实现生态专利技术与资本的对接，促进生态专利实施与产业化工作，等等。

---

① 邓勇等．专利信息集成服务平台的构建设想[J]．情报理论与实践，2007(1)：88-89.

## 四、建立“生态专利共享”制度

随着全球环境危机的加剧，2008 年 IBM 提出了“生态专利共享计划”或“绿色专利池”(Green Patent Pool)或生态专利公共资源(Eco-Patent Commons)的绿色专利技术的管理模式。① 该计划倡议企业捐献环保专利，加入一项旨在让公众获取具有环境利益专利的“开放创新”项目。该行动目前由世界可持续发展工商理事会(WBCSD)和 IBM，以及诺基亚、皮特内鲍斯(Pitney Bowes)和索尼公司共同在全球发起，旨在号召持有环保专利的个人和公司分享其专利产品或商业流程解决方案；需要使用这些专利的人可以从 WBCSD 主办的专门公开网站获得这些企业承诺开放的专利。IBM 等创始公司和 WBCSD 将邀请感兴趣公司加盟为会员，共同参与这项创举，推广创新和协作以保护地球环境。参加者承诺提供节省能量和水资源、减少生产危险废物、增加回收利用或者减少加工过程中材料使用量的专利。例如，索尼承诺提供一项回收利用旧手机制造数码相机和其他电子设备的专利，以增加电子工业重复利用的材料数量。目前 IBM 已承诺捐献 27 项专利，皮特内鲍斯承诺捐献 2 项专利，诺基亚和索尼各承诺捐献 1 项专利。②

此项计划的目的在于鼓励科学家和产业界以一种对环境负责的方式发明、使用和发展制造过程。至于其效果如何，WBCSD 的高级成员 George Weyerhaeuser 对此持现实的态度。他说：“在初始阶段，我们只能希望对发展中国家的环境和商业产生有限的影响。”“开放创新在一些部门已经被人们熟知，就像‘开放源代码’在信息产业中。但该观念对许多工商业主体仍属非同寻常。”Weyerhaeuser 认为，设计该计划时考虑到了发展中国家的需求——尽管不是在所有地方都是如此。当然，也有人对此计划表示怀疑，英国利兹大学研究国际治理的 Graham Dutfield 教授认为，参与项目的公司以持有非创新性质的专利而闻名。“人们想知

---

① IBM 等公司设立“生态专利共享计划”[EB/OL]. [2012-07-25]. http://www.it.com.cn/f/server/081/16/537712.htm.

② Linda Rosencrance. Eco-Patent Commons Explains Its Reason for Being[EB/OL]. [2008-12-01]. www.itworldcanada.com/a/Daily-News/1a5b88b4-216e-46eb-86d7-5024cde16907.html.

道(他们)打算放弃的专利是不是真正的创新专利。”尽管 IBM 开放的许多项目是“一种老练的知识产权管理形式，专门适用于特定的技术领域，目的是为了确保它在这些项目涉及的所有领域的市场优势。”“但是如果 IBM 和其他参与公司确实认真对待该计划，那么它确实可能成为一件好事。”①知识产权通常被认为是生态技术转移的障碍，生态专利共享将有助于这一问题的解决。因此，不管其真实意图如何，生态专利共享的管理模式符合环保的潮流，是一种值得探讨与推广的知识产权管理模式。

目前国内对与专利池的模式多处于尝试、探索的初级阶段，绿色专利池的建立更是尚需时日。但是，在我国生态专利制度的构建上，生态技术共享的引导是不可或缺的部分，所以应当向专利制度中引入鼓励技术共享的政策方向，在专利许可和转让的制度中鼓励生态专利的交叉许可模式。

另外，在气候技术上，面对既有的气候技术格局和强大的国际竞争压力，我国在政策上应当更加侧重于鼓励国内企业、研究机构抱团合作，增强国内能源等行业的凝聚力，培养企业间的合作意识，促进技术共享，以行业部署去申请国际专利，形成国际专利池，有效应对国际上的专利陷阱，从而更好的积淀技术实力并充分发挥我国自主创新技术在应对全球气候变化中的积极作用。

## 第三节　知识产权成果转化的生态化路径

知识产权成果转化的生态化路径主要包括：对知识产权成果生态效应不明的，在实施转化时，进行环境影响评价；对确定能产生积极生态效果的知识产权成果，应协调知识产权制度与其他制度的关系，促进这类成果转化。同时应确定知识产权产品中的环境告知与标识义务。

### 一、知识产权成果转化的环境影响评价

技术并非孤立存在，而受其所处环境的影响，反过来它们也会影响

① “共享环境友好技术专利”计划启动[EB/OL].[2012-10-21]. http：//scitech.people.com.cn/GB/6799766.html? z=a9gp86rjnud974fj.

环境。这些影响有些对环境有益，有些则有害。因此技术在实施前有必要对其进行环境影响评价。早在1990年的英国环保法就采取了此类做法。该法第一部分即综合污染控制部分的特征之一是，对工业技术限定采取的是预防性而非反应性的方法，以达到保护环境的目的。为此，该法建立了一套管理制度来规制在新工厂和新工艺中使用的技术类型。根据该法第一部分的规定，新工艺商业营运前，该新工艺的操作者必须获得皇家污染监察署(Her Majesty's Inspectorate of Pollution，HMIP)许可。为获得许可，该法要求工艺操作者先向HMIP递交申请。在授权许可前，必须让HMIP确信，操作者会使用最合适的技术，唯其如此，HMIP才给操作者授予工艺运行许可。① 实施知识产权成果时，也可考虑设置同样的控制机制，以防止产生非生态或反生态的后果。对知识产权实施可能产生的生态风险应采取审慎的态度和贯彻预防为主的原则，这也是生态伦理和生态正义以及保障公民环境权实现的要求。这里仅以环境影响评价制度为例，论述知识产权成果转化的风险控制。

(一)技术的环境影响评价

何为环境影响评价(Environmental Impact Assessment，EIA)，观点各异，② 笔者认为，环境影响评价是环境保护"预防原则"的具体体现，

---

① Nicola Atkinson，Brad Sherman. Intellectual Property and Environmental Protection[J]. EIPR，1991(5)：165-170.

② JohnWiley认为，环境影响评价是一种经过设计的，旨在识别和预测立法提案、政策、计划、项目和经营程序对生物地球物理环境和对人类健康与福利的影响，并解释和交流有关这些影响的信息的活动。(Wiley，J.(1994) Environmental Impact Assessment for Waste Treatment and Disposal Facilities，Petts，J. and Fduljee，Gsp. 227)联合国环境规划署认为，环境影响评价是对一项拟议的开发活动的利弊进行识别、预测和用恰当的语言进行描述。为了应用，评价结果需要以可理解的语言在社会和决策者间交流，利弊应是根据被影响国家的标准可以被识别的。(国家环保局监督开发司．世界银行环境影响评价资料汇编，1993. 1)Munn认为，环境影响评价是一种方法，用来识别具体活动对生物地球物理环境以及对人的健康与福利造成的可能后果，和用来在它对决策会产生实质性影响的阶段把这种信息输送给那些负责裁定一项建议的人员。(David P. Lawrence. Integrating Sustainability and Environmental Impact Assessment[J]. Environmental Management，1997：23)英国环境部认为，环境评价这一术语描述开发者本身和从其他来源收集有关开发项目环境影响的信息，并由计划部门在形成关于该项开发是否应当向前推进的判断时加以考虑所采用的技术和过程。

是对环境有较大影响的行为(包括建设项目、规划、法律政策实施、技术实施等)，依一定的程序和方法识别、预测和评价该行动可能带来的环境影响，并给出消除或减轻负面影响建议的活动。技术的环境影响评价则为环境影响评价的一个重要组成部分。本节所言知识产权成果转化的环境影响评价，主要是指对专利技术实施的环境影响评价。

根据《中华人民共和国环境影响评价法》(2016 年修订)第 2 条①之规定，我国环境影响评价的对象限于可能对环境造成影响的规划和建设项目。对可能有环境影响的新技术实施转化的环境影响评价付诸阙如。新技术实施转化的环境评价对社会、经济、环境影响重大。约翰内斯堡峰会《行动计划》认为："必须注意技术需求评估作为政府的一项工具，用来确定一揽子技术转让项目和能力建设活动，以便促进和加快在国民经济具体部门中采用和推广无害环境技术。同样重要的是，政府应促进将环境技术评估与技术需求评估结合在一起。"知识产权制度生态化要求对知识产权成果转化(主要是专利技术)可能造成的环境影响进行分析、预测和评估。相对于较大规模的规划、开发活动、建设工程，对知识产权成果转化的环境影响评价难度更大，这是由技术环境影响的高度不确定性决定的。技术环境影响评价的内容应当包括：技术概况、对环境可能造成影响的分析和预测、环境保护措施及可行性论证等。

(二)技术环境影响评价程序②

第一，准备工作：主要包括：(1)建立评价目标。评价目标必须具有明晰性、可实现性和可测量性。(2)分配技术和人力资源。需要确定完成环境影响评价和实现有关目标的人力物力资源。

第二，具体步骤：主要包括：

(1)受评技术的描述。包括：技术的性质和种类；场地的特性；技术欲达成的主要目标；受评技术的受益者和受影响者；技术的全面运

① 本法所称环境影响评价，是指对规划和建设项目实施后可能造成的环境影响进行分析、预测和评估，提出预防或者减轻不良环境影响的对策和措施，进行跟踪监测的方法与制度。

② John E. Hav&Associates (UNEP). Anticipating the Environmental Effects of Technology: A Manual for Decision-makers, Planners and Other Technology Stakeholders. 转引自王立群等. 环境技术的环境影响评价(EIA)[J]. 中国环保产业，2002(2)：50-53.

作；与技术相关的投入、产出及其全过程的陈述。这些信息是环境影响评价的基础。此步骤的任务包括：提出一个形象的技术名称并详细叙述技术的功能；描述技术适用的特定区域；描述技术的主要目标并确定受影响者；绘制技术工艺的流程图。

(2)资源和其他需求及其影响。主要内容包括：材料和能量以及其他方面的资源需求；废物及有害产物的生产、储存、运输、利用与处置；人力资源需求的变化；最新的或被修改的基础设施和技术支持的要求。此步骤的任务包括：满足原材料、土地、能源、人力资源、技术支持和设备等需求时产生的潜在影响；废物和潜在危险品的产生所引起的潜在环境影响；与技术直接相关的其他潜在环境影响。

(3)初步判断。对在步骤(2)中经一般方法确定的环境影响进行详细的阐述和汇集，得出受评技术可能对环境有害影响程度。为了得出此结论，对资料的不足和理解的不确定性也应加以描述。此步骤的任务包括：详述对公众健康、当地自然环境、全球环境的影响；详述对能源利用持续性和社会影响的潜在危害。如因评价中资料不足和不确定导致无法得出正确结论，应对其中关键性不足和不确定因素加以弥补。然后重复进行步骤(2)和步骤(3)。如这些不足和不确定因素不会影响得出正确结论，则开始步骤(4)。

(4)可替代技术的比较评价。环境影响评价的最终目的是为决策者和受影响者服务。故，不应局限于对受评技术的评价。一套合理的评价方法，需要考虑各种不同的技术并对其加以评估，否则，某些可能对环境有利的技术可能被忽略。这一步需要评价者考虑是否有可替代的技术能达到与受评技术相同的目标，并判断它们对环境的影响是否有明显差距。通过比较，应可以确定某种对环境及相关系统不利影响较小的、比较可行的可替代技术。此步骤的任务包括：鉴定和描述可替代的技术；就技术操作与受评技术比较；就潜在影响与受评技术比较；关于可替代技术的结论。

(5)最终建议。一般而言，根据上述步骤应能够决定是否可以就受评技术的执行作出最终建议。此步骤的任务包括：关于受评技术实施影响的结论，如有不足，应提出关于哪一步需重新进行的建议，以便能满足达成结论的要求；描述重要的信息差异及存在的不确定性；总结技术的适用性。

第三，评估的完成。包括：将评估方法及研究成果制成文件并提呈；后续评估建议，环境影响评价非一蹴而就，随着新的信息及认识的产生，技术的发展及价值和目标的变化，有必要重新评价。

(三)评价方法

技术的环境影响评价方法很多，如上文中提到的可替代技术的比较评价，此外，还有“生命周期评价”法，① 还有人提出了对技术绿色系数进行分级评估的方法。具体为：②

A 级——积极鼓励；B 级——不规制；C 级——有条件规制；D 级——禁止。

绿色系数=社会经济效益量/(社会资源消耗量+污染排放量)

例如：单螺杆空调机组为一专利技术，可分别采用冷媒 R22(专利一)或 R4O7C 技术(专利二)。R22 为传统氟利昂，相对能耗低、维护费低，但会引起大气臭氧层破坏；R407C 为改性氟制剂，相对能耗较高、维护费较高，但不会破坏大气臭氧层。

若进行专利绿化系数评估，专利一，采用 R22 技术，经专家评估，经济效益量=5000，社会资源消耗量=1800，污染排放量=6000，则绿色系数①=5000/1800+6000)=0.64<1。

专利二，采用 R407C 技术，经专家评估，经济效益量=4800，社会资源消耗量=2400，污染排放量=1200，则绿色系数②=4800/(2400+1200)=1.33>1。

经过专家评估，绿色系数大于 1 的专利技术为环境友好技术，绿色系数小于 1 的技术为不合格的技术，因此，专利技术一为 C 级，有条件规制使用；专利技术二为 A 级，鼓励使用。B 级为对环境无影响的中性技术(这类技术极少)，对此类技术既不提倡，亦不禁止。D 级是只有环境负效应，而无其他正效应的技术，此类技术为反生态技术，应加

---

① 即对技术的整个生命周期(技术研制、应用、推广、转让阶段；形成产品、生产、加工、改进阶段；产品流通、包装、运输、销售、消费阶段；废品回收、再利用阶段；长期潜在影响阶段)进行环境影响评价。因加工程度和技术水平、对环境和健康的影响程、采用的污染处理方式和环保措施等均不同，因此需要分别评价。

② 梅乔．专利法制“绿化”刍议——专利权的环境法律规制[D]．河海大学硕士学位论文，2006：49.

以禁止。将环境影响评价与绿色系数分级评估结合起来，可有效防止技术对环境的负面影响，也具有可操作性。

综上，知识产权成果转化的环境影响评价有必要，也具有可行性。为此，需要将相关的知识产权制度与我国的环境影响评价制度加以对接与整合。较为可行的方法是，修改环境影响评价法，将环境影响评价的范围扩大至技术实施与转化；再由国家环保总局联合其他相关部门，借鉴国外的做法，制定技术实施环境影响评价办法，具体主要包括：技术实施环境影响评价的宗旨和原则、评价机构的设置、评价的程序、评价的方法以及相关的法律责任等。

## 二、促进生态知识产权成果转化

如果上述部分是对知识成果转化的反面限制，即控制知识产权成果转化的环境风险；这一部分则论述知识产权成果转化的正面促进，即如何将环境友好的知识产权成果尽快加以转化。生态知识产权成果转化除适合于转化，能应用于产业之外，还受其他诸多因素的影响：其一，技术需求者是否能或易于获得生态专利技术(本章第一节已作论述)；其二，技术转化者是否愿意实施，目前我国科技成果分散多头管理，投资人与知识产权成果所有人之间信息不对称，受风险因素的制约，加之发明技术方案的公开不充分，投资人对技术成果转化投资持谨慎态度；其三，中介服务组织是否发达，资本与技术成果之间能否有机结合；其四，政府在知识产权成果转化中的作用能否正确有效发挥；其五，市场相关制度是否完善与健全，等等。因此，促进生态知识产权成果转化必须协调好知识产权制度与其他制度之间的关系。

### (一)知识产权制度与市场管理制度的协调

市场管理制度本质是国家权力对市场交易活动的依法适度干预，目标在于提高市场交易的效率，保障市场交易的安全与公平。因此，市场管理法律制度是国家依法干预市场交易活动的一项重要制度设计。知识产权成果转化实质上是一种交易行为。市场管理制度的作用，就是为技术交易建立公平竞争的交易规则和维护交易秩序。为此，应协调好知识产权制度与反不正当竞争法律制度、反垄断法律制度、产品质量法律制度、广告法律制度和消费者权益保护法律制度的关系。

### （二）知识产权制度与科技成果转化制度的协调

我国《科技成果转化法》第 21 条和第 22 条原则规定了促进科技成果转化的财政政策、税收政策和金融政策，但缺乏具体的保障措施，科技成果转化的效果不明显。为促进生态知识产权成果（生态技术）的转化，应落实科技成果转化法的相关政策：(1)利用基金、贴息、担保等方式，引导各类商业金融机构支持生态知识产权成果产业化。(2)支持生态技术成果转化项目实施，对符合规定条件的高新技术成果转化项目，由转化专项资金给予研发支持；实现生产或试生产的，返还相关土地使用费、土地出让金，免收生产经营用房的交易手续费和产权登记费。(3)加大对生态技术成果转化项目投入力度，投资生态技术成果转化项目符合规定条件的，由转化专项资金给予支持。(4)生态技术成果转化项目所组建的企业和高新技术企业，可不受工资总额限制，自行决定其职工的工资发放水平，并可全额列支成本。(5)设立生态科技成果转化基金，保证中小企业创新基金的足额到位，促进技术成果转化转移，等等。

### （三）知识产权制度与财政法律制度的协调

财政法律制度由国家预算法律制度、国债法律制度、政府采购法律制度与转移支付法律制度等组成。这些法律部门均与科技成果转化具有一定的关系，其中关系最密切的法律是政府采购法。政府采购能加强对财政支出的管理，提高财政资金流向的透明度和财政资金的使用效率。政府采购是实现生态知识产权成果转化的重要制度。相关内容可参见第四章第二节关于政府采购与生态技术创新的部分内容。

### （四）知识产权制度与金融法律制度的协调

实现资本与技术的有机结合，需要健全的金融法律制度。金融法律制度对促进知识产权成果转化的作用主要表现为：其一为投资者进行成果转化创造完善的融资环境和渠道；其二为投资者规避和化解创新风险提供金融工具和金融制度安排。目前知识产权制度与金融法律制度尚不协调，制约了知识产权成果与资本的有机结合。为此，应建立和完善投资法规政策体系，设立创业风险投资引导资金，通过参股和提供融资担保等方式扶持生态知识产权成果的转化；支持保险公司、证券公司开展风险投资业务；拓宽科技创新企业投融资渠道等。

## 三、知识产权产品中的环境告知与标识义务

知识产权成果转化后就成为了知识产权产品，对知识产权产品应负载环境告知义务与环境标识义务。

### (一)环境告知义务

知识产权产品说明书应含有绿色服务的内容，即企业在售前、售中、售后等各环节上都要执行"绿色政策"，如指导消费者如何使用产品不对环境造成污染，对使用过的废旧产品如何回收处理或再循环利用等。环境告知义务的根据源于合同法理论中附随义务的拓展。

附随义务是在法律无明文规定，当事人之间亦无明确约定的情况下，为了确保合同目的的实现并维护对方当事人的利益，遵循诚实信用原则，依据合同的性质、目的和交易习惯所承担的作为或不作为的义务。① 依传统合同法理论，合同关系中义务产生的依据主要是法律规定与合同约定。除此之外，当事人之间无权利义务，彼此也不承担任何责任。随着社会经济的发展，合同关系发生了显著变化，原有理论与制度已难以适应实际需要。1861 年德国学者耶林提出了缔约过失责任，开附随义务理论之先河。② 随着实践的发展与认识的深化，合同履行时的附随义务出现于判例学说之中。与合同自由原则下的约定义务不同，附随义务的内容并非自合同关系之始就已确定，而是根据合同的性质、目的和交易习惯、随着合同关系的进展而逐步得以确立，旨在调节合同当事人之间及当事人与社会间的利益关系，以达到三方利益的平衡。附随义务的具体内容包括告知、照顾、说明、保密、竞业禁止等。

将环境保护纳入附随义务，主要是利用附随义务的利益调节功能。③ 附随义务的主要特点是以社会权利本位，以强行性义务平衡当事

---

① 王泽鉴．民法学说与判例研究(第四册)[M]．北京：中国政法大学出版社，2000：99-106；王家福．民法[M]．北京：法律出版社，1991：148；佘能斌，马骏驹．现代民法学[M]．武汉：武汉大学出版社，1995：448.

② 王泽鉴．民法学说与判例研究(第四册)[M]．北京：中国政法大学出版社，1998：88.

③ 霍阳，王全兴．从民法的附随义务到经济法的基本义务(上)——浅析民法、经济法调整现代合同关系的分工与配合[J]．北京市政法管理干部学院学报，2001(1)：13-14.

人与社会间的利益关系。环境保护义务的纳入是这种利益平衡的表现形式之一，目的在于平衡当事人与环境利益之间的关系。一般而言，合同关系中的权利义务分配以等价有偿为原则，当事人承担一定义务的同时，亦享有相应的权利。附随义务的出现打破了这种对等性。如，知识产权产品交易中，出卖人负有告知买受人如何避免对环境或者对人体健康的不良影响的附随告知义务并不以买受人给予对价为条件。将避免环境或者人体健康损害的告知义务赋予出卖人，是基于当事人权利与义务如何分配更有利于利益的平衡、有利于节约社会成本而考虑的。尽管附随义务具有"不对称性"，但是节约了社会成本，平衡当事人利益之同时亦平衡了当事人与社会间的利益关系。①

（二）标识义务——以转基因食品为例

对转基因技术得到的转基因食品（Genetically Modified Food，GMF），要依法进行标识。以基因工程为主体的生物技术正在对整个人类生活产生广泛而深远的影响。在基因工程的众多应用中，引起争论最多的无疑是转基因食品。尽管转基因食品具有营养价值高、抵抗病虫害、减少杀虫剂使用等优点，但是存在着潜在的健康风险和环境风险。基于公众对转基因食品的激烈争论以及目前尚无科学证据证明的潜在风险，联合国和各个国家政府采取标识体系对转基因产品实施安全管理。

目前各国政府采取的标识体系大致有两种：一是强制性标识。即政府要求任何一种可能含有转基因成分的食品在出售时都必须经过检验，如食品中含转基因成分，则应加贴标签，又称"肯定标识"。部分欧盟成员国、日本、新西兰、澳大利亚等支持强制性标识体系。二是自愿性标识。厂商可以根据自己的情况，申请检验。如果通过检验未发现转基因成分，则可在标签上注明"经××机构认证，本产品中不含转基因成分"，这称之为"否定标签"。在这种制度下，不去申请检验的厂商的产品，显然可能含或不含转基因成分。美国、加拿大、中国香港等国家或地区支持自愿标识体系。

我国采强制标识体系。根据 2001 年 5 月 23 日国务院出台的《农业转基因生物安全管理条例》，农业部 2002 年 3 月 20 日颁布了《农业转基

① 吕忠梅．论合同制度的生态化拓展［J］．河南师范大学学报（哲学社会科学版），2004（5）：52-55.

因生物标识管理办法》(2004 年 7 月 1 日修订)。该办法中列出了农业转基因生物标识目录，只要是属于目录中的转基因产品，① 都须加贴标签，并规定了标注方法②。2015 年 4 月 24 日修订通过的《食品安全法》第 69 条规定，生产经营转基因食品应当按照规定显著标示。

尽管各国的标识体系各异，但主要目的都是保护消费者利益，给消费者知情权和选择权。③ 例如，联合国在《生物安全议定书》中指出，各国公众都有权知道转基因食品的真实情况；我国的《农业转基因生物标识管理办法》第 1 条明确规定该办法的主要目的之一是"保护消费者的知情权"。

在转基因标识的发展过程中，消费者对转基因标识的响应是根本出发点。④ 我国对转基因标识采强制标识体系，也有利于保护消费者的知情权和选择权，控制环境风险。目前的主要任务是落实贯彻。如，2003 年，北京市农业局公布了抽查转基因食品的结果，公开曝光 14 个没有依法进行标识的转基因产品，同时责令 9 家相关企业限期改正，立即停止违法经营行为。北京食品市场到处可见的绿宝、火鸟、金龙鱼等知名品牌的大豆色拉油，均含有转基因成分却没有依法标识。⑤ 这足见执法

---

① 第一批实施标识管理的农业转基因生物目录为：(一)大豆种子、大豆、大豆粉、大豆油、豆粕；(二)玉米种子、玉米、玉米油、玉米粉(含税号为 11022000、11031300、11042300 的玉米粉)；(三)油菜种子、油菜籽、油菜籽油、油菜籽粕；(四)棉花种子；(五)番茄种子、鲜番茄、番茄酱。

② 如，转基因动植物(含种子、种畜禽、水产苗种)和微生物，转基因动植物、微生物产品，含有转基因动植物、微生物或者其产品成分的种子、种畜禽、水产苗种、农药、兽药、肥料和添加剂等产品，直接标注"转基因××"。转基因农产品的直接加工品，标注为"转基因××加工品(制成品)"或者"加工原料为转基因××"。用农业转基因生物或用含有农业转基因生物成分的产品加工制成的产品，但最终销售产品中已不再含有或检测不出转基因成分的产品，标注为"本产品为转基因××加工制成，但本产品中已不再含有转基因成分"或者标注为"本产品加工原料中有转基因××，但本产品中已不再含有转基因成分"。

③ Phillips P W B, McNeill H. A Survey of National Labeling Policies for GM Foods [J]. AgBioForum, 2000(4): 223.

④ 易福金，陈志颖，宣亚南. 转基因标签的消费者维度思考[J]. 生态经济，2004(8): 54-57.

⑤ 张东操. 北京曝光 14 个没有依法进行标识的转基因产品[EB/OL]. [2003-07-07]. http://tech.sina.com.cn/ae/2003-07-07/1006206308.shtm.

不严，执行不力。另据报道，在武汉某家大型卖场上的含转基因原料的大豆油在亮明身份上显得“羞答答”——“转基因”的字样多半在商品背面的位置才会标识，且字号相对较小，不仔细看很容易被忽略。① 2014年8月12日，深圳市生态文明“基本法”的《深圳经济特区生态文明建设条例(草案)》在该市人大网站上刊登，并向社会公开征求意见。在该条例(草案)中，明确提出，转基因食品的生产、销售实行备案、标识制度。生产、销售植物转基因食品或含有植物转基因农产品成分的食品，应当向食品安全行政主管部门进行转基因食品备案，并在食品包装上张贴转基因食品标识。否则可处以5万元以上、10万元以下罚款。

标识制度的目的在于解决信息不对称问题，只有标识传递的信息充分且可信，消费者才能以依此做出购买决定。我国《农业转基因生物标识管理办法》虽然规定了标注方法，但是简单的“有转基因成分”或“不含转基因成分”标识，并不能提供给消费者充分的信息。在标识中具体应给予消费者何种信息(转基因的成分、风险、利益等)以及如何保证此类信息的充分可信，这是标识信息内容方面主要应完善之处。

知识产权产品中的环境告知义务和标识义务，一方面可以提高消费者的环境意识，影响消费者的消费选择，进而促使厂商实施知识产权成果转化时考虑环境风险和影响；另一方面有利于控制知识产权成果转化的环境风险。如发现某转基因食品对环境存在危害，如切实履行了标识义务，则较容易回收和控制。

## 第四节 小 结

知识产权运用是知识产权战略的落脚点，也是保护知识产权的最终目的。知识产权运用制度的生态化路径，包括两方面的内容，一是完善现有知识产权制度，以促进生态知识产品的转移、扩散和转化；二是知识产权转化过程中，要考虑技术转化的生态效益。

知识产权是生态专利技术转移困境之一。有关的环境多边协议对待技术转移的心态矛盾而暧昧，既要转移生态技术，又要保护知识产权。

---

① 武汉转基因食用油多羞于标明身份字小难辨识[EB/OL]. [2014-08-13]. http://hb.sina.com.cn/news/qy/2014-08-13/0825187378.html.

为促进生态专利技术转移，应将环境保护纳入相关国际公约；引入责任规则，减少生态技术转移过程中的交易成本，尽快将生态技术推广。完善生态知识产权信息共享机制，促进生态专利技术的交易；政府推介生态专利技术，促进生态专利技术和资金的结合；建立“生态专利共享”制度，克服“专利丛林”的障碍，加速生态专利技术的转移与转化。

基于对知识产权成果的实施可能产生的生态风险，有必要设置环境影响评价制度，以防止反生态后果的产生。对于生态知识产权成果转化，则要协调知识产权制度与相关法律制度的关系，以促进生态知识产权成果的转化。对依知识产权成果转化而得到的知识产权产品，转化者应履行环境告知与标识义务。

# 第六章　知识产权保护制度发展的生态化路径

知识产权保护是知识产权战略的保障。离开了知识产权保护制度，会影响知识产权的创造和运用。但在切实保护知识产权的同时，要按照市场规律，使知识产权的保护范围、保护期限和保护方式有利于知识的扩散和传播。知识产权保护不能仅仅考虑权利人的利益，还应兼顾公共利益(包括环境利益)。知识产权作为激励创新的利器，亦是一把双刃剑，若不加限制，则可能被知识产权人不当利用，作为控制市场、限制竞争和谋求不当利益的工具，从而对创新活动产生阻碍作用。本章将从资源节约、环境保护的视角探讨知识产权保护制度发展的生态化。对此问题的分析可以生态专利技术为中心，从保护范围、保护宽度、保护高度、保护时间、保护限制等方面分析生态技术知识产权保护的环境影响。鉴于本书其他部分对生态技术已多有涉及，知识产权保护与(生态)技术创新关系的文献颇多①，故本章不从这一思路展开，而是选取修理、重装、回收利用与知识产权侵权判定、知识产权侵权物的处理、

---

①　这方面的主要中文文献有：袁泳．知识产权法与技术、文化创新[J]．北京大学学报(哲学社会科学版)，1997 (5)：99-107；王黎萤等．技术标准战略、知识产权战略与技术创新协同发展关系研究[J]．科学学与科学技术管理，2005(1)：31-34；钟荣丙．技术创新中知识产权保护的作用与基本趋势[J]．技术与创新管理，2005(6)：77-83；和金生，王雪利．论反向工程、技术创新与知识产权保护的协同发展[J]．软科学，2006(3)：101-103；吴敏．技术创新与知识产权保护战略研究[J]．中国科技论坛，2006(5)：87-91；戴强．技术创新与知识产权保护的互动性研究[J]．技术经济，2006(8)：28-31；张真真，林晓言．知识产权保护与技术创新路径的国际比较[J]．中国软科学，2006(11)：156-160；尹作亮，袁涌波．知识产权与技术创新的作用机制研究[J]．科技进步与对策，2007(5)：10-12；盛辉．知识产权保护制度与企业技术创新[J]．技术经济与管理研究，2008(4)：29-32.

相关环境因素的知识产权保护三个问题，结合我国知识产权制度的现状论述知识产权保护制度的生态化路径。

## 第一节　修理、重作、回收利用中侵权判定的生态考量

以营利为目的，对他人知识产权产品进行修理(repairing)、重作(装)(refilling)、回收利用(recycling)的行为是否构成知识产权侵权，世界各国都有不同的司法实践。但是，各国也有共识：如果以上这些行为不构成“再造”(reconstruction)，则适用知识产权穷竭的原则；反之，就可能构成知识产权侵权。① 本部分以专利为例，结合国内外的相关典型案例对此加以分析。

### 一、Canon Inc. v. Recycle. Assist Co., Ltd. 再生墨盒案简介

佳能公司及获得其许可的相关企业在日本国内及海外市场销售供喷墨打印机使用的 BCI-3e 系列喷墨墨盒。该墨盒在最初填充的墨水使用完毕后，留下墨盒本体。Recycle Assist 公司进口、销售由上述墨盒本体经再次填充墨水制成的再生墨盒(被控侵权物)。

2004 年 4 月，佳能以 Recycle Assist 进口、销售回收墨盒侵犯其专利权(JP3278410)为由提起诉讼，要求 Recycle Assist 停止进口和销售回收墨盒并废弃库存。东京地方法院于 2004 年 12 月一审判决，Recycle Assist 对佳能墨盒的加工在修理范围内，未侵犯墨盒专利权，驳回了佳能的诉讼请求。佳能不服，上诉至东京高等法院。2006 年 1 月，知识财产高等法院二审判决，“Recycle Assist 对佳能专利墨盒本质部分进行加工、替换，侵犯了佳能专利”。2006 年 2 月，Recycle Assist 不服二审判决，上诉至最高法院。2007 年 11 月 8 日，日本最高法院第一法庭就该案做出终审判决：维持了知识产权高等法院的二审判决。② 其判决理由如下：

---

① 高荣林. 可持续发展视野下的产品的修理、重装、回收利用行为与知识产权侵权[C]//知识产权与可持续人类发展论坛论文集. 2013：287.

② 国家知识产权局. 2007 年世界重大知识产权事件纵览[EB/OL]. [2008-03-20]. http：//www. sipo. gov. cn/sipo/xwdt/gwzscqxx /2007/200801/t20080104_229216. htm.

最高法院认为，因专利权用尽而成为专利权行使限制之对象的，仅仅限于专利权人销售的专利产品，那些被认定为在专利产品上进行加工或更换部件，从而制造出的与该专利产品缺乏同一性的专利产品，专利权人得对其行使专利权。至于如何判断是否构成上述专利产品的新制造，除考虑该专利产品的属性、专利发明的内容、加工及部件的更换情况之外，还应综合考虑交易的实际状况加以判断。……就本案而言，法院认为，如果将使用完结的墨盒再次注入墨水使用，易造成印刷质量的低下及打印机自身的故障，所以佳能公司的墨盒为一次性产品，用完后应该更换新的墨盒，也因此佳能的产品上没有设置补充墨水的开口。再生墨盒在其产品的制造过程中在本案墨盒本体的液体容纳室之上开口，由此注入墨水后再封口。此种加工状态，不仅补充了作为耗材的墨水，而且为了补充墨水而改变了墨盒本身。故，Recycle Assist 的产品与加工前的佳能公司的产品缺乏同一性，因而是再造了专利产品。①

有学者认为，该案的判决与国际规则和潮流相悖，不利于环境保护，鼓励垄断，最终也影响到消费者的利益，影响公平的竞争。②

## 二、专利侵权判定中修理与再造分析

根据我国《专利法》第 69 条第 1 项的规定，专利权人制造、进口或者经专利权人许可而制造、进口的专利产品或者依照专利方法所直接获得的产品售出之后，专利权对该产品的效力用尽。此后，专利产品的合法拥有者有权以任何方式使用、处置该产品，专利权人无权干预。这里所说的使用、处置，包括维护该产品，使之处于能够正常使用的状态，例如修理专利产品、更换损坏或者失效的零部件等。这称为“修理”(repair)。如果专利产品的合法拥有者维护其专利产品的行为超过了一定的限度，使之实际上变成重新制造或者组装专利产品，就会构成侵犯专利权的行为，这谓之“再造”。

修理属权利用尽的范围，不构成侵权；再造不在权利用尽的范围，

① 张蕾．专利侵权判定中修理与再造的界定——以 Canon Vs. Recycle Assist 再生墨盒案为背景[J]．电子知识产权，2008(9)：55.

② 更多学者对此案的看法可参见超青．再生墨盒是否构成专利侵权？[N]．中国知识产权报，2006-06-21(7).

构成侵权。美国关于修理与再造的典型判例(见表6-1)基本上可以分为三类：第一类是认定为“再造”，判令被告承担侵权责任；第二类是认定为“修理”，判令被告不承担侵权责任；第三类是认定为“类似修理”并判令被告不承担侵权责任。从所发生的诉讼案来看，制止再造的真正目的非限制专利产品的合法拥有者修理维护其专利产品，而在于限制为修理维护专利产品而提供零部件的企业的行为或限制其他企业对专利产品的回收利用。专利权人获利的方式不仅包括限制他人未经许可而实施其专利，还包括为其客户提供专利产品的零部件，以维护专利产品的正常使用，特别是在专利产品为耐用品的情况下，这种获利尤为丰厚。当专利产品及其维修、服务形成一定市场之后，就会有其他企业与专利权人相竞争。专利权人则要限制此种竞争。

零部件本身往往并未获得专利保护，专利权人只能通过指控零部件的制造、销售者间接侵犯了其产品专利权。一般而言，间接侵权的成立要以直接侵权行为存在为前提。为此，专利权人须证明专利产品的合法用户采用其他企业提供的零部件替换原有零部件构成了“再造”专利产品的行为，从而直接侵犯其专利权，进而追究零部件提供者间接侵权之责任。这是产生修理与再造问题的由来。零部件的顾客一般就是专利产品的顾客，专利权人提起这种专利侵权诉讼的本意，并非要与其顾客过意不去。正所谓“项庄舞剑，意在沛公”，专利权人针对的是零部件的提供者。①

对此类诉讼，美国法院判决的趋势是，严格限制“再造”的认定。因为其强调，专利制度的最终目的不是为专利权人提供尽可能大的经济回报，而是为社会公众带来利益。正如英国知识产权委员会在其《整合知识产权与发展政策》报告中所指出的：不管对知识产权采取什么措辞，我们更倾向于把知识产权当成一种公共政策的工具，它将特权授予个人或单位应当完全是为了产生更大的公共利益。②

---

① 尹新天．专利权的保护(第2版)[M]．北京：知识产权出版社，2005：137.

② 英国知识产权委员会．整合知识产权与发展政策(2002)[R/OL]．[2012-07-20]．http：//www.iprcommission.org/text/ documents/final_report.htm.

表 6-1 **美国关于修理与再造的典型判例**

| 案名 | 案情简介 | 判决理由与结果 |
|---|---|---|
| 刨床案（1850 年） | 案中专利产品是一种刨床，该刨床由不单独受专利保护的部件如齿轮、轴、刀片等组成。其中刀片使用几个月以后就不能再用了。被告在刨床中的刀片用钝以后，从第三人处购买这种刀片更换用旧的刀片。原告认为，当刀片报废后，专利产品从物质上来说已经不存在了。如果更换一个刀片，就是制造了整个专利产品，构成侵权。 | 美国最高法院认为，刨床可以使用几年，而刀片每天都需更换。在购买者购买刨床时，更换刀片的权利就转移给了顾客，否则，顾客购买这种刨床是没有用的。被告更换刀片的行为没有侵犯原告的专利权。法院指出，即使一个部件损坏而使整个机器不能使用，并不能说机器"不存在"了，而更换损坏的部件以恢复机器原有的使用性能是法律允许的修理。被告的行为不侵犯原告的专利权。 |
| 棉包捆扎带案（1882 年） | 案中专利产品是棉包捆扎带，这是一个由金属扣和金属带组成的用于捆扎棉包的带子。顾客从专利权人处购买了这种捆扎带以后，用于捆扎棉包以便于把棉包从种植园运到棉花加工厂。在棉花加工厂，这种带子被分割为若干段。被告将分割后的碎片收集起来，并铆接在一起，再加上原来的金属扣，作为新的棉包捆扎带出售。 | 美国最高法院认为，不管被告对使用旧金属扣有什么权利，他都不能将金属扣和实质上新造的金属带连接在一起，来制造一个棉包捆扎带。当被告将金属扣连接在用旧带子的碎片铆接在一起而制成的金属带上时，他制造了棉包捆扎带。将带子碎片连接成一体，在通常意义上，不是对带子的修理。带子被顾客在棉花加工厂自愿割开，因为带子已完成了其捆扎棉包以便于从种植园向加工厂运输的作用。据此，法院认为被告的行为属于对专利产品的再造而非修理，因而构成侵权。 |

续表

| 案名 | 案情简介 | 判决理由与结果 |
| --- | --- | --- |
| 帆布车顶案（1961年） | 该案中的专利涉及一个敞篷车的帆布车顶。该帆布车顶由帆布、支架和帆布与车体间的密封装置等组成，各组成部件没有单独申请专利。专利权人将该专利许可给通用汽车公司使用。这种帆布车顶中的帆布在使用三年之后就会因风吹日晒而不能使用，而其他部分基本完好。被告生产专用于这种车顶的帆布，并把帆布裁剪为适合的形状，出售给车主以更换用旧的帆布。原告指控被告侵犯其专利权。 | 美国最高法院的判决认为，对于组合专利只保护其权利要求书中各技术特征组成的整体，而各组成部件并不单独受保护。一个组合专利中的部件，如果不单独享有专利，则不能受专利独占保护，不管它对专利多么重要，也不管这一部件的更换多么昂贵，多么困难。再造只限于在专利产品作为一个整体报废以后，“实质上制造一个新产品”的重新制造。只是一次更换一个部件，不管重复更换同一部件还是连续更换不同部件，只是财产所有人修理财产的合法权利。因此，本案中的行为应视为修理而不是再造。 |
| 罐头加工机案（1964年） | 原告拥有一个罐头加工机组合专利，他授权他人生产并销售了用于生1磅罐头的加工机。被告购买了4个二手的罐头加工机，其中3个已生锈并不能使用，另一个也需要清洗。被告将这些机器修复，35个部件中的6个改变了尺寸，使这种机器能生产5盎司的罐头。 | 美国最高法院认为，这四个罐头加工机并没有报废，在经过清洗和修理后还可以使用若干年。如果它们被修理后用于加工1磅的罐头，那无疑是修理而不是再造。当其中6个部件被改变尺寸时，也不会侵犯专利权。因为机器所加工的罐头的规格不是发明的一部分，被告改变旧机器的尺寸以用于加工不同规格的商品，不是习惯意义上的修理。因它涉及旧机器的使用性能。但被告行为类似修理，不构成专利侵权。 |

续表

| 案名 | 案情简介 | 判决理由与结果 |
|---|---|---|
| 离合器案（1987 年） | 案中的专利产品为重型卡车上的离合器，该离合器由不单独受专利保护的部件组成。被告收集了被更换下来的旧离合器，并把它们拆开。被告使用其生产线组装离合器，有的全部使用了旧离合器上的部件，有的大部分是旧离合器上的部件加上个别新部件。被告将组装后的离合器进行销售。组装后的离合器与受专利保护的离合器一致。专利权人起诉被告，认为其行为是再造专利产品。 | 联邦巡回上诉法院认为，把旧专利产品拆开后重新组装，并不是将专利产品自愿破坏后重新制造；使用生产线对专利产品拆装，不管部件原先来自于哪个产品，都只是一个经济和效率的问题，与逐个拆开并更换少量已损坏部件后重新装配是同一个效果；以商业规模大量组装，不改变其行为的性质。法院认定被告的行为是修理而不是再造。 |
| 压力袖案（1996 年） | 原告拥有一个医疗设备专利，该设备主要有三部分：控制泵、压力袖和连接管。使用原告产品的医疗机构为防止感染，在每个病人使用后更换一次压力袖。原告并不反对这样使用，并在其出售的压力袖替换件的包装上标明“一次使用，不得重复使用”。被告制造并销售用于更换的压力袖。原告以帮助侵权为由起诉了被告。原告主张压力袖在更换时并没有损坏，可使用 3 年。 | 美国联邦巡回上诉法院认为，法院从来没有说过一个部件只有在不能再使用时才是报废。当继续使用一个部件是不可行或不实际时，就要更换，这个部件就是报废的。原告主张压力袖理论上可以用三年。但因为有感染的危险，这种主张是不可行的。原告的客户从来没有同意将使用过的压力袖消毒后再使用，并且原告在销售时就标明这是一次性使用。从原告的意图看，它是允许客户更换压力袖的。因此，客户的修理权利包括更换压力袖的权利。因客户的行为是修理而不是再造，被告不构成帮助侵权。 |

续表

| 案名 | 案情简介 | 判决理由与结果 |
| --- | --- | --- |
| 钻头案（1997年） | 该案专利涉及一个钻头。原告认为钻尖是可以打磨的，并在出售钻头时提供了如何打磨的说明。被告提供钻头维修服务，包括打磨和更换钻尖。当钻尖不能再打磨时，被告应客户的要求更换钻尖。其更换钻尖的方法是用华氏1300℃的高温把钻尖卸下，再焊上一个长方体碳化物。该物冷却后被加工成专利钻尖的形状。原告主张被告更换钻尖的行为构成“再造”。 | 美国联邦巡回上诉法院认为，在认定被告是否制造一个新产品时应考虑诸多因素，包括：被告行为的性质、更换部件的性质和它是如何设计的、针对该部件进行制造和服务的市场是否形成、专利权人的意图等。就被告行为的性质而言，被告不只是以一个新的部件替换旧的部件，而是通过几个步骤完成钻尖的更换、定型和整合。这实际上是在专利产品报废后进行重新制造。虽无区分修理和再造的确切标准，但根据本案情况，被告的行为属再造，侵犯了专利权。 |
| 打印机墨盒案（1997年） | 原告惠普公司拥有几个关于喷墨打印机的专利，主要包括墨盒及墨盒内的部件。原告依据其专利生产和销售了不可重新灌注的墨盒，并在墨盒上标明“立即扔掉旧的墨盒”。被告购买了原告的新墨盒并改造为可重新灌注的墨盒进行销售。原告对被告提起诉讼。 | 美国联邦巡回上诉院认为，原告在没有限制条件的情况下销售被专利保护的产品，买方就获得了对专利产品进行修理的默示许可。被告的改造不是一般意义上的修理，因为被专利保护的墨盒没有被破坏或变得有缺陷。被告的改造改善了该专利墨盒的应用性，更近似于对不成熟的修理。虽然专利权人的意图是该墨盒不可重新灌注，但与专利权人意图相悖的修改不一定就是再造。在缺少合同限制的情况下，买方有权对所购买的产品进行修改。因此，法院认定被告的行为“类似修理”，而非“再造”，不构成对惠普公司专利权的侵犯。 |

续表

| 案名 | 案情简介 | 判决理由与结果 |
| --- | --- | --- |
| 冲浪艇案（2001 年） | 原告拥有一项冲浪艇专利，专利产品中有一个可拆卸的尾翼。被告生产一种尾翼，可用于原告生产的冲浪艇。与原告冲浪艇上的尾翼相比，被告生产的尾翼加了橡胶边，对使用者来说更安全。被告销售这种尾翼，供购买了原告冲浪艇的人进行更换。原告指控被告构成间接侵权。 | 美国联邦巡回上诉法院认为，“修理”一般是指更换用旧的或损坏的部件，但也应包括既无损坏也没有用旧的部件。法律并不禁止购买者提前更换某些部件。侵权的认定取决于更换的程度而不是目的。即使一个尾翼是专门为更换专利产品上的尾翼而设计，用这个尾翼更换专利产品上的新尾翼也不构成“制造”一个专利产品。因此，冲浪艇的购买者有权更换尾翼。被告制造并销售尾翼的行为不构成帮助或引诱侵权。 |
| 一次性相机案（2001 年） | 富士公司生产一种一次性相机“镜头胶卷一体机”，并在美国申请了专利。该相机的主要部分是一个外塑料包装，包括快门、快门按钮、镜头、卷轴、胶卷前进装置、计数器等。富士公司原设计这种相机为一次性使用。胶卷用完后，胶卷冲洗人将外塑料包装拆开，取出胶卷。而被告购买了旧相机进行了加工并将加工后的相机进口到美国。富士公司向美国国际贸易委员会申请发布禁止被告进口的禁令并得到认可，被告向美国联邦巡回上诉法院提起上诉。 | 美国联邦巡回上诉法院认为：区分修理和再造的依据是专利权是否用尽。如果一个专利产品合法地投入到美国市场，在后的购买者因专利权用尽不用承担任何责任。虽然在相机的包装上有说明，让顾客不要取出胶卷，而是将相机交给胶卷冲洗人，并警告打开包装有受电击的危险，还说明在冲洗后相机不再返还给顾客，但在销售相机时并没有明示的转售和使用条件的限制。法院不认为在包装上的说明是对二次使用的限制。转售和购买用过的相机都不违反合同或使用条件。被告的修理行为是允许的，不构成侵权。 |

资料来源：闫文军．从有关美国判例看专利产品“修理”与“再造”的区分[M]//专利法研究(2004 年卷)．北京：知识产权出版社，2004：386-397.

在英国，消费者修理所购买的专利产品受默示许可①保护。但当修理产品的行为构成再造时，专利产品的购买者不得以默示许可抗辩专利侵权。专利权人与专利产品购买者约定不得对专利产品进行修理时，默示许可不得适用。但该约定要受到本国竞争法和国内有关专利权限制的相关政策约束，比如专利权穷竭。② 在一则案例中法院认为，被告的修理行为不受默示许可的保护，简单的修理不构成专利侵权，当修理构成再造时，即制造一个新的轮胎并销售时，构成专利侵权。③ 但在另一案例中，法院认为，即被告的修理行为没有替换原告专利权利要求中每一或全部必要技术，该行为属于修理行为，受默示许可的保护。④

在德国，为了维持或恢复惯常使用方式消耗或损坏的专利产品，行为人可对该产品进行修理或回收利用。如果专利产品易消耗部分在该专利产品的使用周期内预期将会被更换，则此种更换合法。但如果此易消耗部分构成专利产品的实质部分，此种修理仍属再造行为。⑤ 为了界定修理或回收利用是属正常使用，还是构成再造，应作如下考量：影响专利产品性状的修理，是"再造"行为，构成专利侵权；仅仅为了维持专利产品功用的修理，属正常合法使用。微小的修理(更换易耗损的部件)属于正常使用。专利产品被拆分、融化或破坏，其目的是这些部件

---

① 该理论认为，专利权人对其专利产品的权利可以延伸到该专利产品随后的任何使用和销售行为，因此，英国专利制度允许专利权人对其售出或许可售出的专利产品的使用和销售提出明示的限制条件。如果专利权人或其被许可人在首次销售时没有提出明示限制条件，就意味着专利权人"默示许可"了在首次销售之后的使用和销售可以不受专利权人的制约。

② Christopher Stothers, Patent Exhaustion: the UK perspective, 16th Annual Conference on Intellectual property Law and Policy Fordham University School of Law. 2008 年 3 月 27—28 日(会议论文)New York.

③ 原告拥有一项自行车充气轮胎的专利，被告修理了一个由原告生产的报废的轮胎的金属线部分，并制作了一个新的帆布盖和橡胶盖。原告诉被告侵犯其专利权。See Dunlop Pneumatic Tyre V. Neal[1899]1 Ch 807, (1899)16 RPC 247.

④ 原告拥有一个滑轮的专利。被告修理了原告生产的滑轮的一个橡胶圈，即除去原告滑轮中坏掉的橡胶圈，并装上一个新的橡胶圈。原告诉被告侵权。See Solar Thomson Engineering v. Barton [1977]EPC 537.

⑤ See Germany report on "exhaustion of IPRs in case of recycling and repair of goods", Report Q205. AIPPI, 2008.

和原材料能够被再次使用，此种行为一般也被认为是再造。

在日本，修理专利产品的行为，只要不构成再造，则不属于专利侵权行为。① 法院认为，是修理抑或再造应综合考量以下因素：修理的目的是否是为了维持或恢复专利产品的基本功效，比如更换电池、胶片，或易耗损或已损坏的部件等；被修理后的产品是否与原装正品的性状保持一致；修理或替换的部件是否构成专利产品的实质和核心部分；专利产品的客观性质，包括功能、结构、材料、使用寿命；修理时该专利产品的性状，修理的常用方法；被替换部件的使用寿命，被替换部件的技术和经济价值与整个专利产品的比较。另外，基于公共利益(公共卫生)，日本的法律法规可以禁止对某些专利产品进行修理或回收利用，比如一次性注射器。同时，在日本的报告中，提到了环境保护和促进环境友好型技术的发展。②

综上，判定是修理抑或再造，既涉及专利权人的权利范围大小，又涉及专利权用尽理论③和默认许可的适用范围，还涉及专利权保护与社会公众利益的平衡问题。④ 专利法的实质是一种整合、协调、平衡专利权人的垄断利益和社会公众利益的制度设计和安排。修理与再造的界定应该从这一实质出发，以实现社会效用最大化。为此，首先应分析专利产品修理/再造中的相关者利益者。简要分析如下：

其一，知识产权人的利益。基于“经济人”的本性，知识产权人总倾向于追求个人利益最大化。无论在早期还是近期的修理/再造案中，知识产权人总是尽可能扩张其权利范围，将修理认定再造，进而主张侵

---

① See Japan Report on “Exhaustion of IPRs in Case of Recycling and Repair of Goods”[R]. Report Q205. AIPPI, 2008.

② See Japan Report on “Exhaustion of IPRs in Case of Recycling and Repair of Goods”[R]. Report Q205. AIPPI, 2008.

③ 权利用尽理论最早是由德国原帝国最高法院于1902年的一个判决中提出的。该判决指出：“如果专利权人在享有独占权的前提下将其产品投放市场，那么该专利权人就已经从其专利权中获利，从而将其权利用尽。”他人使用、许诺销售或者销售该产品的，不视为侵犯专利权。

④ 美国第一巡回上诉法院1901年对Goodyear ShoeMachinery Co. v. Jackson一案的判决，112F. 146(1901). 转引自尹新天. 专利权的保护[M]. 知识产权出版社，2005：143-144.

犯其专利权。无论知识产权人在最初出售产品时有无“一次使用”的明确表示，当知识产权人发现对其专利产品的修理/再造产品存在市场需求时，他们往往会从自身利益出发来解释“再造”。

其二，专利产品使用者的利益。一般来说，专利产品使用者自己不会再造专利产品，因为再造往往是一种经营行为，需要场地、设备、技术人员。专利产品的使用者作为普通消费者，他们希望产品可靠耐用、质优价廉，并希望严格解释“再造”。其原因在于：(1)他们在处理其报废专利产品时可获得较高价格。从生活常识可知，如果报废产品只有材料利用价值，回收价格会很低。而当报废产品可以进行再造时，回收价格会高得多。(2)专利产品使用者容易买到性价比高的修理后的专利产品，而不必非得购买知识产权人的高价新产品。

其三，修理/再造厂家的利益。修理/再造厂家和知识产权人是直接的利益冲突双方，双方的权益范围此消彼长。修理/再造厂家希望严格界定“再造”，以避免侵权的风险。但从鼓励创新、保护专利权人的角度出发，必须给予知识产权人足够范围的权益空间，因此修理和再造的划分应适当，必须在知识产权人和修理/再造厂家之间进行平衡，兼顾鼓励创新和环境资源的可持续利用。

其四，公众的环境资源利益。这是修理/再造利益链条中最重要的一环。随着地球上可利用资源的日益减少和环境恶化，环境资源利益是制定各项法律和政策时应考虑的重要因素，在修理和再造的判断上亦不例外。在考虑是否构成再造，以及构成再造，是否构成侵权时，应强调环境资源利益这一全人类的整体利益。

## 三、基于环保视角的再生墨盒案分析

关于 Recycle Assist 销售回收墨盒促进环保的主张，日本知识财产高等法庭庭长筱原胜美指出：“若优先考虑环保理念，第三方可以随意侵害佳能的专利技术。如此，确可在短时间内促进佳能墨盒的二次使用，有益于环保。但从长远看，则将抑制佳能公司对新技术的研发与投资。因此，若专利权的行使有悖于环保理念，亦不应视为权利滥用。”①

---

① 王一民．标准专利、环境权与国际标准交错下强制授权研究［D］．台北大学硕士学位论文，2008：96.

本研究认为，优先考虑环保利益，可以促使佳能公司对环保技术和产品的研发和投资。就环境保护的角度而言，“再生墨盒案”的判决结果与环境友好、资源节约的时代潮流背道而驰。

首先，阻碍创新。专利法为激励创新，因此给予专利权人一定时间的垄断权。其本质目的在于以限制竞争为代价，促成更大程度上的有效竞争和创造，而非单纯地加强对专利权人利益的保护。打印机的一次性墨盒完全可以用连续供墨系统①来代替。空墨盒配以永久芯片的供墨系统，这可解决不断更换墨盒的麻烦，减少了墨盒的反复购买。从理论上而言，任何一种打印机都能安装连续供墨系统，但受利益的驱使，原装墨盒厂商都不愿这么做。据业内人士透露，打印机厂商往往采用低价销售打印机、而在其墨盒等耗材上获利的商业模式。这一商业模式本身浪费资源。

基于销售一次性墨盒以获利的商业模式，回收再生墨盒当然会影响打印机厂商正品墨盒的销路(如表6-2)，进而使其利益受损，这是引发诉讼的根本原因。全球的打印机市场基本上已经被佳能、惠普和爱普生等国际大厂所垄断，这些巨头的打印机设备的售价非常便宜，主要通过销售打印耗材来获取利润。生产兼容耗材的企业逐渐壮大后，已经严重冲击了这些打印巨头的利润。为了谋取竞争优势、限制中小企业的发展，专利成为他们利用的工具。再生墨盒案的判决结果会限制修理、再

表6-2 各厂商及回收公司的日本墨盒市场占有率

| 生产厂商等 | 爱普生 | 佳能 | 回收公司 | 惠普 | Brother | 其他 |
|---|---|---|---|---|---|---|
| 占有率(%) | 46.0 | 35.9 | 9.6 | 3.3 | 2.0 | 3.2 |

说明：据日本调查公司BCN的调查，打印机厂商的正品墨盒的日本市场占有率，已由2006年10月的90%下降至2007年10月的87.8%，而再生墨盒在此1年间的占有率已自7.5%上升为9.6%。资料来源：夏佩娟．再生墨盒专利侵权诉讼案佳能终审获胜[EB/OL]．[2008-04--01]．http//www.sipo.gov.cn/sipo2008/dtxx/gw/2007/200804/t20080401_353596.html.

---

① 连续供墨系统实际上是一种简单的供墨装置，它利用导管将打印机中的墨盒和大容量的墨水瓶相连接，然后利用大气压强原理向墨盒源源不断供墨。

生行业以及与接口技术、兼容技术相关的企业的发展。① 这会阻碍技术创新，特别是环境友好技术的创新，与专利制度的初衷相悖。

其次，污染环境。日本最高法院作出支持佳能诉讼请求的判决后，佳能表示，今后将继续向社会提供高品质的产品和服务，且将为促进环境保护继续努力，积极回收。② 这表明，佳能也承认原装墨盒报废污染环境，所以要积极回收。但这种回收力度显然值得怀疑，因为公众的力量远远大于公司个体的力量。原装墨盒中残留的余墨及自身的报废都给我们的生存环境带来污染。大量被扔掉的打印耗材多数直接倒进垃圾堆，对人体和自然环境的危害很大，并吞噬人类的生存空间。据有关部门调查，每只废旧墨盒中残留着 10%～40%的墨水，如被释放到土壤中，将对地下水和土地造成污染。为了防止通用耗材厂商对自己的芯片进行破解，原装耗材厂商有意将自己的芯片进行改造，以至于很多时候，在墨盒墨水的容量还剩 1/3 时，打印机便提示墨盒已无墨水。其目的只是为了阻止兼容墨盒的竞争，最后并未彻底解决通用耗材与原装耗材的利益纠纷，反倒带来了一大堆环境污染问题。③

最后，不利于资源的循环利用。再生墨盒是资源循环利用模式的实践，符合资源"减量化、再使用、可循环"原则。国际上，特别是发达国家，绿色打印逐渐成为潮流。早在 1994 年，美国就把喷墨打印机的墨盒和激光打印机的硒鼓的再生利用写入环保法中；在欧洲，2002 年底，欧盟也用投票的形式通过新的电子垃圾回收法律，禁止打印机生产商在墨盒中加入防碍循环使用的一体化芯片，拒绝一次性打印墨盒。④

---

① 张蕾．专利侵权判定中修理与再造的界定——以 Canon Vs. Recycle Assist 再生墨盒案为背景[J]．电子知识产权，2008(10)：61-63.

② 夏佩娟．再生墨盒专利侵权诉讼案佳能终审获胜[EB/OL]．[2008-04-01]．http：//www. sipo. gov. cn/sipo2008/dtxx/gw/2007/200804/t20080401_353596. html.

③ 三点入手，解决废旧耗材引发的环境危机[EB/OL]．[2006-03-16]．http：//publish. it168. com/2006/0316/20060316004301. shtml? cChannel = 60&position code=2267.

④ 三点入手，解决废旧耗材引发的环境危机[EB/OL]．[2006-03-16]．http：//publish. it168. com/2006/0316/20060316004301. shtml? cChannel = 60&position code=2267.

《中华人民共和国固体废物污染环境防治法》第3条①也体现了资源循环利用的思想。"再生墨盒案"的判决阻碍了墨盒的循环使用，与发展循环经济的国际潮流不符。

总之，从社会公共利益出发，将填充墨水的行为定性为再造，不利于环境保护，阻碍了环境技术创新，有碍社会整体发展，限制了配套服务市场的竞争，损害了消费者的权益。

## 四、侵权判断中的环境利益考量

首先，在专利权利用尽范围内，专利产品的所有权人为了利用其所有物而进行的修理或零部件更换，不管该所有权人利用其所有物从事何种生产经营活动，均不构成"再造"，不构成侵犯专利权。而在专利权利用尽范围之外，以专利产品为对象出于生产经营目的的修理、零部件更换和回收利用是否构成"再造"，进而构成专利权侵权，则需要考量各种相关政策，权衡判断。

就环境保护而言，在专利权权利用尽范围之外，资源的循环利用和环境保护是否应作为判断专利侵犯的考量因素。对此，赞成者认为，为了最大化利用资源和保护环境，应当允许对废旧专利产品进行回收利用，对磨损、损坏的专利产品进行修理、更换。反对者认为，从法律的角度讲，修理、回收利用废旧专利产品有侵害专利权和不侵害专利权之分，在可以不侵害专利权的方式回收利用专利品的情况下，则无必要牺牲专利权人的利益。如将废旧的酒瓶回收后，可以进行再处理，加工成其他形状的酒瓶，或者加工成其他产品，比如玻璃、陶瓷等。这同样可以达到最大化利用和环境保护的目的。且由于卫生、物理上破坏等原因，对废旧专利产品真正进行直接回收利用的情况是不存在的，最起码也得经过清洗、消毒和其他简单处理(比如修补瓶盖)。这同样需要付出成本。因此，认为对废旧专利产品直接进行回收利用可以节省成本因

---

① 具体内容为："国家对固体废物污染环境的防治，实行减少固体废物的产生量和危害性、充分合理利用固体废物和无害化处置固体废物的原则，促进清洁生产和循环经济发展。国家采取有利于固体废物综合利用活动的经济、技术政策和措施，对固体废物实行充分回收和合理利用。"

而应当享受侵权豁免的观点是很难说服人的。① 但即使有成本，这一成本也比加工成其他形状或产品的成本要低得多，而且在某些情况下，废旧产品加工成其他形状或产品根本就不可能。

在涉及专利产品的修理、回收利用是否构成再造或侵权的判断中，环境资源利益应当是优先考量的利益。随着人类的工业化进程，人类对环境和资源的过度利用已造成环境污染、土壤退化、沙漠扩张、全球变暖、能源紧张等严重后果，人类在谋划自身美好蓝图时再也不能不将环境和资源的可持续发展放在首要位置了。作为直接从事资源回收利用的厂家，对专利产品的修理、回收利用，无疑有利于可持续发展目标的实现。

追求社会效益最大化，不但是经济学家研究的问题，也是法院处理纠纷时要考虑的问题。对有利于社会效益的行为，法院应采取鼓励的态度。如，将不可灌注的墨盒改造为可灌注的墨盒，将“一次性相机”加工后再利用，都因“物尽其用”而减少了浪费。当然，对是否有利于环境保护，不能作简单、想当然的判断，要针对具体案件作具体分析，以免损害专利权人利益。如“棉包捆扎带案”中的金属片和“钻头案”中的钻杆，在被再次利用时所起的作用也只是普通的金属片和金属杆，即使不被再次利用而是作为金属废品处理，也谈不上浪费。② 而废旧墨盒如不加以回收利用，则浪费资源。总之，在判断修理还是再造，以及再造是否构成侵权的问题上，环境利益应作为一个重要的考量因素，这可作为一项司法理念纳入专利法实施细则或司法解释。在对修理/再造专利产品是否真正有利于环境保护的判断上，要根据具体情况加以分析，平衡好专利权人、修理/再造厂家和环境保护之间的利益关系，给修理/再造厂家创造生存和发展空间的同时，切实保护专利权的权益。

此外，在有关修理、重装、回收利用与商标侵权中，目前各国在认定“修理、重装、回收利用”行为是否构成商标侵权时，主要看这些行为是否会破坏原初商标的区分功能和品质保障功能，即是否会损害商标权人的利益或使消费者产生混淆。如果是，构成商标侵权；反之，则不

---

① 李扬．修理、更换、回收利用是否构成专利权侵权[J]．法律科学，2008(6)：82-84.

② 闫文军．从有关美国判例看专利产品“修理”与“再造”的区分[M]//国家知识产权局条法司编．专利法研究(2004 年卷)．北京：知识产权出版社，2004：397.

构成商标侵权。① 目前的案例基本没有考虑环境保护的问题。在关于修理、回收利用与版权侵权问题，美国的报告②主要探讨了版权的销售权穷竭的问题。德国的报告③也探讨了版权发行权穷竭，但该版权权利穷竭不适用于出租权。日本的报告④认为，关于"修理、回收利用与版权侵权"的问题，可以援引日本最高法院关于"修理、回收利用与专利权侵权"的判决意见。我国目前的相关案例⑤。法院判决的理论根据主要是作品首次销售原则，但欠缺资源循环利用的考量，因此，有学者主张，著作权人以"废品"(废纸、废光盘的价格)的形式出售其作品的复制件后，不得再以著作权受到侵犯为由阻止该"废品"以作品(纸张和作品的价格)的形式再次销售。⑥

## 第二节 知识产权侵权物处理方式选择的生态考量

在知识产权审判实践中，当事人往往将侵权物处置作为与停止侵害、赔偿损失并列的诉讼请求同时提出。本书所指的侵权物，包括侵权

---

① 高荣林．可持续发展视野下的产品的修理、重装、回收利用行为与知识产权侵权[C]//知识产权与可持续人类发展论坛论文集，2013.

② See USA Report on "Exhaustion of IPRs in Case of Recycling and Repair of Goods"[R]. Report Q205. AIPPI, 2008.

③ See Germany Report on "Exhaustion of IPRs in Case of Recycling and Repair of Goods"[R]. Report Q205. AIPPI, 2008.

④ See Japan Report on "Exhaustion of IPRs in Case of Recycling and Repair of Goods"[R]. Report Q205. AIPPI, 2008.

⑤ 某出版社出版了《2004 年国家司法考试辅导》，但 2004 年并未全部售出。司法考试过后的 2004 年年底，该出版社将积压的 200 套书作为废纸卖给了废品收购者。该收购者将这 200 套书放到旧书店 4 折出售，获利 2 万元。出版社得知后，认为废品收购者侵犯了其发行权，应当返还不当得利并赔偿其他损失。对于此问题有论者认为："对于此问题在目前法律没有明确规定时，根据民法诚实信用、权利不得滥用原则，可以判处废弃物在后物权人拥有销售该物品的权利，是一种符合法律基本价值的方式。"参见徐伟．版权作品载体废弃物处分中的权利穷竭问题[J]．知识产权，2006(2).

⑥ 高荣林．可持续发展视野下的产品的修理、重装、回收利用行为与知识产权侵权[C]//知识产权与可持续人类发展论坛论文集，2013.

工具和侵权产品。对侵权物的处置，不能简单地一毁了之，还应考虑这种处置方式是否影响公共利益，如是否有利于节约资源、保护环境等。

## 一、侵权工具的处置

对侵权工具的处理可依据我国《民法通则》第134条第3款①的规定予以收缴。商标法、著作权法、计算机软件保护条例、集成电路布图设计保护条例、植物新品种保护条例和知识产权海关保护条例，均明确授予相关行政部门可以没收、销毁侵权工具。应该说关于侵权工具的处理我国法律的规定是明确的，即没收和销毁。TRIPs 协议第46条规定，司法机关有权在不进行任何补偿的情况下，责令将主要用于制作侵权商品的原料与工具排除出商业渠道，排除程度以尽可能减少进一步侵权的危险为限。这一规定对侵权工具的处理的规定，内涵更广，并不仅仅限于没收和销毁，只要排除出商业渠道即可。

其实，在侵权工具的处置问题上，要重视发挥当事人的主体地位，对侵权工具的处理可由原被告双方协商解决(以不触犯刑法为前提)。如侵权工具质量合格，且不违反国家法律禁止性规定的，原告可以收购被告的侵权工具，这可充分发挥侵权工具的作用，避免因法院判令销毁侵权工具而造成资源浪费。②

## 二、侵权产品的处置

关于侵犯知识产权产品的处置，是中美知识产权争端案③的一个争

---

① 《民法通则》第134条第3款规定："人民法院审理民事案件，除适用上述规定外，还可以予以训诫、责令具结悔过，收缴进行非法活动的财物和非法所得，并可以依照法律规定处以罚款、拘留。"

② 高荣林．解读知识产权法中的"绿色"[J]．科技与法律，2007(2)：35-37.

③ 此案案情为：2007年4月10日，美国以中国相关法律不符合 TRIPs 协定为由，提请 WTO 争端解决机制项下的磋商，在此诉讼中美国指控中国在三方面违反 TRIPs 协定：中国设定的刑事处分盗版和假冒注册商标商品的门槛过高；中国海关处理没收的侵犯知识产权物品的规则不妥；在等待审查阶段的音像制品就应当受到知识产权保护。2009年1月26日，WTO 正式公布《"中国——影响知识产权保护与实施的措施"专家组报告》(WT/DS362/R)，专家组在二、三两项内容上支持了美方的主张，并建议中国改进著作权法和海关措施以符合 WTO 成员的义务。3月20日，WTO 争端解决机构(DSB)会议审议通过该报告；由于在规定期间未提出上诉，该报告成为本案最终裁决。

点。美方根据《中华人民共和国知识产权海关保护条例》(第27条)和《关于〈中华人民共和国知识产权海关保护条例〉的实施办法》(第33条)，称中国海关处置知识产权侵权物时存在层级(hierarchy)顺序：首先将其用于社会公益事业或由知识产权人收购；无法用于公益事业且知识产权人无意收购的，则将非法附着在商品上的假冒商标去除后，予以拍卖；无法消除侵权特征的，予以销毁。美方认为此种顺序造成海关不能直接销毁侵权物，从而违反了TRIPs协议第46条“将侵权货物清除出商业渠道或责令将其销毁”之规定。此外，捐赠和转让给权利人的做法会对权利人利益造成损害，违反了TRIPs协议的“避免对权利持有人造成任何损害”的原则。专家组认为，中国海关将收缴的盗版货品的假冒商标撕去后使其重新进入市场的做法有错，建议中方改善海关执法，以符合WTO成员的义务。① 谁是谁非，必须先弄清TRIPs协议、中国、美国关于知识产权侵权物处置的规定。在此基础上，从环境保护，资源循环利用的角度，分析知识产权侵权物处置的合理方式。

知识产权侵权物的处置涉及TRIPs协议第46条②和第59条③。根据这两条，成员海关对处置知识产权侵权物的义务包括：(1)成员海关有义务将知识产权侵权产品销毁(在成员宪法允许的情况下)或将侵权产品排除出商业渠道；(2)对于假冒商标的商品，除例外情况外，不得允许仅除去非法加贴的商标重新出口，或以不同的海关程序处理该商

---

① 陈达，冯迪凡．WTO专家组判决解读：为何部分败诉[N]．第一财经日报，2009-2-2：2.

② 该条规定：“为了有效禁止侵权，司法机关有权在不进行任何补偿的情况下，责令将已经确认侵权的货物排除出商业渠道，以避免对权利持有人造成任何损害，或只要不违背现行宪法的要求，责令将其销毁。司法机关有权在不进行任何补偿的情况下，责令将主要用于制作侵权货物的原料与工具排除出商业渠道，以便将进一步侵权的危险减少到最低限度。在考虑这类请求时，应顾及侵权的严重程度、给予的救济及第三方利益成比例。对于假冒商标的商品，除例外情形外，仅除去非法加贴的商标尚不足以允许该货物进入商业渠道。”

③ 第59条是对成员海关在处置知识产权侵权产品问题上的专门规定，其要求成员“在不损害权利持有人其他诉讼权并在遵守被告寻求司法机关进行审查权利的前提下，主管机关有权依照第46条所列的原则销毁或处理侵权货物。对假冒商标的货物，主管机关不得允许侵权货物在未作改变的状态下再出口或对其用不同的海关程序，但例外情况除外”。

品；(3)海关的上述做法，不得妨害权利持有人有自由采取行动的其他权利，也不得妨害被告有寻求司法保护的权利。

中国处置知识产权侵权物的主要依据是《关于中华人民共和国知识产权海关保护条例》第27条①、《关于〈中华人民共和国知识产权海关保护条例〉的实施办法》第33条②和《关于没收侵犯知识产权货物依法拍卖有关事宜的公告》(海关总署2007年第16号公告)③。根据这些规定，我国海关对没收的知识产权侵权物的处置方式如下：(1)转交给有关公益机构用于社会公益事业或在知识产权人有收购意愿的情况下有偿转让给知识产权人；(2)无法用于社会公益事业且知识产权人无收购意愿的，海关可以在消除侵权特征后依法拍卖，但拍卖前应征求知识产权人的意见；(3)无法用于社会公益事业且知识产权人无收购意愿，侵权特征又无法消除的，海关应当予以销毁，知识产权人应当给予必要的协助。

根据有关学者的研究，美国和中国海关处置知识产权侵权物做法的最大区别为：(1)美国明确销毁是对侵权物的基本做法，而在我国相关法律中，销毁是在其他处置方法不能使用时的一种兜底性措施；(2)美国对于侵犯著作权的货物一律销毁，而在我国相关立法中，侵犯著作权的货物的处置方法与侵犯其他知识产权物品的处置方法是相同的；

---

① 该条规定："被扣留的侵权嫌疑货物，经海关调查后认定侵犯知识产权的，由海关予以没收。海关没收侵犯知识产权货物后，应当将侵犯知识产权货物的有关情况书面通知知识产权权利人。被没收的侵犯知识产权货物可以用于社会公益事业的，海关应当转交给有关公益机构用于社会公益事业；知识产权权利人有收购意愿的，海关可以有偿转让给知识产权权利人。被没收的侵犯知识产权货物无法用于社会公益事业且知识产权权利人无收购意愿的，海关可以在消除侵权特征后依法拍卖；侵权特征无法消除的，海关应当予以销毁。"

② 该条规定："海关销毁侵权货物，知识产权权利人应当提供必要的协助。有关公益机构将海关没收的侵权货物用于社会公益事业以及知识产权权利人协助海关销毁侵权货物的，海关应当进行必要的监督。"

③ 该公告的主要内容为：一、海关拍卖没收的侵权货物，应当严格按照《条例》第27条的规定，完全清除有关货物以及包装的侵权特征，包括清除侵权商标、侵犯著作权、侵犯专利权以及侵犯其他知识产权的特征。对不能完全清除侵权特征的货物，应当予以销毁，一律不得拍卖。二、海关拍卖侵权货物前应当征求有关知识产权权利人的意见。

(3)美国对于假冒商标商品的除了销毁以外的其他所有处置方法都须在商品安全、对身体无害且征得商标权人同意的条件下进行，而在我国相关立法中，没有商品安全对身体无害的条件限制，也没有明确所有处置方法必须以商标权人的同意为条件，仅仅给了知识产权人一个收购的机会和拍卖之前征求其意见的机会。①

可见，中美两国海关对知识产权侵权物的处置方法存在着不小的差异，但衡量正确与否的基础不是美国法而是世界贸易组织 TRIPs 协议的相关规定。根据 TRIPs 协议第 46 条的规定，海关处置知识产权侵权物的基本方法是将侵权物排除出商业渠道或责令将其销毁，这里并未明确这两种措施使用上的先后顺序，这意味着成员方立法可规定两种措施孰先孰后。美国以其国内立法将销毁作为对侵权物的首要处置方法而要求中国，没有道理。TRIPs 协议并没有排除“清除出商业渠道”和“销毁”之外的其他处置方式，据此，中国有权赋予海关采取符合中国国情的捐赠、权利人购买、拍卖等方法。TRIPs 协议只是原则性地要求海关的处置方法应“以避免对权利人造成任何损害为限”。中美的做法虽有差异，但都满足 TRIPs 协议的这一要求，区别仅在于美国的做法(以知识产权人同意为条件)较中国(征求知识产权人的意见)更为严格。所以，中国海关对知识产权侵权物的处置方法不违反 TRIPs 的相关要求，美国对中国的此项诉求不成立。

除此之外，我国在侵权物处置层级中将销毁作为在其他处置方法不能使用时的兜底措施，有利于资源再利用，符合环保理念。

对侵权物的处理，我国现行法律规定的依据主要有：《民法通则》第 134 条第 3 款规定的“人民法院审理民事案件，可以收缴进行非法活动的财物和非法所得”与侵权物的处置相关，②《商标法》、《著作权

---

① 杨帆．对中美知识产权海关处置措施的对比分析[J]．政法论坛，2008(6)：173.

② 有学者认为，人民法院并不能适用《民法通则》第 134 条第 3 款之规定，把侵权物视为“进行非法活动的财物和非法所得”而予以收缴。因为“进行非法活动的财物”主要是指进行非法活动所使用的工具，并不包括非法活动所产生的结果，而侵权产品并不属于知识产权侵权的工具，不属于收缴范围。而“非法所得”是指从事非法活动所获得的非法利益，侵权产品不是“非法所得”，不应予以收缴。故《民法通则》对于侵权产品的处置实际并无规定。参见刘红兵．知识产权侵权物处置尚存争议——司法利剑终结知识产权侵权之争[N]．中国知识产权报，2008-10-17.

法》、《计算机软件保护条例》、《集成电路布图设计保护条例》、《植物新品种保护条例和知识产权海关保护条例》均明确授予相关行政部门可以没收、销毁侵权工具和侵权商品。但《专利法》对侵权物的处置问题未涉及，其中，《知识产权海关保护条例》对侵权货物的处置方式作了较为具体规定(前文已述)，但其他知识产权管理部门和人民法院不能直接适用上述规定处置侵权产品。根据《著作权法》第52条的规定，①人民法院可以对知识产权侵权产品进行处置，但未明确具体的处置方式。对商标侵权物的处置，最高人民法院的司法解释规定，可以依据《民法通则》第134条、《商标法》第53条的规定，作出收缴侵权商品的民事制裁决定。但也未规定具体的处置方式。由此可见，我国法律对于知识产权侵权物的处置无系统规定，过于强调民事制裁的作用，知识产权权利人的主体地位未受到应有的重视，也没考虑环境公共利益。

知识产权所保护的实际上是一种信息，侵犯知识产权的实质是将特定信息非法物化到产品即侵权物中，侵权物一旦投入市场，必然会侵害知识产权人的权益。因此，对知识产权侵权物的处置，以除去知识产权所保护的信息为必要。将侵权物销毁，当然是一种最彻底的方式。但对侵权物的处置并非简单的销毁了之，同样也应考虑公共利益，包括环境保护的问题。为此，应对知识产权侵权物的处置方式加以完善。

1. 限制销毁侵权物的条件

知识产权侵权物的销毁处置，一般要符合两个要件，其一，侵权物的存在使公共利益受到危害或危害之虞；其二，除了销毁之外，无其他更为妥当的处置方法排除侵权物对权利人的威胁。TRIPs协议第46条要求："在考虑这类请求时，应顾及第三方利益，并顾及侵权的严重程度和所下令使用的救济之间相协调的需要。"侵权物处置请求权的行使以恢复知识产权专有性为必要，去除"智力因素"为核心，不得造成对第三人和社会公共利益的损害。就此而言，我国关于"新白云机场幕墙

① 《中华人民共和国著作权法》第52条规定："人民法院审理案件，对于侵犯著作权或者与著作权有关的权利的，可以没收违法所得、侵权复制品以及进行违法活动的财物。"

专利侵权纠纷案"①的判决值得肯定。法院认为，被告侵犯专利权行为成立，本应判令停止使用侵权产品，但考虑到机场的特殊性，停止使用不符合社会公众利益，因此准许其使用被控侵权产品，但应支付使用费。法院之所以没有支持原告停止侵害的请求权，原因在于停止侵害就意味着要销毁侵权物(幕墙)，这样会造成社会资源的巨大浪费。

2. 限制义务主体范围

当侵权物通过商业渠道为第三人所有或使用时，权利人是否可以直接针对第三人行使处置请求权？根据 TRIPs 协议第 44 条②规定，知识产权权利人是否有权将第三人的产品排除出商业渠道，以第三人取得侵

① 简要案情是：原告珠海晶艺玻璃工程有限公司从 2000 年开始，先后参加了广州新白云机场航站楼玻璃幕墙工程的设计招标和第一、二、三标段的招标活动，并按要求提供了详尽的设计及施工方案，其中包括公司专利产品的使用说明，但都未中标。2004 年 8 月 6 日，新白云机场正式使用。原告发现新机场航站楼玻璃幕墙工程使用了其拥有的实用新型专利——幕墙活动连接装置，遂起诉相关被告。广州中院审理认为，原告是涉案的实用新型专利权利人，其专利至今有效存续，受法律保护。被告三鑫公司未经原告许可，在广州新白云国际机场航站楼玻璃幕墙工程的设计、施工中制造、销售、使用原告的专利产品，侵犯原告专利权，应停止侵权并承担相应的赔偿责任。原白云机场有限公司作为工程的发包方，对被告三鑫公司设计、施工的工程内容有否侵犯他人专利权负有审查义务，应当对侵权后果承担共同赔偿责任；鉴于原白云机场有限公司现已被注销工商登记，其债权债务由被告机场管理公司承担，因此被告机场管理公司应当承担共同赔偿责任。由于在广州新白云国际机场建成并投入使用之后，该机场的地面服务设施实际由被告白云机场股份有限公司经营使用，因此在认定侵权成立后，本应判令停止使用侵权产品，但考虑到机场的特殊性，停止使用不符合社会公众利益，因此准许其使用被控侵权产品，但应支付使用费。2006 年 8 月 16 日，广州中院作出一审判决，判令被告三鑫公司立即停止专利侵权行为；被告三鑫公司和机场管理集团公司支付原告赔偿金 30 万元；被告白云国际机场股份有限公司支付原告专利使用费 15 万元。一审判决后，三被告不服，向广东省高级人民法院提起上诉。二审中各方达成调解协议，由被告三鑫公司支付原告一定的补偿费用，原告允许白云机场继续使用其专利。参见郭民生．建筑企业面临的知识产权问题与对策[EB/OL]．[2008-03-18]．http：//www. chinavalue. net /Article/ Archive/2008/3/18/104540_2. html.

② TRIPs 协议第 44 条规定："司法当局应有权令一方当事人停止侵权，特别是应有权在清关后立即阻止那些涉及知识产权侵权行为的进口商品进入其管辖内的商业渠道。除非当事人是在知道或有合理理由知道从事这些客体的买卖会构成知识产权侵权之前获得或订购这些商品的。"

权物时主观上是否明知为条件。而根据我国《专利法》第 70 条①、《商标法》第 64 条第 2 款②的规定，第三人取得侵权物时主观上是否明知，决定其是否承担赔偿责任，而承担停止侵权等其他民事责任不受此限。如果第三人在不明知的情况下购买并销售的侵权物仍必须被销毁，将导致善意第三人蒙受损失，严重影响交易安全，导致资源浪费。故，应将处置侵权物的义务主体范围限定在侵权行为人和恶意第三人。至于第三人购得的侵权物个人使用的，则不论恶意抑或善意均不得针对第三人行使处置请求权，除非该侵权物的存在危害了公共利益。

3. 侵权物处置方式选择

侵权物处置方式主要有三：其一，召回。由侵权人召回侵权物，但该救济措施代价较大，对于大规模零售的日用商品，产品召回将严重影响善意购买者的利益，当慎用。其二，移交。移交法院或有关机关，然后分不同的情况处置：赠与公益机构用于社会公益事业；由权利人回购侵权物；对侵权物去除侵权标识或特征后交还侵权产品持有人或依法组织拍卖；对侵权物本身价值低廉且侵权特征无法去除或去除成本过高的予以销毁。其三，事后授权。由侵权人或侵权物持有人与权利人达成许可协议，支付许可使用费用，变侵权实施为合法实施。市场主体的经营活动即使侵害知识产权，如强行停止，对于货物流动、交易秩序、节约资源也是不利的，而如果适时地用损害赔偿替代停止侵权或适用强制许可，反倒会使侵权方与知识产权人“各得其所”。③ 此外，还可创设事后强制许可的处置方式。如在版权侵权纠纷中，如果侵权人的作品是在侵犯他人作品基础上的创作。法院如依权利人的请求发布禁令，会使得被告前期的投入尽弃。此时法院可以判令被告向权利人支付赔偿或使用费后允许被告继续使用原告的作品，但涉及侵犯其他权利(如隐私权)

---

① 《中华人民共和国专利法》第 70 条规定：“为生产经营目的使用、许诺销售或者销售不知道是未经专利权人许可而制造并售出的专利侵权产品，能证明该产品合法来源的，不承担赔偿责任。”

② 《中华人民共和国商标法》第 64 条第 2 款规定：“销售不知道是侵犯注册商标专用权的商品，能证明该商品是自己合法取得的并说明提供者的，不承担赔偿责任。”

③ 刘红兵．知识产权侵权物处置尚存争议——司法利剑终结知识产权侵权之争[N]．中国知识产权报，2008-10-17.

的除外。又如在无过错的一方当事人得到一项技术，并据此进行了大量投资，则法院可拒绝给予禁令救济而允许该当事人在支付合理使用费后继续使用该技术，以避免造成资源浪费。

从环境保护角度和完善侵权物处置方式而言，我国法律制度需完善之处有：其一，将销毁作为最后考虑使用的侵权物处置方式。我国《知识产权海关保护条例》所规定的处置方式，符合这种精神。但这只是海关处置知识产权侵权物的方式，因此，有必要将类似的规定纳入《专利法》、《商标法》、《著作权法》等知识产权法律中，以为知识产权行政管理机关和法院处置知识产权侵权物提供依据。其二，要充分尊重知识产权权利人的意思，发挥其主体地位。如在拍卖侵权物时，应征知识产权人的意见或征得其同意。在侵权产品质量合格且不损害公共利益的前提下，应允许知识产权权利人以事后授权的方式许可被告使用其知识产权，或采取追认或收购的方式将侵权产品变成非侵权产品。其三，对知识产权权利人的请求权应加以必要限制，应考虑对第三人利益的保护和社会公共利益的维护。在第三人明知或应知的情况下购买并销售的侵权物的，则应按以上所述的方式处置侵权物。第三人所购侵权物个人使用的，则不论恶意抑或善意均不得针对第三人行使处置请求权，除非该侵权物的存在危害了公共利益。知识产权权利人的请求权如果会损害社会公共利益的，也应加以必要的限制。总而言之，对知识产权侵权物的处置，在维护知识产权权利人利益的同时，应考虑物尽其用，节约资源，保护环境。

与此同时，要慎用停止侵权的救济与建立惩罚性赔偿制度。我国《专利法》第66条规定："专利权人或者利害关系人有证据证明他人正在实施或者即将实施侵犯专利权的行为，如不及时制止将会使其合法权益受到难以弥补的损害的，可以在诉前向人民法院申请采取责令停止有关行为的措施。"停止侵害不仅是一种实体意义上的民事法律责任——永久禁令，也可以作为纯粹的程序救济——诉前禁令。① 但不管属于哪种禁令，对于生态专利的侵权案件，都应慎用停止侵害的救济。因为倘若贸然支持停止侵害请求权，必然会使既得环境利益或者潜在环境利益受损，对环境利益有百害而无一利。

① 李琛．知识产权法关键词[M]．北京：法律出版社，2006：235.

慎用停止侵害的救济表面上看似乎是对侵权行为的纵容，会损害到专利权人的利益，但是当涉及环境利益时，具有私权属性的专利权又不得不让位于公共利益。为了调和此种矛盾，建立侵害生态专利的惩罚性赔偿制度实有必要。生态技术是作为一个新兴的产业，在目前尚处于发展初期，存在开发利用成本高、风险大、回报率低等问题，因此需要专利法的特殊保护。在侵害生态专利的民事责任制度设计上应着重于侵权责任的预防功能，而不应仅限于补偿功能。而侵权责任的预防功能主要是通过惩罚性赔偿实现，故应在侵害专利权损害赔偿中引入惩罚性赔偿责任制度。① 我国现行《专利法》虽然有相关惩罚性赔偿的规定，但是并没有规定具体适用条件、在数额确定方式上也不合理，仅仅是作为补偿性赔偿的补充规定。建议在处理生态专利侵权的问题上，应当特别重视惩罚性赔偿制度的建构和适用。在立法上具体化适用条件和数额确定方式，在司法实践中扩大法官对惩罚性赔偿的自由裁量权。

## 第三节　相关环境因素的知识产权保护

本部分选取环境标志、遗传资源和传统知识这三个与知识产权制度相关的环境因素加以论述。环境标志有利于厂商创建绿色品牌和加强竞争优势，帮助消费者基于环保信息的消费选择。遗传资源是生物多样性的生物基础，具有维护生态系统稳定的功能。传统知识对保护生物多样性，改良生物的性状与品质等有重要价值。

### 一、环境标志的知识产权保护

#### (一)环境标志之内涵

环境标志(Environmental Label)又称“绿色标签(Green Label)”、“生态标志(Eco-Label)”等，1993 年国际标准化组织(ISO)将其统称为“环境标志”。一般认为，环境标志是指由政府部门或公共、私人团体依据一定的环境标准向有关厂家授予的证明其产品在生产、使用及处置过程符合环保要求，对环境无害或危害较少，同时有利于资源再生和回

---

① 崔聪聪．可再生能源产业化推进的专利法保[J]．科技管理与研究，2009(10)：486-487.

收利用的印章、标志等。① 环境标志可以向消费者提供有关产品对环境影响的信息，通过消费者可能基于环境影响信息作出的选择，激励企业生产环境友好产品及提供相关服务。

据不完全统计，从1977年第一个环境标志德国的"蓝色天使"诞生到2006年，开展环境标志认证的国家或地区达30多个②，各国环境标志制度的名称各异(如表6-3)。中国环境标志图形由中心的青山、绿水、太阳及周围的十个环组成。图形的中心结构表示人类赖以生存的环境，外围的十个环紧密结合，环环紧扣，表示公众参与，共同保护环境；同时十个环的"环"字与环境的"环"同字，其寓意为"全民联系起来，共同保护人类赖以生存的环境"(如图6-1)。

表6-3　**若干典型国家环境标志制度名称**

| 国家(地区) | 建立年份 | 环境标志制度名称 |
| --- | --- | --- |
| 德国 | 1977 | 蓝色天使制度 |
| 加拿大 | 1988 | 环境选择计划 |
| 日本 | 1989 | 生态标态制度 |
| 丹麦、芬兰、冰岛、挪威 | 1989 | 白天鹅制度 |
| 美国 | 1989 | 绿色签章制度 |
|  | 1990 | 科学证书制度 |
| 印度 | 1991 | 生态标志制度 |
| 奥地利 | 1991 | 奥地利生态标志 |
| 法国 | 1991 | NF环境制度 |
| 葡萄牙 | 1991 | 生态产品制度 |
| 欧盟 | 1992 | 环保标志制度 |
| 瑞典 | 1992 | 良好环境选择 |

① 胡涛等著.WTO与生态标志[M].北京：中国环境科学出版社，2005：1.

② 包括澳大利亚、巴西、加拿大、克罗地亚、捷克、欧盟、德国、希腊、中国香港、印度、日本、韩国、卢森堡、新西兰、丹麦、芬兰、冰岛、挪威、瑞典、菲律宾、中国台湾、新加坡、瑞士、西班牙、泰国、美国、津巴布韦、英国、匈牙利、乌克兰。全球生态标志网站[EB/OL].[2016-05-10].http：//www.gen.gr.jp/members.html.

续表

| 国家(地区) | 建立年份 | 环境标志制度名称 |
|---|---|---|
| 新西兰 | 1992 | 环境选择制度 |
| 韩国 | 1992 | 环境标志制度 |
| 新加坡 | 1992 | 绿色标志制度 |
| 荷兰 | 1992 | Stichting Milieukeur |
| 克罗地亚 | 1993 | 环境友好制度 |
| 中国 | 1994 | 环境标志制度 |

图 6-1 中国环境标志

环境标志为自愿性的环境管理手段，是商品或服务的证明商标。它表明该产品不仅质量合格，而且在生产、使用和处理处置过程中符合环境保护要求，与同类产品相比，具有低毒少害、节约资源等优势。作为证明商标的环境标志，一般是由某个机构拥有环境标志的商标所有权，然后在该机构的监督控制下，生产商或服务商将申请到的环境标志使用于其商品或服务上，以证明其商品或服务的环境性能。这能为消费者选择环境友好产品或服务提供参考。

(二)环境标志的知识产权制度保护

证明商标(Certification mark)，美国称之为“保证商标”(Guaranty mark)；爱尔兰称其为“统一质量商标”(common quality mark)；欧共体委员会建议叫“担保商标”(Guaranteemark)。各国虽称法各异，含义却大体相同。即由对某种商品或服务具有监督能力的组织所控制，而由该组织以外的单位或个人使用于其商品或服务上，用以证明该商品或服务的原产地、原料、制造方法、质量或者其他特定品质的标志。① 这种商标的商品生产、经营者自己不得注册，须由商会、事业或其他团体申请注册，申请人对使用该证明商标的商品质量具有鉴定能力，并负保证责任。一般而言，使用证明商标的商品已通过鉴定或已按某项标准进行生产，因而该商品已具备某项质量特点或功能。通过使用证明商标，使商品对消费者具有吸引力，有利打开销路，占领市场。正因如此，证明商标目前已发展成国际上一种重要商标。

在实践中，很多国家的环境标志计划都把环境标志登记为注册商标，依商标法规对获得环境标志的产品和服务实施保护。② 在德国，商标所有权归联邦环境自然保护和核安全部。在日本，商标所有权归环境协会。实践证明，这种商标保护方式对防止“假冒”的环境标志产品非常必要。例如1998年，德国的RAL③ 控告了错误使用标志的零售商，因为零售商在宣传它的产品时，把环境标志用在与允许使用的产品无关的产品上，而联邦法院禁止商店将环境标志贴在与标志无关的产品上。环境标志的使用均要求环境标志所有者与使用标志者签订合同，以明确使用者的权利和义务。

我国环境标志是一种典型的证明商标。“中国环境标志产品认证委员会”经国家技术监督局授权于1994年5月17日正式成立，中国环境标志由其作为申请人在国家商标局获得注册，从而使我国环境标志取得了注册商标专用权，中国环境标志产品认证委员会则是此认证商标的所有人。我国环境标志的知识产权保护主要是对环境标志进行商标注册，

---

① 齐爱民．现代知识产权法学[M]．苏州：苏州大学出版社，2005：342.

② 兰建洪．论我国环境标志的商标保护[J]．知识产权，1994(4)：23-26.

③ 受第一次世界大战的影响，德国的经济条件处于非常贫困的状态。而且，由于产品的质量低下，直接导致了商业活动的停滞。德国人因为害怕他们的金钱换来的是劣质产品，所以不买任何东西。在此背景下，政府和制造业部门决定建立按照一定的质量管理检测标准来控制质量的机构。其德文名称为：Reichs-Ausschuss fur Lieferbedingungen，简称RAL。经过短短的几年，RAL的工作卓有成效，产品质量明显提高。符合RAL高质量管理标准的产品，生产商都可在其产品上标有RAL标志，以向消费者证实产品的可信赖性。参见德国RAL认证中质量保证简析[EB/OL]．http：//tbt. testrust. com/library/detail/17296. html.

与标志使用者签订环境标志使用合同以及通过反不正当竞争法规制环境标志使用行为。

其一，环境标志的商标法保护。1995年4月23日通过《商标法实施细则》第6条首次将集体商标、证明商标①首次纳入了法律的保护范畴。1994年12月30日国家工商行政管理局首次发布了《集体商标、证明商标注册和管理办法》。1998年12月3日国家工商行政管理局第一次修订发布了《集体商标、证明商标注册和管理办法》。2001年10月27日我国在第二次修订的《商标法》第3条中明确规定了证明商标的保护并对其加以界定。2002年8月3日我国新制定的《中华人民共和国商标法实施条例》中明确了申请保护。

证明商标的细则。2004年4月17日国家工商行政管理局第二次修订发布了《集体商标、证明商标注册和管理办法》。这为我国环境标志的注册、环境标志商标专用权的保护、管理提供了较为全面的法律依据。所以，环境标志的商标保护首先可以直接援引我国商标法律制度的有关规定。2013年8月30日第三次修订依然保持了该条的规定。

《商标法》(2013年)第43条规定了商标许可合同，使用注册商标的人要保证使用该注册商标的商品质量；注册人要监督使用其注册商标的商品质量。这为环境标志许可使用提供了法律依据。申请使用环境标志的企业，应按照《环境标志产品认证管理办法》中的程序提出申请，经认证合格后，须与中国环境标志产品认证委员会鉴定环境标志使用合同。为使环境标志使用合同的实施具有可操作性，我国制定了“环境标志使用合同书”，该合同属格式合同，该合同的甲方为中国环标志产品认证委员会，乙方需使用环境标志的单位，该合同书对乙方如何使用环境标志、合同期限及甲方对乙方的认证监督等作了规定。最值注意的是，生产经营者只能在经认证合格的产品上使用环境标志，不得在自己生产的其他未经许可的产品上使用。

在保护注册商标专用权方面，《商标法》第57条列举了侵权行为，即未经商标注册人的许可，在同一种商品上使用与其注册商标相同的商标的；未经商标注册人的许可，在同一种商品上使用与其注册商标近似

① 证明商标与集体商标的相同处是可以同时被许多企业或个人使用；所不同的是，集体商标只限于本社团内部成员使用，而证明商标则无此限制。

的商标，或者在类似商品上使用与其注册商标相同或者近似的商标，容易导致混淆的；销售侵犯注册商标专用权的商品的；伪造、擅自制造他人注册商标标识或者销售伪造、擅自制造的注册商标标识的；未经商标注册人同意，更换其注册商标并将该更换商标的商品又投入市场的；故意为侵犯他人商标专用权行为提供便利条件，帮助他人实施侵犯商标专用权行为的；给他人的注册商标专用权造成其他损害的。《商标法》第60、61条规定了对侵权行为的制裁，有停止侵权、赔偿损失和罚款，构成犯罪的则依法追究刑事责任。上述规定，无疑对我国环境标志的保护起到重要作用。

其二，环境标志的不正当竞争法保护。《中华人民共和国反不正当竞争法》第5条规定，经营者不得假冒他人的注册商标，也不得在商品上伪造或冒用认证标志、名优标志等质量标志。该法其他部分界定了假冒注册商标伪造或冒用认证标志和虚假广告，规定了监督检查制度和不正当竞争行为的法律责任等。环境标志属于认证标志，不正当竞争法为环境标志的保护提供了法律根据。

为更好地保护环境标志，商标局应会同环境标志主管机构制定专门规范环境标志使用和管理的制度，以更好地发挥环境标志的作用。

## 二、遗传资源的知识产权保护

前文关于专利申请的遗传资源来源披露的论述就是运用知识产权制度保护遗传资源的方式之一。除此之外，应赋予遗传资源的所有者以遗产资源权，并纳入知识产权体系之中，以有效保护遗传资源，进而保护生态环境。

### (一)遗传资源保护之必要性

长期以来，遗传资源被视为人类的共同遗产，① 一方面发达国家依靠其雄厚的技术力量和资金优势，无偿地利用主要来自发展中国家的遗

---

① 概括言之，关于遗传资源法律地位的主张有二：一种观点认为遗传资源属“全球公域”，应当适用关于全球公域的各种法律制度(如无主物、共有物或人类共同遗产原则等)。持此种观点者主要是作为遗传资源利用者的发达国家及跨国公司。另一种观点则认为，遗传资源处于一国管辖范围之内，按照自然资源永久主权原则，各国对处于本国管辖范围内的遗传资源享有永久主权及相关权利。持此种观点的主要是遗传资源丰富的发展中国家。

传资源，培育植物新品种、开发药物，并通过强化知识产权制度为其提供保障；另一方面，将遗传资源本身排斥在知识产权保护之外，使得发展中国家不仅不能分享发达国家基于利用遗传资源所获得的利益，反而受其知识产权的制约。巨大的利益驱动之下，西方国家对发展中国家的遗传资源掠夺愈演愈烈，“生物剽窃”(Biopiracy)层出不穷(见表6-4)。这些著名案例引发了许多发展中国家、传统社区(遗传资源持有人)、以及非政府间组织向国际论坛上施加压力，敦促对遗传资源及相关传统知识提供保护。这种压力导致在WIPO中成立了关于知识产权和遗传资源、传统知识和民间文艺的政府间委员会(IGC)，专门讨论遗传资源、传统知识和民间文艺的保护问题。CBD缔约方大会(CBD-COP)以及其他国际组织如联合国贸易发展会议(UNCTAD)、世界卫生组织(WHO)和联合国粮农组织(FAO)也在各自的职能范围讨论遗传资源、传统知识和民间文艺的保护。① 此外，WTO多哈部长宣言强调了TRIPs理事会进一步致力于保护遗传资源、传统知识的必要性。②

表6-4 **剽窃典型案例**

| 序号 | 案名 | 案情 |
| --- | --- | --- |
| 1 | 姜黄案 | 姜黄(Curcuma Longa)是一种姜类植物，其特性使其成为医药、化妆品以及染料的有效成分。作为药品，一般用于愈合伤口和皮疹。1995年，密西西比医学中心的两位科学家被授予名称为“姜黄在伤口愈合中的应用”的美国专利(专利号为5401504)。印度科学与工业研究委员会要求美国专利和商标局重新审查该专利。委员会指出姜黄被用于愈合伤口和皮疹已经有数千年了，因此，其医药用途并非是新的；并出具了包括一份古代梵文文本和1953年印度医学协会出版的一份文献在内的书面证据。美国专利局支持了委员会的异议并撤销了该项专利。 |

① International Seminar on Systems for the Protection and Commercialization of Traditional Knowledge, in Particular Traditional Medicines, 3-5 April, 2002, New Delhi, http://www.unctad.org/trade_env/testl/meetings/delhi/statedebateTK.doc.

② WT/MIN(01)/DEC/1, 14Nov. 2001. Doha. http://www.wto.org/English/hewto-e/minist_e/min01_e/mindecl_e.doc.

续表

| 序号 | 案名 | 案情 |
|---|---|---|
| 2 | 死藤水案 | 死藤水(ayahuasca)是一种有着许多医药和宗教用途的植物死藤(banisteriopsos caapi)的树制造的祭祀饮料。死藤水是亚马逊流域盖丘亚(Quichua)族土语中的名称。巫医们在宗教仪式上使用死藤水来诊断和治疗疾病，与灵魂相会和预言未来。1986 年 6 月，美国科学家劳伦·米勒(Loren Miller)获得一项关于这种藤本植物的专利(专利号为 5751)，该专利授予他对所谓的死藤品种[他称之为“达藤(DaVine)”]享有独占权。米勒声称达藤代表一种与死藤不同的新品种，因为花的颜色不同。代表当地 400 多个社区的自治组织 COICA 于 1994 年获悉该专利后，邀请国际环境法中心(CIEL)代表他们对该专利提出了异议。CIEL 指出，通过对现有技术的检索，表明达藤既不是新的也不是独特的。且死藤在整个亚马逊流域具有神圣地位，批准该专利有悖于专利法的公序良俗和道德原则。CIEL 提交了详尽的在先技术证据，美国专利局于 1999 年 11 月撤销了该专利。然而，专利权人的进一步申辩使美国专利局改变了立场，在 2001 年初宣布该专利有效。 |
| 3 | 印度香米案 | Basmati 是一种历史悠久的、产自印度和巴基斯坦的旁遮普省的水稻。该水稻是一种起源于此地区的有香味的细长粒型品种，是这两个国家的主要出口作物。1997 年，美国稻育种公司 RiceTec Inc. 获得一项涉及植物和种子的专利(US5663484)，该专利试图垄断各种水稻系，包括一些与 Basmati 有相似特性的稻系。因担忧可能对其出口产生影响，印度在 2000 年要求对此专利进行再审。专利权人因此撤回了一些权利要求，其中包括涵盖 Basmati 型水稻系的那些权利要求。在引起美国专利局关注之后，专利权人又撤回了一些权利要求。印度政府共推翻了 4 项相关权利。然而争议从该专利转移到“Basmati”名称的滥用上。在一些国家，“Basmati”只用于指称生长在印度和巴基斯坦的长粒型香味米。但在 1998 年，美国稻米基金会提出“Basmati”是通用名词，其含义是指香味稻。于是，印度和美国的民间社会组织集体呈交讼状，试图阻止美国生长的水稻采用“Basmati”做宣传。美国农业部和联邦贸易委员会于 2001 年 5 月驳回了此项起诉，认为附加“美国生长的 Basmati”标记不构成误导，并认为“Basmati”是通用名词。 |

续表

| 序号 | 案名 | 案情 |
| --- | --- | --- |
| 4 | Cupuacu案 | Cupuacu 树是一种生长在热带雨林中的中小型树种。Cupuacu 果是当地土著人和某些动物的基本食物来源，并因其果浆有奇特的乳脂而闻名于世。其果浆在巴西和秘鲁被广泛用于新鲜果汁、冰淇淋、果酱和果馅饼。日本朝日（Asahi）食品公司及其关联公司美国 Cupuacu International 公司从 Cupuacu 果中提取果浆以及制造 Cupuacu 巧克力并申请了大量专利。除此之外，朝日公司还在日本、美国和欧洲为各种产品(包括巧克力)申请了名为 Cupuacu 的商标。巴西非政府组织"亚马逊左翼"(Amazonlink)和其他一些组织向日本专利局提出异议，要求撤销该项商标。2004 年 3 月 1 日，日本专利局宣布撤销 Cupuacu 商标，同时拒绝了朝日公司的另一项专利。 |
| 5 | 楝树案 | 印度楝树(Azadirachta indica)是一种产自印度和南亚以及东南亚部分地区的树木，是印度社区世代使用的一种植物。印度农民在长期的实践中已经认识楝树及其提取物可用来制造生物农药、杀虫、治疗疟疾以及体内寄生虫、治疗某种癌症等。但是，1994 年欧洲专利局授予美国公司 W. R Grace and USDA 名为"采用疏水方式提取印度楝树油，用于防治植物真菌的方法"的欧洲专利。1995 年印度农民的代表对该专利提出异议。认为印度楝树种子的提取物的杀真菌作用是已知的并且该提取物在印度农业中被用于保护作物已有数个世纪，因此该方法发明不具备新颖性。1999 年欧洲专利局判定，该专利权利要求的全部特征在其专利申请之前已被公开，因此该专利不具有创造性。该专利在 2000 年被欧洲专利局撤销。但在美国，还有许多与楝树有关的专利仍然有效。 |
| 6 | 甜浆果案 | 甜浆果(Sweet Berry)是一种产于加蓬的叫做 Pentadiplandra brazzeana 的植物，可以从中提取一种甜味物质。威斯康星大学获得了这种专利。这种化合物的基因已经被导入玉米，用这种玉米可以生产一种低热量的甜味剂，这种甜味剂能够获得大量的经济回报。 |

资料来源：Carlos M. Correa，Traditional Knowledge and Intellectual Property Right：Issues and Options Surrounding the Protection of Traditional Knowledge，QUNO，Geneva，2001；英国知识产权委员会．整合知识产权与发展政策[R/OL]．http：//www.iprcommission.org/text/documents/final_report.htm.

遗传资源是以生物机体为载体的一种信息资源。而信息是一种无体物，因此遗传资源拥有者很难依靠对生物体的占有来实现对无体信息——基因资源的占有及利益保护，遗传资源的有体物和无形基因信息的复合性决定了物权不足以保护遗传资源提供者的合法利益。债权是一种相对权利，只涉及合同中的当事人，不涉及第三人，也不能有效防止“生物剽窃”，故，债权亦不适宜于保护遗传资源。以专利权、育种者权、商业秘密、地理标志或商标保护遗传资源也均存在不足。①

与物质、能量不同，信息资源是非物质形态的无形资源，易复制、易传递、易模仿，且复制传递模仿的成本低。信息资源的所有者很难凭私人力量，依靠占有方式实现对信息资源所享有的利益，阻止他人对信息资源的利用。故，保护信息资源必须借助产权制度。保护遗传资源，可考虑赋予遗传资源拥有者以遗传资源权。

（二）遗传资源权

对遗传资源本身予以知识产权保护的理论障碍，主要来自于知识产权的传统理论——“智力成果说”。如以“智力成果说”来审视遗传资源，遗传资源显然不能获得知识产权保护。因为遗传资源的形成虽受人类活动影响，但主要还是自然进化的结果。

因 WIPO 在其出版物中采纳了智力成果权说，知识产权界定中的智力成果权说便占据了绝对优势。但智力成果权说不能圆满地解释商业标记权。② 而将地理标志纳入知识产权体系，用智力劳动成果说解释更是难圆其说。知识产权的传统理论体系以“智力劳动成果”概括知识产权对象，并以“智力”为核心建立了“鼓励创造”的价值原则。在财产权制度构造中，财产的来源并无法律意义，财产的形态才是关键。正如物权

① 遗传资源不符合专利法的实用性、新颖性、创造性的要求。就育种者权而言，保护植物新品种国际公约对稳定性的要求排除了农民就培育的品种获得保护的可能。农民留种与筛选的育种行为主要目的只是获取较佳的新种子继续种植，不会花很长时间去获取一个稳定的品系。商业秘密保护也非有效方式，因为商业秘密的维持取决于权利人的保密措施是否得力及他人对商业秘密是否公开。就地理标志或商标保护而言，其保护对象是产品，遗传资源不能满足产品化的要求。另外遗传资源被盗用的情形无法通过此制度获得保护，因为商标和地理标志仅仅防止使用被保护的标志或标记。

② 刘春田．知识产权法［M］．北京：中国人民大学出版社，2002：46.

制度不是“体力财产权”，其功能也不在于“鼓励体力劳动”。财产权制度只着眼于利益的分配，而不关心财产的劳动来源。其实知识产权制度的功能也不全在“鼓励创造”，因为：其一，最伟大的创造和观念及基础性科学理论都不能成为知识产权的对象；其二，创造是人类的天性，创造的热情往往在利益之外；其三，从知识产权制度中获益最多的并不是创造者，而是利用智力成果从事市场交易者；其四，知识产权制度的范畴已扩展到若干不具备创造性的对象，如邻接权，非独创性的数据库。因此，劳动、资本、竞争都可能成为某个财产进入知识产权领域的理由。知识产权法的价值原则应从“创造”伦理转向“分配”伦理。①

在基因生物技术中，基因资源、技术和投资三者缺一不可。如无遗传资源，基因技术专利无从产生。遗传资源实际上类似一种资本投入，依赖此种投入研究人员才能获得所谓的后续技术，遗传资源提供者分享利益的理由应属正当。资本可成为某个财产进入知识产权领域的理由，使基因资源提供者获得知识产权保护成为可能。遗传资源的本质是信息，遗传信息和知识一样，他人的使用一般不会增加原信息持有者或拥有者的成本，基因资源的易复制、易传播、价值性，使其具备了纳入知识产权制度保护范围的前提条件。

知识产权制度应适应基因时代的新形势，将其注意力从保护对象上所体现的劳动价值，拓展到该对象本身的价值上，将遗传资源纳入到知识产权范畴，即创设遗传资源权。只有通过赋予遗传资源的拥有者以遗传资源权，才能更充分地保护遗传资源。

### (三)遗传资源权制度的构建

中国与其他发展中国家应致力于制度创新，对遗传资源采用与现行知识产权制度有别的保护机制，避开倾覆知识产权制度根基的法律变动，在达成共识的基础上逐步建立起遗传资源知识产权利用与保护的法律制度体系。② 创设一种新的法律制度，必须明确法律关系的要素，包括主体、客体和内容。

第一，遗传资源权的主体。主体的不确定性一直是阻碍遗传资源知

---

① 上述观点参考李琛．论知识产权法的体系化[M]．北京：北京大学出版社，2005：前言．

② 吴汉东．建立传统资源权制度刻不容缓[N]．法制日报，2006-08-03.

识产权实现的障碍。如果要将遗传资源权作为一种新型的知识产权，其权利主体必须明确。要准确地界定传统社区居民(农民)与某种遗传资源的联系并非易事。可考虑将遗传资源权的主体分为法律上的主体和事实上的主体：传统社区居民所属的国家为法律上的权利主体，与遗传资源有某种联系的传统社区居民(农民)为遗传资源权事实上的主体。这种制度设计符合遗传资源的国家主权原则，避免一国之内不同主体间的权利纷争，同时有利于激发社区居民保存、改良遗传资源的积极性等。

第二，遗传资源权的客体。由于遗传资源具有物质和非物质复合性的特点，因此遗传资源权的客体包括遗传资源本身和其中的基因信息资源。虽然对遗传资源本身来说是有形的物质，可以考虑用物权来保护，但是基于物权保护的不足，也应将其纳入遗传资源权的客体范围。因为任何遗传基因信息都须依附于遗传资源本身。当然遗传资源权的客体主要是其中的无形信息资源。

第三，遗传资源权的内容。关于遗传资源权的内容，不少学者已有所论述：Riley 认为，遗传资源权应当包括：(1)留种权；(2)使用最新技术的权利；(3)第三方采集遗传材料时的知情权和复制样本权；(4)因提供遗传资源而获得社会声誉的权利。① Girsberger 认为遗传资源权包括：(1)排他权，包括排他性的使用和销售权；(2)知情同意权，潜在的利用者必须事先得到遗传资源所有者的同意；(3)受偿权，受偿的形式包括经济性的和非经济性的。与此同时，遗传资源的所有者还必须承担相应的义务，如保存、命名、注明或帮助收集植物遗传资源及其野生和杂草亲本。②

根据 CBD 的相关规定，遗传资源权的内容应包括：(1)表明遗传资源所有者的身份权。这要求遗传资源使用人公开其技术开发中所使用的遗传资源的来源或起源。(2)事先知情同意权，此种同意必须为书面同意，须同时征得该国有关主管当局和遗传资源实际所有人的同意。(3)惠益分享权，包括货币利益和非货币利益。同时遗传资源权主体应承担的义务主要包括：(1)对遗传资源的保护和可持续利用进行扶持、资助

---

① Riley, Kenneth. Farmers' Rights, CGIAR and IPGRI, Agro-biodiversity and Farmers' Rights[M]. Swaminathan Research Foundation, Masdras, 1996.

② Martin A. Girsberger. Biodiversity and the Concept of Farmers' Rights in International Law[M]. Bern: Perter Lang AG, 1999: 314.

和管理；(2)积极从事保存、改良和提供遗传资源的活动；(3)为合格的资源利用者的开发活动提供便利。①

同时，以下遗传资源利用行为为合理使用：(1)遗传资源持有者为履行习俗惯例，交换、利用和传递传统知识而继续利用遗传资源；(2)为家庭、政府医院利用或其他公共卫生目的而利用传统医药；(3)其他有关遗传资源的善意利用或交易，包括在实施保护前业已开始的那些善意利用。在特殊情况下，国家主管机关对公众善意利用唾手可得的遗传资源可以不要求适用事先知情同意原则，但为工商业目的的利用或使用者不包括在这一范围之内。②

## 三、传统知识的知识产权保护

### (一)传统知识的内涵及其环境功能

传统知识这一术语近年来频繁出现，但迄今为止，关于传统知识及相关术语的概念界定与解释，仍存在诸多分歧。目前具有代表的定义主要是两个：一个来自于 CBD，另一个来自于 WIPO。CBD 第 8 条(j)款并未直接使用传统知识这一术语，而是将传统知识描述为："土著和地方社区体现传统生活方式而与生物多样性的保护和持久使用相关的知识、创新和做法"。CBD 所指传统知识侧重的是与保持生物体品种多样性相关的那些土著和社区知识。③ WIPO 的"知识产权、遗传资源和民间文学艺术"政府间委员会(IGC)对传统知识的界定为：基于传统而产生的文学、艺术和科学作品，表演，发明，科学发现，外观设计，标志，名称和符号，未披露信息，以及一切其他工业、科学、文学和艺术领域内的智力活动所产生的基于传统的创新和创造。与 CBD 相比较，WIPO 界定的传统知识的内涵要广泛得多。④ WIPO 完全是从知识产权的角度定义传统知识的，倘若去掉"基于传统"这几个字，对传统知识

① 詹映、朱雪忠．国际法视野下的农民权问题初探[J]．法学，2003(8)：25-27.

② WIPO/GRTKF/IC/8/5(传统知识保护：目标和原则修订本)，http//www.wipo.int/．转引自王林．生物遗传资源惠益分享法律问题研究[D]．重庆大学硕士学位论文，2008：24.

③ UNEP Document：Traditional Knowledge and Biological Diversity，UNEP/CBD/TKBD/1/2，para. 85.

④ CBD 侧重了传统知识的"土著"特征，而 WIPO 突破了一般把传统知识与本土居民或地方社区相联系的窠臼；CBD 所说的传统知识与生物多样性密切相关，WIPO 定义的传统知识不仅包括生物多样性，还包括文化多样性。

的范围界定几乎与《成立世界知识产权组织公约》对知识产权的界定完全一致。① 这说明传统知识与现代知识产权制度之间存在某种内在的关联，似乎暗示着用现代知识产权制度保护传统知识的必要性与可能性。

传统知识的范围有广义与狭义之分。狭义的传统知识仅指在传统的生产生活实践中创造出来的知识、技术、诀窍和经验，包括农业知识、生态知识、医药知识、与生物多样性有关的知识。广义的传统知识除包括狭义的传统知识外，还包括以音乐、舞蹈、歌曲、手工艺品、设计、故事与艺术品形式表达的民间文学艺术(如白蛇传说以及传统标志(如地理标志)。本书采狭义说。

保护传统知识的意义很多，这里仅从环境保护的角度略加分析。

首先，保护生物多样性。就生物多样性的保护而言，世界上许多农作物的多样性都是由农民根据古老的耕作方法、品种选择和土地利用习惯而保持的，这为当地带来了诸如食物多样性、增加收入、保护环境、减小虫害、疾病和风险等利益。因传统知识与做法产生的独特条件(无现代科技的介入)顺应自然，符合环保理念，这些知识和做法本身就具有保护和持续利用生物多样性的功能，对实现人与自然的和谐具有极大的参考与借鉴价值。我国云南省的哈尼梯田可作为这方面的典型范例。② 但

---

① 《成立世界知识产权组织公约》第2条第(8)款规定，知识产权包括：关于文学、艺术和科学作品的权利；关于表演艺术家的演出、录音和广播的权利；关于人们努力在一切领域的发明的权利；关于科学发现的权利；关于工业品式样的权利；关于商标、服务商标和厂商名称及标记的权利；关于制止不正当竞争的权利；以及在工业、科学、文学或艺术领域里一切其他来自知识活动的权利。

② 红河哈尼梯田绵延整个红河南岸的红河、元阳、绿春及金平等县。在梯田耕作上哈尼族形成了一整套科学合理的方法和制度。在找地开田时，要找不怕风吹、向阳、平缓、无病虫害、雀鸟不来吃又终年保水的肥沃坡地，开成台地后先种三年旱地，待其土熟，再垒埂放水把它变成梯田。哈尼族通过挖筑沟渠来解决梯田用水，并发明了一套严密有效的用水制度，从开沟挖渠、用工投入，到沟权所属、水量分配、沟渠管理和维修等，无不精心经营。水之外最重要的是肥，哈尼族利用村寨在上，梯田在下的地理优势，发明了"冲肥法"。每个村寨都挖有公用积肥塘，牛马牲畜的粪便污水贮蓄于内，经年累月，成为高效农家肥，春耕时节挖开塘口，从大沟中放水将其冲入田中，沿沟男女老少用锄头钉钯搅动糊状发黑的肥水，使其顺畅下淌，使肥水涓滴不漏悉数入田。平时牛马猪羊放牧山野，畜粪堆积在山，六七月大雨瓢泼而至，将满山畜粪和腐殖土冲刷而下，来到山腰，被哈尼族的大沟拦腰截入，顺水纷注入田，此时稻谷恰值扬花孕穗，正须追肥，自然冲肥正好解决此时之需。这些活动对于保护山林、水源、土地和维护村寨的安全，维护人和大自然的和谐发挥了重要作用。

应注意，所谓“保护”并非简单地墨守陈规，而是在重视其已有生态价值基础上予以发展。

其次，传统知识在解决粮食、健康和环境等重大问题方面具有重要价值。随着生物技术的迅猛发展，利用传统知识有目的地改良动、植物的性状与品质，可以提高作物的产量、开发高效无毒的生物农药。

传统知识是人类千百年来创造积累的经验和智慧，具有维护和调适生态环境的特殊功能，它们形成于不同地区和不同民族，具有特殊性和多样性，所以被称之为“地方性知识”，也可谓之“生态文化”。它们是文化与环境在长期互动的过程中，文化对环境不断适应的结晶。大量的人类学田野资料证明，许多地区之所以能够长期保持良好的生态环境，很大程度上便是仰赖于传统知识的调适和维护功能。① 在盲目崇拜工业文明的潮流中，在疯狂追求物质享受的时尚里，要重视被遗忘的、走到消亡边缘的传统知识，努力发掘、整理、利用、保护和发展传统知识，寻找传统知识与现代科学技术知识的最佳结合点，创造出能够适应和满足环境知识技术体系和生态伦理要求的知识体系，从而恢复和重建良好的生态环境，实现可持续发展。

最后，传统知识可为农业、制药业等相关产业的发展提供线索并指明方向，以避免大海捞针式的采样分析，节约时间和金钱。②

### (二)传统知识的知识产权保护

知识产权从来不是促进保存并发展传统知识的唯一办法。“仅仅靠法律来使某样以前是公共领域的东西成为私人财产‘不可能立即产生足以挽救，保存，使人们尊敬它或想使用它的效果……把传统知识封闭起

---

① 探索全球化现代化背景下的民族文化保护之路——尹绍亭谈民族文化生态村建设(上)[EB/OL].[2009-03-06]. http://theory.people.com.cn/GB/49157/49165/8920383.html.

② 美国植物学家 Jovel 等于 1996 年对秘鲁 Mestizo 人(西班牙或葡萄牙人与北美印第安人的混血种)常用的 61 种民俗医疗植物的调查，以及 Longuefosse 与 Nossin (1996)在西印度群岛中法属马丁尼克岛所做的 251 种土著常用民俗医疗植物调查，均表明民族植物学方法能较随机取样法发现更多抗细菌及真菌成分。参见史学瀛．生物多样性法律问题研究[M]．北京：人民出版社，2007：85.

来对防止传统知识损耗、破坏、漠视或丧失并不起任何作用。"①但对传统知识设置知识产权保护，在某种程度上能够促进传统知识的保存。因为知识产权可以使权利人经济上获得收益，精神上得到尊重，进而激励他们继续持有而不是放弃那些传统知识。

在寻求利用知识产权制度对传统知识进行保护时，不可避免地遇到各种障碍，现有知识产权制度是否能保护传统知识存在较大的分歧，主要的观点前文已述(第 2 章)。本书认为，可以运用知识产权制度给予传统知识以保护。理由如下：

其一，知识产权制度本身并非一成不变，而是随社会经济发展的客观需要不断发展完善。从某些知识产权的国际立法来看，知识产权制度也是开放的，即在一定程度上为将传统知识纳入知识产权保护体系留有余地。如《成立世界知识产权组织公约》第 2 条第 8 款虽然没有将传统知识列为保护对象，但在定义结尾部分的"知识产权包括在工业、科学、文学或艺术领域内其他一切来自知识活动的权利"规定显示，知识产权并不局限于定义所列举的和已知的知识产权种类。因此，现行的知识产权制度应进行适当的修正，以保护传统知识。

其二，从国际层面来看，WIPO 在传统知识保护领域所做的工作和研究本身就是基于知识产权制度展开的；从国内层面来看，许多国家保护传统知识的其他非知识产权方式和工具大部分仍处于设想和论证阶段，尚未成熟，但是现有的知识产权制度却相对成熟。在这种背景下，知识产权制度对保护传统知识无疑可发挥重要作用。

其三，传统知识与现代知识一样，从本质上属于人类的智力成果，应当得到与现代知识一样的承认与保护。

传统知识可能的知识产权保护形式如下：

(1)专利保护。传统知识可否用专利制度予以保护，关键在于其是否具备新颖性、创造新和实用性。认定传统知识可专利性的一大难点是新颖性的判断。在判断传统知识新颖性时，应采取绝对"新颖性"标准，即对于国际范围内的以任何形式公开的技术都视为在先知识。传统知识依存在状态分为已公开的和未公开的两类。对已公开的传统知识，根据

---

① Carlos M Correa. 传统知识与知识产权[M]//国家知识产权局条法司编. 专利法研究. 北京：知识产权出版社，2003：452.

其公开程度和范围，又可分为对外部社会公开的传统知识和未对外部社会公开而在内部自由流转和公开使用的传统知识。① 对于已向外部社会公开的传统知识，就表象而言，其丧失了新颖性，但就实质而言，因其自身的商业价值尚未实现，其新颖性并未丧失；对于后一种公开的传统知识，因其只在社区内部自由流转和公开使用，不丧失新颖性。未公开的传统知识，大多被社区中的少数成员所掌握，处于保密状态，不宜用专利法保护。就创造性而言，一般来说，传统知识因较少受到现代科技的影响，主要基于所在社区的特殊文化背景和精神而生，与现有技术相比，其突出的实质性特点自不待言。就实用性而言，许多传统知识是在特殊的自然环境下生产的，因而在这种特定的自然和人文环境中能被复制与生产，具有一定的实用性。所以，传统知识可用知识产权制度加以保护。

(2)商标保护。商标权可为集体所有和商标权保护期可以通过续展而不断延长这两个特点与传统知识相吻合，因此可通过保护基于传统知识的商品或服务而间接地保护传统知识。与传统知识相关的具有特色的标记、标志和名称可作为商标得到保护。许多传统社区正在寻求注册集体商标和证明商标，使用这些标记的商品必须是来源于拥有该商标权的社区，或者是按照该社区特有的方法或标准生产的。如澳大利亚的土著人(Aboriginal)和托雷斯海峡岛上居民(Torres Strait Islander)，在艺术品上取得了证明商标；加拿大的土著居民更是注册了从艺术品到食品、服装、旅游服务等类别上的商标，所使用的商标标识为其传统的标记或名称。在越南，其传统的止痛植物药使用“Truong Son”商标。②

(3)商业秘密。如前所述，传统知识中有一部分为少数社区成员所掌握的未被公开的知识。这种知识适合用商业秘密制度给予保护。关键在于，并非所有传统知识都有直接的商业价值，特别是那些具有独特的宗教内涵、文化意蕴的传统知识，很难满足“商业价值”的要件。另外，商业秘密要获得法律保护，须商业秘密的持有者采取了保密措施，而在经济发展水平普遍较低的土著和地方社区，采取保密措施的成本很高。

① 严永和．论传统知识的知识产权保护[M]．北京：法律出版社，2006：31.

② 朱雪忠．传统知识的法律保护初探[J]．华中师范大学学报(人文社会科学版)，2004(3)：36-38.

(4)地理标记。如果产品(包括手工艺品)的特征归结于社区的传统知识，则可以通过保护该社区的地理标记尤其是原产地标记来保护该产品，从而间接地保护有关传统知识。这种情况在农产品中比较多见，如委内瑞拉的"Cocuy the Pecaya"龙舌兰型植物饮料、越南的"Phu Quoc"鱼豆酱油和"Shan Tuyet Moc Chau"茶等。① 一些传统知识的持有者正在寻求注册地理标记来保护传统知识。

(5)专门法保护：一些国家和传统知识持有者指出，现行知识产权制度保护传统知识存在局限性，需要研究保护传统知识的新法律，以保护现行知识产权制度不包括的部分传统知识。目前已有一些国家如巴西、哥斯达黎加、印度、尼日利亚、巴拿马、秘鲁、菲律宾、南非、泰国等已经或正在制定这样的法律法规。②

以上知识产权保护均为积极性保护(positive protection)，即通过授予传统知识持有者某种形式的排他权，使他们以权利主体的身份对抗不当占有传统知识的行为并公平地参与惠益分享。当然，上述这些知识产权的保护形式可综合运用。此外，对传统知识的保护还有防御性保护(defensive protection)，即通过防止第三人未经许可占有或使用传统知识基础上申请知识产权保护。"防御"保护理论的提出旨在使传统知识远离现代知识产权制度(主要是专利制度)的威胁。③ 此种保护在阻止授予不法知识产权上有一定作用，具体可通过传统知识的文献化、建立传统知识数据库、传统知识的来源披露制度以及反不正当竞争制度等实现防御性保护。

---

① WIPO. Review of Existing Intellectual Property Protection of Traditional Knowledge [R]. WIPO Document No. WIPO/GRTKF/IC/3/7, 2002(6): 6.

② 参见联合国贸易与发展会议文件，文件号为 TD/B/COM. 1/EM. 13/2, 22 August 2000 和 TD/B/COM. 1/EM. 13/3, 6 December 2000；联合国环境规划署文件，文件号为 UNEP/CBD/WG8J/1/2, 10 January 2000 和 N-EP/CBD/WG8J/1/INF/2, 24 February 2000。

③ 孙雷. 论传统知识的保护方式[EB/OL]. [2016-08-17]. 国家知识产权局官方网站，http://www.sipo.gov.cn/sipo/ztxx/yezy hctzsbh/jlfk/t2006/124_64456.htm.

## 第四节 小 结

知识产权保护是知识产权战略的保障。知识产权保护制度发展的生态化路径，主要包括：一是知识产权的侵权救济要考虑环境利益。专利产品修理/再造中的知识产权问题涉及知识产权权利人的利益、产品使用者的利益、再造厂家的利益和公众的环境利益。在修理与再造的判断上，应强调环境资源利益，以利于资源的循环利用、促进创新、防止垄断以及保护消费者权益。二是，对侵害知识产权物品的处理要考虑环境保护。在侵权工具的处置问题上，要重视发挥知识产权权利人的主体地位，可由原被告双方协商，对侵权工具加以利用，而非一毁了之。对侵权产品的处置而言，在侵权产品质量合格且不损害公共利益的前提下，原告可以事后授权的方式允许被告使用其知识产权，也可以采取追认或收购的方式将侵权产品变成非侵权产品，以免造成资源浪费。三是，运用知识产权保护相关环境因素。环境标志、遗传资源和传统知识均具有环境保护的功能，通过证明商标保护环境标志、通过设置遗传资源权保护遗传资源、灵活运用各种知识产权形式保护传统知识，亦为知识产权保护制度发展生态化路径的表现之一。

# 第七章　知识产权限制制度发展的生态化路径

权利不过是立法者利益选择的结果，这种选择是以最大限度地实现立法者的意愿、最大限度地符合立法者的利益为目的，遵守一定原则做出的。立法者进行选择的过程就是确定何种利益应该受到保护，如何保护以及何种程度的保护问题。权利限制实际上是对权利效力所及的范围所附加的一种限制或约束，即权利效力的阻却。权利限制也可以理解为权利的负担，这种负担是立法者利益衡量后所做的选择，是以权利的明确界定为前提的。知识产权法在保护个人私权的同时，应促进社会文化发展和社会公共利益的实现，因此权利限制制度对知识产权法有着特别重要的意义。从利益选择角度看，如果说法律赋予特定主体知识产权是立法者完成了第一次利益选择过程，那么知识产权限制制度则是立法者对各方利益进行二次选择的结果，权利限制从本质上说是对知识产权的效力界线的进一步划分。① 权利限制本质上是对权利效力所及的范围所附加的一种限制或约束，是对权利的效力范围的减损，从第三人角度讲，权利例外的适用范围。因此，权利效力的有效范围与例外范围是一种此消彼长的关系：例外范围越广泛，权利效力范围就越狭窄，反之亦然。本部分主要从环境环保、可持续发展、生物多样性角度，对我国未来知识产权限制制度的生态化路径进行分析。

---

① 陶鑫良，单晓光．知识产权法纵论[M]．北京：知识产权出版社，2004：223.

## 第一节 建立基于环境利益的专利强制许可制度

专利强制许可制度是为了防止专利权人滥用专利权，从而对其权利进行的限制的一种制度。该制度设计旨在保障专利技术的有效实施、促进技术应用、维护国家尤其是发展中国家的公共利益。基于生态文明的考虑，应将环境利益作为专利强制许可的事由之一。

### 一、国际层面

专利强制许可（compulsory licensing），又称为非自愿许可（involuntary licensing），是指在一定情况下国家有关机关依法向第三人颁发许可证书，允许其未经专利权人的同意使用受专利保护的技术，包括生产、销售、进口有关专利产品等。同时，强制许可的使用者通常要向专利权人支付一定的补偿费。① 其具有国家干预性、非自愿性和有偿性等特征。强制许可之理由最初为不实施，后扩展到其他情形，诸如公共利益、国家安全、公共健康和反竞争行为的救济。

在专利强制许可问题上，发达国家和发展中国家一直存在分歧，前者认为强制许可制度会阻碍新产品的研发，因而对此持谨慎甚至反对态度；后者则认为，在主要由发达国家企业掌握和控制技术的情形下，强制许可制度可以促进技术的实施和转让，促进社会发展。在TRIPs协议的谈判过程中，发达国家和发展中国家都关注国际上专利强制许可制度的设计及未来走向。2001年11月14日，WTO第四届部长级会议通过《TRIPs协议与公众健康宣言》，WTO总理事会于2003年8月30日通过了《关于TRIPs协议和公共健康的多哈宣言第六段的执行决议》，② 尽

① 林秀芹．TRIPs协议第31条研究[D]．厦门大学博士学位论文，2003：1.

② TRIPs协议虽规定了强制许可制度，但对于专利药品的强制许可仍然存在很大困难。为此，WTO第四届部长级会议通过了《TRIPs协定与公众健康宣言》（2001年）。宣言中声称TRIPs协议不会也不应阻止成员方采取保护公共健康的措施，WTO成员有充分使用TRIPs协议中为此规定的灵活性条款的权利，每一成员有权发放强制许可，并有权决定发放此类许可所依据的理由。为了使那些在药物领域生产能力不足或没有生产能力的WTO成员可以有效利用强制许可药品专利的强制许可，经过艰苦的谈判，WTO总理事会通过了《关于TRIPs协议和公共健康的多哈宣言第六段的执行决议》（2003年）。该决议规定："发展中成员和最不发达成员因艾滋病、疟疾、肺结核及其他流行疾病而发生公共健康危机时，可在未经专利权人许可的情况下，在其内部通过实施专利强制许可制度，生产、使用和销售有关治疗导致公共健康危机疾病的专利药品。"

管基于发达国家和发展中国家基于各自利益的考虑，它们所追求的目标并不一致(严格限制还是尽量扩大)而难免存在争议，但这至少表明基于公共健康而对药品专利实施强制许可已经取得了理论上的一致认可。全球环境公共利益相较公共健康而言，是更为重大的利益，且很多公共健康问题往往因环境恶化所引起。因此，WTO 成员方可考虑根据 TRIPs 协议第 31 条关于专利强制许可的规定,① 通过《TRIPs 协议与环境保护宣言》，这其中可专门就生态专利技术与产品的强制许可加以规定：发展中成员和最不发达成员因环境污染或破坏而发生公共环境危机时，可未经专利权人许可，在其内部通过实施专利强制许可制度，生产、使用和销售有关防治环境污染或破坏的专利技术或产品。

同时，国际环境规则的制定，应坚持“共同但有区别的责任”原则②，规定发达国家对生态技术的转移应承担更多的责任。有关技术(包括生态技术)贸易规范应充分考虑环境保护的需要和发展中国家的实际情况。在多边或双边投资协议中允许对高污染产业和环境服务业所需要的生态技术实施转移，可以对跨国公司的环境技术实施强制许可或平行进口以使发展中国家获得这些技术而不致负担过重。③ 当然，对国际层面法律文件，我们不能太苛求其可操作性。国际条约普遍具有伸缩性和原则性，涉及生态技术转移的环境国际规范和知识产权国际规范也

---

① 该条第 b 款规定必须有专利使用人在合理期限内、以合理商业条件仍无法取得授权，才能主张强制许可。但成员国如果遭遇国家紧急状况(national emergency)或者其他紧急情事(other circumstances of extreme urgency)则可以例外地行使强制许可。当然，该条本身有许多需要完善之处，如应简化强制许可程序、取消出口限制、降低补偿标准等。详细的论述参见林秀芹. TRIPs 协议第 31 条研究[D]. 厦门大学博士学位论文，2003：138-145.

② “共同但有区别的责任”原则在一系列的国际环境协定中得到确认。在 1992 年的联合国环境与发展大会上，发达国家在《里约宣言》、《21 世纪议程》中明确承诺了这一原则和义务。《联合国气候变化框架公约》第 3 条规定了“特别考虑发展中国家的原则”，在随后的《斯德哥尔摩公约》、《保护臭氧层公约》、《蒙特利尔议定书》以及 CBD 中，都明确规定应当考虑发展中国家发展之需，必须做出特别安排，包括取得有关的技术，以及转让替代技术等对发展中国家的优惠待遇。

③ Carlos Correa. Review of the TRIPs Agreement: Fostering the Transfer of Technology to Developing Countries[EB/OL]. http://www.twnside.org.sg/title/foster.htm.

不例外。这其实是国际合作的一种策略，基于各国发展水平和考虑问题的角度不同，太为具体的国际条约往往不易通过，反而伸缩性较大的国际条约可以为各国所接受并得以顺利通过。因此，涉及知识产权和环境保护的国际条约的原则、模糊和抽象在所难免，其具体化只能通过国内法来完善。

此外，"全球契约"(Global Compact)计划可以作为促进生态技术转移的一种思路。1995 召开的世界社会发展首脑会议上，联合国秘书长科菲·安南曾提出了"全球契约"设想，随后在 1999 年 1 月达沃斯世界经济论坛年会上，安南提出"全球契约"计划，并于 2000 年 7 月在联合国总部正式启动。计划号召各公司遵守在人权、劳工标准、环境及反贪污方面的十项基本原则①，并向全世界企业领导呼吁，遵守有共同价值的标准，实施一整套必要的社会规则，即"全球契约"，使得各企业与联合国各机构、国际劳工组织、非政府组织以及其他有关各方结成合作伙伴关系，建立一个更加广泛和平等的世界。该计划的目的在于动员全世界的跨国公司直接参与减少全球化负面影响的行动，推进全球化朝积极的方向发展。从更高层面而言，生态技术的无障碍转移和全球环境危机的解决需要全体人类的共同行动与合作。

## 二、国内层面

国际层面的原则规定，需要国内法律制度将其具体化。环境问题的解决需要对原有的法律体系进行改造，强制许可制度的重构是实现专利

① "全球契约"要求各企业在各自的影响范围内遵守、支持以及实施一套在人权、劳工标准、环境及反贪污方面的十项基本原则。这些基本原则来自于《世界人权宣言》、国际劳工组织的《关于工作中的基本原则和权利宣言》以及关于环境和发展的《里约原则》，涉及四个方面，分别是：其一，人权方面：(1)企业应该尊重和维护国际公认的各项人权；(2)绝不参与任何漠视与践踏人权的行为；其二，劳工标准方面：(3)企业应该维护结社自由，承认劳资集体谈判的权利；(4)彻底消除各种形式的强制性劳动；(5)消除童工；(6)杜绝任何在用工与行业方面的歧视行为；其三，环境方面：(7)企业应对环境挑战未雨绸缪；(8)主动增加对环保所承担的责任；(9)鼓励无害环境技术的发展与推广；其四，反贪污：(10)企业应反对各种形式的贪污，包括敲诈、勒索和行贿受贿。

制度生态化的必然要求和具体举措。① 根据我国 2008 年第三次修订的《专利法》、《专利法实施细则》、国家知识产权局 2003 年颁布的《专利强制实施许可办法》和 2005 年颁布的《涉及公共健康问题的专利实施强制许可办法》的规定，我国有三种情形的强制许可：滥用专利权的强制许可②；基于公共利益的强制许可③；从属专利的强制许可④。上述规定所涉及的强制许可制度的内容均未直接反映环境保护要求，虽然规定了基于社会公共利益的强制许可，但环境利益并未被明确纳入"社会公共利益"之中。

TRIPs 协议未对"公共利益"做出明确规定，而是允许各国根据各自国情来决定"公共利益"的内容和范围。"公共利益"的含义非常丰富，不同的国家对其理解各不相同。在某些国家，法律规定可对某些涉及专利的产品采取强制许可，例如食品、药品、外科或治疗设备等。⑤ 有的

---

① 周长玲．专利法强制许可制度重构的必要性和可能性探讨——在专利法生态化的背景下[M]//冯晓青．全球化与知识产权保护．北京：中国政法大学出版社，2008：423.

② 《专利法》第 48 条规定："有下列情形之一的，国务院专利行政部门根据具备实施条件的单位或者个人的申请，可以给予实施发明专利或者实用新型专利的强制许可：(一)专利权人自专利权被授予之日起满三年，且自提出专利申请之日起满四年，无正当理由未实施或者未充分实施其专利的；(二)专利权人行使专利权的行为被依法认定为垄断行为，为消除或者减少该行为对竞争产生的不利影响的。"

③ 《专利法》第 49 条规定："在国家出现紧急状态或者非常情况时，或者为了公共利益的目的，国务院专利行政部门可以给予实施发明专利或者实用新型专利的强制许可。"

④ 《专利法》第 51 条规定："一项取得专利权的发明或者实用新型比前已经取得专利权的发明或者实用新型在具有显著经济意义的重大技术进步，其实施又有赖于前一发明或者实用新型的实施的，国务院专利行政部门根据后一专利权人的申请，可以给予实施前一发明或者实用新型的强制许可。在依照前款规定给予实施强制许可的情形下，国务院专利行政部门根据前一专利权人的申请，也可以给予实施后一发明或者实用新型的强制许可。"

⑤ See Carlos M. Correa, Intellectual Property Rights and the Use of Compulsory Licences: Options for Developing Coutries, Trade-Related Agenda, Development and Equity[J]. Working Paper, South Centre, 1999(10): 4.

国家在立法中明确规定“公共利益”的范围，例如，巴西的第3201/99条例将公共利益定义为包括公共健康保护、满足营养需求、保护环境，以及其他对巴西技术、社会和经济发展具有根本重要性的领域。① 加拿大、波兰明确将环境保护纳入公共利益的范畴。② 欧盟所有的成员国立法均允许基于公共利益的理由颁布强制许可，虽然对公共利益的解释各不相同，但将国防需要、解决环境问题、增加能源供应、提高工人安全以及医治疾病纳入公共利益范畴则形成了共识。③ 美国专利法(35 U. S. C. A)中并没有针对专利滥用或者公共利益而专门规定强制许可制度,④ 而是散见于诸多法令中，如《空气清洁法》(*the Clean Air Act*, CAA)规定了对控制空气污染的发明的强制许可;⑤《原子能法》(*the*

---

① Presidential Decree on Compulsory Licensing, Paragraph 2, Article 2, Decree No. 3, 201 of October 6, 1999.

② 廖加龙. 关于“公共利益”的范围[J]. 人大研究, 2006(7): 30.

③ Jerome H. Reichman. Non-voluntary Licensing of Patented Inventions: Historical Perspective, Legal Framwork under TRIPs, and an Overview of the Practice in Canada and the USA, ICTSD-UNCTAD Project on IPRs and Sustainable Development, 2003(6): 12. ICTSD. Geneva, Switzerland.

④ 1952年美国修订专利法时，国会有议案要将专利强制许可的规定纳入专利法，但终被删去。See House Committee on the Judiciary, Proposed Revision and Amendment of the Patent Laws: Preliminary Draft, 81st Cong., 2d Sess., 91 (Comm. Print 1950), 转引自 Dawson Chem. Co. v. Rohm & Haas Co., 448 U. S. 176, 215 (1980).

⑤ 42 U. S. C. A. § § 1857(h) (6), 7608. 在排放控制法令出台之后，不可避免会出现有些当事人由于技术上的原因，在排放方面无法达到法令的要求。如果此时某项专利技术的采用能帮助当事人达到CAA的要求，而当事人经过合理努力无法获得专利人的授权，强制许可制度便能适用。政府可以依照CAA的规定，强制专利权人授权给达不到要求的当事人，同时要求后者支付合理的许可费。在程序上，首先由环境保护代理处(EPA)行政官申请或者由总检察长做出决定，然后由总检察长向专利权人居住地、营业地或者被发现的地区的联邦地区法院出示书面证明，再由法院签署命令。但在要求专利权人许可他人之前，法院应该举行听证，确定许可的合理时间和合理条件。参见张韬略. 美国专利强制许可制度初探[EB/OL]. http: //web. tongji. edu. cn/ ~ ipi/communion/ztl11. htm.

*Atomic Energy Act*, AEA)规定了对原子能发明的强制许可;①《植物品种保护法》(*the Plant Variety Protection Act*, PVPA)中规定了对有性繁殖的新植物品种的强制许可。② 且在美国的司法实践中出现了基于环境保护的专利强制许可。③

日本学者富田彻男在其《市场竞争中的知识产权》一书中曾写道:

---

① 42 U. S. C. A. §2183(g). 该法规定，当所涉的发明专利对特殊的原子能物质或者原子能的制造或利用具有重要作用时，原子能委员会可以宣布一项专利受公共利益的影响，任何人在符合规定条件的情况下，可以向原子能委员会申请非排他性的许可，使用该专利覆盖的发明或者发现。参见张韬略. 美国专利强制许可制度初探[EB/OL]. http://web. tongji. edu. cn/~ipi/communion/ztl11. htm.

② 7 U. S. C. A. §2404. PVPA 设立了相应的行政管理机构，即农业部长(secretary of Agriculture)；规定了类似的宣布程序，即在能够保证丝织品、食品或者饲料在本国的充足供应，并确定该植物品种的所有人不愿意或者无法在一个合理公平的价格基础上满足公众对该植物品种需要时，部长可以在合理补偿的基础上，宣布某一受保护的植物品种可被公开使用。为了加强部长决定的科学性，PVPA 设立一个资讯性机构——植物品种保护理事会，人员由各个领域的植物品种专家、农场主代表、私有种子工业部门、公共部门和政府部门代表组成，理事会为部长的决定提供资讯服务。理事会的办公程序除了必须符合《农业部行政规定》之外，还应当与《联邦资讯委员会法》一致。参见张韬略. 美国专利强制许可制度初探[EB/OL]. http://web. tongji. edu. cn/~ipi/communion/ztl11. htm.

③ 原告为英国发明者，获得一项称为 activated 的下水道系统英国专利，并随后在美国也获得了专利。该发明专利通过在普通污水净化系统和设备中加入新的生化科技而能达到净化污水的目的。被告是美国的 Mlwaukee 城，其在城市污水处理设施中使用了无论是技术还是设备都与 Activated 极为相似的下水道系统。原告请求法院确认 Mlwaukee 侵犯了自己的专利权，同时要求法院颁布禁止令，禁止 Mlwaukee 继续使用该下水道系统。一审法院支持原告的请求。被告不服，提起上诉。上诉法院最后判决确定上诉人(一审被告)的行为侵权，要求上诉人给予被上诉人(一审原告)赔偿，但却拒绝被上诉人的禁止令诉求，理由是：如果 Mlwaukee 不能使用该下水道系统，该城将无法进行污水净化，结果会导致下游密歇根湖的污染。No. 5001 Circuit Court of Appeals, Seventh Circuit 69F. 2d577; 1934 U. S. App. LEXIS 3600 March 2, 1934. 转引自林琳. 专利强制许可制度在环境保护中适用的若干问题研究[D]. 中国政法大学硕士学位论文，2004：1. 拒绝给予禁止令救济的同时给予损害赔偿，这种做法从经济学上而言，就等于强制许可。JayDratler, JR. 知识产权许可[M]. 王春燕等，译. 北京：清华大学出版社，2003：151.

"初看起来知识产权是一种先进制度，然而实际却是一种既能促进也能延滞国家产业发展的制度；中国目前正在大力关注技术转移和技术开发，能否有效利用这一制度将是决定今后中国发展至关重要的一环，应当像慎重利用药物一样，慎重利用这一必要制度。"①我国作为发展中国家，解决环境问题的技术及资金有限，应充分利用 TRIPs 协议预留的制度空间，借鉴他国的做法，完善我国的强制许可制度，以发挥其应有作用。

首先，在《专利法》第 1 条中应明确规定环境保护的宗旨，并在《专利法实施细则》或《专利审查指南》、或《专利实施强制许可办法》中加以细化，明确将环境保护纳入"公共利益"的范围作为强制许可的理由。相较其他因素而言，环境利益更符合公共利益的要求。应注意的是，公共利益往往成为公权力滥用的庇护伞，因此，多大的环境利益属于公共利益，这需要综合考虑多种因素。其次，借鉴美国的做法，在相关环境法律制度中明确规定对控制、治理污染等环境友好的专利技术实施强制许可，并细化强制许可的条件和程序。可考虑对生态专利技术申请强制许可的时间由专利被授予 3 年后改为更短的时间，以加速生态专利技术转化，并防止专利丛林的出现。最后，应参照《涉及公共健康问题的专利实施强制许可办法》的规定，由国家知识产权局颁布《涉及环境保护问题的专利实施强制许可办法》。对关系人的身体健康和生命的享有专利权的药品实施强制许可当然是毋庸置疑，然而对于能更大规模、更长远地影响人类永续发展和环境权益保护的生态技术及产品，在必要时，更应实施强制许可。为了使得那些生产能力不足或没有生产能力的生态技术产品的需求方可以有效利用生态技术产品，可在未经专利权人许可的情况下，使用治理和防治环境污染与破坏的生态专利技术产品。同时，可考虑将实施强制许可的范围扩展至非专利技术②。当国家在环境问题上处于紧急状态时，可自由使用和征用有关的专利技术和非专利技术，同时，也应防止国家公权力的滥用，以免削弱相关主体对技术创新

① [日]富田彻男．市场竞争中的知识产权[M]．廖正衡等，译．北京：商务印书馆，2000：4.

② 关于非专利技术的强制许可的论述，可参见张元．技术秘密权的强制许可研究[D]．清华大学硕士学位论文，2004.

和投资的积极性。以上这些措施均有利于生态技术的移转、扩散和转化，发挥生态技术的环境效应，避免智力创造的浪费。

## 第二节 协调商业秘密保护与环境利益的关系

商业秘密保护的环境限制主要涉及环境信息披露制度。构成商业秘密的要件之一是保密，环境信息披露要求是公开相关环境信息。两者对信息的要求是对立的，特别是商业秘密所保护的信息涉及环境信息时，如何平衡商业秘密保护所涉及的私人利益与环境保护所涉及的公共利益之间的关系，这是本节要探讨的问题。

### 一、商业秘密和环境信息披露的基本内涵

#### (一)商业秘密的内涵

关于商业秘密的称谓有多种，如“未披露过的信息”、工业秘密(安第斯条约)、营业秘密(中国台湾)、商业秘密(中国、日本、韩国等)。

TRIPs协议第39条将商业秘密称为“未披露过的信息”(unclosed information)，指出该信息：(1)在一定意义上属于秘密，即该信息作为整体或作为其中内容的确切组合，并非通常从事有关信息工作之领域的人们所普遍了解或者容易获得的；(2)因其属于秘密而具有商业价值；(3)合法控制该信息之人，为保密相关信息采取了合理措施。美国《统一商业秘密法》通过列举的方式对商业秘密进行定义：商业秘密是指特定信息，包括配方、样式、编辑产品、程序、设计、方法、技术或者工艺等，这类信息：(1)具有实际或者潜在的独立经济价值；(2)持有者在合理状态下，已尽到维护其秘密的努力。① 日本在《不正当竞争防止法》中规定，商业秘密是指作为秘密进行管理，尚未众所周知的生产方法、销售方法及其他经营活动中实用的技术或经营上的情报。②

台湾地区营业秘密法第2条将营业秘密界定为：营业秘密是指方法、技术、制程、配方、程式、设计或者其他可用于生产、销售或经营之资讯，惟须符合：(1)非一般涉及该类资讯所知者；(2)因其秘密性

---

① 张玉瑞．商业秘密法学[M]．北京：法律出版社，1999：41.

② 孔祥俊．商业秘密保护法原理[M]．北京：法律出版社，1999：120.

而具有实际或潜在之经济价值者；(3)所有人已采取适当之保护措施者之要件。此外，在公平交易法中还提到“产销机密、交易相对人资料或其他有关技术秘密”。①

在我国大陆法律规范中，“商业秘密”这一概念最早出现在1991年《民事诉讼法》中，② 但对其进行明确定义的是1993年的反不正当竞争法。根据该法第10条第3款的规定，商业秘密是指“不为公众所知，能为权利人带来经济利益，具有实用性并经权利人采取保密措施的技术信息和经营信息。”1995年11月23日国家工商行政管理局颁布的《关于禁止侵犯商业秘密行为的若干规定》(1998年修订)对商业秘密作了较为详细的解释。“不为公众所知悉，是指该信息不能从公开渠道直接获取的。”“能为权利人带来经济利益，具有实用性，是指该信息具有确定的可应用性，能为权利人带来现实的或者潜在的经济利益或者竞争优势。”“权利人采取保密措施，包括订立保密协议，建立保密制度及采取其他合理的保密措施。”“技术信息和经营信息，包括设计、程序、产品配方、制作工艺、制作方法、管理诀窍、客户名单、货源情报、产销策略、招投标中的标底及标书内容等信息。”“权利人，是指依法对商业秘密享有所有权或者使用权的公民、法人或者其他组织。”

因此，根据我国现行法的规定，商业秘密划分为技术信息和经营信息，前者是指凭经验或者技能产生的在实际中尤其是工业中适用的技术情报、数据或知识，后者是指具有秘密性质的经营管理方法以及与经营管理方法相关的信息和情报。

(二)环境信息披露的内涵

环境信息披露包括政府环境信息披露和企业环境信息披露。前者主要包括与环境保护有关的法律、法规、政策及其解释、各种环境标准；

---

① 孔祥俊．商业秘密保护法原理[M]．北京：法律出版社，1999：126.

② 1991年《民事诉讼法》第66条规定：“对涉及国家秘密、商业秘密和个人隐私的证据应当保密，需要法庭出示的，不得在公开开庭时出示。”第120条第2款中规定：“涉及商业秘密的案件、当事人申请不公开审理的，可以不公开审理。”但原文并没有对商业秘密的内涵进行界定，随后在《最高人民法院关于适用〈中华人民共和国民事诉讼法〉若干问题的意见》第154条规定：商业秘密主要是指技术秘密、商业情报及信息等，如生产工艺、配方、贸易联系、购销渠道等当事人不愿公开的工商业秘密，但仍未对商业秘密这一概念进行定义。

可能对环境造成影响的政府发展规划、开发建设活动以及区域环境状况资料；环境行政机关的组织、工作程序和执法依据等内容。后者包括两方面的内容，一是企业自愿选择公布的环境信息，如有利于企业发展的绿色信息；二是企业因政府强制性规定而公布的环境信息，包括生产行为可能或已经对环境造成影响的环境污染及其破坏的程度、范围、企业环保措施的实行情况等。本书所阐述是企业环境信息披露。

企业环境信息披露制度的理论基础之一公民环境知情权①，其实质是环境公共利益对企业利益的制约与限制。我国已有相关环境法律制度对环境信息披露做了规定(见表 7-1)，这为企业环境信息披露和公民环境知情权的实现提供了法律依据。

表 7-1　　**我国涉及环境信息披露的主要法律法规**

| 生效时间(年) | 制度名称 | 主要规定 |
| --- | --- | --- |
| 2015 | 《环境保护法》 | 县级以上人民政府环境保护主管部门及其委托的环境监察机构和其他负有环境保护监督管理职责的部门，有权对排放污染物的企业事业单位和其他生产经营者进行现场检查。被检查者应当如实反映情况，提供必要的资料。实施现场检查的部门、机构及其工作人员应当为被检查者保守商业秘密。(第 24 条)<br>各级人民政府环境保护主管部门和其他负有环境保护监督管理职责的部门，应当依法公开环境信息、完善公众参与程序，为公民、法人和其他组织参与和监督环境保护提供便利。(第 53 条) |

① 1992 年人类环境与发展大会上发表的《里约宣言》原则 10 指出“环境问题最好是在全体有关市民的参与下……每一个人都应该能适当地获得公共当局所持有的有关环境的资料，包括关于在其社区内的危险物质和活动的资料……各国应通过广泛提供资料来便于及鼓励公众的认识和参与……”；1994 年的《人权与环境纲领宣言》中明确规定了公众参与环境管理的程序性权利包括：“获得环境信息的权利，及取得、传播观点和信息的权利”。1998 年《关于环境事务方面获得信息、公众参与决策以及获得救济的奥胡斯公约》对《里约宣言》原则 10 的内容进行了深入细化，要求各缔约国应保证公众在环境事务中获得信息、参与决策以及获得司法救济的权利。上述宣言及公约不仅为“环境知情权”的确立提供了有力的国际法依据，还为其理论深化及其在各国环境法制中的运用奠定了基础。

续表

| 生效时间(年) | 制度名称 | 主要规定 |
| --- | --- | --- |
| 2012 | 《清洁生产促进法》 | 省、自治区、直辖市人民政府负责清洁生产综合协调的部门、环境保护部门，根据促进清洁生产工作的需要，在本地区主要媒体上公布未达到能源消耗控制指标、重点污染物排放控制指标的企业的名单，为公众监督企业实施清洁生产提供依据。(第17条) |
| 2016 | 《环境影响评价法》 | 除国家规定需要保密的情形外，对环境可能造成重大影响、应当编制环境影响报告书的建设项目，建设单位应当在报批建设项目环境影响报告书前，举行论证会、听证会，或者采取其他形式，征求有关单位、专家和公众的意见。建设单位报批的环境影响报告书应当附具对有关单位、专家和公众的意见采纳或者不采纳的说明。(第21条) |
| 2003 | 《关于企业环境信息公开的公告》 | 环保部门应按照《清洁生产促进法》的规定，在当地主要媒体上定期公布超标准排放污染物或者超过污染物排放总量规定限额的污染严重企业名单；必须公开的环境信息包括：企业环境保护方针、污染物排放总量、企业环境污染治理、环保守法、环境管理等。(第1、2条) |
| 2005 | 《国务院关于落实科学发展观加强环境保护的决定》 | 企业要公开环境信息。对涉及公众环境权益的发展规划和建设项目，通过听证会、论证会或社会公示等形式，听取公众意见，强化社会监督。(第27条) |
| 2006 | 《环境影响评价公众参与暂行办法》 | 建设单位或者其委托的环境影响评价机构在编制环境影响报告书的过程中，环境保护行政主管部门在审批或者重新审核环境影响报告书的过程中，应公开有关环境影响评价的信息，征求公众意见。但国家规定需要保密的除外。(第5条) |
| 2008 | 《环境信息公开办法(试行)》 | 企业应当按照自愿公开与强制性公开相结合的原则，及时、准确地公开企业环境信息。(第2条)企业不得以保守商业秘密为借口，拒绝公开所要求的环境信息。(第20条第2款) |

续表

| 生效时间（年） | 制度名称 | 主要规定 |
| --- | --- | --- |
| 2014 | 《企业事业单位环境信息公开办法》 | 企业事业单位环境信息涉及国家秘密、商业秘密或者个人隐私的，依法可以不公开；法律、法规另有规定的，从其规定。（第6条） |

企业环境信息披露的另一理论基础是公司社会责任（Corporate Social Responsibility）理论。该理论最早源于美国，尽管对其定义各异，但通常认为，公司社会责任是指公司董事作为公司各类利害关系人的信托受托人，而积极实施利他行为，以履行公司在社会中应有的角色。公司社会责任经过理论探讨和实践流变，不同时期其内容各异。最初仅指公司向医院等福利机构进行的捐助行为；“二战”时期公司追求一切能争取战争胜利的方法；战争结束后，福利援助、建设援助乃至反歧视招聘等都曾被归类为公司社会责任。① 随着20世纪60年代环保运动的勃兴，环境保护也纳入企业社会责任之中，并逐渐成为关注的重点。

## 二、环境信息披露与商业秘密保护的冲突

### （一）对象冲突

环境信息从企业环境政策、绩效到排污种类、数量、原材料使用目的、计划、目标价值及其完成情况等均包含在内。② 在广泛的信息披露中必然有些信息涉及企业的技术和经营秘密。2008年5月1日实施的《环境信息公开办法（试行）》规定国家鼓励企业自愿公开的环境信息包括：企业环境保护方针、年度环境保护目标及成效；企业年度资源消耗总量；企业环保投资和环境技术开发情况；企业排放污染物种类、数量、浓度和去向；企业环保设施的建设和运行情况；企业在生产过程中产生的废物的处理、处置情况，废弃产品的回收、综合利用情况；与环保部门签订的改善环境行为的自愿协议；企业履行社会责任的情况；企

① 刘俊海．公司的社会责任［M］．北京：法律出版社，1999：5.

② 李静江．企业环境会计和环境报告书［M］．北京：清华大学出版社，2003：186-190.

业自愿公开的其他环境信息。① 对污染物排放超过国家或者地方排放标准，或者污染物排放总量超过地方人民政府核定的排放总量控制指标的污染严重的企业，则必须公开下列信息：企业名称、地址、法定代表人；主要污染物的名称、排放方式、排放浓度和总量、超标、超总量情况；企业环保设施的建设和运行情况；环境污染事故应急预案。且企业不得以保守商业秘密为借口，拒绝公开以上环境信息。② 环境信息披露的内容中涉及生产过程中排放的废弃物种类及数量、有毒物质种类及含量以及企业对危险物的处理乃至弃置场所。此类信息往往能反映企业采用的特殊配方或者生产工艺，竞争者掌握相关数据后再配合情报收集、反向工程等合法手段能较容易掌握信息披露企业的商业秘密。

凡是与市场竞争有关的保密信息均可能构成商业秘密。商业秘密的信息范围相当广阔，任何从正面定义的尝试都不能得到预期效果，任何企图用法律穷尽其内容的做法，结果必然是徒劳的，法律定义中至多只能做一些提示性的列举。③ 商业秘密保护的信息越广，与环境信息披露冲突的可能性越大。

信息的内容是既定且有限的，环境信息披露所要求披露的信息和商业秘密所要保护的信息的范围却在扩张，就像两个不断扩大的圆，必定产生交集，而且随着两个制度的完善，交集的面积会逐步扩大，冲突的可能性增加。

（二）原则冲突

广泛的信息披露要求是环境规则的特点之一。环境立法和规则要求广泛的信息披露致使在环境技术中保护商业秘密十分艰巨。④ 而商业秘密持有者为获得市场竞争优势，则必须采取保密措施。为实现各自目的，两种制度对信息拥有者提出了截然相反的要求——公开原则与保密原则。

商业秘密不为公众所知悉的秘密特性决定了其与环境信息披露制度

---

① 《环境信息公开办法（试行）》第 19 条。

② 《环境信息公开办法（试行）》第 20 条。

③ 张玉瑞．商业秘密法学［M］．北京：中国法制出版社，1999：58.

④ Michael A. Gollin. Using Intellectual Property to Improve Environmental Protection[J]. Harvard Journal of Law & Technology, 1991(4): 203.

必然会产生矛盾与冲突。企业为获取商业秘密需要大量投入，加强商业秘密保护有利于激励企业的技术创新。但过度的商业秘密保护会削弱信息披露的完整性和准确性。环境信息披露制度的公开原则使企业商业秘密信息处于一种随时可能被要求公开的状态。如对某些化工企业而言，任何人，包括竞争者可能要求披露主张为商业秘密的某类化学品特性。此外，竞争者可能从排放物的种类和分类中推断出生产过程或配方。竞争者能够通过阅读许可证轻易获悉何种控制技术被运用。物质排放的性能同样给予竞争者推断产生类似排放的过程。①

(三)目的冲突

环境信息披露的目的之一是“保护和改善生活环境与生态环境，防治污染和其他公害，保障人体健康，促进社会主义现代化建设的发展”。② 其基本理念是环境公益、环境秩序和环境正义，“商业秘密的保护并不单纯局限于对财产的保护和对个人利益的保护，从更广泛的意义上讲，它具有维护竞争秩序的共同原理。”③该类法律法规首要目的是承认和保障市场主体特定的商业信息，禁止和制裁任何违反商业道德和法律规范窃取、获得、公开或使用商业秘密的行为，其侧重保护商业秘密所有人的私人利益。为了维护利益相关者的环境利益，一方面，需要法律规制企业全面、及时地向社会公开环境信息，接受社会监督；另一方面，为了维护企业自身的经济利益和竞争优势，维护公平的市场秩序，法律又必须保护企业的商业秘密。企业既可能是保密信息的权利主体，又可能成为信息披露的义务主体。全面的披露会使商业秘密失去价值，挫伤企业进行技术创新的积极性；完全的商业秘密保护，又可能危及环境利益。两者目的的冲突显而易见，其实质是社会公共利益与商业

① Michael A. Gollin：Using Intellectual Property to Improve Environmental Protection[J]. Harvard Journal of Law & Technology，1991(4)：206.

② 关于环境立法的目的，有两种主要观点：目的一元论(monism of objectives)通常认为，环境法仅仅应该以保障人体健康、生态环境为唯一的目的，反映在国家立法上，有代表性的国家包括匈牙利和1970年的日本环境法。目的二元论(dualism of objectives)认为，环境法的目的应该是二元的或者多元的，应该追求经济、社会和环境保护的协调发展。如我国环境法即采用二元目的论。

③ 崔明霞，罗超．论商业秘密的国际保护[J]．中南财经政法大学学报，2005(4)：134-137.

秘密所有人个体利益之间的冲突。

## 三、环境信息披露与商业秘密保护的协调

(一)协调之可能

"在法的创制过程中，认识各种社会利益是法的创制活动的起点，对各种社会利益做出取舍和协调，是法的创制的关键。"①环境信息披露制度与商业秘密保护制度的冲突即为环境公共利益与企业个体经济利益的冲突。但商业秘密中蕴含表现为确保维护商业道德和倡导诚实经营、鼓励研究与革新等的公共利益。② 保护商业秘密含有保护私权和公益的双重价值目标。环境信息披露也有保护私人权益的目的，它可以保证投资者依据全面的信息做出正确的投资决策，维护投资者的合法权益。这体现了环境信息披露与商业秘密保护的实质统一：维护投资者利益和资本市场秩序。③ 无论是积极还是消极的环境信息披露都会给企业带来良性的刺激，即能够引导企业修正经营模式，顺应社会价值取向。而社会价值取向通常受道德标准左右，因此，信息披露能够引导企业自觉遵守商业道德，并激励企业努力寻求减少、消除污染的生产方式或开发环保产品，这同样能实现鼓励研究和创新的目的。因此，两者具有协调的可能性。

理论上，两种制度在最终目标上可以统一，正是在这个最终目标下，各种制度才能多元共存。"法本是利益分化和利益冲突的产物，实质就是利益制度，即保障和维护利益的制度。协调和分配利益是法创制的核心内容，哪些利益应当予以承认和保护，哪些利益应当予以否定和限制，保护和限制的界限在哪里，立法者用确认和分配权利义务的法律形式回答这些问题。"④化解环境信息披露和商业秘密保护冲突的关键在于如何平衡，而实现平衡的关键在于商业秘密保密抑或公开的范围和标准，这是发挥两种制度各自作用，消除彼此矛盾的关键。国外已有的经

---

① 孙国华，朱景文．法理学[M]．北京：北京大学出版社，1995：67.

② 冯晓青．论商业秘密法与公共利益[J]．西南民族大学学报(人文社科版)，2004(2)：44-46.

③ 王雄元．上市公司信息披露与商业秘密保护[J]．财会月刊(会计)，2006(4)：57-59.

④ 曹刚．法的道德批判[M]．南昌：江西人民出版社，2001：69.

验表明，在环境信息披露过程中商业秘密面临的威胁并没有预想的大①，只要采取的协调措施得当，商业秘密保护制度和环境信息披露制度均能发挥各自作用，并能促进彼此完善。

(二)协调之原则

1. 公共利益优先原则

权益保护既是一种利益确认，又是一种道德评价。公共利益具有逻辑上的先在性，对初始权利进行配置必须有这样一种机制或“市场”，使得利益相关者都能够表示出他们对权利的偏好或他们对这些权利的相对重要性的判断，而公共利益本身就是一种公共选择或社会选择得以进行的先决条件和前提条件，因此成为一种“逻辑上的先在”。公共利益优先是基于现实的必要。因为公共利益的优先配置能产生制度效用，即它能给社会带来巨大的实际效益。当然，为防止借公共利益之名侵害私人权益，行使公共利益应有严格的限制条件，只要满足该条件，“具体个案中的权利是可以变更的”，但是这种变更必须“不改变或危及改变这种总体的、制度化的权利配置”。②

当商业秘密保护和环境信息披露涉及的环境信息在一个较小范围时，保护商业秘密的重要性就凸现出来。反之，所涉及的环境信息在一个较大范围时，环境信息披露的重要性显现出来，此时，应对商业秘密的保护作一定程度的限制，这符合整体效率原则。换言之，商业秘密的保护程度，尚须从社会整体利益的角度进行衡量，保护商业秘密和环境公共利益之间的平衡应遵循公共利益优先原则。如英国2000年通过《信息公开法》在遵循公共利益原则的前提下，详细列举了可不予公开的信息，其中包括损害经济利益的信息。但为保障公共利益，即使是某个信息符合例外情况，对于它是否公开也应该考虑公共利益。保护商业秘密的前提是不损害公共利益。

环境问题为全社会所普遍关注，环境信息公开与环境公共利益密切

---

① Thomas C. Beierle. Environmental Information Disclosure: Three Cases of Policy and Politics [EB/OL]. Discussion Paper. http://www.rff.org/files/sharepoint/workimages/Download/RFF-DP-03-16.pdf.

② 林来梵，张卓明．论权利冲突中的权利位阶——规范法学视角下的透析[J]．浙江大学学报，2006(6)：5-13.

相关。因此，即使环境信息的提供者以商业秘密为由阻却政府部门公开其环境信息，它还应受到公共利益的制约。加拿大《环境保护法》规定，如果环境信息的提供者向环境部长说明其不予公开的理由成立，但在下列情形下仍要公开该环境信息：第一，该环境信息的公布对环境保护、公众健康或公众安全有益；第二，在重要性上，公布的公共利益高于下列各项：(1)公布可能导致任何物质的、经济的损失或竞争地位的损害；(2)公布可能导致对个人的隐私、名誉或人格尊严的任何侵犯。①

2. 差别披露原则

环境信息披露制度赋予利益相关者环境知情权，但该权利的实现不能以毫无条件的披露来保障。要求企业对各类环境知情权主体统一披露环境信息不切实际，且不利于保护企业的商业秘密。为兼顾商业秘密持有者的利益和满足不同利益相关者对环境信息的要求，有必要遵循差别披露原则，根据不同的权利主体设置不同的环境信息披露范围。

一般而言，围绕企业这一市场主体有不同的利益相关者，如，投资者、债权人、雇员、政府、消费者及其他社会公众。这些主体对环境信息的要求各异，因此，应在权衡企业利益与相关者利益的基础上，针对不同主体采不同披露标准，这既可最大限度地保障企业的商业秘密，也可以保障不同利益相关者合理的环境信息知情权。比如，对政府部门而言，企业应当全面公开法律法规所要求公开的环境信息。对自愿公开的环境信息，涉及商业秘密的，企业可不予公开；对强制公开的内容，即使涉及商业秘密，企业也应向政府部门公开，再由政府部门依具体情况决定是否向社会公开。在未决定或不能向社会公开的情况下，政府部门负有保密之责。对投资者、债权人采用相关性公开原则，有保留地公开与企业经营相关的环境信息。对雇员而言，为保障其身体健康，应让其充分了解工作环境状况，告知对其身体健康有影响的环境信息及防护措施等。对消费者和其他社会公众而言，如其认为企业的环境行为污染或破坏环境而要求公开相关环境信息时，由企业考虑是否公开。不公开的，公众可基于环境知情权寻求行政或司法救济。

差别披露原则体现了权利限制与反限制的动态调整要求，能使商业

① 朱谦．环境知情权研究[C]//水污染防治立法和循环经济立法研究(全国环境资源法学研讨会论文集)．2005：1139.

秘密持有者的私人利益与环境公共利益在限制与反限制中实现合理平衡。若只是简单地要求企业对所有利益相关者统一公开涉及环境信息的商业秘密，任意扩大范围，则虽然保障了环境知悉权的实现，但却损害了企业的经济利益，使企业丧失竞争优势而退出市场，最终导致整个市场活力的丧失。

（三）协调之前提

商业秘密保护和环境信息披露协调的前提是相关法律制度的完善。基本思路是：在商业秘密法律制度中考虑环境信息的披露；同时，环境信息披露法律制度也要顾及商业秘密保护。

1. 基于环境信息披露的商业秘密限制制度

任何权利（益）均非绝对，商业秘密持有人在行使权利时，应遵守社会公德，不得危害社会公共利益。因此，法律往往基于公共利益对商业秘密保护加以限制。如，根据英国的《法律委员会关于保密义务的法律草案》第 11 条的规定，在违反保密义务的诉讼中，被告如能证明因涉及公共利益而披露或使用秘密，或原告未能说服法庭被告披露或使用秘密所涉及的公共利益小于恪守信息秘密义务涉及的公共利益，则被告对原告不负责任。①

加拿大的《统一商业秘密法草案》将为公共利益披露、使用商业秘密作为免责的抗辩理由之一。该草案第 10 条第 1 款规定："在披露和使用商业秘密的任何诉讼中，如果被告行为符合下列要求，将不承担责任：……根据商业秘密的性质，披露或使用所具有的或将会具有的公共利益超过了保护商业秘密的公共利益。"《美国统一商业秘密法》（1985 年）规定，基于公共利益的例外，可以因支付合理的使用费而拒绝给予禁令救济。《俄罗斯联邦商业秘密法》（2004）第 10 条第 6 款规定："商业秘密制度的目的不得与宪法和道德原则的要求相抵触，不得损害他人的健康、权利和合法利益，并不妨碍国防和国家安全。"②

这些法律均未明确指明环境利益是否属于公共利益。"公共利益"的含义非常丰富，不同的国家对其理解各不相同。根据专利强制许可制

① 商业秘密法制丛书编辑委员会．商业秘密法制现状分析及案例[M]．北京：中国法制出版社，1995：163.

② 邓社民，林辉．俄罗斯联邦商业秘密法[J]．知识产权，2006(3)：92-93.

度中关于“公共利益”范围的界定(详见 7.1.2 有关“公共利益”的论述)，大体可得出环境利益应属于公共利益的结论。

本书认为，环境利益理应属公共利益的范畴。相较其他因素而言，环境利益更符合公共利益的属性。环境乃人类生存之基，环境利益超越国界和意识形态，是一种真正意义上的公共利益。环境利益与每个公众密切相关，它直接关系到公众的生命、健康和财产等利益。因此，基于环境公共利益的考量，应对商业秘密保护加以限制。应注意的是，公共利益往往成为公权力滥用的庇护伞，因此，多大的环境利益属于公共利益，需要综合考虑多种因素。

总之，法律应肯定商业秘密持有人前期的劳动、资金或技术上的投入，赋予其垄断地位，但当商业秘密持有人滥用垄断地位侵害公共利益时，应建立强制性信息披露制度，在公众与商业秘密持有人之间寻求利益的平衡。①

目前尚无统一的商业秘密法，现有保护商业秘密的相关法律制度亦无基于环境利益对商业秘密保护加以限制的规定。我国在制定商业秘密法时，应考虑在其中规定环境信息披露。行政机关和司法机关在处理涉及商业秘密保护和环境信息披露的纠纷时，在暂无明确法律规定的情况下，可根据权利不得滥用、公共利益优先等原则对商业秘密加以必要限制。当然，基于利益平衡的考虑，披露涉及商业秘密的环境信息时应给予商业秘密持有人必要的补偿。

2. 环境信息披露中应考虑商业秘密保护

商业秘密法律制度对公众环境利益予以必要尊重的同时，环境信息披露法律制度中也应考虑保护商业秘密。因此，通常各国信息公开法以及环境信息法中都规定，若信息公开涉及商业秘密时，不允许向公众公开。如《德国环境信息法》第 8 条规定，商业秘密未经授权不得披露。涉及商业秘密的环境信息如经权利人同意可以公开。不同意公开的，须向公开环境信息的政府部门说明理由。加拿大《环境保护法》第 52 条规定，如环境信息构成商业秘密的信息，环境部长可以决定不公开环境信息。德国《联邦化学品法》和《联邦污染控制法》也规定了对商业秘密的

---

① 王记恒．欧共体商业秘密权滥用行为反垄断法规制的立法演变及启示[J]．中国工商管理研究，2007(2)：45-49.

保护：企业提供的数据，登记机关工作人员未经企业的授权或法律规定的行政机关的授权，不得公开，否则构成侵权。①

我国环境保护总局通过的《环境保护行政许可听证暂行办法》(2004年)第10条规定：听证主持人在听证活动应保守听证案件涉及的商业秘密。《政府信息公开条例》(2007年)第14条第4款规定，行政机关不得公开涉及商业秘密的政府信息。《水污染防治法》(2008年修订)第27条规定，检查机关有义务为被检查的单位保守在检查中获取的商业秘密。环境保护部审议通过《限期治理管理办法(试行)》(2009年)第7条第2款规定，环境保护行政主管部门不得公开涉及商业秘密的政府信息。

由上可知，环境信息公开的内容原则上不得涉及商业秘密。企业以商业秘密为由请求不公开时，应说明理由。当然，即使构成商业秘密，在涉及环境公共利益时，也并非绝对不予公开。如美国政府出于对健康和环境的考虑，有时要求权利人公开商业秘密，要求食品生产者在其产品上准确注明成分名称。②《联邦杀虫剂杀真菌剂灭鼠剂法案》(FIFRA)，要求披露杀虫剂的内容及其他大量信息。③ 我国《政府信息公开条例》第14条规定，行政机关不得公开涉及商业秘密信息，但行政机关认为不公开可能对公共利益造成重大影响的，可以公开涉及商业秘密的政府信息。《环境信息公开办法(试行)》要求超标超总量排污的企业不得以保守商业秘密为由拒绝应公开的环境信息。

(四)协调之途径

商业秘密保护和环境信息披露之间的冲突，往往是由享有环境知情权的一方要求环境信息公开而引起，因此协调之途径某种程度上可理解为环境知情权的实现途径。环境知情权是一种积极权利和消极权利相结合的综合体。该权利必须通过义务人履行其义务才能实现，是主体之间

---

① 汪学文．联邦德国企业和商业秘密的法律保护在环境保护法中的运用[J]．科技与法律，1996(3)：69-76.

② See Corn Products Refining Co. V. Eddy, 249U. S. 427(1919).

③ [美] Merges 等．新时代技术的知识产权法[M]．齐筠等，译．北京：中国政法大学出版社，2003：51.

"获知"与"告知"双向互动的产物。① 如果企业或政府应公众的要求和基于自己的社会责任或职责，主动公开涉及商业秘密的环境信息，于此情形，冲突不会产生。但若企业不愿公开涉及商业秘密的环境信息，或政府不作为，冲突便由此而生。主要有三种情形：一是商业秘密持有者与政府之间的冲突；二是企业、社会公众与政府部门之间的冲突；三是商业秘密持有者与社会公众之间的冲突。解决上述冲突的途径大致有行政和司法两种程序。

1. 商业秘密持有者与政府之间的协调途径

政府获知的大量环境信息主要通过排污申报登记、环境影响评价、排污许可证颁发、现场检查以及对排污者的排污监测获取。如美国EPCRA(Emergency Planning and Community Right-to-know Act)法案要求企业向联邦环境保护局(EPA)提交的信息包括：化学药品信息、各个生产领域的化学品清单、超过EPA设定的数量限度的有毒物的排放形式等。② 这些环境信息有些可能构成企业的商业秘密。

如企业以商业秘密保护为由不提供有关环境信息，为此政府可基于行政职权要求企业提供。如《俄罗斯联邦商业秘密法》(2004)第6条第2款规定："如果商业秘密持有者拒绝向国家权力机关、其他国家机关和地方自治机关提供商业秘密的，这些机关有权依诉讼程序调取。"当然政府部门对获取的涉及商业秘密的环境信息负有保密之责。如政府部门泄密，商业秘密持有者可起诉政府侵权，要求赔偿。如果政府部门认为，虽然是商业秘密，但基于环境公共利益仍需公开的，在公开之前，应书面通知商业秘密持有者；商业秘密持有者不服的，可向作出决定的政府部门的上级机关申请复议，对复议决定不服的，有权向法院提起诉讼。复议程序非为起诉的前置程序。

如企业依法向环保职能部门提交相关数据信息时提出保密主张，应在提交时、而非在信息面临披露时才主张，并提交相关证据资料。其所

---

① 陈焱光．知情权的法理[M]//徐显明．人权研究(第2卷)．济南：山东人民出版社，2002：268.

② Christopher J. lewis. When is a Trade Secret not so Secret? The Deficiencies of 40 C. F. R. Part 2Supart B[J]. Northwestern School of Law of Lewis & Clark College, 2000(30): 164-169.

主张的保密信息必须在表格中明确标明其秘密性，否则，政府相关部门将视其为公共信息并可能在尚未预先通知企业的情况下公开该信息。倘若公众欲请求公开属商业秘密的信息，则应有法律规定的正当理由，如该商业秘密对公众健康具有严重威胁或其存在、使用违反相关法律法规。如政府决定公开的，在公开之前，应书面通知商业秘密持有者，如商业秘密持有者不服，其或提请行政复议或直接向法院提起诉讼。诉讼不公开审理，仅由法官和相关行政机关工作人员对被申请公开的信息进行"鉴定"，判断其是否适宜公开，必要时，可请有关专家出具意见。如此，问题大体可得到妥善解决，知情权也不至于轻易成为威胁私人利益的借口。①

2. 企业、社会公众与政府部门之间的协调途径

政府部门出于环境管理的需要，从企业那里获取的大量环境信息中有些可能涉及商业秘密。此类信息如为政府所获取，其性质就不单纯是私人所持有的保密信息，而且为一种行政信息，公众则可依据相关信息自由法而请求政府部门公开涉及商业秘密的环境信息。于此情形下，应设立严格的程序规则，以保护商业秘密。《美国信息自由法》(*Freedom of Information Act*)颁布后，当局原本以为来查询信息的主要是新闻机构，结果却发现查询信息的多为企业，且相当数量的查询企业与被查询企业之间具有竞争关系。

基于此，操作程序上可作如下考虑：总的原则是政府不像公开法律法规那样主动公开商业秘密。如果一企业想得到其他企业涉及商业秘密的环境信息，须提出申请，由政府机关审查决定是否对其公开；政府机关一旦认为公开商业秘密可能使信息所有者受损，它有义务通知信息所有方，由双方各自提出自己的主张，政府机关基于双方的主张作出裁决，不服的一方可提请行政复议或直接向法院起诉，如信息所有方主动同意公开，应与要求信息公开者签订知情保密协议，以防止同业竞争者将有关数据和技术秘密商业化使用。

如是公众要求政府机关公开涉及商业秘密的环境信息的，由政府机关根据是否涉及环境公共利益决定公开与否。如果决定公开的，应通知商业秘密持有人，如其不服，或提请行政复议，或直接向法院起诉。如

① 王名扬．美国行政法(下)[M]．北京：中国政法大学出版社，1995：988.

政府机关拒绝公开的，应告知申请人理由及向有关机关提起复议的权利。复议期内未作出复议决定的，或申请人对复议决定不服的，申请人可向法院起诉。复议非为诉讼的必经程序。

如政府机关拒绝或不当提供环境信息造成公众人身、财产等权利损害的，政府机关应承担赔偿责任。1995 年《俄罗斯联邦信息、信息化和信息保护法》第 24 条第 1 款规定，申请人获得信息请求被拒绝或收到不完整信息的，可以要求获得相应的损害赔偿。又如 2001 年的罗马尼亚《自由获取公共利益信息法》第 22 条规定，如果某人认为他的合法权利受到了侵犯，该人可以向法院提起行政诉讼，法院可以强制公共权力机关或公共机构提供申请的公共利益信息，并可以命令支付精神或财产赔偿。这些规定均可为我国政府信息公开法或环境信息披露制度所借鉴。

3. 商业秘密持有者与社会公众之间的协调途径

环境问题的特殊性决定了要实现环境法所确立的环境保护目标，单靠政府的环境管理是不够的，还须依赖公众参与。政府不可能收集到企业的所有环境信息，因为，按《环境信息公开办法(试行)》规定，企业是否公开环境信息(除非是超标排放的企业)，基本上采取自愿原则。企业未向行政机关提供或行政机关尚未搜集到的涉及商业秘密的环境信息，应属企业的私人信息，性质上不属于行政信息。于此情形下，公众就不能请求政府公开此类环境信息。如果公众基于环境参与权和知情权要求企业公开此类信息，而企业以此类环境信息涉及商业秘密为由不愿公开的，纠纷便由此而生。在此种情形下，公众可直接向法院提起环境公益诉讼，由法院作出裁判，决定是否予以公开。这种程序设置在有些国家不存在法律上的障碍，但在我国则要完善环境公益诉讼制度。对此问题，本书不作展开。当然，公众也可以先请求有关行政机关作出处理，对其处理不服的，不得以行政机关为被告提起行政诉讼，而是直接以争议对方为被告提起民事诉讼。

## 第三节 健全植物知识产权保护中的育种豁免制度

植物新品种知识产权保护，旨在通过赋予育种者对育种植物、植物的部分及产品的排他权，以促进育种创新。知识产权制度除了保护私人产业投资利益外，亦必须顾及公共部门或农耕习惯上合理接近和使用种质资源的机会。① 过分强调知识产权人的垄断权，而忽略其他育种者一定范围内自由接近和利用受知识产权保护的生物材料，则有悖于知识产权制度的宗旨。因此，立法往往对植物专利或品种权给予一定程度的限制，其中之一就是育种豁免(Breeding Exemption)②，即允许他人利用授权品种进行育种活动，不构成专利或品种权的侵害，保证育种者自由接近和使用育种材料以培育新品种。大多数植物育种活动必须利用亲代植物为研发基础，育种豁免的规定能鼓励后人培育新品种。③ 这有助于维护生物多样性和保障粮食安全。植物新品种知识产权保护主要有品种法或专利法两种模式，④ 品种权制度中明确规定了育种豁免，而专利法上并无类似规定。随着生物技术的发展，越来越多的植物发明会受到专利法保护，一植物可能同时受品种法与专利法保护。利用授权品种的育种行为，育种者可以依据品种法主张育种豁免，但却有可能构成专利权侵害，由此导致品种法上的育种豁免会落空，因此有必要在专利法纳入育种豁免。本节首先分析品种法上育种豁免，再剖析专利制度中可能与之类似的研究豁免概念，最后探讨植物专利保护中是否应引入以及如何引入育种豁免制度。

## 一、植物品种权保护下的育种豁免

无论是传统育种或是现代生物技术育种，新品种育成多以既有品种

---

① Mark D. Janis & Jay P. Kesan. SYMPOSIUM 2002：The Future of Patent Law：U. S. Plant Variety Protection：Sound and Fury…? [J]. 39 Hous. L. Rec，2002：727，729.

② 育种豁免，有时也称 breeders' exemption，breeders' exception，breeders' privilege 等。

③ 李崇僖. 农业生物技术之智财权与管制体系研究——以政治经济分析为出发点[D]. 台湾大学博士论文，2002：63.

④ TRIPs 第 27. 3(b)条规定：除微生物之外的植物和动物的技术，以及本质上属于非生物处理和微生物处理之外的植物和动物生产中的生物学方法。但各成员应通过专利制度或通过有效的专门制度，或通过此两者的结合，对植物品种提供保护。UPOV 对于植物新品种的保护提供一个符合 TRIPs 第 27. 3(b)条所谓的有效专门制度。

为材料。植物育种的创新，必须仰赖能够接近使用最新的育种材料(新品种、地方品种或野生品种等)。育种豁免能保障育种者接近使用受保护的植物品种，进而促进品种不断改良和植物育种的永续发展，保护生物多样性。

(一)植物品种权保护制度下的育种豁免规定

育种豁免条款早在国际植物新品种保护联盟(International Union for the Protection of New Varieties of Plants，UPOV)1961 年成立时即有规定。① 此后的 1972 年、1978 年以及 1991 年的修正均保留了育种豁免。UPOV 1991 第 15.1 规定：育种者权利不适用于下列各项：(1)私人的非商业性活动；(2)实验活动；(3)为培育其他品种的活动。其中"为培育其他品种"之例外，即所谓的"育种豁免"。但依照第 14 条 5 款实施的除外，即：(1)受保护品种的实质性派生品种，而受保护品种本身不是依赖性派生品种；(2)与受保护品种没有第七条所规定的有明显区别的品种；(3)需要反复利用受保护品种进行生产的品种。UPOV 1991 将这些品种称为实质性派生品种。换言之，除依实质性派生品种之外的育种而使用受保护品种，是公约所规定的育种豁免。如果育种研究产生了另外一个新品种，该新品种不是从原始受保护品种得到的实质性派生品种，且符公约第 5~9 条所规定的新颖性、特异性、一致性和稳定性的要求，则该新品种可获得另外的品种权保护。

当 UPOV 1991 在欧洲颁布之时，1994 年 7 月欧盟相应地颁布了关于共同体植物品种权的《理事会条例第 2100/94 号》,② 该条例第 13.2 条明确地界定了共同体植物品种权的范围：涉及受保护品种的组成、收获材料的下列行为需要育种者的授权：生产或繁殖；为繁殖而进行的种子处理；许诺销售；销售或其他市场销售；出口；进口；基于以上目的的存储。上述规定应适用于收获的材料。虽然品种权的范围有所扩大，但仍为育种研究留有足够空间。第 15 条规定，共同体植物品种权不适用于下列行为：(a)个人的非商业性活动；(b)基于实验目的的行为；

① Article 5(3) of the 1961 Act of the UPOV Convention. Article 5(3) of the 1978 Act of the UPOV Convention.

② 欧盟理事会 1994 年 7 月 27 日通过的第 2100/94 条例，即《共同体(植物)品种保护条例》。

基于育种和发展其他品种目的的行为，但不包括实质性派生品种。此等权利限制与 UPOV 公约的规定一致。

德国植物品种保护法(1985 年制定，1992 年与 1997 年经过两次修订)第 10(a)(1)条规定了植物新品种权的限制：私人非商业目的；与受保护品种相关的实验目的；培育其他新品种，除第 10(2)条涉及的新品种外。① 美国已确定了以植物专利(Plant patent)、实用专利(Utility patent)与植物品种保护(Plant Variety Protection)，三管齐下保障育种家权利的体系。但前两者未规定育种豁免。② 依据美国植物品种保护法(PVPA)规定③，育种豁免是指为植物育种或其他善意研究而使用或繁殖受保护品种，不构成植物品种权侵害。且所培育出的新品种得加以销售，倘若符合本法其他要件，亦可以独立地受品种权法保护。④ 换言之，其他育种者纵使未得品种权人的授权，仍可以合法地使用受保护的品种，以发展新的商业品种，只要该新品种不属于原始受保护品种的实质派生品种即可。⑤ 澳大利亚植物育种者权法(PBRA)第 16 条规定了育种者权的例外：(1)个人非商业目的的使用；(2)实验目的使用；(3)培育其他植物新品种的目的。有两种例外：一是受保护品种在商业生产中反复使用，如使用杂交水稻的父本的情况(PBRA 13)；二是被繁殖的新品种属于实质性派生品种(PBRA 12)。

依据上述列举的规范的体系解释，可以推论育种豁免不受“非商业目的”的限制。国际公约和部分国家关于品种权限制的规定，均将“私人且非基于商业目的使用”与“培育其他品种的行为”(即育种豁免)作为

① 即受保护品种(原品种)的依赖性派生品种，而受保护品种本身不是依赖性派生品种；与受保护品种没有明显区别的品种；需要反复利用受保护品种进行生产的品种。

② 1930 年的植物专利法对无性繁殖提供保护，与之平行的 1970 年颁布实施并于 1994 年根据 UPOV 1991 公约加以修订的的植物品种保护法(PVPA)则对有性繁殖和块茎植物提供保护。无论是受植物专利还是植物品种权保护的新品种，只要满足实用专利保护的条件，都可以获得实用专利保护。

③ 7 U. S. C. § 2544.

④ Debra L. Blair, NOTE: Intellectual Property Protection and Its Impact on the U. S. [J]. Seed Industry, 4Drake J. Agric. L. 1999(Spring): 297, 313.

⑤ Debra L. Blair, Intellectual Property Protection and Its Impact on the U. S. [J]. Seed Industry, 4 D RAKE J. A GRIC. L. 1999(Spring): 297, 313.

免除侵权责任的行为加以并列规定。前者明确强调了“非基于商业目的”，而后者没强调这一点，可见立法者没有将“非商业目的”作为育种豁免条件的意图。因此育种使用受保护品种，即使有商业目的也在豁免范围内，否则与个人非商业目的的使用的这种类型没有区分。① 因此，只要法律条文中未明确列明“非基于商业目的”，则可认为育种豁免不受“非商业目的”的限制。

(二)育种豁免的限制——实质性派生品种

在UPOV1978年公约中未规定实质性派生品种，育种家享有绝对的育种免责，育种者往往运用新技术进行“装饰性育种(cosmetic breeding)”，即育种者仅通过对现有品种进行细微或不重要的修饰性改变便可以占用现有品种创新者的成果，试图绕过植物新品种权。这种“抄袭”行为，不仅会导致不公平的市场竞争，而且从长远来看会损害公约设置育种豁免的目的。② 为阻止“装饰性育种”，UPOV 1991修改了“育种免责”规定，增加了“实质性派生品种(EDV，Essentially Derived Variety)”③条款，对育种免责加以限制。依据该条款的规定，以受保护品种所进行的品种改良，所得到的新品种，需要有相当程度的遗传距离，才能免责；若所得到的新品种是原始品种的实质派生品种则不在免责范围内。实质性派生品种条款限制了研究人员的豁免，使得植物新品种保护更接近专利制度。

实质性派生品种制度对育种豁免的影响如何，有不同观点。肯定说认为，实质性派生品种实际上是对育种豁免的一种限制，形成育种研究者的进入壁垒。主要影响如下：第一，不利于转基因植物研究，因为转基因技术通常是对既有品种植入外来基因，容易构成实质性派生品种。

---

① Mark J. Davison，Ann L. Monotti，Leanne Wiseman Australian Intellectual Property Law[M]. Cambridge University Press，2015：683.

② Shun-Liang Hsu，Acomparative Study on Research Exemptions in Plant Reeding under Intellectual Property Rights Protection[J]. Queen Mary Journal of Intellectual Property，2016，6(1)：92-110.

③ 依赖性派生品种可通过选择天然或诱变株、或体细胞无性变异株，从原始品种中选择变异、回交或经遗传工程转化等获得。

第二，不利技术发展中国家的农业研发,① 造成新品种的培育更加困难。② 否定说则认为，实质性派生品种旨在保护具有发明性的育种家，而非抄袭者，因此育种豁免本身并未受到影响。被培育出的实质性派生品种可以被登记，只是在商业化利用时必须得到授权。因此，为育种而使用受保护品种的权利仍然存在，只有纯粹抄袭的行为被禁止。③ 综上，实质性派生品种制度并未阻止育种者利用受保护的品种进行育种研究，若培育出的新品种为非实质性派生品种，可不经原品种人的许可进行商业利用；若培育出的新品种为实质性派生品种，如要对其加以商业利用，则需原品种权人的授权。在澳大利亚，为了阻止一个新品种的育种者不公平地利用其他育种者的劳动成果，PBRA 规定，如果一个育种者认为一个新品种的育种者不公平地利用其劳动成果，他可以就第二个新品种向植物育种者权利办公室提出派生品种的权利要求，如果植物育种者权利办公室支持派生品种的权利要求，第二个派生品种的育种人必须获得第一个育种人的许可才能实施法律活动。④ 总之，立法者在通过实质性派生品种限制育种豁免的范围，试图在研究者能接近使用受保护育种材料与保护品种权利人利益之间寻求平衡。⑤

## 二、植物专利法中研究豁免能否涵盖育种豁免

实验或研究豁免(research exemption)(以下简称研究豁免)旨在在维护研究领域对创新技术或劳动成果的自由利用，以促进科学进步与知识

---

① 李崇僖. 农业生物技术之智财权与管制体系研究——以政治经济分析为出发点[D]. 台湾大学国家发展研究所博士论文，2002：67.

② 陈怡臻. 植物育种家权利法规的比较[D]. 台湾大学农艺学系研究所硕士论文，1997：74.

③ Tim Roberts, Plant Variety Rights — The Breeder's Exemption, WIPO-UPOV Symposium on the Co-existence of Patents and Plant Breeders' Rights in the Promotion of Biotechnological Developments(Oct. 25, 2002).

④ 杨旭红. 澳大利亚《植物育种者权利法》的特点及与我国《植物新品种保护条例》的异同[M]//王立民，黄武双. 知识产权法研究(第 2 卷). 北京：北京大学出版社，2005：54.

⑤ Elisa Rives, Comment: Mother Nature and the Courts: Are Sexually Reproducing Plants and TheirProgeny Patentable under the Utility Patent Act of 1952? [J]. 32 Cumb. L. Rev. 2001/2002: 187, 204.

散布的社会价值。① 这与育种豁免制度的价值目标取向是一致的。但在植物专利保护下，无育种豁免的明确规定，因此，需要分析植物专利制度下的研究豁免是否能包含育种豁免，这需要分析育种研究行为是否满足研究豁免的适用条件。研究豁免的适用条件主要有两种模式：一是商业性使用与非商业性使用区分模式；二是研究对象与研究工具区分模式。② 以下分析两种模式下，育种豁免纳入研究豁免存在的可能障碍。

### (一)商业性使用与非商业性使用区分模式

此种区分模式主要以美国为代表。在美国，研究豁免发轫甚早，并主要通过判例法形成与发展。1813 年美国最高法院 Story 法官在 Whittemore v. Cutter 一案判决的附带意见(obiter dictum)中表示，若第三人"为营利而使用(intent to use for profit)"该专利，则属专利侵害行为；若第三人仅为理论实验或是为验证该专利的效用而实施该专利，则不构成专利法侵害。Story 法官认为，虽然本案事实中的某些行为的确落入了权利范围内，但立法目的不是为了惩罚一个仅仅为了进行哲学性实验(philosophical experiment)，或是为了要确证该机器能够产生其所描述效果的充分性而制造机器的人。并明确提出，仅仅是为哲学性实验目的，为确认专利是否能产生其所描述的效果，而使用专利的，不构成专利侵权。③ 该论断成为美国司法体系认知实验使用行为的开始。同年，Story 法官在 Sawin v. Guild④ 一案中亦表示相同看法：制造、使用、出售受专利权保护的机器，若要构成专利侵权行为，必须以营利为目的，而非仅仅为了哲学实验或确认专利说明中所记载的真实性及正确性所作出的行为。简言之，利用专利的行为必须具有侵犯专利权和剥夺权利人对其发明所享有的合法收益的意图。而在 1832 年的 Jones v. Pearce⑤ 一案中，法院表示若第三人的行为属"无营利目的而仅因消遣(amusement)"，则不属专利侵害。

---

① 刘棠必．研究除外原则在专利法架构下之问题研究——以我国现阶生物科技基础研发之特质为例(下)[J]．智慧财产权月刊，2004(56)：21-24.

② 王淑君．实验使用例外制度的反思与完善——兼评《专利法》第 69 条第 4 项[J]．知识产权，2015(3)：25-28.

③ Whittemore. Cutter. 29F. Cas. 1120，1121(C. C. D. Mass. 1813)．(No. 17600).

④ Sawin v. Guild，21F. Cas. 554 (C. C. D. Mass. 1813) (No. 12391).

⑤ Jones v. Pearce，Webster's Patent Case 122 (K. B. 1832).

美国法上的研究豁免后来的发展有越来越限缩的趋势。法院严格适用纯粹以娱乐、好奇、理论探究为目的的研究豁免原则，只要使用专利的行为有商业意图，则排除该原则适用。在 1990 年的 Deuterium Corp. v. United States① 一案中，美国法院认为，政府为商业目的而委托民间机构所为的测试，不适用研究豁免。在 2000 年的 Embrex Inc. v. Service Engineering Corp. ② 一案中，法院指出，被告的实验行为隐藏不了商业使用的目的，即使将商业目的伪装在科学追求的外衣下，仍然不能使其行为获得豁免。2003 年的 Madey v. Duke University③ 一案，联邦巡回上诉法院认为，大学中所为研究计划，虽不一定具有商业目的，然而，此类研究有助于学生或师资的教育养成、吸引学生师资、取得研究经费及提升机构地位，非属纯为娱乐、好奇或是科学探究情形，故不能适用研究豁免。此案引起美国学界强烈批判，认为法院对研究豁免的解释实在过窄。④ 该案对研究豁免的适用产生了重大影响。法院将“利益”的外延加以扩展，不仅包括现实利益还包括潜在利益。法院这种认定方式使研究豁免适用更为困难，之后的司法实务中引用该原则获得豁免的情况鲜有发生⑤。大体而言，美国案例法上的研究豁免必须满足：(1) 无营利意图；(2) 仅系为满足知识上的渴求或好奇；(3) 单纯出于消遣。⑥

---

① Deuterium Corp. v. United States, 19 Cl. Ct. 624, 634. (Fed. Cir. 1990).

② Embrex Inc. V. Service Engineering Corp. 216 F. 3d 1343, 1349. (Fed. Cir. 2000).

③ Madey v. Duke University, 307 F. 3d 1351 (Fed. Cir. 2002), cert. denied, 469 U. S. 856. (U. S. 2003).

④ See Michelle Cai, Madey v. Duke University: Shattering the Myth of Universities' Experimental Use Defense[J]. Berkeley Technology Law Journal, 2004.

⑤ 在 Ruth v. Stearns-Rogr Manufacturing. Co. 140 一案当中，法院认为所有的使用行为均在实验室当中，因此属于实验性质。在 Akro Agate Co. v. Master Marble Co. 一案中，被告使用原告之专利机器系为评估该机器是否适用于其营业，且被告之后抛弃该专利机器并采用与原告专利机器不同之机器，因此被告之行为并不构成侵害。在 Chesterfield v. United States 一案当中，法院提到被告并未制造或贩卖该专利物品，故被告之使用行为是实验性的。参见 Gregory N. Pate, Analysis of the Experimental Use Exception[J]. 3 N. C. J. L. & Tech. 2002(Spring): 253, 261-262.

⑥ Jannifer J. Johnson, The Experimental Use Exception in Japan: A Model for U. S. Patent Law? [J]. 12 Pac. Rim L. & Pol' y 499, 2003: 20.

由上可知，美国法上的研究豁免范围相当狭窄，带有任何商业目的使用行为，均构成专利侵害。不论是“在营业的日常过程中”(in the ordinary course of business)的行为、“与使用者营业有关”(in connection with business)的行为，或与“被告进行中的营业活动”(ongoing business activities)有关的行为，都会被认为具有商业目的，而无法适用研究豁免原则。

除普通法上的研究豁免例外，立法者也开始将某种特定目的的使用行为免除其专利侵害责任。1984 年之 Roche Products v. Bolar Pharmaceutical Company 一案，除了引发许多学说上的讨论，亦导致同年制定的专利法第 271(e)条规定，将为搜集行政资料而使用专利发明的行为免除专利侵害责任。这种实验实施例外不以“非商业目的”为条件，且限于医疗特殊领域。本书所要探讨的育种一般不属于此种情况，在此不加讨论。

虽然美国法学说上要求放宽研究豁免适用条件的呼声很高，但是实务上对该原则的适用仍旧相当严格，仅限于非商业目的行为才得主张。由于以利用他人受保护品种来培育其他新品种的行为，往往要将育成的品种申请品种权或专利，并进行商业推广，因此育种多含有商业目的，这也是植物品种权保护下适用育种豁免不以“非商业目的”为条件的原因。因此育种豁免难以被涵盖在商业性使用与非商业性使用区分模式下的研究豁免中。

(二)研究对象与研究工具区分模式

与美国类似，欧洲国家专利法中的研究例外原则最早也是基于法院对专利限制所作的司法解释。与美国不同的是，这些司法解释随后全部都纳入到了制定法中。依据《欧洲专利公约》(*European Patent Convention*，简称 EPC)第 64 条第 1 款、第 3 款规定，对欧洲专利的任何侵权及侵权例外规定应按照各国专利法处理。随后，为消除地域性专利保护对欧共体内部自由竞争的影响，进一步统一成员国的专利制度，欧共体成员于 1975 年签署了《共同体专利公约》(*Community Patent Convention*，简称 CPC)。CPC 与 EPC 相互配合，构成欧洲各国专利制度的重要依据。

1989 年 CPC 修订本第 27 条对共同体专利权的效力进行了限制。依据公约规定，共同体专利权效力不得延及：与专利发明主题相关的实验目的行为，即研究豁免。欧洲的研究豁免的范围较美国更为宽泛，并没有局限于"非商业性目的"。CPC 在公约备忘录中明确区分了"以专利技术为实验对象"以及"以专利技术为实验工具"两种情形。并明确只有利用该发明专利作为研究对象的行为，才能豁免侵权责任。虽然 CPC 目前尚未生效，但是包括德国、法国、英国、意大利、荷兰、比利时、卢森堡、爱尔兰、希腊等许多欧盟成员国的国内专利法，都采纳了该公约的精神和相关规定，成员国对本国专利权效力的限制基本上都遵循了 CPC 第 27 条的规定。①

以专利技术为研究对象使用，通常旨在验证、改进发明专利；挑战专利的有效性；确认许可的价值；改进发明或发现其用途；对本发明的外围发明进行研究等。② 依据欧洲国家关于研究豁免的规定，"以专利技术为研究对象"专利使用行为只要出于实验目的，且旨在获得与发明主题相关的信息，无论是否具有商业目的，均属于研究豁免范畴。一般来说，"与发明主题相关"的实验行为，包括但不限于测试发明的有效性、确定发明的专利权范围、寻求改进技术或发展替代技术等。③ 根据德国相关司法判例，研究豁免主要适用于：目的系为确认发明可实施与否或技术利用的可能性；为证明发明的缺陷或瑕疵所进行的试验；为了解发明进步性所进行的试验；为了测试受专利保护设备或方法专利的可用性；为了改善系争发明的试验行为；为了寻求专利回避所做的试验。④ 英国《专利法》第 60 条第 5 款 b 项规定，进行与该发明内容有关

---

① Henrik Holzapfel and Joshua D. Sarnoff, A Cross-Atlantic Dialog on Experimental Use and Research Tools[J]. 48 The Intellectual Property Law Review, 2008: 152, 153.

② Gilat, D. (1995). Experimental use and patents. In F. -K. Beier & G. Schricker (Eds.), Studies in Industrial Property and Copyright law. The Max Planck Institute for Foreign and International Patent, Copyright and Competition Law, IIC Studies, Vol. 16. Weinheim: Wiley-VCH; Van Eecke, P., Kelly, J., Bolger, P., & Truyens, M. (2009). Monitoring and Analysis of Thnology Transfer and Intellectual Property Regimes and Their Use. Results of A Study Carried out on Behalf of the European Commission (DG Research), Brussels-Dublin.

③ 参见 Smith Kline & French Labs. Ltd. v. Evans Med. Ltd., (1989) 1 F. S. R. 513 (U. K.), 1988 WL 623784.

④ 李素华. 专利权之效力限制与试验免责[C]//专利法制发展学术研讨会论文集，2004: 27.

的实验行为，不作侵害论。该项规定并未设置非以商业为目的的条件。而在本条第5款a项规范私人使用专利的行为时，明确了不能有商业目的。① 英国法院在审理专利侵权案件时，也不以非商业目的作为研究豁免的条件。但法院认为，使用他人专利技术测试或证明其他产品或方法的行为，不适用研究豁免，因为这些行为与专利发明本身并无关系。②

与之相对，将专利技术为研究工具使用并非为了获得与发明主题相关的信息，而是将专利技术作为达到其他预期目的的工具或手段。"研究工具"顾名思义就是用来从事研究的工具，如细胞系、单克隆抗体、试剂、生长因子等均可用作研究工具的技术。对于研究工具专利而言，使用研究工具专利是"用发明"进行实验，而不是"对发明"进行实验。虽然这种未经授权、使用研究工具发明的行为可能会产生重大的公共利益，尤其当专利持有人不愿意提供该发明或不愿意以合理条件提供时更为明显，但是适用研究豁免会显著降低对研究工具发明的事前激励。研究工具发明对技术进步的贡献通常依赖的是发明的实施方案即研究工具本身。当研究工具发明获得专利后，专利权人的排他性收益主要源于对研究工具发明本身的控制。③ "以专利技术为研究工具"对原专利产品的商业化具有直接影响，因此，绝大多数国家将其排除在研究豁免之外，不能免于侵权责任。但比利时在2005年《专利法》修正案中扩大研究范畴，将"以专利技术为研究对象"及"以专利技术为研究工具"两种实验使用行为均纳入研究豁免的范围。④

研究对象与研究工具的区分模式不以是否具有商业目的作为研究豁

① 英国专利法第60条第5款a项与b项的规定："(5) An act which, apart from this subjection, would constitute an infringement of a patent for an invention shall not do so if (a) It is done privately and for purposes which are not commercial; (b) It is done for experimental purposes relating to the subject-matter of the invention."

② Anna McMinn. An Improper Expansion Beyond the Legislative Intent. Albany Law Journal of Science & Technology, 2006.

③ Katherine J. Strandburg, What Does The Public Get? Experimental Use and The Patent Bargain[J]. 2004 Wis. L. Rev. 2004: 123.

④ V. Prifti, The Breeder's Exception to Patent Rights: Analysis of Compliance with Article 30 of the TRIPs Agreement[M]. Springer International Publishing Switzerland 2015: 94.

免适用标准，这与植物品种权保护下的育种豁免的适用具有一致性。但在育种研究中，育种者可能需要或改进受专利保护的生物材料，而不是有关育种的过程。育种者的主要目的是利用受专利保护的植物性状。这些特性可能在育种的过程中被去掉，也可能存在于最终品种中。因此育种者主要是将专利材料作为研究工具使用，而非研究对象。① 而将受专利保护的生物材料作为研究工具是不能豁免的。因此不强调商业目的的研究对象与研究工具的区分模式下，研究豁免也难以涵盖育种豁免。

基于上面的分析，在专利制度保护下，无论是商业目的与非商业目的的区分模式，还是研究对象与研究工具的区分模式，育种豁免纳入研究豁免均存在障碍。如此，育种豁免在植物新品种保护和植物专利保护下，会面临不同的命运。为实现植物专利法和植物品种法关于育种豁免的一致性，有必要将育种豁免引入专利制度。

## 三、育种豁免引入植物专利制度的方式

农业生物科技的发展使得种原的重要性逐渐显现。因而不论是品种权法或是专利法除了必须保护私人产业投资利益外，还必须顾及到公共研究或农耕习惯上合理接近使用种原的机会。② 若品种权法中规定有育种豁免而专利法中无此规定，会导致专利权人与品种权人之间的不公平。专利权人可利用受品种法保护的材料进行育种，基于育种豁免的规定不构成侵权，而品种权人的利用受专利法保护的材料育种时，基于专利法无育种豁免规定，则可能构成侵权。此外，若专利法不规定育种豁免将会导致品种法上的育种豁免的目的落空。由于基因工程的快速发展，越来越多的受品种权法保护的植物品种中含有专利基因物质。但专利法中欠缺育种豁免的规定会妨碍他人对于该品种主张育种豁免的机会，由此导致品种法中的育种豁免失去意义。因此，若肯认接近使用植物种原是育种研发的基础、专利法上有必要兼顾公益需求以及为避免专

---

① V. Prifti, The Breeder's Exception to Patent Rights: Analysis of Compliance with Article 30 of the TRIPs Agreement[M]. Springer International Publishing Switzerland 2015: 96.

② Mark D. Janis & Jay P. Kesan, SYMPOSIUM 2002: The Future of Patent Law: U. S. Plant Variety Protection: Sound and Fury...? [J]. 39 Hous. L. Rec., 2002: 727, 729.

利权人与品种权人之间的不公平和品种法上规定育种豁免落空，专利法实有必要规定类似育种豁免的条款。① 专利制度中引入育种豁免方式主要有：一为扩张专利法上研究豁免的内涵，二是制定非正式的植物育种家指南，三是通过特别立法规定育种豁免。②

(一)扩大解释研究豁免的内涵

由上面的分析可知，育种往往具有商业目的，并将受专利保护的材料作为研究工具使用。研究豁免的适用条件不同的国家可能有不同的规定。在研究豁免不以非商业目的为条件国家，可以将"育种"解释为研究形式之一，进而将育种豁免解释为研究豁免的内涵之一。如在研究豁免以非商业目的为条件国家，也可以育种豁免纳入其中，并将育种豁免作为非商业目的的除外。③ 即一般的研究豁免应满足无商业目的的条件，而育种豁免可以不受该条件的限制。依据这种思路，将受专利保护的材料作为研究工具的一般研究不适用研究豁免，但育种豁免可不受该条件的限制。

但这种扩大解释一旦在育种领域放开，则可能会进一步扩大到生物技术行业。④ 而这可能减弱对生物领域的创新激励。研究显示，专利保护对制药、生物燃料、化学和化妆品行业至关重要。⑤ 而类似育种豁免的这种扩大解释会削弱专利的保护。基于此种担心，在德国、法国、瑞士和荷兰没有扩大既存的研究豁免范围，而是为育种引进了一种特殊的

---

① Joseph Straus, Measures Necessary for the Balanced Co-Existence of Patents and Plant Breeders' Rights — a Predominantly European View, WIPO-UPOV Symposium on the Co-existence of Patents and Plant Breeders' Rights in the Promotion of Biotechnological Developments (Oct. 25, 2002).

② Mark D. Janis, Symposium: Sustainable Development, Agriculture, and the Challenge of Genetically Modified Organisms: Sustainable Agriculture, Patent Rights, and Plant Innovation[J]. 9 Ind. J. Global Leg. Stud., 2001(Fall): 2001.

③ V. Prifti. The Breeder's Exception to Patent Rights: Analysis of Compliance with Article 30 of the TRIPs Agreement [M]. Springer International Publishing Switzerland, 2015: 97.

④ Trojan, C. G. (2012). Problem-solving Approaches to the Issue of the Overlap between Patent Law and Breeders' Rights in the Plant Breeding Sector. Report Submitted to the Dutch Ministry of Economic Affairs[J]. Agriculture and Innovation, 2012(7): 11.

⑤ Harabi (1996), Levin et al. (1987), and Mansfield (1986).

例外。特殊育种例外也被最近《统一专利法院协议》(*Agreement on a Unified Patent Cour*, AUPC)考虑，该协议的27(c)条重复了德国、法国和瑞士的相同规定。①

(二)制定非正式的植物育种家指南

有学者认为，在某个特定技术领域当中，实验或研究豁免的范围更多属于产业惯例上的问题，而非专利法的问题。因此，也许可以考虑如何将植物育种产业当中的惯例加以整理记录，形成一套针对使用受专利法保护的植物发明的非正式的植物育种家指针。或由育种者形成一个行业组织，在政府的指导下，制定一个能够为育种者提供清楚合理作法的指南，使育种者在不损害专利权人利益的情况下，进行育种研究，促进育种创新。但也有人对此种做法持异议，认为植物育种产业可能不愿意参与这项工作，特别是竞争力强的育种公司参与的动机不强，因为这会使其市场竞争优势减弱。该指南的形成也有可能构成限制竞争的联合行为。② 况且，植物发明专利保护是新近之事，相关惯例尚在形成当中。且由育种者之间形成的指南往往并无任何强制力，不会产生任何效果，仅仅具有宣示或行政指导作用。

尽管如此，育种行业关于研究使用受专利保护材料的范围的讨论即使不能形成一个具体明确的育种指南，但此种讨论亦是值得的。至少它可以作为一个建设性对话的开始，加速相关规则形成，指导育种研究者在将来生物技术研究中的行为。农业可持续发展政策应支持此种对话，基于此种对话所形成育种研究规范可作为专利制度的补充。

(三)在植物专利法中另设育种豁免

一般而言，法律不会考虑针对某种技术领域创造特定例外，但在植物发明领域中，情况则有所不同，因为植物品种法中已有育种豁免的规定，立法者将该规定移植到植物专利法当中，不难做到。关于如何引入育种豁免，有学者提出了有限的育种豁免与全面的育种豁免。前者是指育种者在育种过程中使用受专利保护的材料不构成侵权，但对获得的新

---

① V. Prifti. The Breeder's Exception to Patent Rights, International Law and Economics[M]. Springer International Publishing Switzerland, 2015: 97.

② Janis, Mark D. Sustainable Agriculture, Patent Rights, and Plant Innovation[J]. Indiana Journal of Global Legal Studies, 2001, 9(1).

品种进一步商业化，则需要获得专利权人的明确授权。有限的育种豁免已经在荷兰、法国、德国和瑞士专利法中采纳。后者指育种者在育种过程中使用受专利保护的材料使用不构成侵权，且允许育种者含有专利特征的品种商业化，无需原专利权人的授权。①

不管是有限育种豁免抑或是全面育种豁免，均会面临如下问题：

问题之一：是否会违反 TRIPs 第 27.1 条规定。将品种法中的育种豁免制度植入专利法有可能违反 TRIPs 第 27.1 条的规定。该条规定：在遵守本条第 2 款和第 3 款规定的前提下，专利可授予所有技术领域的任何发明，无论该领域是产品还是方法，只要其具备了新颖性、创造性和实用性。依据第 65 条第 4 款、第 70 条第 8 款和本条第 3 款规定，专利的获得以及专利权的享有，不得因发明地、技术领域、或产品是否为进口或在本地制造，而有差异。因此，将育种豁免纳入专利法，是否会因技术领域的不同而导致专利权保护的差异。TRIPs 对于此问题的态度尚不清楚。但由于 TRIPs 第 27.3(b)条规定，只要会员国对植物品种提供特别权保护制度，则其可将植物排除于专利法所保护的客体之外，因此，既然会员国有权将植物排除于专利制度之外，则举重以明轻，会员国当然可以在专利法中对于植物专利予以限制。② 亦有学者认为，依据 TRIPs 第 27.3(b)条文义本身即可得到相同的答案，因为该条允许会员国专利法或有效的特别权制度，或"二者组合"对植物品种加以保护，根据该条文字，既然允许可以将二者任意组合，则当然可以在专利法中规定一个较为广泛、或是针对植物的研究例外。③

---

① Viola Prifti. The Breeding Exemption in Patent Law: Analysis of Compliance With Article 30 of the TRIPs Agreement[J]. The Journal of World Intellectual Property, 2013(16): 218-239.

② Mark D. Janis, Symposium: Sustainable Development, Agriculture, and the Challenge of Genetically Modified Organisms: Sustainable Agriculture, Patent Rights, and Plant Innovation[J]. 9 Ind. J. Global Leg. Stud., 2001(Fall): 91, 116.

③ Charles R. McManis, Are There TRIPs-Compliant Measures for a Balanced Co-Existence of Patents and Plant Breeders' Rights? Some Lessons form the United States of America's Experience to Date, WIPO -UPOV Symposium on the Co -e xistence of Patents and Plant Breeders' Rights in the Promotion of Biotechnological Developments (Oct. 25, 2002).

问题之二：是否会违反 TRIPs 第 30 条的规定。在制定专利侵权例外要遵守 TRIPs 的相关规定。TRIPs 第 30 条规定了专利权例外的一般的指导原则，即“各成员可以对专利赋予的排他权规定有限的例外，但是，这些例外不得与专利的正常使用相冲突，且在顾及第三方合法利益的同时，也不得不合理地损害专利权人的合理权益”。根据该规定，专利权的例外包括三个条件：(1)有限的例外；(2)例外不得与专利的正常利用发生不合理冲突；(3)例外不得不合理损害第三方当事人合法利益。该规定设定了各国规定和实施一般例外的总的原则和要求，用语十分模糊，极易引起争议。但正是这种模糊性，可以在专利法中采用灵活的解决方案。育种豁免是否符合专利权例外的三个条件，有论者经过详细的论证后认为，根据解释的一般原则和 WTO 专家组的推理，有限的育种豁免符合 TRIPs 第 30 条的三步检验法。① 因为在有限育种豁免的条件下，所育出的新品种商业化需要专利权人的授权，不会影响专利权人的市场利益。

而全面的育种豁免与 TRIPs 第 30 条的协调可能有一定障碍。因为全面的育种豁免，可能会影响专利权人的市场利益，进而会影响生物育种公司对资本密集型种业领域的研发投入的诱因。在生物技术领域，专利制度通过授予育种研发者的对其技术成果的独占排他而保持市场竞争的优势地位。来自德国和英国的生物技术公司的证据显示，获得专利权是吸引投资者的重要因素。② 如果引入全面的育种豁免对专利加以限制，会影响专利权人的市场竞争优势，进而使专利吸引投资、促进技术创新的作用大大降低。但 TRIPs 的目标和原则为国家采取措施促进植物育种领域的公共利益预留了相当大的空间。特别是在目前粮食危机的情况下，可能会促使国家运用 TRIPs 一般原则去代替适用严格的规则。因此，当面临更大的公共利益时，适当限制专利权是必要的。因此，与传

① Viola Prifti. The Breeding Exemption in Patent Law：Analysis of Compliance With Article 30 of the TRIPs Agreement[J]. The Journal of World Intellectual Property, 2013(16)：218-239.

② Hall, B., & Harhoff, D. Recent Research on the Economics of Patents[J]. Annual Review of Economics, 2012：541-565.

统观念相反，专利应被看作是社会利益的促进器，而非仅仅是营利的工具。① 当然，为了避免因此可能影响企业对育种行业的投入，可以建立一种补偿制度克服知识产权不足可能带来的消极影响。

## 四、我国相关制度的完善

我国《植物新品种保护条例》第10(1)条规定，利用授权品种进行育种及其他科研活动，可以不经品种权人许可，不向其支付使用费，但是不得侵犯品种权人依照本条例享有的其他权利。2015年修订《中华人民共和国种子法》第29条第1款照搬了上述规定。这是我国植物品种法中关于育种豁免的规定。从该条的规定看，没有规定育种豁免的非商业目的条件。这与UPOV和其他国家的规定一致。但该条对育种豁免没有实质性派生品种的限制，这会诱发"修饰性育种"，对原品种权人不公平，也不利于育种的实质性创新，因此，《植物新品种保护条例》应引入"实质性派生品种"，对育种豁免加以限制，以更好地平衡品种权人与育种者之间的利益。

专利法赋予权利人对其专利技术的合法垄断权以激励发明创造同时，亦应保障社会公众一定范围内自由接近和利用受专利保护的发明。因此我国《专利法》第69条规定了5种不视为侵犯专利权的情形，其中第4项规定，专为科学研究和实验而使用有关专利的，不视为侵犯专利权。这是专利法中规定的"研究豁免"。根据我国现行法律的规定，植物整体不受专利法保护，但植物的组成、基因片段及育种的方法可受专利法保护。我国专利法未明确规定育种豁免，而专利法上的研究豁免又无法涵盖育种豁免，为求得品种法与专利法的一致性，专利法应考虑引入育种豁免。可借鉴德国等国做法，在我国《专利法》第69条中增加"育种豁免"作为不视为侵犯专利权例外，具体表述为：即为育种、或发现和发展其他植物品种的目的而使用生物材料的行为，不构成专利侵权。至于规定全面的育种豁免抑或是有限的育种豁免，本书认为基于利益平衡的考量，对那些不涉及公共利益的受保护品种(如花卉等观赏性的品种)，实行有限的育种豁免；而对涉及影响粮食安全等公共利益的

---

① V. Prifti. The Breeder's Exception to Patent Rights, International Law and Economics[M]. Springer International Publishing Switzerland, 2015: 146.

受保护品种，实行全面的育种豁免，因此给专利权人造成的损失，可通过建立相关的补偿制度解决。

## 第四节　完善植物知识产权保护中的农民豁免制度

农民留种是指农民有意或无意，留存自己农地上生长的作物种子，用于日后种植或与他人交易的行为。① 农民留种问题源于育种权保护制度与基因资源公共品性质的冲突。发达国家和植物品种育种人利用发展中国家农民保护和培育的基因资源，获利巨大，但农民并未从中得到应有的报酬和补偿。我国作为一个有着丰富植物遗传资源和相关传统知识的发展中国家，在相关知识产权制度中规定农民留种豁免对维护国家权益、保护生物多样性和保障粮食安全意义重大。

当一植物同时受到品种法以及专利法保护时，农民依据品种法留种种植，不构成品种权侵害；但因为专利法并无品种法上农民豁免的规定，农民留种种植即可能构成专利侵害。因此，若不在专利法上规定农民豁免，则可能会使得品种法上的农民豁免规定落空。以下首先讨论品种法上农民豁免，其次从专利法的角度来评价农民留种种植行为，最后提出专利法中规定农民豁免的可能性。

### 一、植物品种权保护下农民留种豁免

(一)相关规定

1. 国际公约的规定

《保护植物新品种国际公约》(UPOV)1978 年文本无专门的“农民留种豁免”条款。不过，有关育种者权利的规定隐含了该内容。该公约第 5 条规定，以商业销售为目的生产受保护品种繁殖材料的，应征得育种者同意。即如果生产受保护品种繁殖材料非为商业目的销售的，品种权人无权干涉。这将非商业目的的农民留种排除在品种权保护范围之外。UPOV1991 年文本，以非强制性例外形式对“农民自繁自用”进行了明确

---

① Ryan M. T. Iwasaka, From Chakrabarty to Chimeras: the Growing Need for Evolutionary Biology in Patent Law[J]. Yale L. J. 109, 2000(6): 1506.

规定。该条约第15条第2款规定："尽管有第14条的规定，各缔约方在合理的范围内，并在保护育种者合法权益的条件下，仍可以对任何品种的品种权予以限制，以允许农民在自己的土地上为繁殖的目的使用在其土地上种植受保护品种收获的产品，或者第14(5)(a)条(i)或(ii)所指品种收获的产品。"可见，农民为播种而使用受保护品种(包括依赖性派生品种)的繁殖材料，可以作为特殊权利，不构成侵权。但这种例外为任意性的，允许各国根据实际情况自行处理。这在一定程度上淡化或者弱化了对农民权利的保护。

此外，根据《粮食与农业植物遗传资源国际条约》第9条规定，农民有权公平参与由利用植物遗传资源产生的收益，即农民利益分享权。植物新品种往往依赖传统植物遗传资源产生，作为传统植物遗传资源事实主体的农民可以依据利益分享权而请求利用传统植物遗传资源的植物新品种权。① 这其中包含了对农民留种豁免的肯定。《生物多样性公约》(CBD)确立了生物遗传资源保护的国家主权、知情同意和惠益分享原则，这也为农民留种豁免提供了根据。

2. 主要发达国家和地区的规定

根据美国1970年颁布《植物品种保护法》，所谓留种权是指农民不侵犯品种权利的合法留种行为，包括农民根据品种权利人的授权留种、在农场上以收获为目的保留数代种子以及保留用于销售的农作物果实等三种情形。该法还强调只要遵循诚实信用的销售，农民出于其他惯常目的或方式自用或者销售所收获种子的行为不构成侵权，且该条款对农民获得种子的来源未作限制。② 美国加入1991年UPOV公约之后，删除了农民以繁殖为目的的留种贩卖豁免。1994年美国大幅度修订PVPA，删除农民与第三方交易从而买受或出卖种子的内容，仅承认农民留种限于本人农场自用。由此可知，美国对于农民留种豁免的限制越来越严苛，在育种公司的游说下，农民留种权的实现在美国每况愈下。

日本于1978年颁布《种苗法》，历经1982年、1998年、2003年、

① 周作斌，张云．论知识产权与人权的冲突及协调[J]．陕西行政学院学报，2012(5)：97-100.

② 李道国．品种权保护制度对我国农业发展的影响研究[D]．南京农业大学，2006.

2005 年的修订。2005 年《种苗法》与 UPOV1991 年文本基本一致。早在 1998 年修订该法时，农民和育种者就对农民特权的规定持不同意见。农民认为应当保留自留受保护品种的繁殖材料用于再播种不侵犯品种权。而育种者认为农民特权应受一定限制，并非所有为再播种的留种行为都合法。最终立法综合考虑双方意见，规定了农民特权及其例外。例外包括两种情况：一是与品种权人之间有某种协议，即双方可以约定不享受农民特权的情况；二是受保护品种属于农林水产省指定的无性繁殖植物。无性繁殖植物包括 23 个种和属，其中有 22 种是观赏植物，另外一种是蘑菇。2005 年后，进一步加大限制农户留种权，将农户自行留种需要得到授权的品种范围从 58 种增至 81 种，今后这个范围还会增加。①

在欧盟植物品种保护法中，"农民特权"称作"农业豁免"，主要规定在 1994 年 7 月 27 日欧洲理事会颁布的第 2100/94 号条例《共同体植物新品种保护条例》第 14 条"共同体植物品种权的权利限制"，该条第 3 款规定了实施农民特权的 6 条标准。为了更好地执行该标准，1995 年 4 月 24 日欧共体委员会制定了《关于实施农业豁免的第 1768/95 号条例》，详细规定了农民特权的实施。《基本条例》第 14 条以及《农业豁免条例》规定：农民的自留种子只能自己使用，如果农民将自己收获的种子送给其他农民种植，则不属于农民特权的范围，且自留种子必须在农民自己的土地上种植。《基本条例》还根据种植规模的差异把农民分为"小农"(small farmer)和小农之外的农民两个层次。"小农"对授权品种自留种子的使用免费，且只能在限定的 21 种重要农作物范围内享有自行留种权；小农之外的农民，虽然对授权品种有自留种子的权利，但要向权利人或权利持有人支付使用费。由此可知，《基本条例》农民留种利设定了三层不同层次：一是对于没有出现在可以留种的品种目录中的那些植物品种，农民不支付全部权利金，就不得保存种子用于再次种植，否则构成侵权；二是对列入品种目录的品种，"小农之外的农民"应当支付合理权利金，一般低于许可用于商业性繁殖品种的权利金；三是小农利

① 王瑞波，孙炜琳，胡熳华．日本植物新品种保护法律的修订历程及对中国的启示[J]．世界农业，2009(10)：1-4.

用目录中列明的作物品种无须支付任何权利金。①

3. 主要发展中国家的规定

印度于2001年颁布了《植物新品种保护与农民权利法》是UPOV公约框架之外的植物保护模式，该法对农民免责问题做了如下规定：即除无权出售受保护品种的"有品牌种子"以外，农民有权以该法生效之前同样的方式储存、使用、播种、补种、交换、共享或出售其农场生产的种子。"有品牌种子"是指装在口袋或容器中，并标明里面装的是受植物品种权保护的种子。马来西亚于2004年颁布了《植物新品种保护法》，该法第31条规定了农民特权，即农民享有留种、换种、出售所留种子等权利。按照1997年巴西的《植物品种保护法》，农民享有留种权，即购买种子后种植，若自己留种再种植，交换种子，不侵犯专利权。

(二)农民留种豁免的条件

从有关农民留种豁免的规定看，在植物品种权保护模式下设有农民留种豁免的条款。农民留种豁免的制度基础不是权利穷竭原则，而是利益平衡理论。农民留种豁免可能影响品种权人的权益，进而可能影响其对植物新品种研发的投入，因此，基于利益平衡的考虑，在植物品种权保护模式下，应合理规定农民留种的限制条件。

1. 留种的主体限制

农民留种行为主体的限制涉及对"农民"一词的界定。农民留种的主体显然是农民，但比较国外相关立法可以发现，"农民"的概念具有不同的含义。发达国家植物品种法中一般规定农民特权的主体包含"大农"、"小农"与"受托第三人"②。例如，欧盟植物品种法根据种植规模的差异把农民分为两个不同的层次："小农"和除"小农"之外的农民，对认定"小农"设定了具体标准，且两类农民享有不同的权利。"小农"对授权品种自留种子的使用可以不必向权利人支付使用费；除"小农"之外的农民，虽然对授权品种有自留种子的权利，但要向权利人或权利

---

① 李菊丹．农民留种权利保护比较研究[J]．知识产权，2013(7)：86.

② 牛强．植物品种保护中的农民特权问题研究[D]．中南财经政法大学，2007.

持有人缴纳使用费。①

根据我国最高人民法院《关于审理侵犯植物新品种权纠纷案件具体应用法律问题的若干规定》第 8 条规定，“农民自繁自用”中的“农民”，应当是指以农业或者林业种植为业的个人、农村承包经营户。我国农村实行“以家庭承包为基础、统分结合的双层经营体制”，以户为基本生产单位从事农业生产。按照《土地承包法》规定，农户作为承包方通过与农村集体经济组织签订“农村土地承包合同”获得土地承包经营权并领取《土地承包经营权证书》。所以“以农业或者林业种植为业的个人、农村承包经营户”应当是持有《土地承包经营权证书》或者享有土地承包经营权的农户。如果农民投资组建农场或农业公司，该农场或农业公司的留种行为则不属“农民留种”范畴。因为此时的留种的主体已不是农民而是企业。

2. 留种的目的限制

农民不得出于商业目的而繁殖授权品种。农民留种豁免制度旨在平衡植物育种者与农民的权益。UPOV1978 年文本将品种权人的权利限制在授权品种繁殖材料的商业生产和销售范围内，要求各成员必须给予农民特权，把农民特权强制应用于所有植物属或种，认可农民在自己承包土地上任意繁殖授权品种留做自用及利用授权品种生产的农产品及加工品投放市场销售的行为合法。

农民所留种子应当用于自己播种。农民在第一次购买新品种后，在所收获的作物中，留下部分受保护品种繁殖材料的目的是满足下一年的生产用种，而不能进行销售？我国《种子法》第 37 条规定，农民个人自繁自用的常规种子有剩余的，可以在当地集贸市场上出售、串换，不需要办理种子生产经营许可证。该条虽然是关于种子经营的行政管理措施，但从侧面说明，农民对自繁自用的剩余种子可不经品种权人许可进行销售或串换不同于其他种子销售行为，没有为销售种子而种植的主观意图。所以我国对农民留种免责适用范围的解释上，可认为农民不以销售为目的，只将剩余种子出售、串换的行为，属于农民免责的范围。但是，对其出售、串换的种子数量是否限制。从《种子法》第 37 条规定来

---

① 李秀丽．欧盟植物品种保护法对“农民特权”的限制及其启示[J]．甘肃社会科学，2011(1)：207-209.

看，允许自由销售、串换的是剩余种子，因此其数量应当有限制。如果没有数量限制的任意出售、串换，其行为性质就会演变为“自繁自销”而非“自繁自用”。①

3. 留种的数量限制

农民对授权品种的繁殖不得超越合理数量。关于此点，美国1995年联邦最高法院关于“Asgrow v. Winterboer”一案②的判决可谓经典案例。联邦上诉巡回法院认为，“如同契约自由也必须受到反托拉斯法上的限制一样，农民对种子的所有权也并非不可以加以限制。农民豁免条款允许农民以繁殖目的贩卖给其他农民的数量是‘如同农民为了在其土地上重新种植所能留存的数量’。只有作此解释，才符合植物品种保护法的立法目的。”③从美国判例看，对所留种子的贩卖有数量限制，并以能满足自己再播种所需数量为限。法院认为“植物品种保护法”容许和授权农民留存种子，其本意旨在使农民满足最基本的生计需求。农民超越合理规模的种植、收割行为并不符合立法原意，并导致品种权保护的意旨落空。④ 1994年的“植物品种保护法”修正案又规定农民留种的数量仅限于在与原耕地相同面积的农地上进行重复种植。⑤

4. 合法性要件

所谓合法性，即第一次购买的种子是品种权人生产或经品种权人许可生产的种子。如果第一次所购种子是侵犯品种权人权利的种子再留

---

① 隋文香．农民自繁自用授权品种繁殖材料行为探讨[J]．中国集团经济，2012(7)：143-144.

② 该案原告Asgrow是种子公司，被告Dennis Winterboer和Becky Winterboer是美国衣阿华州的两位农民。他们组建公司从事商业经营并种植粮食和饲料作物，从1987年开始向其他农民销售“灰色口袋”种子并获得收益。联邦巡回上诉法院认为，该案中的Winterboers种植和销售种子的行为是一种销售行为，不是单纯的农民保存种子用于再次种植或者出售给其他农民的行为，强调只有农民为自己再次耕种土地的目的而保存的种子才能进行销售。这一观点得到了美国联邦最高法院的认可。

③ See Asgrow Seed Co. v. Winterboer, 513 US 179 — Supreme Court 1995[EB/OL]. http://scholar.google.com/scholar_case?q=513+U.S.+179+&hl=en&as_sdt=2，4&case=2058458882784807075.

④ Asgrow Seed Co. v. Winterboer, 795 F. Supp. 915, 918, 920(N. D. Iowa 1991).

⑤ Jon D. Grossman. Introduction to Intellectual Property Law, at 203, 1994.

种，法律应当禁止。因为此种情况下的留种行为是侵权行为的延续，如果作为"农民特权"而不视为侵权行为，则与农民留种豁免的立法宗旨相悖。当然，农民作为最终消费者购买种子时，不应承担使用侵权种子的法律责任，在该种情况下，农民不承担侵权责任。

5. 留种的对象限制

《欧共体植物新品种保护条例》第14(2)条规定，农民留种豁免只能适用于农业植物中的饲料、谷物、马铃薯、油料和纤维植物等4大类植物中的21种植物，不能适用于园艺、观赏性或其他植物种类。① 日本的《种苗法》也对农民留种对象做了限制。印度作为非UPOV成员方根据本国国情制定了《植物新品种保护与农民权利法案》，该法在农民权(Farmers right)第39(iv)条规定农民有权"保留、使用、种植、重复播种、交换分享或销售他们的农产品"，但是农民不得销售受本法保护的有商标的受保护品种的种子。

## 二、植物专利保护下的农民留种行为分析

在植物品种专利保护的模式下，无农民留种免责之规定。因此一旦农民有留种行为，就可能招致专利侵权诉讼。判断农民留种行为是否构成专利侵权的重要案例是美国的 Monsanto v. McFarling 一案②，以下结合该案对农民留种的侵权与否加以分析。

(一)案例简介

Monsanto 公司研发出一个能抵抗包括 Roundup 此种草甘膦除草剂的基因改造植物，种植该基因改造植物可喷洒 Roundup 除草剂，杀死杂草但不伤害这些基因改造作物，节省控制杂草的劳力成本。Monsanto 公司的美国专利申请范围是抗草甘膦植物、此种植物的基因改造种子、改造基因，以及生产基因改造植物的方法。Monsanto 公司授权给不同的公司制造此种专利种子并出售给农民，并要求出卖此专利种子的公司必须和农民签订技术授权合同，农民须支付给 Monsanto 每50磅黄豆种子

① 李秀丽．欧盟植物品种保护法对"农民特权"的限制及其启示[J]．甘肃社会科学，2011(1)：143-144.

② Monsanto Co. v. McFarling, 302 F.3d 1291, 198-1299 (Fed. Cir. 2002), Oct. 16, 2002.

6.5美元的授权费用。

Mississippi的农民McFarling在1997年和1998年购买了Roundup Ready黄豆，每次购买均签订了技术授权合同且支付费用。合同提及："我已阅读、了解并同意合同条款。"合同要求"被授权人"不可留存种子重复种植，亦不得提供留存种子给他人种植"。McFarling承认违反合同并在某一季从其收获中留存种子，以便下一季种植，且在接下来的几季重复此行为，而McFarling并未支付任何费用。

Monsanto向密苏里州东区地方法院起诉，主张McFarling侵害专利以及违反授权契约，并要求法院发布初步禁令。而McFarling除了质疑密苏里州的法院无管辖权外，还提出诸如原告违反反托拉斯法、专利权滥用、违反植物品种保护法等抗辩。地方法院判决，McFarling所主张抗辩均不成立，其留种行为构成对Monsanto专利的侵害，并发布禁令。联邦上诉巡回法院认同地方法院判决，最高法院亦驳回McFarling的上诉。

(二)农民留种是否基于权利穷竭原则而免责

所谓权利穷竭原则(Exhaustion Doctrine)，又称首次销售原则(First Sale Doctrine)，系指当专利权人或或经其授权的人将专利物卖与他人后，专利物成为买受人的私有财产，可自由处分，专利权人对该物丧失了在一定地域范围内对其进一步的控制权，不能再依专利法主张权利。专利权人虽然享有排除他人未经同意的制造、使用、销售等行为的独占权，但要受首次销售原则的限制。依此限制，专利权人对购得专利物者用尽专利权，购得专利物者可自由使用或出卖该专利物。

依"优尼兰斯公司案"，法院提出专利权耗尽的理论，主张当专利产品第一次被售出后，专利权人对该物的专利权利即告耗尽。专利物即为买受人的私有财产，买受人取得使用或销售的权利。① 依此理论，育种人的专利权在售出专利种子时即已耗尽，育种人不得干预该种子的使用。因此，农民留种不构成专利侵权，并无必要设立"农民留种豁免"规则。

在Monsanto v. McFarling一案的上诉审中，McFarling曾主张权利穷

---

① The statement in United States v. Univis Lens Co. 316 U.S. 241, 249, 53 U.S.P.Q. 404, 407, 86 L. Ed. 1408, 62 S. Ct. 1088, 1942 Dec. Comm'r Pat.

竭原则排除授权合同对留种行为的限制，认为 Monsanto 将专利种子卖出后，其对专利种子的独占权已耗尽，买受人不必再受技术授权合同限制，故限制留种的授权合同违反了首次销售原则。上诉巡回法院则认为，因为 Monsanto 的专利同时包含种子及植物，所以技术授权合同的限制在专利范围之内。由于从原来的种子所长出的新种子并未被出售，首次销售原则亦无法适用，买方所支付的价格也只是原来种子的专利使用权的价值，原来的种子买卖合同并未授权制造新的种子，而新种子也并非由专利权人出售，故无法适用首次销售原则。①

在 2013 年的 Bowman v. Monsanto 一案中，美国最高法院持同样立场。Bowman 引用"专利权穷尽原则"为其行为辩护，最高法院未采纳。最高法院认为专利权穷尽原则所适用的对象是从专利权人以及其他合法渠道购买的特定专利产品本身，而不能延伸保护生产的新产品。否则，专利法赋予发明者的垄断权将被剥夺。最高法院随后指出 Bowman 购买大豆，种植收获的行为就是生产新的产品。基于专利权用尽，专利产品的购买者可以自由地使用和销售专利产品，但是却不能生产新产品。②

如上所述，农民自种子公司取得专利种子后，基于权利穷竭原则，在种子公司取得合理报酬后，种子的专利利用权即已耗尽，农民可对该专利种子加以利用。但所谓的利用行为，就植物而言系指种植，而种植的结果会复制出无数具有相同基因的子代种子，即因种子具有"自行繁殖特性"，农民的种植行为可复制出无限多具有相同基因的子代种子。就子代种子而言，是否仍能主张耗尽原则，则不无疑问。③ 一方面，由专利种子繁殖出的种子独立于原专利种子，而适用权利用尽原则的基本要件是就"同一物"，故种子公司对出售的原专利种子权利用尽，而对原专利种子所生种子的专利权并未用尽；另一方面，就专利种子所生种子而言，其并非农民从种子公司购买所得，因其支付价格中并未包含专利种子所生种子的利用权，故专利种子所生之种子，因未曾被销售而不

① 曾家纶．从消费者与农民权益论基改作物之管理与规范(2004)[EB/OL]．http：//nccuir. lib. nccu. edu. tw/handle /140. 119/32845.

② About Bowman v. Monsanto，See http：//www. innovationatstake. com/.

③ 谢铭洋，杨扩举，林佳莹．植物品种专利的的侵权事件与案件解析[EB/OL]．http：// seed. agron. ntu. edu. tw/IPR/ Sympo /SymPatHsieh. pdf.

得对其主张首次销售原则。相反，如果按照权利用尽原则，除非专利权人采取技术手段，否则理论上只需农民购买一粒专利种子，通过农民反复留种，便足以颠覆专利制度。①

或有人认为，农民基于自己的劳动种植享有专利种子所生种子的所有权，所有权人当然有权处分其所有物，因此种植或出售专利种子所生之种子并不侵权。但由于植物具有自我复制的能力，专利种子所生之种子会含有专利权人的专利基因。因此，农民虽享有该种子的所有权，但该种子所含的基因仍属专利权人，若农民将之加以种植或出售，则会侵害专利权②。因此，承认农民享有专利种子所生之种子的所有权并无实益，因为对种子所享有的所有权仍须受专利权的限制，而无法进行利用(种植)。③ 但若农民购买种子旨在收获种子所生种子用于消费或出售以及加工成农产品之类的除外。此种情形下，种子所生之种子往往不含有专利权人的专利基因或未利用种子中的基因，农民当然有权加以处分。不过，此时农民收获种子所生种子就不是本书所言的“留种行为”了。

农民留种不仅是历代农民惯常的种植模式，也是农业遗传资源多样性得以维持的主要原因。因此，在保护育种者权益的同时，实应考虑农民长年以来的留种习惯。由上述分析可知，由于美国专利法未设农民留种豁免规定，美国法院对于首次销售原则又采传统解释，以至于在这种生物技术案件中无法借权利用尽原则保护农民权益。是否应随着生物技术的发展而修正首次销售原则或权利穷竭理论，使之适用专利种子所生之种子，不无疑问。在 Bowman v. Monsanto 一案中，美国最高法院认识到专利权穷尽原则在可自我复制的产品(“a self replicating product”)的应用上会更加复杂。因此，最高法院将这次判决的应用范围限制在 Bowman 一案的事实内，即专利权穷尽原则的适用范围并没有通过

---

① 程宇光. 美国法中农民留种行为与知识产权的冲突与协调[J]. 环球法律评论，2010(3)：97-99.

② 通常专利申请人的申请范围亦涵盖子代种子，因此，子代种子亦会为专利权效力所及。至于此种专利申请范围是否过宽，则是另外一个需要讨论的问题。

③ Nathan A. Busch, Jack and Beanstalk: Property Rights in Genetically Modified Plants[J]. 3 Minn. Intell. Prop. Rev. 1, 2002: 126.

Bowman 一案被完全框定。① 权利用尽原则的适用实应考虑农业生物科技技术的特殊性质，在生物科技领域作出不同解释，较为恰当。② 农民留种是否因权利穷竭原则而免责，在未来会继续挑战植物专利法。

（三）种植专利种子是否构成“制造”

农民留种是否适用专利权穷竭原则最为核心的是“制造”与“使用”的区分。权利穷竭原则适用的是使用行为，而非制造行为。③ 所谓“制造”，系指所有做出专利物品之活动均属之；而“使用”，系指对专利物品加以利用。④ 但此种界定对具有自我复制性的种子而言则难以区分。专利穷竭原则意味着农民以合法途径购买种子后，可以任何方式使用购买的种子，而种植是农民购买种子最为惯常的“使用”方式，会自然地“制造”出新种子，进而可能构成侵权。种子的自我复制性导致了“使用”与“制造”行为重合，制造与使用的区分原则无法界定种子专利权用尽的范围和界限。⑤

种子一般出售给农民种植，而种植就是种子自我复制或繁殖的过程。农民种植是“制造”抑或“使用”行为，争议很大。有论者认为，制造种子只有大自然才做得到，是大自然启动种子体内的复制功能，使种子自我繁衍出同样的专利基因。农民的种植行为只是生长程序的开始，仅是整个植物生长程序中的一个小步骤，不能被认定为是专利法上的

① Lawrence M. Sung. Patent Watch: Bowman v. Monsanto Co. [EB/OL] http://www.jdsupra.com/legalnews/patent-watch-bowman-v-monsanto-co-47951/.

② See Scott A. Chambers, Exhaustion Doctrine in Biotechnology [J]. 35 Idea: J. L. & Tech., 1995: 289, 299.

③ 根据我国《专利法》第 11 条第 1 款规定，专利权的内容包括制造、使用、许诺销售、销售及进口。该法第 69 条第 1 款规定，专利产品或者依照专利方法直接获得的产品，由专利权人或者经其许可的单位、个人售出后，使用、许诺销售、销售、进口该产品的，不视为侵犯专利权。由此可知，使用、许诺销售、销售、进口适用专利权穷竭原则，而制造则不能。本书只论及专利使用权穷竭的问题。

④ 谢铭洋. 智慧财产权之基础理论[M]. 台湾：翰芦图书出版有限公司，2004：233-234.

⑤ Zachary Loney. Bowman's Beanstalk: Patent Exhaustion in Self-Replicating Technologies[J]. Vand. J. Ent. & Tech. L. 2013, 15(4): 949.

“制造”行为。① 在 Bowman v. Monsanto 案中，Bowman 也辩称，种子具有自我复制能力，其并未控制种子生产，是种子自身而非自己制造了原告的转基因种子。法院则认为，种子的确会自我复制，但 Bowman 对种子的复制并非被动的观察者，而是人为地控制了整个复制过程。换言之，大豆的自我复制肯定存在，但对“制造”专利大豆起决定性作用的，是 Bowman 而非大豆自身，② 且行为者的主观意图明显。其实，即使借助大自然力量的自我繁衍，也不影响“制造”行为的构成。若否认利用生物自我繁衍能力而进行的生产构成专利法上的制造，恐无法有效保护微生物专利。

“使用”与“制造”的重合并非导致农民购买种子不能种植的悖论。农民以合法途径购买种子后用于种植(第一次利用种子的专利基因)，即使“制造”出新的种子，若未再次利用种子专利基因的，如将收获的新种子用于消费或加工成其他产品的，不构成侵权。若再次种植原种子繁殖的种子(第二次利用种子专利基因)，即真正“制造”新种子，则构成侵权。UPOV1991 年文本第 16 条规定的“品种的进一步繁殖”不适用育种者权利用尽原则印证了这一点。③《欧盟生物技术发明保护指令》第 10 条也有类似规定：若购买获专利保护的种子或植物切片，首次用于播种或增殖，不构成专利侵权，但再次利用播种后收获的种子或者繁殖后形成的植物进行进一步繁殖和增殖，则可能侵犯相关的专利权。④由此，似乎可得出：农民通过合法渠道购买种子加以种植，是“使用”行为，适用权利穷竭原则，可以免责；如农民留种再种植，则属于“制造”行为，构成侵权。如此，同样是种植行为，性质却不一样。如农民不是通过合法途径获得的，留种种植不论界定为“使用”还是“制造”都

---

① Nathan A. Busch, Jack and Beanstalk: Property Rights in Genetically Modified Plants[J]. 3 Minn. Intell. Prop. Rev. 1, 2002: 142-143.

② Bowman v. Monsanto Co., 133 S. Ct. 1761(2013).

③ 第 16 条规定：受保护品种的材料或第 14 条 5 款所指品种的材料，已由育种者本人或经其同意在有关缔约方领土内出售或在市场销售，或任何从所述材料派生的材料，育种者权利均不适用，除非这类活动：涉及该品种的进一步繁殖……

④ 李菊丹. 国际植物新品种保护制度研究[M]. 杭州：浙江大学出版社，2011：234.

构成侵权。① 总之，种子的自我复制特点使“制造”和“使用”的区分更为复杂，导致权利穷竭原则适用的困难。

(四)技术授权合同的效力

所谓技术授权合同的限制，是指育种人在技术授权合同中事先制定排他性的限制条款，要求农民承诺不得留存种子用来重复种植。农民如欲购买和使用专利种子，必须要放弃留种用于重复种植的合法权益和传统习惯，接受育种人事先单方拟定好的限制条款。②

为保护自身利益，种子企业往往在销售种子的合同中附有技术授权合同限制条款。如 Monsanto 在每一次抗除草剂专利大豆种子的销售合同中都有此类条款③以限制农民的留种行为，并据此以农民为被告提起大量的违约之诉，仅在 1999 年，就有 475 件。④ 当然，也此类限制条款超过了合理限度，以 Monsanto 作为被告的诉讼也不少，但在大部分案例当中，法院都站在专利权人一边。⑤

在“Monsanto v. McFarling”一案中，McFarling 主张技术授权合约要求农民每年必须购买新的抗除草剂种子而不许其留种，是一种违法搭售

---

① 在“加拿大 Monsanto v. Schmeiser”一案中，依据加拿大专利法第 42 条的规定，专利权人享有制造、使用，以及销售等权利。Monsanto 主张 Schmeiser 种植其专利种子，是制造其专利基因或细胞而侵害其专利。不过最高法院认为种植行为更符合“使用”的含义，而非“制造”。并判定 Schmeiser 侵权，因为 Schmeiser 种植的种子并非从合法渠道获得 See Fred Bridgland. Farmer v. Monsanto：GM Seed Fight in Canada's Highest Court，http：// www. biotech-info. net/ Farmer_v_Monsanto. html.

② 吴亮．农民留种行为与品种权的冲突及其解决——立足于美国“农民留种免责”规则的考察[J]. 华东理工大学学报(社会科学版)，2010(6)：73-76.

③ 此类限制条款的主要内容有：Monsanto 保留专利产品基因以及基因技术的所有权；农民购买种子之后只能用于一次性耕作；农民只能从 Monsanto 以及其代理人购买专利种子；农民不得保留种子，供自己再次耕作，或者销售给其他人，或者供其他人进行研究；Monsanto 有权随时对农民及其代理人的种植活动和交易记录进行跟踪和检查。

④ Michael T. Robert，J. E. M. Ag Supply，Inc. v. PioneerHi-Bred Internationa. l，Inc.：Its Meaning and Signification For the Agricultural Community，2002：25.

⑤ Donald L. Uchtmann，Can Farmers Save Roundup Ready® Beans for Seed? McFarling and Trantham Cases Say/No(2002)19Agric. L. Update 4.

行为。上诉巡回法院认为 McFarling 在购买种子时并未被要求必须在未来购买 Monsanto 的种子作为购买目前种子的条件，且不存在任何阻碍 McFarling 购买其他品牌大豆种子的情形，故认为 Monsanto 的行为并未违反反托拉斯法。上诉巡回法院表示，因新科技所产生的商业优势及其所获得的专利保护，新技术的发明者不会因为消费者偏好其专利产品而违反反托拉斯法。但法院同时指出，鉴于在技术授权合同中，专利权人与被授权农民双方的缔约地位不平等，农民并无与育种人谈判的对等能力，法院应当主动介入，对限制条款的实质合法、有效性进行审查。克利温格(Clevenger)法官在 Monsanto v. Mcfarling 一案中则直接认为本案中的技术授权合同是不具法律效力的附和合同。① 在 Bowman v. Monsanto 一案中，Bowman 的另一条辩护理由是 Monsanto 对其 Roundup Ready 种子的使用限制，认为 Monsanto 禁止种子的购买者留种用于再生产的限制既不合理也不合法。美国最高法院没有采纳 Bowman 的意见。

同时考虑基因漂流现象，是否会因为基因漂流现象而造成专利种子遗留在农田，而由于清除这些种子时间和劳动力成本，导致事实上购买者后来仍须继续购买育种者的种子。随着科技发展，搭售行为已不限于传统之搭售行为，如所谓之“技术性搭售”②，亦即由于产品兼容关系，导致购买人必须再购买出卖人所生产的其他产品(被搭售产品)，此种技术性搭售，因与传统搭售行为在性质、实施理由上不同，所以应适用不同的分析方式，不仅要考量市场结构，也要考虑其创新科技给社会所带来的效益与成本。在本案中是否可主张技术性销售，而免除 McFarling 的责任，不失为另外一种思路。

就美国现有的相关判例而言，法院都站到了原告 Monsanto 公司的一边(如表 7-2)。可见，要维护农民的留种传统，实有必要在专利法中引入农民留种豁免。

---

① Monsanto v. Mcfarling, 302F. 3d 1291, 1300-07(Fed1Cir. 2002)1.

② 杨宏晖. 竞争法对于搭售行为之规范[D]. 台湾省政治大学法律学研究所硕士论文，2001：23.

表 7-2　**Monsanto 诉农民留种专利侵权纠纷案争点及法院意见**

| 争点<br>案例 | 限制农民留种条款是否有效 | 农民留种是否构成默示许可 | 限制农民留种是否违反品种保护法规定 | 是否违反反垄断法 | 第二代种子是否适用权利用尽原则 |
|---|---|---|---|---|---|
| Trathan 案① | 有效 | 否 | 未涉及 | 未涉及 | 不适用。被告的行为是未经授权而使用原告的专利，构成专利权侵权 |
| McFarling 案 | 有效 | 未涉及 | 否 | 否 | 不适用。从第一代种子生长出来的新种子(第二代)未被销售过，无权利用尽原则适用问题 |
| Swann 案② | 未涉及 | 未涉及 | 否 | 未涉及 | 不适用。被告购买种子所取得的授权，并不包含制造新种子的许可 |
| Good 案③ | 未涉及 | 未涉及 | 否 | 否 | 不适用。新种子(即第二代种子)未被销售过，而且购买者当初所支付的金额仅为使用所购得种子的价值，不包含第二代种子价值 |
| Scruggs 案④ | 有效 | 否 | 否 | | 未涉及 |
| Bowman 案 | 有效 | | 否 | 否 | 不适用。专利权耗尽原则的适用对象限于该被销售的商品本身，不扩及其他物品。被告的行为等同创造了新的侵权物品 |

---

① See Monsanto Co. v. Trantham, 156 F. Supp. 2d 855, 859 (W. D. Tenn. 2001).

② See Monsanto Co. v. Swann, 308 F. Supp. 2d 937 (E. D. Mo. 2003).

③ See Monsanto Co. v. Good, 2003 U. S. Dist. LEXIS 27217 (D. N. J July 23, 2003).

④ See Monsanto Co. v. Scruggs, 342 F. Supp. 2d 584 (N. D. Miss. 2004).

## 三、专利法引入农民留种豁免的必要性与可行性

专利法上是否应引入农民留种豁免条款，所引起的争论比育种豁免更大。因为农民是种子公司销售种子的主要对象，若允许农民留种种植，将直接损害种子公司利益。同时，留种种植是农耕习惯的一部分，对于留种习惯相当普遍的发展中国家而言，若禁止农民留种则对农业遗传资源保护做出贡献的农民实属不公，亦不利于维护遗传资源的多样性。

### （一）专利法引入农民留种豁免的必要性

专利法是否有必要引入农民留种豁免，对此有不同的观点。

赞成说认为，若专利法上不引入农民留种豁免，则农民留种种植会构成专利侵害，农民留种种植的传统将彻底消灭。种子公司进行生物育种所得的新品种，并非突如其来的发明，而是以经由几千年来的农民选育所产生的品种为基础加以改造而得到的。农民选育智慧应得到适当回馈。因此，应在专利法中规定农民豁免。发展中国家极力提倡农民留种豁免。由于发展中国家的农业通常是为了提供个人及家庭日常生活所需，加之土地被分割成许多部分且较为贫瘠，无法产生规模经济，因此，农民通常无力负担昂贵的种子费用。对于欠缺公共资助提供农业发展的国家而言，农民留种是一种普遍做法。因此，发展中国家和不发达国家提倡制定相关国际条约，规定农民留种豁免，但因为发达国家的反对，此种努力没有成功。①

反对者认为，保护农民利益，不能忽视知识产权保护。知识产权法特别是专利法旨在通过给予发明人一定期间的独占排他权，激励其加大育种研发的投入，进而促进育种技术的进步。如果知识产权的专有性被一些豁免规定所侵蚀，则育种研发活动及后续利用都将受到影响。② 适当的回报和利润是育种者的主要目标，过多限制育种者的专利权，将减

---

① David G. Scalise & Daniel Nugent. International Intellectual Property Protections for Living Matter：Biotechnology，Multinational Conventions and Exception for Agriculture [J]. 27 Case W. Res. J. Int' l L，1995(Winter)：83，104-105.

② David G. Scalise & Daniel Nugent. International Intellectual Property Protections for Living Matter：Biotechnology，Multinational Conventions and Exception for Agriculture [J]. 27 Case W. Res. J. Int' l L.，1995(Winter)：83，104-105.

少其财产收益，降低研发诱因。因此，应优先考虑是否有其他可供选择的替代制度。农民留种豁免旨在减轻或免除“小农”使用专利种子的费用。为达此目的，政府大可选择其他替代措施达到保护小农的目的。诸如补助购买新种子的农民，或对以较低价格销售新种子的公司提供减税措施，或由政府购买专利种子供“小农”使用。① 专利法引入农民留种豁免以实现公共政策的目标，应该是最后手段。

上述争议表明，如何兼顾育种者利益与农民的留种习惯，是一个两难选择。若给予农民留种权利，则会损害育种者利益，影响其育种研发的投入。若不给予农民留种权利，则会剥夺农民的留种习惯，损害农民利益，对为遗传资源保护作出贡献的农民不公平。

本书认为，基于如下理由，专利法应引入农民留种豁免。

一是农民的选育植物品种的智慧应得到尊重。植物育种活动过程大致分为三个阶段：最初阶段，经过物竞天择的淘汰，能够抵抗病虫害或其他灾害的植物留存下来，并且发展出许多能够符合当前环境的基因信息。第二阶段，农民观察自然物竞天择的过程并且加以利用及推广。农民贡献土地、时间，观察并分辨这些基因资源的使用。农民每一季的选择都使得有用的信息不断累积，并形成具有特性的地方品种。最后阶段，育种家以农民几千年来选育的地方品种为基础，运用现代生物技术，发展新品种。可见，自然存在的基因资源必须加上其他的资本和智力的投入，才能使古老植物品种逐渐演变成现代品种。② 在植物育种的整个发展过程中，每一个阶段都有投入，并生产出许多有用信息，但却只有最后一个阶段的植物育种者才受知识产权保护，且先前阶段的投资所获信息一并加以占有，这对于农民极为不公。专利法引入农民留种豁免是对农民所作贡献的肯认。至于引入农民留种豁免是否会影响育种者的研发积极性，这可通过明确农民留种豁免适用条件，平衡农民与育种者之间的利益。

---

① David G. Scalise & Daniel Nugent. International Intellectual Property Protections for Living Matter：Biotechnology, Multinational Conventions and Exception for Agriculture [J]. 27 Case W. Res. J. Int' l L., 1995(Winter)：83, 104-105.

② Timothy Swanson & Timo Goeschl, The Impacts of GURTs：Agricultural R&D and Appropriation Mechanisms, Biotechnology, Agriculture and the Developing World：The Distributional Implications of Technological Change 47-9 (2002).

二是品种法上的农民豁免规定落空。若专利法不规定农民留种豁免，也会使品种法上的农民豁免规定落空。随着基因工程的快速发展，会使越来越多的受品种权法保护的植物品种中含有专利基因。这样，越来越多的植物品种会同时受到专利法和品种法的保护。品种法保护的是整个植物新品种，专利法保护的是植物新品种中的某个部分或某个基因。农民留种种植，可以依据品种法主张农民留种豁免，但却可能构成专利侵权。因为种子中可能含有专利基因，而专利制度下又无农民留种豁免的规定，农民又无法剔除种子中存在的专利基因，由此导致农民无法留种，品种法上规定的农民留种豁免落空，农民留种传统和相关权益无法保障。

（二）专利法引入农民留种豁免的可行性

在认可专利法上有必要规定农民留种豁免制度的前提下，可通过以下方式达此目的。

第一种方式是权利穷竭原则。即若认可权利穷竭原则适用于农民留种，则农民在合法购得种子之后，因种子公司的使用权与销售权用尽，农民对该种子或该种子所生之后代种子皆可自由使用或再次销售，而不构成专利侵权。但这对于种子公司不利。因为种子公司专利种子的销售对象是农民，若农民可主张权利穷竭原则，则种子公司只能从第一次销售种子中获取利益，无法分享种子繁殖所生利益。更重要的是，若认可农民依权利穷竭原则主张留种种植行为不构成侵权，将使得农民根据专利法就该种子所能进行的利用，较在品种法上的农民豁免所享有的权利更大，对品种专利权人的损害极大。如根据权利穷竭原则，农民将受专利法保护的种子留种销售不构成侵权，但将受品种法保护的种子留种销售却构成侵害品种权。

总之，若赞成农民留种种植适用权利穷竭原则，将极大减损种子公司的利益，进而影响其育种研发的积极性；若不适用，则又对农民权益保护不利。因此，折中的方式可能是改变权利穷竭原则所用尽的权利内容，例如，可以规定销售权不用尽但是使用权用尽，农民可以留种自用但不能留种销售给他人。由于种植行为属于使用行为或制造行为，亦存在模糊空间，因此有可能会认为部分的制造权也适用权利穷竭原则。

第二种方式是在专利法上规定农民豁免。例如欧盟 98/44 号生物技术发明保护指令第 11 条规定，各会员国专利法上的农民豁免规定应与其2100/94号共同体植物品种保护规则相一致。①

美国品种法对于农民留种豁免采取越来越限缩的趋势，在专利法中规定农民豁免会招致种子公司的极大反对。但是此方式能确保专利法与品种法上关于农民留种种植行为的一致性，② 避免农民留种豁免的落空。同时，此种方式仍面临专利法上规定农民留种豁免是否违反TRIPs协议相关规定的问题。

## 四、我国农民留种豁免制度的完善建议

植物的自我繁殖特性为种子公司如何保护其利益带来许多困境。若允许农民留种，会减少种子公司销售种子获利的机会；但若不允许农民留种，则违反了农民传统以来的留种习惯。农民能否留种牵涉到种子公司的利益以及农民利益，如何选择是一个困难的问题。

### (一)立法模式选择问题

《与贸易有关的知识产权协定》(TRIPs)第27.3(b)条规定，各成员应以专利制度或一种“专门的有效制度”(effective sui gencris system)或者两者的结合来保护植物品种。对植物新品种提供何种形式的保护，各国可针本国农业产业发展现状做出不同的选择。我国目前以专门制度即品种权制度保护植物新品种，农民留种种植原则上不构成侵权。就我国农业发展现状言之，生物技术虽有可能促进农业发展，但我国对于生物技术的研发，实无法与国外大型跨国种子企业相比，如贸然以专利保护植物新品种，可能无法促进国内相关技术的研发，反而可能会因为植物品种被国外企业申请专利，使种业受制于人，不利于保障我国粮食安全。尤其是植物专利保护会限制农民留种，增加农民负担和农业生产成本。

基于上述分析，我国现阶段应继续坚持以品种权制度保护植物新品种，而非专利制度。若在将来，我国农业经济条件发生变化，适合以专

---

① 李素华，朱俊铭．欧洲关于植物品种保护之法制与实务案件解析[C]//专利法保护植物品种之法制趋势研讨会论文集，2002：26.

② 在加拿大，亦有学者建议专利法规定农民豁免，在知识产权保护与粮食安全及农业发展之间取得适当平衡。See Alex Binkley, Farmers Should be Able to Save GE Seed (June 13, 2002), at http://www.percyschmeiser.com/Save%20Seed.htm.

利保护植物新品种时，在此种模式下，亦应设置农民留种豁免的例外，或对权利穷竭原则作不同于传统的解释。育种者为回收成本并适当赢利，可提高第一次出售种子的价格。如此既可以在农民第一次选择时，就考虑价格因素，以免以后形成依赖，亦避免了育种者对农民每一次种植或出售种子收取费用的麻烦和针对农民留种旷日持久控告的诉累。至于因提高第一次出售种子的价格给农民造成的负担，可借由国家良种补贴等方式解决，从而达到既不会降低育种者研发植物新品种的诱因，又能保护农民权益的双重功效。

国际上对我国加入 UPOV 1991 文本的呼声越来越高①，但 UPOV 1991 文本是欧美生物技术发达国家推崇的植物新品种保护模式，它在强化育种者权利的同时，限制了农民权益。因为 UPOV 1991 年文本成员方政府可以自行规定农民留种豁免的有无及享有程度，将农民留种豁免从强制性例外变为非强制性例外。该文本禁止农民之间的换种行为；使用未经权利人许可的繁殖材料生产出收获物进行销售属侵权行为。②这实际上变相取消了农民留种的权利，是对育种者权利的倾斜。我国作为传统的农业大国，农民人口众多、农业基础薄弱，农业育种技术相对落后，因此，我国应立足国情，坚持 UPOV 1978 文本，力求做到既满足国际条约规定的最低标准，又不损害我国国家利益的前提下保护植物新品种。

无论选择何种保护模式和何种文本，植物新品种保护的基本思路应当是：鼓励育种者开发出优良品种，政府通过优惠政策引导农民积极使用优良品种，农民通过使用优良品种而提高农产品的质量和产量。这应该是植物新品种法律保护的宗旨所在。

### (二)确立农民权制度

植物新品种保护过强或“异化”，限制了农民留种，确立农民权制度可以对抗农业领域过强的知识产权保护，为农民留种确立权利基础。

---

① 根据 UPOV 公布的数据，到 2012 年 12 月 5 日为止，共有 71 个国家加入 UPOV 公约，其中 51 个国家采用 UPOV 1991，包括中国在内的 19 个国家采用 UPOV 1978 文本，比利时仍然沿用 UPOV 1961/1972。See http：//www. upov. int/export/ sites/upov/members/en/pdf/pub423. pdf.

② 卢新，刘平，刘明强．对 UPOV 公约 91 文本的分析与思考[J]. 知识产权，2010(1)：93-96.

我国植物新品种保护依据 UPOV1978 文本而制定，在履行国际义务的同时，对激励本国育种创新、不断向市场推出新品种做出了巨大贡献。但同时应当看到，在我国植物新品种保护法律制度中，没有正面肯定农民权利，容易造成对育种者权利的过分强调而忽视了农民权利。因此有必要借鉴印度的做法，将育种者权利与农民权利同等保护，正面规定农民权的具体内容。①

农民权的法定化和制度化，不仅是履行相关国际公约的必然要求，也是一国保护农业遗传资源水平和力度的表现。因此，我国在健全和完善植物新品种保护法律法规中，应吸收和借鉴印度立法经验，并结合我国现阶段农业经济发展的具体国情，大胆创新，明确农民权制度，让农民权作为一种在先权利参与有关知识产权的利益分享。② 如此，农民可通过先用权制度获得遗传资源惠益分享的权利，有效参与遗传资源保护的各阶段、各层次的决策和实践，包括基因资源的管理、获取和利益分享。如果育种者的受保护品种是从农民的最初品种衍生而来的实质衍生品种，则农民对该植物品种的发明做出了巨大贡献，实质衍生品种的品种权人应该承认并尊重农民的贡献。③ 这可为农民留种、甚至免费使用新品种种植提供强有力的制度基础。

(三)细化农民留种的条件

在选择以品种权保护育种者的情况下，法律法规应明确规定农民留种豁免。我国现行法律制度中关于农民留种豁免仅有“农民自繁自用授权品种的繁殖材料”的规定，为避免农民留种对植物育种者权利的侵害，影响育种家育种的积极性，应从留种行为的主体、目的、数量和对象诸方面对农民留种加以限制。

在留种主体方面，应进一步细化界定“农民”的内涵。最高人民法

---

① 关于农民权的主要规定有：一、种子权利(right to seed)(第 39(1)(iv)条)；二、获得作物歉收补偿的权利(第 39(2)条)；三、“善意侵权”(innocent infringement)免责权(第 42 条)；四、事先知情同意权(第 43 条)；五、知情权和利益分享权(第 18、26、45、46 条)；六、强制许可使用权(第 47 条)。

② 吴立增，黄秀娟，刘伟平．基因资源知识产权理论[M]．科学出版社，2009：137.

③ 曹可亮，杜群．植物品种权与农民权利的协调——植物遗传资源知识产权制度的重大关切[J]．温州大学学报·社会科学版，2012(5)：18-21.

院的相关司法解释虽然将“农民”界定以农业或者林业种植为业的个人、农村承包经营户，但仍然不够具体。随着我国农业商品化程度的提高，大量社会资本注入农业，农业生产主体正在发生变化，规模化产业化的农场相继出现，承包大户、专业大户、种植大户、专事农业种植的公司逐渐增多，它们有足够的经济能力负担每一季植物新品种繁殖材料的费用。在此背景下，如不对农民的内涵加以明确，恐难有效维护品种权人的权利。故有必要借鉴欧盟做法，将农民分为“小农”和“大农”，“小农”留种行为豁免，大农的留种行为可适用“法定许可”，即大农未经品种权人授权的留种行为不构成侵权，但需要向品种权人支付一定的使用费。

在留种的目的方面，必须基于非商业目的。根据《最高人民法院关于审理侵犯植物新品种权纠纷案件具体应用法律问题的若干规定》第2条规定，未经品种权人许可，为商业目的生产或销售授权品种的繁殖材料，或者为商业目的将授权品种的繁殖材料重复使用于生产另一品种的繁殖材料的，人民法院应当认定为侵犯植物新品种权。商业目的应理解为通过销售留存的种子营利。农民通过种植种子收获粮食，除了自己食用外，将粮食卖出获利，这为非商业目的，因为此时的粮食并不是作为种子而是作为初级农产品出售，故不存在出售限制的问题。在我国农村，农民往往自留用于下一季生产的种子，若用于自己种植，应为非商业目的。但将多余的种子用于出售是否构成商业目的，这涉及销售数量的问题。① 法律规定农民可贩卖自繁自用的多余种子，但并非无限制，若农民专门留种出售，就是一种以营利为目的的侵权行为。

在留种的数量方面，应以满足下一年的种植为限。所留种子的数量，应当根据承包地数量或参照当地平均承包地数量，且根据具体品种可以留存的年限予以确定。

在留种的对象方面，可考虑在未来某一阶段区别不同的植物品种给予不同的农民留种权限，例如，农民对主要粮食作物拥有完全的农民留种权，对蔬菜作物保留部分留种权，对包括花卉在内的观赏性纯经济作

---

① 一般而言，农民专门留种用于出售，售价要略高于单纯的粮食价格，但又远低于种子公司出售的种子价格，因此，这些种子往往会得到其他农民青睐，且销量较大，会影响品种权人的权益。

物不享有留种权利等。此外，对某些农民自行留种可能会严重影响品种权人利益、导致新品种培育积极性明显降低的植物新品种，可以通过法律法规的形式加以列举，作为农民留种对象的例外，购买这些繁殖材料采取登记的方式，便于监督农民使用授权品种。①

一旦超出上述限制，即可能构成侵权，主观上有无过失在所不问。过错只是承担赔偿责任的要件。②

### （四）专利法上引入农民留种豁免

农民留种是一重要的、须要予以保留的农耕习惯，因此，对专利种子的保护有必要加以限制，以免农民过度依赖种子公司。基于此种考虑，专利法中应引入农民留种豁免，允许农民进行留种种植。对农民留种习惯比较普遍的发展中国家来说，专利法上规定农民留种豁免更显必要。对我国而言，如果在政策上认为农民留种习惯相当重要，则可能有两种做法：一是通过权利用尽原则，但需要对权利用尽原则作出新的解释；二是在专利法上规定与农民豁免类似的条款。专利法上规定农民留种豁免可能会遇到阻碍，但可以如品种法上的农民留种豁免一样，规定农民留种豁免的条件，以实现农民利益与专利权人利益的平衡。

## 第五节 小 结

本章所讨论的知识产权限制制度的生态化路径，主要是基于生态环境利益考虑，需要对知识产权加以限制，择其要点，主要分析了如下四个方面的问题：

其一，基于环境利益的专利强制许可制度。面对生态环境的问题，我国未来应当在《专利法》、《专利法实施细则》、《专利审查指南》和《专利强制许可实施办法》中明确将环境保护作为强制许可的理由，为现有的三种强制许可情形添加生态元素：针对《专利法》第48条规定的

---

① 黄丽娜．论植物新品种权限制中的农民特权[J]．中国种业，2011(9)．

② 《最高人民法院关于审理侵犯植物新品种权纠纷案件具体应用法律问题的若干规定》第8条规定：以农业或者林业种植为业的个人、农村承包经营户接受他人委托代为繁殖侵犯品种权的繁殖材料，不知道代繁物是侵犯品种权的繁殖材料并说明委托人的，不承担赔偿责任。

滥用专利权的强制许可，涉及治理环境污染或破坏的专利，专利权人滥用其专利权时，应当适用强制许可；针对《专利法》第49条规定的为公共利益目的的强制许可，应将环境利益纳入公共利益的范畴，当某种生态专利能够有效预防、缓解或治理环境污染或破坏时，应适用强制许可；针对《专利法》第51条规定的从属专利的强制许可，当某项具有重大技术进步的专利实施对保护环境至关重要时，但其实施有赖于先前专利实施的，根据后一专利权人的申请，可以对前一专利实施强制许可。

其二，协调商业秘密保护与环境利益的关系。商业秘密保护和环境信息披露产生冲突的连接点是环境信息。当商业秘密涉及环境信息时，两者在信息的范围、对信息的要求、基于信息的目的等方面均存在冲突。但两者在最终目标上可以统一，存在协调之可能。协调两者的关系应遵循共同利益优先和差别披露原则；商业秘密法律制度应顾及环境信息披露要求，同时，环境信息披露法律制度也要考虑保护商业秘密，此为两者协调的前提；两者的冲突主要在商业秘密持有者、政府部门和社会公众之间产生，行政程序与司法程序是解决冲突的两种途径。

其三，植物知识产权保护下的育种豁免。育种豁免旨在保障育种者自由使用受知识产权保护的生物材料进行育种创新而限制品种权或专利权的一项制度，该制度能实现育种的持续创新和促进农业持续发展。品种法中有育种豁免的明确规定，其适用不受非商业目的的限制。植物专利制度中有研究豁免但无育种豁免的规定，这会导致育种者无法自由接近受专利保护的生物材料、专利权人与品种权人之间的不公平及品种法中所规定的育种豁免落空。应通过扩大解释研究豁免、制定植物育种者指南、另设育种豁免条款等方式将育种豁免引入植物专利法。中国植物新品种保护条例应引入实质性派生品种对育种豁免加以限制，防止修饰性育种；在植物专利保护制度中，应根据不同植物品种分别设置有限的育种豁免和全面的育种豁免。

其四，植物知识产权保护下的农民豁免。作为长期沿袭的农业种植习惯和农作物改良方式的农民留种种植对保护农业遗产资源和保障粮食安全意义重大。在植物品种权的保护方式下，设有农民留种豁免条款，为避免品种权人权益的不当侵害，须对农民留种的主体、目的、对象、数量等设置限制条件。在植物专利保护方式下，无农民留种豁免的规定，且不适用权利穷竭原则，农民留种种植侵害植物专利。为维护农民留种种植的传统，避免品种法上农民留种豁免的落空，回馈农民选育品种的智慧，专利法应引入农民留种豁免。基于我国农业大国的国情和保障农民权益的考量，应坚持品种权保护方式，将农民权法定化，细化农民留种豁免的限制条件，将农民留种豁免条款引入专利法。

# 第八章　结论与研究展望

自然环境是人类的生存之基，生态文明是社会进步的必然要求。全球生态恶化既是危机，也是契机和转机，甚至是创新的源泉。① 环境的思考和环境的因素已经融入和正在融入政治、经济、文化和社会生活的诸方面。知识经济时代的知识产权制度的发展是否必须以及怎样回应日益严重的环境危机，这是本书写作的初衷，也是本书试图回答的问题。应当承认，完全理性在一定程度上要受到知识缺乏的限制。② 有限理性比完全理性更接近于现实。现实生活中的决策判断取决于有限理性，在此条件下，人们寻求的是满意解，而非最优解。本研究的结论和展望都是基于有限理性作出的判断，其结论当然不能奢求“最优解”，甚至还不能成为“满意解”。

## 第一节　结　　论

本研究核心内容大体分为三个部分，即知识产权制度生态化是什么(第二章)；知识产权制度发展为什么要生态化(第三章)；知识产权制度发展如何生态化，即生态化的路径(第四至七章)。围绕这三大部分内容，主要研究结论如下：

---

① 根据一份有关绿色能源技术开发的报告显示，2006—2008 年，中国申请的有关风能、太阳能和海洋能源的新专利数量在全球居于首位，其次分别是日本、美国和德国。参见美《商业周刊》：中国由“模仿者”变“创新者”[EB/OL]. http://ip. people. com. cn/GB/8946746. html.

② [美]赫伯特 A. 西蒙. 管理行为——管理组织决策过程的研究[M]. 詹正茂，译. 北京：机械工业出版社，2007：84.

## 一、知识产权制度与环境保护相关联

生态危机的出现和生态文明的倡导使得知识产权和环境保护本是平行而互相独立的两个体系发生了关联。知识产权制度绝非仅仅是促进技术创新和经济增长的手段，其应该有更高的目标——环境保护，这便有知识产权制度生态化路径命题的提出。所谓知识产权制度的生态化是指将知识产权与环境保护联系起来，将生态保护的理念渗透到全部知识产权制度中，在知识产权取得、运用、保护和限制各环节都考虑资源节约和环境友好。

技术的非生态性或反生态性是导致生态危机的重要原因之一，而知识产权制度又是促进技术进步的工具，这便是知识产权制度与环境保护发生牵连的事实表现。救赎生态须实现工业文明向生态文明、资源经济向知识经济、非持续发展向可持续发展的“三重转变”。在此“三重转变”过程中，知识产权制度的作用甚大。运用知识产权制度促进具有非消耗性的知识资源的创造，可改变目前经济发展对有形物质资源的依赖和对能源资源的掠夺式开发利用，促进生态文明的实现。知识经济须以知识产权制度作为其存在和发展的基石。正是知识产权制度架构了融通知识主体和客体的桥梁，保证了创造者创造知识的积极性。可持续发展目标的实现，生态技术是关键。生态技术的创造、运用、保护均与知识产权制度密切相关。

环境是第一性的，制度是第二性的。制度通过规制、引导人的生产与生活方式进而影响环境，知识产权制度对环境的影响是间接的。这也是知识产权制度与环境保护存在牵连的重要表现之一。知识产权制度能激励环境友好的知识产品的创造，促进生态知识或技术转移与转化，权利穷竭原则也有利于资源循环利用；同时，其具有破坏生物多样性、增加管理成本、影响生态技术创新、阻滞生态技术移转与扩散的环境负效应。因此，在制度设计上，要考虑知识产权制度的生态转向，引导、发挥其生态正效应，克服、遏制其生态负效益。目前，国内外的知识产权制度及与知识产权相关的制度中有诸多的“绿色因子”，但均有不足。建设生态文明，构建人与自然的和谐，必须更多地依靠科技进步和自主创新，把实施知识产权战略放在现代化发展战略的突出位置，充分挖掘知识产权制度的生态功能。

## 二、知识产权制度发展生态化路径具有正当性

知识产权作为一种法律上的利益，是正当性与强制性的统一，且正当性高于强制性，因此便有知识产权制度正当性的反思。本研究以生态视角反思知识产权制度。21 世纪是生态化取向的世纪，知识产权制度的生态化是此种取向的表现之一，也是知识产权制度发展的一个维度。任何制度变革都应有其正当性。生态伦理、生态经济和生态正义构成了知识产权制度发展生态化的三种理论范式和正当性的理论基础。

知识产权制度生态化的伦理基础是可持续发展的环境伦理观。制度评价由技术的、功利的、伦理的三个层面组成，合乎伦理(环境伦理)是知识产权制度正当性的前提，它在某种程度上超越了技术和功利。知识产权制度的环境伦理审视旨在反对单纯的功利主义。在价值层面上，人们之所以选择知识产权制度绝不仅仅因其具有经济激励功能、效益功能。环境是人类的生存之基。损害环境的知识产权制度，即使它具有更多其他价值，那也是苍白的。在规范层面上，知识产权制度已经或正在回应环境伦理的要求。环境伦理的主张主要有人类中心主义、生态中心主义和可持续发展观三种。应以可持续发展观作为知识产权生态化的伦理基础。这一伦理观突破了“中心论”，整合并超越了人类中心主义和生态中心主义，成为包容性更强、内容更丰富、体系更完备的理论，也更具现实性。

知识产权制度生态化的经济基础是生态经济。生态经济的提出源于经济发展同生态环境间的矛盾与冲突，其思想与可持续发展观一脉相承。生态经济的科技观、价值观与人学观为知识产权制度的生态化提供了经济基础。生态科技是第一生产力。知识产权制度所促进的既可能是绿色科技，也可能是黑色科技。生态科技观要求知识产权制度引导、规制、激励科技向生态化转向。生态环境、自然资源等非劳动生产要素本身兼具工具价值和内在价值。任何物种和生命个体对其他的物种和生命个体都具有价值，整个生态系统是一个价值传递和循环的系统。生态经济的价值观要求知识产权制度设计应充分考虑生态价值，否则最终会影响经济价值的实现。生态经济主张“生态人”人学观，“生态人”的行为规范应遵循人与自然和谐原则、废物的无害化与最小化原则、资源节约原则等。知识产权制度生态化的目标实现，需要知识产权的创造者、运

用者、保护者、管理者的具有生态意识和观念。生态经济的“生态人”观为其提供了理论基础。

环境正义、知识产权私权公法化与环境利益的契合和知识产权与环境权的协调之需为知识产权制度生态化的法理基础。环境正义要求人类重新调整对其他生命物种以及生态环境的价值判断，公平地分配基于环境产生的权利和义务，其核心是寻求环境利益与环境风险在分配上的平等。环境正义应成为知识产权制度设计的法理基础之一和判断知识产权制度正当性与否的重要标准之一，特别在涉及生物多样性保护和国际间生态技术转移方面。知识产权私权公权化与环境利益的契合是知识产权制度生态化的可行性基础。知识产权具有私权属性，但有公权化的趋向，这为知识产权制度考量环境公共利益提供了理论前提。作为基本人权之一的环境权，其产生某种程度上是对知识产权的限制。当知识产权和环境权相冲突的时候，知识产权应当让位于更上位的环境权。协调环境权与知识产权的关系，需要知识产权制度考虑环境利益。

## 三、知识产权制度发展生态化路径的四维构建

知识产权取得制度是知识产权运用、保护、限制的前提和起点。知识产权取得制度的生态化路径主要是将不符合生态要求的发明创造排除在专利授权客体之外，对符合生态要求，对环境友好的发明创造而言，设置快速审查机制，让其尽快获得专利保护，并推向市场和商业化。为加强遗传资源的保护，防止“生物剽窃”，需要完善专利申请的遗传资源来源披露等。对于不需要审查即可以自动获得的知识产权而言(如著作权)，如果其客体对环境友好，可以降低其他方面的授权条件(如独创性标准)。

知识产权运用是知识产权战略的落脚点，也是保护知识产权的最终目的。知识产权运用制度发展的生态化路径，包括两方面的内容，一是完善现有知识产权制度，以促进生态知识产品的转移、扩散和转化。为促进生态专利技术转移，应将环境保护纳入相关知识产权国际公约，同时引入责任规则，减少生态技术转移过程中的交易成本，尽快将生态技术推广。完善生态知识产权信息共享机制，促进生态专利技术和资金的结合和生态专利技术的交易；建立“生态专利共享”制度，克服“专利丛林”的障碍，加速生态专利技术的转移与转化。二是在知识产权转化过

程中，要考虑技术转化的环境影响，设置环境影响评价制度，预防知识产权成果转换可能产生的生态风险。对环境友好的知识产权成果，则要协调知识产权制度与相关法律制度的关系，以促进其转化。对依知识产权成果转化而得到的知识产权产品，转化者应履行环境告知与标识义务。

知识产权保护是知识产权战略的保障。知识产权保护制度发展的生态化路径，主要包括：一是知识产权侵权救济要考虑环境利益。修理、重作、回收利用中知识产权侵权判断应强调资源循环利用，促进创新，防止垄断以及保护消费者权益。二是对侵害知识产权物品的处理要考虑环境保护。侵权工具的处置可由原被告双方协商，对侵权工具加以利用。对侵权产品的处置而言，应将销毁作为最后考虑使用的侵权物处置方式，并慎用停止侵权的救济方式，以免造成资源浪费。三是灵活运用知识产权保护环境标志、遗传资源和传统知识等具有环境因素的客体。

知识产权限制制度发展的生态化路径主要是基于环境利益考虑对知识产权加以限制。面对生态环境的问题，应将环境利益纳入公共利益的范畴，作为强制许可的理由。通过商业秘密的限制、规范环境信息披露程序、确立公共利益优先原则等实现商业秘密保护与环境信息披露的协调。健全植物品种知识产权保护下的育种豁免和农民留种豁免制度，一方面完善品种权保护中育种豁免和农民豁免制度，另一方面，可考虑将育种豁免和农民留种豁免引入专利法，实现植物品种专利保护与品种权保护的协调，维护生物多样性和农业可持续发展。

知识产权取得、运用、保护和限制构成了知识产权制度的四个主要环节。知识产权取得制度、运用制度、保护制度和限制制度的生态化路径的重点和内容会有所不同，但并非截然分开，而是相互联系甚或重合。其一，知识产权取得、运用、保护和限制相互交融。例如，知识产权取得过程中，存在原有知识产权的利用、保护问题；知识产权的保护，有很大一部分也发生在知识产权取得和运用过程中；知识产权利用和保护过程中也涉及知识产权限制问题。其二，知识产权取得、运用、保护和限制四个过程相互影响，相互促进。知识产权取得是知识产权运用、保护和限制的前提基础；知识产权运用是知识产权取得、保护和限制的目的；知识产权保护为知识产权取得和利用提供制度保障，知识产权的保护与知识产权的限制是一种此消彼长的关系。

# 第二节 研究展望

本论题按研究范围的大小可分为宏观、中观、微观三个层次。本研究应定位为中观层。本书从生态视角回答了知识产权制度生态化是什么、为什么、怎么样三个问题。对这些问题的回答，一方面只考虑了知识产权与环境保护关系的互动与整合，未将两者放在整个社会生态(如文化、宗教、哲学等)去思考，因此尚未进行宏观视角的分析；另一方面，基于完整性和篇幅的考虑，本书从取得、运用、保护和限制四个维度提出知识产权制度发展的生态化路径构建，但在每个部分的制度生态化路径构建中，只是选取某些典型部分，未论及全部，且有些论述只提出了一些研究思路，未作微观层面的深入剖析。因此，关于本论题的研究展望主要会沿着宏观和微观两个层面展开。当然，中观层面的研究也有待完善之处。

## 一、宏观层面的研究展望

环境问题本身是伴随着现代化的进程才逐渐加剧的，所以当我们把环境问题推广到现代性问题和将其放到整个社会生态中考虑时，关于环境问题的解决方案才具有了某种真实性。自然、技术、经济、消费、社会、文化、宗教、哲学、制度等本是一个紧密联系的大生态系统。社会问题之间往往互相关联，一损俱损、一荣俱荣。环境问题与其他现代性问题密不可分，它们只有一并消解和克服，环境问题才能彻底解决。这恰恰体现了解决环境问题的“生态”(系统)思想。故，环境问题的解决非单纯的某种方案所能解决。与上述生态(系统)思想相一致，知识产权制度影响所及已非单纯是技术和创新活动，它还涉及了农业、健康、环境、文化、竞争、贸易、民主、人权等诸多领域。知识产权制度作为一个不断变化、发展并愈加复杂的体系，只有用生态的(系统的)方法去审视、改进之，才能处理好其与其他社会诸领域的关系。一个结构完整的法律文本、一套可以与国际最新、最高标准接轨的知识产权制度，并不足以成为衡量一国知识产权制度有效实施的标准，只有形成了一个良好的信息生态环境，促进了知识信息的可持续发展，才能实现真正意义上的知识产权保护。①

欧洲专利局在其《未来知识产权制度的愿景》一书中勾勒了2025年世界知识产权制度发展的愿景。基于政治的、经济的、社会的、环境的、技术的和历史的等诸多因素的影响，欧洲专利局提出了2025年知识产权制度和体制演变的四个方案：第一个是灰色方案，由市场主导者决定体制的命运。第二个是红色方案，由发展中大国主导建立的体制。由于地缘政治和竞争方式的改变，发达国家将不再独霸天下，新参与者（即发展中大国）的奋起直追，将在推动体制演变、现行规则的调整和变革中发挥日益重要的作用。第三个是绿色方案，由社会作为主驾驭者形成的新体制。社会对知识创造、信息传播、公众健康和环保等公共利益问题的高度关注，使知识产权制度的设置更加合理地关注公共利益。第四个是蓝色方案，以技术为主导形成的新体制。现有的知识产权制度必须顺应新技术的变化速度、跨学科的特点和复杂的技术本质，采取新的举措，并不断提高质量和效率，真正起到激励创新的保障作用。②

因此，知识产权制度未来发展的生态化路径只是其中可能的一种方向。面对环境危机与挑战，构建和营造一种有利于环境保护和世界可持续发展的知识产权制度实属必要。但是否能真正实现这一目标，要受到诸多因素的影响与制约。在宏观层面，需要从经济、政治、文化、社会和生态等多维角度思考。

我们很难设计一个知识产权制度满足不同主体的多方面的需求。制度的完美只是一种理想，理想只能是不断接近而无法达到。但不能因为如此，人类就停止对这些问题的探索与追求，人类正是在这种无限接近中不断发展。

## 二、微观层面的研究展望

微观层面的研究，还有许多具体问题有待深入展开。主要如下：

（1）累积创新模式下，如何实现生态技术的创新。随着技术进步和

---

① 何炼红．论信息生态学视野下知识产权观念的创新与保护［J］．中国软科学，2007（4）：150-153.

② 欧洲专利局．未来知识产权制度的愿景［M］．郭民生等，译．北京：知识产权出版社，2008：6-9.

人们对知识产权的重视，同一客体上的知识产权会越来越多，进而出现所谓的“反公地悲剧”，导致生态技术的非充分利用。如何变革知识产权制度以克服“反公地悲剧”，专利池或许是解决问题的途径之一。但专利池无法阻止“外部性问题”危害专利池。如果其成员发现更赚钱的门路，就会径直离开，从而阻碍集体的努力。① 是否有其他可替代措施解决累积创新模式下的生态技术创新是需要进一步研究的问题。

(2)知识产权制度对生物多样性影响、对生态技术转移、对全球气候影响的实证分析。目前的研究多为描述性或凭经验感觉的推理，实证研究不足，缺乏说服力。

(3)现有知识产权制度考量环境因素，如何与 TRIPs 协议及其他法律制度的兼容。如在专利制度中引入育种豁免和农民留种豁免，是否违反 TRIPs 协议第 27 条和第 30 条的规定。这些尚需要详细分析。

(4)知识产权产品维修、更换中环保因素对权利用尽和侵权判断的影响研究。

---

① J Bessen. Patent Thickets：Strategic Patenting of Complex Technologies［EB/OL］. http：//www. researchon innovation. Org /thicket. pdf.

# 参考文献

## 一、中文著作部分

[1][日]中山信弘．多媒体与著作权[M]．张玉瑞，译．北京：专利文献出版社，1997.

[2][日]吉田文和．高技术污染[M]．周北海，译．北京：中国环境科学出版社，1998.

[3][日]吉藤幸朔．专利法概论[M]．宋永林，魏启学，译．北京：专利文献出版社，1990.

[4][日]纹谷畅男．专利法 50 讲[M]．魏启学，译．北京：法律出版社，1984.

[5][日]岩佐茂．环境的思想[M]．韩立新等，译．北京：中央编译出版社，1997.

[6][日]青山紘一．特许法(第 7 版)[M]．东京：法学书院，2005.

[7][古希腊]亚里士多德．尼各马科伦理学[M]．苗力田，译．北京：中国社会科学出版社，1990.

[8][印度]甘古力．知识产权：释放知识经济的能量[M]．宋建华等，译．北京：知识产权出版社，2004.

[9][法]卢梭．忏悔录[M]．范希衡，译．北京：人民文学出版社，1982.

[10][法]卢梭．论科学与艺术[M]．何兆武，译．北京：商务印书馆，1963.

[11][法]让-马克·夸克．合法性与政治[M]．佟心平，王远飞，译．北京：中央编译出版社，2002.

[12][英]亚当·斯密．国民财富的性质和原因的研究(上)[M]．郭大力，王亚南，译．北京：商务印书馆，1972.

[13][英]亚当·斯密.道德情操论[M].蒋自强等,译.北京:商务印书馆,1998.

[14][英]罗宾·柯林伍德.自然的观念[M].吴国盛,译.北京:华夏出版社,1999.

[15][英]哈特.法律的概念[M].张文显等,译.北京:中国大百科全书出版社,1996.

[16]英国知识产权委员会.整合知识产权与发展政策(2002)[R/OL].http://www.iprcommission.org/text/documents/final_report.htm.

[17][美] E.博登海默.法理学法律哲学与法律方法[M].邓正来,译.北京:中国政法大学出版社,1999.

[18][美] Merges等.新技术时代的知识产权法[M].乔筠等,译.北京:中国政法大学出版社,2003.

[19][美]富勒.法律的道德性[M].郑戈,译.北京:商务印书馆,2005.

[20][美]L.W.麦克康门斯,N.罗莎.什么是生态学[M].余淑清等,译.南京:江苏科技出版社,1984.

[21][美]丹尼尔·A.科尔曼.生态政治:建设一个绿色社会[M].梅俊杰,译.上海:上海译文出版社,2002.

[22][美]丹尼斯·米都斯等著.增长的极限[M].李宝恒,译.长春:吉林人民出版社,1997.

[23][美]巴里·康芒纳.封闭的循环——自然、人和技术[M].侯文蕙,译.长春:吉林人民出版社,1997.

[24][美]劳伦斯M.弗里德曼.法律制度[M] 李琼英,林欣,译.北京:中国政法大学出版社,1994.

[25][美]本杰明·内森·卡多佐:《法律的生长》,刘培峰,刘骁军,译.贵阳:贵州人民出版社,2003.

[26][美]约翰·奈斯比特.大趋势——改变我们生活的十个方向[M].梅艳,译.北京:中国社会科学出版社,1984.

[27][美]约翰·罗尔斯.正义论[M].何怀宏等,译.北京:中国社会科学出版社,1988.

[28][美]亨利·切萨布鲁夫.开放式创新——进行技术创新并从中赢利的新规则[M].马金,译.北京:清华大学出版社,2005.

[29][美]纳什．大自然的权利[M]．杨通进，译．青岛：青岛出版社，1999.

[30][美]芬伯格．技术批判理论[M]．韩连庆，译．北京：北京大学出版社，2005.

[31][美]阿尔文·托夫勒．第三次浪潮[M]．朱志炎等，译．上海：三联书店，1984.

[32][美]庞德．通过法律的社会控制/法律的任务[M]．北京：商务印书馆，1984.

[33][美]彼得·德鲁克．后资本主义社会[M]．张星岩，译．上海：上海译文出版社，1998.

[34][美]彼得·S. 温茨．现代环境伦理[M]．宋玉波，朱丹琼，译．上海：上海人民出版社，2007.

[35][美] 霍尔姆斯·罗尔斯顿 III. 环境伦理学[M]．杨通进，译. 北京：中国社会科学出版社，2000.

[36][美]罗伯特·考特，托马斯·尤伦．法和经济学[M]．施少华等，译．上海：上海三联书店，1994.

[37][美]莱斯特·R. 布朗．生态经济[M]．林自新等，译．上海：东方出版社，2002.

[38][美]诺内特，塞尔兹尼克．转变中的法律与社会[M]．张志铭，译．北京：中国政法大学出版社，1994.

[39][美]道格拉斯·C. 诺思．经济史中的结构与变迁[M]．陈郁，译. 上海：上海三联书店，1994.

[40][美]赫伯特·A. 西蒙．管理行为——管理组织决策过程的研究[M]．詹正茂，译．北京：机械工业出版社，2007.

[41][美]蕾切尔·卡逊．寂静的春天[M]．吕瑞兰，译．长春：吉林人民出版社，1997.

[42][美]霍尔姆斯·罗尔斯顿 III. 哲学走向荒野[M]．刘耳，叶平，译．长春：吉林人民出版社，2000.

[43][美]戴利．超越增长[M]．诸大建，胡圣，译．上海：上海译文出版社，2001.

[44][美]P. Aarne Vesilind and Alastair S. Gunn. 工程、伦理与环境[M]．吴晓东，翁端，译．北京：清华大学出版社，2003.

[45][荷]E. 舒尔曼．科技文明与人类未来[M]．李小兵，译．北京：东方出版社，1995.
[46][奥]凯尔森．法与国家的一般理论[M]．沈宗灵，译. 北京：中国大百科全书出版社，1996.
[47][德]尤尔根·哈贝马斯．合法性危机[M]．刘北成，曹卫东，译．上海：上海人民出版社，2000.
[48][德]柯武刚，史漫飞．制度经济学：社会秩序与公共政策[M]．韩朝华，译．北京：商务印书馆，2000.
[49][德]魏德士．法理学[M]．丁晓春，吴越，译．北京：法律出版社，2005.
[50][德]M. 雷炳德．著作权法[M]．张恩民，译. 北京：法律出版社，2005.
[51][澳]彼得·达沃豪斯，约翰·布雷斯韦特．信息封建主义[M]．刘雪涛，译．北京：知识产权出版社，2005.
[52]世界环境与发展委员会．我们共同的未来[M]．王之佳，柯金良，译．长春：吉林人民出版社，1997.
[53]世界知识产权组织．知识产权法教程[M]．高卢麟等，译．北京：专利文献出版社，1990.
[54]欧洲专利局(EPO)编著．未来知识产权制度的愿景[M]．郭民生等，译．北京：知识产权出版社，2008.
[55]经济合作与发展组织(OECD)．以知识为基础的经济[M]．杨宏进，薛澜，译．北京：机械工业出版社，1997.
[56]马克思，恩格斯．马克思恩格斯全集(第4卷)[M]．北京：人民出版社，1995.
[57]马克思．1844 年经济学哲学手稿[M]．北京：人民出版社，1985. 52.
[58][清]郭庆藩．庄子集释[M]．北京：中华书局，2006.
[59]李明德．美国知识产权法(第 2 版)[M]．法律出版社，2014.
[60]孔样俊．商业秘密保护法原理[M]．北京：法律出版社，1999.
[61]尹新天．新专利法详解[M]．北京：知识产权出版社，2001.
[62]王名扬．美国行政法(下)[M]．北京：中国政法大学出版社，1995.

[63]王泽鉴．民法学说与判例研究(第四册)[M]．北京：中国政法大学出版社，2000.
[64]王维藩，黄红英编译．法国发明专利法[M]．北京：中国对外翻译出版公司，1986.
[65]王曦．国际环境法[M]．北京：法律出版社，1998.
[66]冯晓青．知识产权法理论与实践[M]．北京：知识产权出版社，2002.
[67]史学瀛．生物多样性法律问题研究[M]．北京：人民出版社，2007.
[68]叶平．环境革命与生态伦理[M]．哈尔滨：黑龙江科学技术出版社，1995.
[69]汀丁丁．走向边缘[M]．上海：三联书店，2000.
[70]刘剑文．知识经济与法律变革[M]．北京：法律出版社，2001.
[71]刘春田．知识产权法[M]．北京：中国人民大学出版社，2002.
[72]刘银良．生物技术的法律问题研究[M]．北京：科学出版社，2007.
[73]吕忠梅．环境法新视野[M]．北京：中国政法大学出版社，2000.
[74]朱坦．环境伦理学理论与实践[M]．北京：中国环境科学出版社，2001.
[75]江山．人际同构的法哲学[M]．北京：中国政法大学出版社，2002.
[76]江牧．工业产品设计安全原则 [M]．北京：中国建筑工业出版社，2008.
[77]汤宗舜．专利法教程[M]．北京：法律出版社，2003.
[78]严永和．论传统知识的知识产权保护[M]．北京：法律出版社，2006.
[79]何兆武．历史理性的重建[M]．北京：北京大学出版社，2004.
[80]吴汉东．知识产权法学[M]．北京：北京大学出版社，2000.
[81]吴伯明，黄益芬．专利审查[M]．北京：专利文献出版社，1994.
[82]吴欣望．知识产权——经济、规则与政策[M]．北京：经济科学出版社，2007.
[83]张五常．卖桔者言(第5版)[M]．香港：信报有限公司，1985.

[84]张文显．二十世纪西方法哲学思潮研究[M]. 北京：法律出版社，2006.
[85]张玉瑞．商业秘密法学[M]. 北京：法律出版社，1999.
[86]张晓都．专利实质条件[M]. 北京：法律出版社，2002.
[87]李扬．知识产权基础理论和前沿问题[M]. 北京：法律出版社，2004.
[88]李明德．美国知识产权法[M]. 北京：法律出版社，2003.
[89]李挚萍．经济法的生态化[M]. 北京：法律出版社，2003.
[90]李爱年．环境法的伦理审视[M]. 北京：科学出版社，2006.
[91]李琛．论知识产权法的体系化[M]. 北京：北京大学出版社，2005.
[92]杨崇森．专利法理论与应用[M]. 台北：三民书局，2007.
[93]汪劲．环境法律的理念与价值追求[M]. 北京：法律出版社，2000.
[94]沈宗灵．现代西方法理学[M]. 北京：北京大学出版社，1992.
[95]郑友德．知识产权法[M]. 北京：高等教育出版社，2004.
[96]郑少华．生态主义法哲学[M]. 北京：法律出版社，2002.
[97]郑成思．知识产权论[M]. 北京：法律出版社，1998.
[98]俞海．TRIPs 协议和环境问题研究[M]. 北京：中国环境科学出版社，2005.
[99]柳卸林．技术创新经济学[M]. 北京：中国经济出版社，1993.
[100]胡朝阳．知识产权的正当性分析——法理和人权的视角[M]. 北京：人民出版社，2007.
[101]赵建军．追问技术悲观主义[M]. 沈阳：东北大学出版社，2001.
[102]徐国栋．绿色民法典草案[M]. 北京：中国社会科学文献出版社，2003.
[103]曹刚．法的道德批判[M]. 南昌：江西人民出版社，2001.
[104]龚群．当代中国社会伦理生活[M]. 成都：四川人民出版社，1998.
[105]曾陈明汝．两岸暨欧美专利法[M]. 北京：中国人民大学出版社，2007.
[106]魏衍亮．生物技术的专利保护研究[M]. 北京：知识产权出版社，2004.

[107]吴立增，黄秀娟，刘伟平．基因资源知识产权理论[M]．北京：科学出版社，2009.
[108]周长玲．专利法生态化法律问题研究[M]．北京：中国政法大学出版社，2011.
[109]贾引狮，杨柳薏．知识产权制度与生态环境保护的法经济学分析[M]．北京：知识产权出版社，2016.

## 二、中文论文部分

[1][美]奥德利·R. 查普曼．将知识产权视为人权[J]．刘跃伟，译．版权公报，2001(3).
[2][加]M. 邦格．技术的哲学输入和哲学输出[J]．张立中，译．自然科学哲学问题丛刊，1984.
[3]Carlos M Correa. 传统知识与知识产权[M]//国家知识产权局条法司编．专利法研究．北京：知识产权出版社，2003.
[4][美]H. L. A. 哈特．实证主义与法律和道德的分离[M]//瞿小波，译．强世功．法律的现代性剧场：哈特与富勒的论战．北京：法律出版社，2006.
[5]Michael I. Jeffery QC. 知识产权以及与贸易有关的问题对生物多样性的影响[M]//黎莲卿，玛丽亚·索科罗·Z. 曼圭亚特．亚太地区第二代环境法展望．邵方等，译．北京：法律出版社，2006.
[6]王耀先，陈剑澜．可持续发展的环境伦理观[M]//徐嵩龄．环境伦理学进展——评论与阐释．北京：社会科学出版社，1999.
[7]徐嵩龄．后记——论环境伦理学研究[M]//徐嵩龄．环境伦理学进展：评论与阐释．北京：社会科学出版社，1999.
[8]崔国斌．基因技术的专利保护和利益分享[M]//郑成思．知识产权文丛(第三卷)．北京：中国政法大学出版社，2000.
[9]魏衍亮．生物技术专利权中的公序良俗原则之评析[M]//郑胜利．北大知识产权评论(第2卷)．北京：法律出版社，2004.
[10]高荣林．可持续发展视野下的产品的修理、重装、回收利用行为与知识产权侵权[C]//知识产权与可持续人类发展论坛论文集，2013.
[11]丁栋虹．经济的主体与主体的经济学[J]．江苏社会科学，1995

(6).
[12]万志前，郑友德．论生态技术创新的专利制度安排[J]．科技与法律，2008(5).
[13]马长山．法治社会中法与道德关系及其实践把握[J]．法学研究，1999(1).
[14]方世南．环境哲学视域内的生态价值与人类的价值取向[J]．自然辩证法研究，2002(8).
[15]王立群等．环境技术的环境影响评价(EIA)[J]．中国环保产业，2002(2).
[16]王曦，赵绘宇．论技术创新生态化的法律制度安排[J]．当代法学，2004(5).
[17]邓勇等．专利信息集成服务平台的构建设想[J]．情报理论与实践，2007(1).
[18]兰建洪．论我国环境标志的商标保护[J]．知识产权，1994(4).
[19]冯洁涵．全球公共健康危机、知识产权国际保护与WTO多哈会议宣言[J]．法学评论，2003(2).
[20]冯晓青，刘淑华．试论知识产权的私权性及其公权化趋势[J]．中国法学，2004(1).
[21]冯晓青．知识产权法与公共利益探微[J]．行政法学研究，2005(1).
[22]史学瀛．有关生物多样性的若干知识产权问题[J]．南开大学学报，2003(3).
[23]吴汉东．科技、经济、法律协调机制中的知识产权法[J]．法学研究，2001(6).
[24]张一兵．当代生态学视界与科学历史观的深层逻辑[J]．哲学研究，1993(8).
[25]张复明．资源型经济的形成：自强机制与个案研究[J]．中国社会科学，2008(5).
[26]张德昭．生态经济学的范式——生态、经济与德性之思[J]．自然辩证法研究，2008(5).
[27]李艳芳．环境权若干问题研究[J]．法律科学，1994(6).
[28]周长玲．TRIPs协议对国际环境保护的影响[J]．知识产权，2005

(1).
[29]周旺生. 论作为第三种规范的法律正义[J]. 政法论坛, 2003(4).
[30]易福金等. 转基因标签的消费者维度思考[J]. 生态经济, 2004(8).
[31]林来梵. 论权利冲突中的权利位阶——规范法学视角下的透析[J]. 浙江大学学报, 2006(6).
[32]胡军. 生态中心管理范式?——对绿色管理研究的反思[J]. 科学技术与辩证法, 2007(4).
[33]胡波. 专利法的伦理基础[J]. 法制与社会发展, 2008(2).
[34]徐国栋. 认真透析《绿色民法典草案》中的"绿"[J]. 法商研究, 2003(6).
[35]徐瑄. 知识产权的正当性——论知识产权法中的对价与衡平[J]. 中国社会科学, 2003(4).
[36]秦书生. 生态技术的哲学思考[J]. 科学技术与辩证法, 2006(4).
[37]袁泳. 知识产权法与技术、文化创新[J]. 北京大学学报(哲学社会科学版), 1997(5).
[38]高洁, 陆健华. 专利丛林引发的反公地悲剧及对专利政策的思考[J]. 科技进步与对策, 2007(6).
[39]曹新明. 知识产权法哲学理论反思[J]. 法制与社会发展(双月刊), 2004(6).
[40]梅术文. 实施知识产权战略的正当性之维[J]. 法制与社会发展, 2008(4).
[41]潘岳. 和谐社会与环境友好型社会[J]. 环境保护, 2006(13).
[42]潘爱叶, 侯作前. 从环境保护一体化看我国知识产权制度的完善[J]. 政法论丛, 2006(1).
[43]刘福森. 自然中心主义生态伦理观的理论困境[J]. 中国社会科学, 1997(3).
[44]杨帆. 对中美知识产权海关处置措施的对比分析[J]. 政法论坛, 2008(6).
[45]梅乔. 专利法制"绿化"刍议[D]. 河海大学硕士学位论文, 2006.
[46]王一民. 标准专利、环境权与国际标准交错下强制授权研究[D]. 台北大学硕士学位论文, 2008.

[47]张志勇．可持续发展框架下生态技术创新的经济学研究[D]．吉林大学博士学位论文，2007.

[48]秦天宝．遗传资源获取与惠益分享的法律问题研究[D]．武汉大学博士学位论文，2005.

[49]张敏．论生态文明及其当代价值[D]．中共中央党校年博士学位论文，2008.

[50]张元．技术秘密权的强制许可研究[D]．清华大学硕士学位论文，2004.

[51]胡正伟．商业秘密的保护与信息披露[D]．华中科技大学硕士学位论文，2007.

[52]罗岚．应对气候变化下的绿色专利制度构[D]．华中科技大学硕士学位论文，2011.

[53]徐伟．版权作品载体废弃物处分中的权利穷竭问题[J]．知识产权，2006(2).

[54]万志前，郑友德．知识产权制度生态化重构初探[J]．法学评论，2010(1).

[55]徐升权．适应和应对气候变化相关的知识产权制度问题研究[J]．知识产权，2010(5).

[56]何隽．从绿色技术到绿色专利——是否需要一套特殊的因应气候变化的特殊的专利制度[J]．知识产权，2010(1).

[57]肖夏．绿色专利审查的法律问题研究[J]．华南理工大学学报(社会科学版)，2011(1).

[58]朱雪忠．论低碳发展与我国专利法的完善[J]．知识产权，2011(6).

[59]徐伟．版权作品载体废弃物处分中的权利穷竭问题[J]．知识产权，2006(2).

[60]高荣林．物尽其用还是权利穷竭——“垃圾”里的物权与知识产权的冲突[J]．学术论坛，2011(1).

[61]杨扩举，江慧贤，谢依庭．基因污染或专利侵害？从 Monsanto Canada Inc. and Monsanto Company v. Percy Schmeiser Enterprises Ltd. 案谈起[J]．智慧财产权，2002(46).

[62]王瑞波，孙炜琳，胡熳华．日本植物新品种保护法律的修订历程

及对中国的启示[J]. 世界农业, 2009(10).

[63]李秀丽. 欧盟植物品种保护法对“农民特权”的限制及其启示[J]. 甘肃社会科学, 2011(1).

[64]隋文香. 农民自繁自用授权品种繁殖材料行为探讨[J]. 中国集团经济, 2012(7).

[65]吴亮. 农民留种行为与品种权的冲突及其解决[J]. 华东理工大学学报(社会科学版), 2010(6).

[66]焦和平. 植物品种权扩张背景下“农民特权”的法律保护[J]. 西北大学学报(哲学社会科学版), 2012(4).

[67]卢新, 刘平, 刘明强. 对 UPOV 公约 91 文本的分析与思考[J]. 知识产权, 2010(1):

[68]曹可亮, 杜群. 植物品种权与农民权利的协调[J]. 温州大学学报. 社会科学版, 2012 (5): 17-23.

[69]董美根. 论专利产品销售所附条件的法律效力[J]. 华东政法大学学报, 2009(3): 53-60.

[70]李薇薇, 郑友德. 绿色专利快速审查机制的实效评价及完善[J]. 华中科技大学学报(人文社科版), 2014(3).

[71]王淑君. 实验使用例外制度的反思与完善——兼评《专利法》第 69 条第 4 项[J]. 知识产权, 2015(3).

[72]黄莎. 从利益平衡原则看知识产权制度生态化[J]. 河南财经政法大学学报, 2013(5).

[73]李宗辉. 论环境友好型社会的绿色专利制度建构[J]. 中国发明与专利, 2015(9).

[74]毛锐. 经济学视角下绿色专利国际转让与许可制度研究[J]. 经济问题探索, 2015(12).

[75]宋歌. 绿色技术产业化与专利制度创新问题初探[J]. 电子知识产权, 2016(2).

[76]吴勇. 建立因应气候变化技术转让的国际知识产权制度[J]. 湘潭大学学报(哲学社会科学版), 2013(3).

[77]张桂红, 蒋佳妮. 气候有益技术转让背景下国际知识产权保护标准再探讨[J]. 南都学坛(人文社会科学学报), 2014(4).

[78]蒋佳妮, 王灿. 气候有益技术 Know-how 转让之知识产权立法障碍

及应对[J]. 兰州大学学报, 2015(1).
[79]辛秉清. 发展中国家气候变化技术需求及技术转移障碍[J]. 中国人口·资源与环境, 2016(3).
[80]叶辉华. 气候变化背景下对技术转让的知识产权制度调适[J]. 河北法学, 2015(3).
[81]郑友德, 李雅琴. 我国著作权制度的生态化路径[J]. 法学, 2015(2).
[82]李菊丹. 农民留种权利保护比较研究[J]. 知识产权, 2013(7).

## 三、外文文献

[1]Andrew Dobson. Justice and the Environment, Oxford University Press, 1998.
[2]Analysis of Effective Operationalization of Provisions Environmentally Sound Technologies to Developing Countries In Multilateral Environmental Agreements, Pursuant to Agenda 21, drafted by Ulrich HOFFMANN, UNCTAD Secretariat www. unctad. org.
[3]Anil K Gupta, Environmental Implications of Intellectual Property Protection (IPP): Can Individual and Community Conservation Ethic and Creativity be Rewarded through IPP http://www. Sristi. org/papers/new/Environmental%20Implications%20of%20IP%20UNEP%20Paper. doc.
[4]Annkia Gottberg, Joe Morris, Simon Polldar, Cecilia Mark-Herbert and Matthew Cook. Producer Responsibility, Waster Minimization and the WEEE Directive: Case Studies in Eco-design from the European lighting Sector Science of The Total Environment. 2004.
[5]Business and Industry Advisory Committee to the OECD. The Impact of Intellectual Property Protection on Innovation and Technology Development, January 2003.
[6]C. Albert. Technology Transfer and It's Role in International Environmental Law: A Structural Dilemma, Harvard Journal of Law and Technology, Vol. 6FallIssue, 1992.
[7]C. Erdmenger. The Financial Power and Environmental Benefits of Green Purchasing-Buying into the Environment: Experiences, Opportuni-

ties. One Chapter of Research Methodologies in Supply Chain Management, Physica-Verlag HD, 2003.

[8] C. Mitcham, R. Shannon Duval. Engineering Ethics, Upper Saddle River. New Jersey: Prentice Hall, 2000.

[9] Carl Shapiro. Navigating the Patent Thicket: Cross Licenses, patent pool and Standard-Setting, at http://haas.berkeley.edu/shapiro/thicket.pdf. last visited Oct. 5, 2008.

[10] Carlos Correa. Review of the TRIPs Agreement: Fostering the Transfer of Technology to Developing Countries. http://www.twnside.org.sg/title/foster.htm.

[11] Carlos M. Correa. The TRIPs Agreement: How Much Room for Maneuver? Journal of Human Development, I, 2001.

[12] Carlos M. Correa, Intellectual Property Rights and the Use of Compulsory Licences: Options for Developing Coutries, Trade-Related Agenda, Development and Equity, Working Paper, South Centre, October 1999. http://www.southcentre.org/publications/publication/pubindex.htm. working, last viewed at October 8. 2008.

[13] Charles. E. Harris, Jr. et al. Engineering Ethics: Concept and Cases (Second Edition) Scarborough. Ontario: Wadsworth/Thomson Learning, 2000.

[14] Christopher J. Lewis. When is a Trade Secret not so secret? The Deficiencies of 40 C. F. R. Part 2, Supart B. Northwesten School of Law of Lewis & Clark College, Winter, 2000.

[15] Commission on Intellectual Property Rights (CIPR), Integrating Intellectual Property Rights and Development Report of the Commission on Intellectual Property Rights. London. September 2002.

[16] Cornish. W. R. Intellectual Property: Patents, Copyright, Trade Marks and Allied Rights, London: Sweet & Maxwell, 1999, Fourth Edition.

[17] Correa M Carlos, Traditional Knowledge and Intellectual Property Rights, 2001. http://www.quno.org/Geneva/pdf/economic/Discussion/Traditional-Knowledge-IP-English.pdf.

[18] Corrine Langinier, Gian Carlo Mosehini. The Economics of Patents: An Overview, http//www. eeon. iastate. edu, 2002.

[19] Cullet, Philippe. Intellectual Property and Environment—Impacts of the TRIPs on Environmental Law Making in India. Proceedings of the 2001 Berlin Conference on the Human Dimensions of Global Environmental Change "Global Environmental Change and the Nation State". Potsdam Institute for Climate Impact Research (Germany), 2002.

[20] David Hunter et al. International Environmental Law and Policy, 2nd ed New York: Foundation Press, 2002.

[21] Drahos. P. A Philosophy of Intellectual Property, Singapore & Sydney: Dartmouth, 1996.

[22] Estelle Derclaye. Of Mpas, Crown Copyright, Research and the Environment, E. I. P. R. No. 4. 2008.

[23] Executive Secretary of the Convention on Biological Diversity. The Impact of Intellectual Property Rights Systems on the Conservation and Sustainable Use of Biological Diversity and on the Equitable Sharing of Benefits From Its Use, UNEP/CBD/COP/3122, 22 September 1996.

[24] Federal Trade Committee. to Promote Innovation: The Proper Balance of Competition and Patent Law and Plicy, Executive Summary(2003).

[25] Frank Piller, Christian Schaller, Dominik Walcher. Customers As Co-Designers: A Framework For Open Innovation. http: //www. handels. gu. se/ifsam/Streams/Poster/116%20POSTER%20final. pdf.

[26] Garrett Hardin. The Tragedy of the Commons, Science, 162: 1243-1248, 1968.

[27] Geoff Tansey. Trade, Intellectual Property, Food and Biodiversity: Key Issues and Options for the 1999 Review of Article 27. 3(b) of the TRIPs Agreement. 1999, www. qiap. ca/documents /trips-col. pdf.

[28] Gernot Keil. Umweltschutz als Patenthindernis, GRUR 1993 Heft 8-9.

[29] Hans Beyer. Patent und Ethik im Spiegel der technischen Evolution, GRUR 1994.

[30] Henry Chesbrough. Open innovation: The New Imperative for Creating and Profiting from Technology. Harvard Business School Press, Inc.,

2003.

[31] Institute of Medicine. Toward Environmental Justice. Washington D. C: National Academy Press, 1999.

[32] International Seminar on Systems for the Protection and Commercialization of Traditional knowledge, in particular traditional medicines, 3-5 April, 2002, New Delhi, http: //www.unctad.org/trade_env/testl/meetings/delhi/statedebateTK.doc.

[33] Jaenich. Geistigen Eigentum-eine Komplementaererscheinung zum Sacheigentum? Mohr Siebeck, 2002.

[34] Jeffrey K. Stine, Joel A. Tarr. At the Intersection of Histories: Technology and the Environment. with Joel A. Tarr. Technology and Culture 39 (October 1998).

[35] Jeremy Philips. People in greenhouses. Journal of Intellectual Property Law & Practice, Vol. 2, No. 5. 2007.

[36] Jerome H. Reichman. Non-Voluntary Licensing of Patented Inventions: Historical Perspective, Legal Framework under TRIPs, and an Overview of the Practice in Canada and the United States of America, UNCTAD/ICTSD Capacity Building Project on Intellectual Property Rights and Sustainable Development, June 2003.

[37] Joel West, Scott Gallagher. Challenges of open innovation: the paradox of firm investment in open-source software. R&D Management, vol. 36, 2006.

[38] John E. Hav & Associates (UNEP). Anticipating the Environmental Effects of Technology: A manual for Decision-makers, Planners and other Technology Stakeholders.

[39] Klaus Bosselmann and Benjamin J. Richardson. Environmental Justice and Market Mechanism: Key Challenges for Environmental Law and Policy. London: Kluwer Law International Ltd, 1999.

[40] Kondo, EK, The Effect of Patent Protection on Foreign Direct Investment, Journal of World Trade 29(6), 1995.

[41] Lester C Thurow, Needed: A New System of Intellectual Property Rights, Harvard Business Review, Sept-Oct. 1997.

[42] Linda Rosencrance, Eco-Patent Commons Explains its Reason for Being. www. itworldcanada. com/a/Daily-News/1a5b88b4-216e-46eb-86d7-5024cde16907. html.

[43] M. D. Bovea, A. Gallardo. The Influence of Impact Assessment Methods on Materials Selection for Eco-design. Materials & Design. 2006.

[44] Maria Lilla Montagnani. Predatory and Exclusionary Innovation: Which Legal Standard for Software Integration in the Context of the Competition versus Intellectual Property Right Clash? IIC Vol. 37, 2006(3).

[45] Markku Simula. Public Procurement Policies for Forest Products and Their Impacts. Food and Agricultrure Organization of the United Nations. 2006.

[46] Martin A. Girsberger. Biodiversity and the Concept of Farmers Rights in International Law. Bern: Perter Lang AG, 1999.

[47] Mathias Herdegen. Patents on Parts of the Human Body: Salient Issues under EC and WTO Law. The Journal of World Intellectual Property, 2002(5).

[48] Mckeough et al, Intellectual Property in Australia, Lexis Nexis Butterworths, 2004.

[49] Michael A. G. Driving Innovation: Intellectual Property Strategies for a Dynamic World, New York: Cambridge University Press, 2008.

[50] Michael A. Heller. The Tragedy of the Anti-commons: Property in the Transition from Marx to Markets, 111 Harv. L. Rev. 1998.

[51] Michael Halewood. Indigenous and Local Knowledge in International Law: A preface to sui Generis Intellectual Property Protection, 44 McGill L. J. 953, 1999.

[52] Michael. A. G. Patent law and the environment /technology Paradex, Environment Law Reporter 20: 10171(1990).

[53] Michael. A. G. Using Intellectual Property to Improve Environmental Protection Introduction, Harvard Journal of Law & Technology, Volume 4 spring issue, 1991, http: //jolt. law. harvard. edu/articles/pdf/v04/04HarvJ LTech193. pdf.

[54] Mireles MS. An Examination of Patents, Licensing, Research Tools,

and the Tragedy of the Anti-commons in Biotechnology Innovations, University of Michigan Journal of Law Reform, 2004.

[55] Munn. Integrating Sustainability and Environmental Impact Assessment, Environmental Management, Vo1. 21, NO. l.

[56] Mu-YenHsu. Green Patent-Promoting Innovation for Environment by Patent System.

[57] Nicola Atkinson, Brad Sherman. Intellectual Property and Environmental Protection, EIPR, 1991.

[58] Ove Granstrand: Innovation and Intellectual Property, Rev. version May 22, 2003.

[59] Pankaj Tandon. Rivalry and the Excessive Allocation of Resources to Research, Bell Journal of Eeonomies. Vol. 14, issue 1, 1983.

[60] Peter D. Rosenberg, Patent Law Fundamentals, Clark Boardman, 1975.

[61] Peter Drahos. A Philosophy of Intellectual Property. Aldershot: artmouth Publishing Company, 1996. Bita Amani, Rosemary J. Coombe. the Human Genome Diversity Project: the Politics of Patents at the Intersection of Race, Religion and Research Ethics, Law & Policy Vol. 27, No. 1(2005).

[62] Phillips P W B, McNeill H. A Survey of National Labeling Policies for GM Foods. AgBioForum, 2000(4).

[63] Presidential Decree on Compulsory Licensing, Decree No. 3, 201 of October 6, 1999.

[64] Raymond E Spier. Science and Technology Ethics. Routledge 11 New Fetter Lane, London EC4P 4EE. P. 224.

[65] Richard G. Tarasofsky. The Relationship Between the TRIPs Agreement and the Convention on Biological Diversity: Towards a Pragmatic Approach, RECIELVol. 6 issue2, 1997.

[66] Robert L. Harmon. Patents and the Federal Circuit. Chicago: Willian Brinks Olds Hofer Gilson & Lione Ltd. , 1993.

[67] Rochelle Cooper Dreyfuss. TRIPs-Round II: Should Users Strike Back? 71U. Chi. L. Rev. 21, 21(2004).

[68]T. M. Spranger. Ethical Aspects of Human Genotypes According to EC Biotechnology Directive. International Review of Industrial Property and Copyright Law, 2000, (31).

[69]The Crucible Group II. Policy Options for Genetic Resources: People, Plants, and Patents, Seeding Solutions, Vol. I, International Development Research Centre/Intenrational Plant Genetic Resources Institute/Dog Hammarskjold Foundation, Rome, 2001.

[70]Thomas C. Beierle. Environmental Information Disclosure: Three Cases of Policy and Politics. March 2003.

[71]Thomas D. Galloway and Riad G. Mahayni. Planning Theory in Retrospect: The Process of Paradigm Change. Journal of the American Institute of Planners 43(January): 1977. 62-70. http: //pdfserve. informaworld. com/6448 59_73132 1277_ 787 365493. pdf.

[72]UNDP. Human Development Report 1999: Globalization with a Human Face, UNDP, NewYork, 1999.

[73] Wiley J. Environmental Impact Assessment for Waste Treatment and Disposal Facilities, Petts, J. and Fduljee, Gs, 1994.

[74]WIPO. Review of Existing Intellectual Property Protection of Traditional Knowledge. WIPO Document No. WIPO/GRTKF/IC/3/7, 2002 (6).

[75]World Bank. World Development Report 1998/1999. Cited in Geoff Tansey. Trade, Intellectual Property, Food and Biodiversity: Key Issues and Options for the 1999 Review of Article 27. 3(b) of the TRIPs Agreement. 1999.

[76]Theo Bodewig. Umweltschutz und Patentrecht zum Schutz wiederverwertbarer Stoffe, GRUR 1992 Heft 9.

[77] Estwlle Derclaye. Patent Law's Role in the Protection of the Environment, IIC. 2009. 3.

[78]Estelle Derclaye, Intellectual property rights and global warming, Marquette Intellectual Property Law Review, 2008. Vol. 12: 2, 264-297.

[79]ElpidioV. Peria, Copyright and Climate Change: A Concern We Should Be Critical About? http//www. infojustice. org/ download/gcongress/limataionsandexceptions. pdf, 22 Oct, 2011.

[80]高倉成男．環境と知的財産の対立と調和. tokugikon, 2000. 7. 1., No 212. 42.

[81]IPO：UK "Green" inventions to get fast-tracked through patent system, May 12, 2009, http：//www. ipo. gov. uk/about/press/press-release/press-release-2009/press-release-20090512. htm, May 21, 2013.

[82]EPO：Sustainable technologies, March 18, 2013, http：//www. epo. org/news-issues/ issues/ classification/ classification. html, May 21, 2013.

[83]Germany report on "exhaustion of IPRs in case of recycling and repair of goods", Report Q205. AIPPI, 2008.

[84]Nathan A. Busch, Jack and Beanstalk：Property Rights in Genetically Modified Plants, 3 Minn. Intell. Prop. Rev. 1, 2002.

[85]Fred Bridgland, "Farmer v. Monsanto：GM Seed Fight in Canada's Highest Court", http：// www. biotech-info. net/ Farmer_v_Monsanto. html; Mark Penner, Patentee Rounds Up and Reins In Farmer, http：// www. blakes. ca/english/publications/ focus/article. asp? AID = 137& DB=BlakesProperty.

[86]Michael T. Robert, J. E. M. Ag Supply, Inc. v. Pioneer Hi-Bred International, Inc.：Its Meaning and Signification For the Agricultural Community, 2002.

[87]Sierra David Sterkin, Challenging Adhesion Contracts In California：A Consumer's Guide, 44 Golden Gate U. L. Rev. 285, 285(2004).

[88]Bangalore. Genetic Use Restriction Technologies, ISF. 2003, http：// www. worldseed. org/ isf/ home. html.

[89]Martha L. Crouch, Edmonds Institute. How theTerminator Terminates：An Explanation for the Non-Scientist of a Remarkable Patent for Killing Second Generation Seeds of Crop Plants (1998), http：/ /www. edmonds-institute. org/ crouch. html.

[90]Peter S. Menell, Koret, Sarah M. Tran, Intellectual Property, Innovation and the Environment：Critical Concepts in Intellectual Property Law series, Edward Elgar Pub (March 31, 2014).

[91]Mark J. Davison, Ann L. Monotti, Leanne Wiseman Australian intel-

lectual property law, Cambridge University Press, 2015.

[92] Shun-Liang Hsu, A comparative study on research exemptions in plant reeding under intellectual property rights protection, Queen Mary Journal of Intellectual Property, Vol. 6 No. 1, 2016.

[93] V. Prifti. The Breeder's Exception to Patent Rights, International Law and Economics, Springer International Publishing Switzerland 2015.

[94] V. Prifti. The Breeding Exemption in Patent Law: Analysis of Compliance With Article 30 of the TRIPs Agreement, The Journal of World Intellectual Property (2013) Vol. 16, no. 5-6.

# 后　记

本书以博士论文为基础改写而成。

知识产权制度关乎生态文明。随着国家对生态文明建设愈加重视，越来越多的学者就环境保护与知识产权制度的关系这一主题进行研究。在笔者完成博士论文时，其他论者有关本论题的研究为数尚少，且较为零散。毕业后，本有出版博士论文的打算，由于自己的拖延和论文某些方面的不成熟(当然现在依然不成熟)，一直未能出版。博士论文从完成到本书拟提交出版期间(2009—2017 年)，关于本论题的研究较之以前数量大增，且研究更为深入。因此，作者在再次综述相关文献的基础上，根据近几年自己的思考，对博士论文加以修改补充，形成本书。

本书的研究目标为：考察知识产权制度与环境保护的关系，提出知识产权制度发展的生态化路径，拓展知识产权制度的研究领域，为我国生态文明的建设提供知识产权方面的制度保障。围绕这一研究目标，本书循着以下研究思路展开：首先，分析环境危机下知识产权制度生态化的背景(第二章)，包括生态危机与知识产权制度的生态转向、知识产权制度的环境效应、知识产权制度对生态文明的回应等。这部分回答“是什么”的问题。其次，论证知识产权制度发展生态化的理论基础。从伦理基础(生态伦理)、经济基础(生态经济)、法理基础(生态正义)的角度论证知识产权制度生态化的正当性(第三章)。这部分回答“为什么”的问题。最后，从知识产权取得(第四章)、运用(第五章)、保护(第六章)、限制(第七章)四个维度，分四章阐述知识产权制度发展的生态化路径，即在知识产权制度的各个环节考虑环境因素。这是本研究的落脚点，回答“怎么样”的问题。

本书从取得、运用、保护和限制四个维度论述知识产权制度发展的生态化路径，这仅仅是为论述方便，按一定标准进行的切分。但知识产权制度绝非这四个部分的简单相加，这本身也不符合“生态”(系统)的观点。且四个部分之间并非截然分开，而是相互联系甚或重合，如知识产权运用和保护过程中往往涉及知识产权的限制问题。同时，基于篇幅的考虑，本书在取得、运用、保护和限制四个维度生态化路径构建中，仅按相关性选取某些部分(如专利)加以论述，未论及知识产权的全部(如著作权、专利权、商标权、品种权、商业秘密等)。

本书得以出版，感谢博士生阶段的导师郑友德教授的指导和鞭策；感谢徐晓林教授、冯果教授、钟书华教授、谭术魁教授、王干教授、鄢斌博士在博士论文开题和博士论文答辩中提出的中肯批评意见和极有见地的建议；感谢 Michael A. Gollin 律师、史密斯商学院的 Anil K. Gupta 教授、台湾政治大学的许牧彦教授的宝贵写作建议及毫无保留的资料提供。感谢家人的理解和支持。

感谢湖北省社会科学基金项目对本书研究与出版的资助。感激武汉大学出版社的胡荣编辑对本书在文字上诸多增色和专业方面的建议。

**万志前**

二〇一七年六月于武汉狮子山